동산·채권
담보권실무

권병철

박영사

머리말

대구지방법원 등기국에서 등기관으로 근무를 하며 매일 상당한 수의 법인·부동산등기 신청을 처리해 왔으나, 동산·채권 담보등기 사건을 처리한 수는 한달에 2~3건 정도였다. 그 이유는 금융권의 대출상품이 주로 부동산에 편중되어 있고, 동산·채권 담보를 통한 금융은 실무에서 극히 드물게 이루어 지고 있기 때문이라고 생각한다. 그러나 최근 2016그120, 2019도14770, 2020그872, 2017다263901 등 동산·채권담보권과 관련한 중요한 판결들이 나오고 있고, 정부에서 동산·채권 담보의 활성화를 위해 꾸준한 노력이 기울이고 있는 등 동산·채권 담보제도에 관한 법리적·실무적 관심이 높아지고 있다. 최근 「동산·채권 등의 담보에 관한 법률」 개정에 따라 담보권설정자도 확대되었으므로 새로운 담보제도에 대한 수요는 점차 늘어날 것으로 기대된다. IMF라는 국가적 경제 위기 속에서 시작된 논의가 동산·채권 담보라는 제도로 발전했고, 팬데믹과 금리 인상 등으로 인한 경제 위기 속에서 다시 한 번 그 중요성이 부각되고 있다.

실무를 위한 담보등기에 관해 정리한 서적이 많지 않아서 동산·채권담보등기에 대해 업무를 하면서 실무에 관해 체계적으로 참고할 자료에 관한 갈증이 늘 있었다. 대부분 기존의 서적은 법률과 규칙에 대한 해설서에 불과할 뿐이었다. 그나마 있는 참고서적도 실무적으로 궁금해하는 부분에 관한 연구가 아닌 민법의 체계 속에서 담보권에 관한 법률관계를 학술적으로 기술한 서적들이 주류를 이루고 있었다. 그 법률관계에 관한 논의조차 최신의 논의보다는 법률이 시행되기 전이나 시행되는 즈음에 있는 논의들이 주를 이루고 있어서 실무에 필요한 쟁점들에 대해 정리가 필요한 상황이다.

동산·채권 담보의 활성화를 통해 국민 경제의 도움이 되기 위해서는 실무자들이 이 제도의 장점과 한계를 알고 활용할 수 있어야 한다. 필자는 2020년에 일괄담보제도 도입에 관한 법무부와의 회의에 참석하고, 법률안에 대한 의견을 기안하기도 했다. 또한 법원행정처 사법등기국 제도담당 사무관으로서 일선 등기 실무자들의 동산·채권담보등기제도에 대한 질의를 해결해왔다. 시스템 구축과 「동산·채권의 담보등기 등에 관한 규칙」 및 관련 예규의 개정 업무를 담당하였다. 업무적 경험과 연구를 바탕으로 부족하나마 동산·채권 담보제도를 활용하려는 사람들에게 도움이 되길 바라는 마음으로 이 책을 작성하였다. 법원행정처의 공식 의견이 아닌 실무자의 연구와 법률해석의 결과물이므로 문제점과 오류가 상당할 수 있다. 독자 여러분의 아낌없는 질타와 지적을 통해 동산·채권담보제도에 대한 연구가 더 나아갈 것으로 기대한다.

끝으로 이 책의 집필을 시작할 수 있도록 용기를 준 김시영 변호사, 법률적 검토를 도와준 이상미 변호사(前 재판연구원), 신승호 사무관(법원행정처 사법등기국 부동산등기과), 채권집행에 관한 가르침을 주신 정병문 교수님, 발간을 위해 힘써주신 박영사 임재무 전무님을 비롯한 임직원분들께 감사드린다.

2022. 9.
저자 권병철

일러두기

1. 본문 중 법령명을 서술할 경우 정식 명칭을 전부 쓰는 것을 원칙으로 하되,
   ( )안에 근거규정으로 표시할 경우 다음과 같이 약칭함

〈 법 률 〉

동산·채권 등의 담보에 관한 법률	법
부동산등기법	부등법
상업등기법	상등법
민사집행법	민집법
산업재해보상보험법	산재보험법
공장 및 광업재단 저당법	공장저당법
채무자 회생 및 파산에 관한 법률	채무자회생법
공익법인의 설립·운영에 관한 법률	공익법인법
전통사찰의 보존 및 지원에 관한 법률	전통사찰법

〈 규 칙 〉

동산·채권 담보등기 등에 관한 규칙	규칙
부동산등기규칙	부등규
상업등기규칙	상등규
등기사항증명서 등 수수료규칙	수수료규칙
민사집행규칙	민집규
등기소의 설치와 관할구역에 관한 규칙	등기소설치규칙

2. 예규는 정식명칭을 쓰거나 예규번호로 약칭함

〈 예규, 선례 등 〉

대법원 등기예규 제○○호	등기예규 ○○호
국세청민원사무처리규정	국세청훈령
대법원 등기선례	등기선례 또는 상업등기선례

3. 중복하여 인용되는 문헌은 저자의 이름과 제목으로 특정함
   예) 김재형, "동산담보권의 법률관계", 민법론Ⅴ, 박영사(2015), 42면
   ⇒ 김재형, "동산담보권의 법률관계", 42면

목 차

제 2 장 동산·채권담보등기

제 3 장 활성화 방안 논의

서 장

서 장

1 이 책의 목적

동산·채권담보에 관한 논의는 기존 부동산 중심의 담보제도를 활용할 수 없는 담보력이 약한 중소기업, 소상공인들에게 새로운 금융제도를 제공해 주기 위해 시작되었다. 1997년 IMF 경제위기로 인해 중소기업, 소상공인들의 담보력이 부족하게 되고, 부동산 외의 재산을 담보로 제공할 필요성이 커지고 있었기 때문이다. 이는 일본에서 버블경제 붕괴 후에 부동산 자산가치의 계속적 하락과 개인보증에 과도하게 의존하던 종래 기업의 자금조달방법을 재평가해야 한다는 인식이 높아져 양도등기제도가 만들어진 것과 그 배경을 같이 한다.

새로운 담보제도를 규정하여 자금조달을 원활하게 하고 거래의 안전을 도모하며 국민경제의 건전한 발전에 이바지함을 목적으로 하는 「동산·채권 등의 담보에 관한 법률」이 시행된 지 10여 년이 지났다. 그러나 전체 대출액에 비해 동산·채권담보를 활용한 대출액은 여전히 미미하다. 현재 동산·채권담보등기의 신청건수는 2021년 월평균 457건에 불과하다.[1] 그 이유는 여러 가지가 있으

---

1 부동산에 대한 (근)저당권설정등기 신청은 2021년에만 3,274,989건이 접수되었고, 월평균 272,916

나 대출취급기관인 금융권에서 담보목적물에 대해 가치를 부동산만큼 높게 평가하지 않는 점, 회수의 어려움, 기존 「민법」과 다른 생소한 제도인 점을 들 수 있다. 이에 정부나 금융권에서는 동산·채권금융 활성화를 위해 다각도의 노력을 하고 있다. 최근 법무부는 동산·채권금융 활성화의 일환으로 일괄담보 도입을 골자로 한 「동산·채권 등의 담보에 관한 법률」 일부개정법률안을 발의하였으나 2020년 5월 29일 임기만료로 인해 해당 법률안은 폐기되었다. 이후 2020년 6월 15일 담보권설정자를 상호등기한 사람에서 사업자등록을 한 사람으로 확대하는 내용의 일부개정법률안이 발의되어 2020년 10월 20일 수정가결 후 2022년 4월 21일부터 시행됐다. 앞으로 동산·채권금융 및 동산·채권담보등기가 활발해 질 것으로 기대된다. 경제위기 속에서 발전된 동산·채권을 활용한 담보(등기)제도는 코로나19로 인한 팬데믹 상황과 경기침체 속에서 어려움을 겪는 중소기업, 소상공인에게 다시 기업경영을 지속할 수 있는 금융의 통로가 되리라 기대한다.

동산·채권담보등기는 기존의 부동산등기와 달리 인적 편성주의라는 특이한 등기구조를 가지고 있다. 생소한 등기체계로 인하여 일선 실무자들의 질의가 많다. 이는 동산·채권담보권 및 담보등기의 체계에 익숙하지 않아서 생기는 문제이다. 법원행정처는 부동산등기실무, 기타등기실무, 상업등기실무, 민법법인등기실무 등 실무서를 편찬하여 업무에 참고하도록 하고 있으나, 동산·채권담보권 및 등기실무에 관하여는 실무서가 없다. 따라서 동산·채권 담보에 관한 실무 및 제도개선 경험을 바탕으로 동산·채권담보권 및 담보등기에 대해 실무상 의문점을 해소할 수 있는 체계적인 정리서를 마련하였다.

이 책은 동산·채권담보권의 법률관계에 관한 연구서이자, 등기에 대한 실무서이다. 다만, 동산·채권 담보는 다른 「민법」상의 제도와 달리 시행된 지 오래되지 않았고, 이용자가 적다보니 그로 인한 분쟁이 많지 않아 판례가 집적되지 않았다. 따라서 구체적인 사건에 있어서 이 책의 결론과 다른 결론이 나올 수 있다는 점에서 주의를 요한다. 또한 등기실무는 부동산등기제도를 운영하는 대법원의 노하우가 반영된 제도이지만 부동산등기와는 차이점이 있다. 따라서 성질에 반하지 않는 한 준용한다는 법 제57조의 규정에서 성질에 반하지 않는 것이 어떤 것인지에 대한 해석론이 필요하다. 이 책은 등기실무에 있

건이 접수된다(출처: 대법원 등기정보광장).

어서 관련 규정의 해석을 담고 있다.

2 이 책의 편제

제1장은 담보권에 관한 내용을 담고 있다. 제1절은 총론으로서 동산·채권 담보권에 관한 각국의 제도와 실제 이용 현황, 제도의 구성에 대해서 살펴본다. 제2절은 동산담보권에 관한 법률관계에 대한 내용이다. 「동산·채권 등의 담보에 관한 법률」에 의한 동산담보권의 의의, 성립, 다른 권리와의 관계, 집행에 관해 살펴본다. 제3절은 채권담보권에 관한 법률관계에 대한 내용이다. 채권담보권은 이 법에서 동산담보권의 내용을 준용하고 있으나 그 특유한 내용이 있으므로 이에 대해서 살펴본다.

제2장은 등기에 관한 내용이다. 담보등기에 관한 실무서이므로 이에 대한 내용을 충실히 담고자 하였다. 제1절은 등기절차에 관한 총론이다. 제2절은 동산담보등기에 대해, 제3절은 채권담보등기에 대해 살펴본다. 제4절은 지식재산권담보등록에 관한 내용이지만 그 주된 내용은 개별 법률에서 정하고 있으므로 이 법과 관련된 부분만 국한하여 살펴본다. 제5절은 주로 문제되는 사례를 통해 구체적인 담보등기제도의 이용에 대해 살펴본다.

제3장은 동산·채권 담보제도의 활성화와 관련한 최근의 논의에 대해 살펴본다. 일괄담보제도의 도입과 그 문제점, 동산·채권 담보의 문제점을 극복하기 위한 여러 논의를 소개하고 대안을 찾고자 한다.

제1장

동산 · 채권담보권

총 론

1 동산·채권 담보제도의 비교

가. 외국의 비부동산담보제도

1) 미국

미국은 각 주의 주법으로 점유질, 동산저당, 조건부매매 등 다양한 담보제도를 규정하여 동산담보제도를 두고 있었다. 각 주별로 법이 다르다 보니 각 주별로 담보등기부를 검색해봐야 하므로 원활한 상거래의 지장이 있었다. 이에 1952년 통일상법전 제9편(Uniform Commercial Code Aticle 9 이하 'U.C.C. 제9편'라 함)을 제정하여 담보명세서를 통하여 공시하는 동산담보등기제도를 도입하였다.

U.C.C. 제9편은 형식에 관계없이 계약에 의해 담보권을 발생시키는 거래에 적용된다(§9-109. SCOPE).[1] 우선순위에 관한 규정과(Part 3. Perfection and

---

1 (a) [General scope of article.]

　Except as otherwise provided in subsections (c) and (d), this article applies to:

　(1) a transaction, regardless of its form, that creates a security interest in personal property or

Priority), 통지등기제도를 두고 있다(Part 5. Filing). 영국법에 뿌리를 두지 않은 미국법의 사법상 제도 중 가장 성공적인 사례로 평가받을 만한 U.C.C. 제9편[2]은 영연방 국가뿐만 아니라 대륙법계 국가에도 영향을 미쳤다.

2) UNCITRAL 입법지침

상업 거래에 대한 현대적이고 공정하며 조화로운 규칙을 만들기 위해 1966년 총회에서 설립된 국제연합(UN)의 산하 국제기구인 UNCITRAL(1966년 12월 17일 결의 2205(XXI))은 담보거래법에 관해 비교법적 연구를 수행하였다. 이후 2007년 「담보거래에 관한 UNCITRAL 입법지침」(UNCITRAL Legistrative Guide on Secured Transactions)을 채택한 이래 2019년 「담보거래에 관한 UNCITRAL 모델법에 관한 실무 지침」(UNCITRAL Practice guide to the Model Law on Secure Transactions)에 이르기까지 여러 입법지침을 순차적으로 채택해왔다.[3]

UNCITRAL 모델법은 부동산을 제외한 모든 자산에 관한 담보를 규율하며 형식을 불문하고 모든 담보권설정자에 적용되는 포괄성, 비점유담보를 원칙으로 담보약정이 체결되면 곧바로 담보권이 성립되고 통지등기제도를 채택한 효율성, 사적 자치를 존중하면서 원칙적 임의규정을 둔 자율성을 가지고 있다.[4]

3) 일본[5]

일본에서는 다수의 채권을 일괄하여 양도하는 채권 유동화의 경우에는 각 채권자별로 통지 · 승낙의 수속을 취한다는 것은 사실상 곤란하다는 지적이 많았다. 그리고 기업의 자금조달을 목적으로 기업이 보유하는 채권 유동화를 추진하려는 움직임이 점차로 활발해지면서 채권양도의 제3자 대항요건 구비방법의 간소화를 추구하려는 실무계의 요청도 매우 높아져서 「채권양도의 대항요건에 관한 민법의 특례 등에 관한 법률」(債權讓渡の対抗要件に関する民法の特例等に関する法律)을 제정하였다. 이후 2005년에 동산양도등기제를 도입하는 내용의 「동산 및 채권 양도의 대항요건에 관한 민법의 특례 등에 관한 법률」(動産及び債權の讓渡の対抗要件に関する民法の特例等に関する法律)로 개정하였다. 일본은 종

---

fixtures by contract; 이하 생략

2 권영준, "국제 동향에 비추어 본 한국 동산채권담보법제", 법조 제69권 제5호(2020), 56면
3 권영준, "국제 동향에 비추어 본 한국 동산채권담보법제", 60−61면
4 권영준, "국제 동향에 비추어 본 한국 동산채권담보법제", 64−67면
5 植垣 勝裕 · 小川 秀樹, 一問一答 動産 · 債權讓渡特例法(三訂版), 商事法務 (2007)

래의 동산을 활용하여 자금을 조달하는 방법으로는 동산양도를 제3자에게 공시하는 제도가 불충분하다는 문제가 있으며, 또한 채권을 활용하여 자금을 조달하는 방법으로는 채무자가 특정하고 있지 않은 장래채권의 양도를 등기할 수 없다는 문제점이 있다고 지적되었다. 위 개정으로 ① 담보권설정자인 법인의 동산양도에서 공시성이 우수한 등기에 의해 공시하는 제도를 창설하여 등기를 함으로써 대항요건의 구비를 가능하게 하고 ② 담보권설정자인 법인의 채무자가 특정되지 않은 장래채권의 양도에 관해서도 등기를 함으로서 제3자 대항요건의 구비를 가능하게 하도록 하였다.

그 주요내용은 다음과 같다. ① 담보권설정자를 법인으로 한정하고 있다(1조[6]). ② 동산양도등기파일 또는 채권양도등기파일에 등기한 경우 일본 민법 제178조의 인도 또는 제487조의 규정에 따른 통지가 있는 것으로 하고, 양도의 목적에 있어서 담보목적인지 진정한 양도인지 구별하지 않고 있다(3,4조[7]). ③ 개별동산, 집합동산 모두 등기할 수 있다.[8]

4) 영국

영국회사법(Company Law)의 부동담보(fliating chagre)는 회사의 영업을 하나의 권리의 객체로 인정하여 그 위에 하나의 질권 또는 저당권 등과 같은 담보권을 설정하는 형태의 물적 담보제도이다.[9] 이 제도는 채권자가 채무자의 현재재산 및 장래재산(present and future property)에 대하여 담보를 취득하지만 계약의 해지나 담보권설정자의 신용 하락 등과 같은 일정한 사유가 발생할 때

---

6 第一条(趣旨) この法律は′法人がする動産及び債権の譲渡の対抗要件に関し民法(明治二十九年法律第八十九号)の特例等を定めるものとする°

7 第三条(動産の譲渡の対抗要件の特例等)① 法人が動産(当該動産につき倉荷証券′船荷証券又は複合運送証券が作成されているものを除く° 以下同じ°)を譲渡した場合において′当該動産の譲渡につき動産譲渡登記ファイルに譲渡の登記がされたときは′当該動産について′民法第百七十八条の引渡しがあったものとみなす°
②~③ 생략
第四条(債権の譲渡の対抗要件の特例等)① 法人が債権(指名債権であって金銭の支払を目的とするものに限る° 以下同じ°)を譲渡した場合において′当該債権の譲渡につき債権譲渡登記ファイルに譲渡の登記がされたときは′当該債権の債務者以外の第三者については′民法第四百六十七条の規定による確定日付のある証書による通知があったものとみなす° この場合においては′当該登記の日付をもって確定日付とする°
②~④ 생략

8 김정환, "동산공시제도 및 동산담보제도의 개선 방안에 관한 연구", 사법정책연구원 (2016), 76면
9 김용길, "코먼로상 부동담보에 관한 고찰 – 영국, 미국 및 캐나다를 중심으로", 중앙법학(2004), 238면

까지는 담보권과 독립하여 채무자가 목적물을 자유로이 사용 · 수익 · 처분할 수 있도록 하는 것으로 집합물의 양도담보제도의 취지와 양태 면에서 사실상 동일하다고 볼 수 있다.[10]

나. 우리나라의 비부동산담보제도

1) 질권

채권의 담보로 채무자 또는 제3자가 제공한 동산을 점유하고 그 동산에 대하여 다른 채권자보다 자기채권에 대해 우선변제를 받을 수 있는 권리이다(민법 329조. 345조). 동산의 인도방식 중 점유개정 방식에 의한 질권설정은 금지되므로(민법 332조) 질권자는 담보목적물을 유치할 수 있으나, 담보제공자(주로 채무자)는 담보목적물을 활용할 수 없어 담보목적물이 주된 생산수단인 경우 채무변제수단이 상실되는 문제점이 있다. 동산뿐만 아니라 재산권을 그 목적으로 하는 권리질권도 허용된다(민법 345조). 지명채권을 입질하는 경우 채권양도의 대항요건과 마찬가지로 제450조에 의하여 제3채무자에게 질권설정의 사실을 통지하거나 승낙해야 대항할 수 있다.

2) 양도담보

양도담보계약은 일종의 신탁행위로서 채권담보의 목적으로 담보목적물의 소유권을 채권자에게 이전하여 채권자로 하여금 그 담보목적의 범위 내에서만 소유권을 행사하게 하는 담보계약이다.[11] 동산 양도담보의 경우 점유개정에 의해 담보권설정자는 담보목적물을 계속 사용 · 수익할 수 있다. 판례[12]는 일관되게 동산양도담보의 경우 신탁적 소유권이전설에 입각하여 법리를 전개하고 있다. 동산 양도담보의 경우 집합물 또는 장래에 취득할 동산도 담보의 목적물로 할 수 있고, 교환가치와 사용가치를 분리하여 이용할 수 있다는 점에서 질권에 비해 효율적이다. 그러나 공시방법이 점유이므로, 점유개정에 의한 경우 채무자가 계속 점유하고 있어 외부에서 동산 양도담보가 설정된 사정을 알지

---

10 국회법제실, "공장저당법의 적용범위 확대에 관한 연구", 법세현안 세2007 – 33호(2007), 28면
11 대법원 1954. 3. 31. 선고 4287민상124 판결
12 대법원 1971. 3. 23. 선고 71다225 판결; 대법원 1986. 8. 19. 선고 86다카315 판결; 대법원 1994. 8. 26. 선고 93다44739 판결; 대법원 1998. 10. 12.자 98그164 결정

못할 가능성이 높다. 선의취득에 의해 기존의 양도담보권자가 담보권을 상실한다든가, 점유개정의 방법에 의한 이중 양도담보가 설정되는 등으로 인해 뒤의 양도담보권자가 양도담보권을 취득하지 못하는 경우가 발생한다.[13]

채권을 대물변제로 제공하기로 하는 약정, 담보를 위하여 채권을 양도하기로 하는 합의를 채권양도담보계약이라고 한다.[14] '확정일자있는 증서에 의한 통지 또는 채무자의 승낙'이 없으면 채무자 이외의 제3자에게 대항하지 못하므로(민법 450조) 채권양도담보계약을 대항하기 위하여는 대항요건을 갖추어야 한다.

3) 소유권유보부 매매

매매대금의 완제 전에 목적물의 점유를 매수인에게 이전하지만 목적물의 소유권은 매매대금이 완제될때까지 매도인에게 유보하기로 하는 합의(소유권유보의 합의)를 하는 경우가 있다. 이를 소유권유보(Eigentumsvorbehalt)부 매매라고 부른다.[15] 소유권유보부 매매의 법적 성질에 관하여, 매매대금의 변제를 확보하기 위한 채권담보의 목적으로 이루어지므로 하나의 계약관계에 의해 소유권은 매수인에게 이전하지만 매수인이 다시 매도인을 위해 담보물권을 설정한 것과 같은 구조로 보는 견해(담보물권설)와 대금이 완제시에 소유권이 이전되므로 정지조건부 소유권이전으로 보는 견해(정지조건부 소유권이전설)가 있다. 판례는[16] "동산의 매매계약을 체결하면서, 매도인이 대금을 모두 지급받기 전에 목적물을 매수인에게 인도하지만 대금이 모두 지급될 때까지는 목적물의 소유권은 매도인에게 유보되며 대금이 모두 지급된 때에 그 소유권이 매수인에게 이전된다는 내용의 소위 소유권유보의 특약을 한 경우, 목적물의 소유권을 이전한다는 당사자 사이의 물권적 합의는 매매계약을 체결하고 목적물을 인도한 때 이미 성립하지만 대금이 모두 지급되는 것을 정지조건으로 하므로, 목적물이 매수인에게 인도되었다고 하더라도 특별한 사정이 없는 한 매도인은 대금이 모두 지급될 때까지 매수인뿐만 아니라 제3자에 대하여도 유보된 목적물의 소유권을 주장할 수 있고, 다만 대금이 모두 지급되었을 때에는 그 정지

---

13 대법원 2000. 6. 23. 선고 99다65066 판결
14 대법원 2011. 3. 24. 선고 2010다100711 판결
15 강태성, "소유권유보부 매매의 법적 구성과 효력", 법학논고 9집(1993), 47면
16 대법원 1996. 6. 28. 선고 96다14807 판결

조건이 완성되어 별도의 의사표시 없이 목적물의 소유권이 매수인에게 이전된
다"라고 하여 정지조건부 소유권이전설에 입각하여 법률관계를 보고 있다. 소
유권유보부 매매는 매수인의 대금연체나 그 밖의 신용불안의 사실이 발생하면
그 유보된 소유권에 기해 매매의 목적물을 회수함으로써 대금채권을 담보한다
는 점에서, 실제로 가장 간편하고 강력한 담보수단이자, 점유를 요건으로 하지
않으므로 동산질권을 보완하는 기능을 한다.[17]

4) 시설대여(금융리스)계약

현행법상 시설대여(금융리스; Finance Lease)란 대통령령으로 정하는 물건[18]을
새로 취득하거나 대여받아 거래상대방에게 대통령령으로 정하는 일정 기간[19]
이상 사용하게 하고, 그 사용 기간 동안 일정한 대가를 정기적으로 나누어 지
급받으며, 그 사용 기간이 끝난 후의 물건의 처분에 관하여는 당사자 간의 약
정으로 정하는 방식의 금융을 말한다(여신전문금융업법 2조 10호). 금융리스에
대한 판례[20] 역시 "리스이용자가 선정한 특정 물건을 리스회사가 새로이 취득
하거나 대여받아 그 리스물건에 대한 직접적인 유지·관리 책임을 지지 아니
하면서 리스이용자에게 일정 기간 사용하게 하고 그 대여 기간 중에 지급받는
리스료에 의하여 리스물건에 대한 취득 자금과 그 이자, 기타 비용을 회수하
는 거래관계로서, 그 본질적 기능은 리스이용자에게 리스물건의 취득 자금에
대한 금융 편의를 제공하는 데에 있는 것이다"라고 한다. 리스물건의 소유권
은 처음부터 리스회사에 귀속되어 최종적으로는 그 취득 자금의 회수 기타 손
해에 대한 담보로서의 기능을 가진다.

5) 동산·채권담보제도

「동산·채권 등의 담보에 관한 법률」이 2010년 제정되어 2012년부터 시행됨
으로써 도입된 담보제도이다. '동산담보권'은 담보약정에 따라 동산(여러 개의
동산 또는 장래에 취득할 동산을 포함한다)을 목적으로 등기한 담보권을 말한다
(법 2조 2호). '채권담보권'은 담보약정에 따라 금전의 지급을 목적으로 하는 지

---

17 김준호, 민법강의(제25판), 법문사, (2019), 1813면
18 「여신전문금융업법 시행령」 제2조제1항
19 「여신전문금융업법 시행령」 제2조제4항
20 대법원 1997. 11. 28. 선고 97다26098 판결; 대법원 2013. 7. 12. 선고 2013다20571 판결

명채권(여러 개의 채권 또는 장래에 발생할 채권을 포함한다)을 목적으로 등기한 담보권을 말한다(법 2조 3호). 동산·채권담보권은 기존의 「민법」 제도와 병존하면서 등기를 통해 공시적 기능을 높인 제도이다. 다만 인적 편성주의로 인해 기존 부동산등기제도와 달리 담보권설정자별로 설정된 담보권만을 공시한다는 점에서 공시기능의 한계가 존재한다.

2 동산 · 채권담보의 현황

가. 동산·채권담보등기 현황[21]

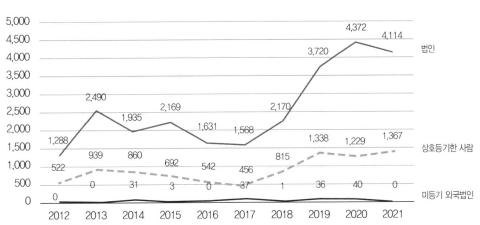

동산 · 채권담보등기 신청현황

1) 신청현황

가) 담보권설정자별 신청현황(2012년~2021년)

「동산·채권 등의 담보에 관한 법률」이 제정된 2012년부터 2021년에 이르기까지 담보등기신청현황은 꾸준히 증가하고 있다. 담보권설정자가 법인인 경우

---

21 출처: 「대한민국 법원 등기정보광장」 https://data.iros.go.kr (2022.01.22.방문)

제도 시행 초기인 2012년에는 1,200여 건에서 2,400여 건 사이였으나 2019년부터 증가하기 시작하여 2021년에는 4,000여 건에 이르렀다. 담보권설정자가 상호등기를 한 사람인 경우에도 2012년 500여 건에서 시작하여 2021년에는 1,300여 건으로 꾸준히 증가하고 있다. '미등기 외국법인'이란 국내에 영업소나 분사무소를 설치하지 아니한 외국법인으로 국내 법인등기시스템에 기록되지 않은 법인이다.

나) 채권최고액별 신청현황(2012~2021)

동산 · 채권담보등기 신청현황(채권최고액별)

(단위: 원)

담보권 설정자	채권최고액 구간	연별 신청 수									
		2012	2013	2014	2015	2016	2017	2018	2019	2020	2021
법인	1천만 미만	1,288	2,490	1,719	1,063	792	804	759	1,089	1,487	1,666
	1천만 이상 1억 미만	0	0	81	403	262	178	319	558	448	369
	1억 이상 5억 미만	0	0	97	443	304	228	585	1,322	1,477	1,248
	5억 이상 10억 미만	0	0	14	97	89	98	143	311	379	289
	10억 이상 50억 미만	0	0	18	119	145	189	289	332	433	380
	50억 이상 100억 미만	0	0	3	19	17	32	47	48	73	84
	100억 이상	0	0	3	25	22	39	28	60	75	78
미등기 외국법인	1천만 미만	0	0	31	3	0	37	1	36	40	0
상호 등기한 사람	1천만 미만	522	939	769	267	233	276	276	325	284	428
	1천만 이상 1억 미만	0	0	38	146	108	59	235	432	326	303
	1억 이상 5억 미만	0	0	45	256	176	96	265	529	542	582
	5억 이상 10억 미만	0	0	5	19	17	22	28	42	56	47
	10억 이상 50억 미만	0	0	3	4	8	3	11	8	19	7
	50억 이상 100억 미만	0	0	0	0	0	0	0	2	2	0

2) 동산·채권담보등기 등기기록 현황

담보권설정자	2021년 12월
법인	13,595건
미등기 외국법인	40건
상호를 등기한 사람	4,828건
계	18,463건

2021년 12월 전체 유효한 동산·채권담보등기기록은 18,463건으로 동일시기 기준 전체 부동산에 대한 유효한 (근)저당권설정등기 255,229건에 비해 대략 7.2%에 불과하다.

나. 금융기관의 동산 자산에 대한 대출규모[22]

2012년 「동산·채권 등의 담보에 관한 법률」의 제정에 따라 은행권에서는 2012년에 동산담보대출을 출시하였으나, 담보가치의 산정의 어려움, 담보관리를 위한 추가비용 발생가능, 민간 매각시장의 부족 등으로 인해 동산담보대출을 꺼리고 사실상 신용대출을 해주는 것에 불과한 실정이었다.

2018년 말 기준 전체 담보부 대출 458.7조원 중 동산담보부 대출은 1.6조원 (0.3%)으로 법 제정에 따른 기대 수준에 비하여 미미한 실적을 보이고 있다.[23] 그러나 국내 일반은행 중 4대 시중은행의 동산담보대출채권은 꾸준히 증가해오고 있다(한국스탠다드차타드은행, 한국씨티은행은 동산담보대출액이 0원으로 제외함).

동산 자산의 대출규모는 신한은행은 2019년 9월말 약 288억 원에서 2021년 9월말 약 2,460억 원으로, 국민은행은 2019년 9월말 약 540억 원에서 2021년 9월말 약 1,995억 원으로, 하나은행은 2019년 9월말 약 673억 원에서 2021년 9월말 약 1,961억 원으로, 우리은행은 2019년 9월말 약 46억 원에서 약 149억 원으로 각각 증가했다.

---

22 출처: 「금융감독원 금융통계정보시스템」 https://fisis.fss.or.kr/fss/fsiview/indexw.html (2022.1.22.방문)
23 법제사법위원회, 동산·채권 등의 담보에 관한 법률 일부개정법률안(의안번호 2024817) 검토보고서, (2020), 4면

(단위: 백만원)

금융회사	2019.9.	2019.12.	2020.3.	2020.6.	2020.9.	2020.12.	2021.3.	2021.6.	2021.9.
국민은행	54,368	91,206	108,323	138,676	153,176	173,164	184,001	197,885	199,559
신한은행	28,804	36,136	43,189	64,281	79,339	100,797	100,681	234,124	246,004
우리은행	4,678	5,283	7,148	13,225	13,866	14,983	14,763	15,566	14,968
하나은행	67,350	90,192	95,285	111,103	150,877	173,637	172,433	185,194	196,124

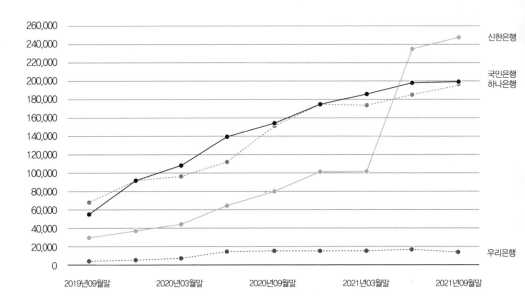

　중소기업이나 소상공인 등 부동산 담보 외의 동산이나 채권 등을 담보로 한 대출을 활성화하기 위해 은행들도 시스템을 개편해 동산담보대출 공급을 늘리고 있다. 시중은행은 사물인터넷(IoT)을 활용한 담보관리시스템을 보완해 나가고 있다(국민은행은 사물인터넷이나 QR로 관리하면 담보인정비율을 우대하고 있다).[24] 앞으로 법제도 개선과 금융당국의 지속적인 노력하에 동산 · 채권담보대출이 전체 담보대출액에 비해 차지하는 비중이 증가될 것으로 예상된다.

---

24 손지현, "동산금융, 올해 150% 증가…새로운 먹거리 될까", 연합인포맥스, https://news.einfomax.c o.kr/news/articleView.html?idxno=4057070, 2022.1.23.방문

3 동산 · 채권담보권 개관

가. 제도의 구성

1) 근거규정

동산·채권담보에 관해 「동산·채권 등의 담보에 관한 법률」(소관부서: 법무부 법무심의담당실)이 규정하고 있다. 법은 제63조에서 "이 법에서 규정한 사항 외에 이 법의 시행에 필요한 사항은 대법원규칙으로 정한다"고 하여 대법원규칙에 시행절차 등에 관하여 위임하고 있다. 등기절차에 관해 「동산·채권의 담보등기 등에 관한 규칙」(소관부서: 법원행정처 사법등기국 공탁법인심의담당실)이 규정하고 있다. 법 제3조제3항과 제23조제6항은 대통령령으로 위임하고 있으므로 「동산·채권 등의 담보에 관한 법률 시행령」(소관부서: 법무부 법무심의담당실)에서 이를 정하고 있다.

대법원규칙은 그 구체적인 시행을 위해 담보등기에 관한 사항에 관하여 대법원예규로 정할 수 있도록 하였다(규칙 57조). 이에 「동산·채권의 담보등기에 관한 사무처리지침」(등기예규 1741호), 「동산·채권의 담보등기 신청에 관한 업무처리지침」(등기예규 1742호), 「동산·채권 담보등기사항증명서의 열람·발급에 관한 업무처리지침」(등기예규 1743호) 3개의 예규를 두고 있으며, 예규에 특별한 규정이 있는 경우를 제외하고는 그 성질에 반하지 아니하는 범위에서 부동산등기에 관한 예규를 준용하고 있다.

2) 주요내용

동산의 물권변동을 위해서는 「민법」 제188조에 따라 인도하여야 한다. 동산담보권은 동산물권변동 중 담보권설정에 있어 인도를 요구하지 않고 '등기'를 통해 공시하도록 하였다. 기존 「민법」의 제도들과 병존하면서 부동산물권변동에서 사용되던 공시방법인 '등기'를 동산의 공시방법으로 도입하였다. 동산은 부동산과 달리 그 생성과 멸실에 있어 국가가 관여할 여지가 적고,[25] 그 종류도 다양하고, 고정적이지 않아 물적 편성하기에 적당하지 않은 특성을 가지고 있다. 따라서 담보권설정자별로 인적 편성주의에 기초한 등기부를 통해 담보

---

25 건물의 경우 건축허가 등을 통해 생성단계에서부터 국가가 관리할 수 있다.

권을 공시하도록 하였다.

채권담보권의 경우 기존의 채권양도, 채권양도담보 등의 제도와 병존하면서 동산과 달리 등기를 대항요건으로 구성하여 제3채무자 외의 제3자와 제3채무자에 대한 대항요건을 달리 구성하고 있다.

지식재산담보권의 경우 개별법률에서 질권 등을 설정할 수 있도록 하여 개별법률에서 정한 담보제도를 활용할 수 있으나, 공동담보에 대한 규정은 두고 있지 않다. 법에서 2개 이상의 지식재산권을 담보로 제공하는 경우에 이 법에 따른 담보권을 그 해당 지식재산권을 등록하는 공적 장부에 등록할 수 있게 하였다. 따라서 이 법에서는 2개 이상의 지식재산권을 공동담보로 제공하는 경우의 설권효만 부여하고 있고 그 구체적인 등록절차 등은 개별법률에 의하도록 하였다.

3) 법령의 구조도

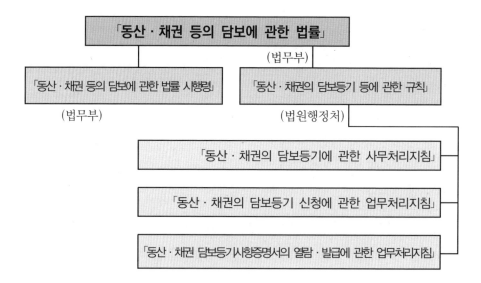

〈법 체계도〉

구 분	제 목	해 당 조 문	적 용(준 용 근 거)	관 련 법 령
제1장	총칙	제1, 2조		
제2장	동산담보권	제3~33조	준용(16,18,32,33조)	민법
			적용,준용(22,30조)	민사집행법
			위임(3,23조)	대통령령
제3장	채권담보권	제34~37조	준용(37조)	
			준용(35,37조)	민법
			적용(36조)	민사집행법
제4장	담보등기	제38~57조	적용(43조)	전자서명법
			적용(56조)	비송사건절차법
			준용(57조)	부동산등기법
제5장	지식재산권의 담보에 관한 특례	제58~61조	준용(61조)	
			준용(61조)	민법
			적용(59,60,61조)	개별법률
제6장	보칙	제62~63조	위임(63조)	대법원규칙
제7장	벌칙	제64조		

나. 동산·채권 등의 담보에 관한 법률

1) 제정경위

법무부는 2008년 3월 5일부터 학계, 법조계, 기획재정부 담당공무원 등이 참여한「동산 및 채권의 담보에 관한 특례법 제정 특별분과위원회」를 구성하여 각 계의 의견을 수렴하여 2009년 3월 18일 위원회의 법률안을 최종적으로 확정하였다. 이후 법률안의 명칭을「동산·채권 등의 담보에 관한 법률」로 확정한 후 법원행정처 등과 협의를 거쳐 법안을 수정한 다음 2009년 7월 3일 입법예고 하였다.[26] 이후 2009년 11월 3일 정부발의로 제안되었고(의안번호 1806429), 2010년 5월 19일 본회의 수정가결된 후 2010년 6월 10일 공포(시행 2012년 6월 11일)되었다.

2) 경과

법은 현재까지 총 5차에 걸쳐 개정이 있었으나, 그중 4차례는 타법개정에 의한 것이고, 최근 개정은 일부개정 절차에 의한 개정이었다.

가) 제1차 개정(타법개정 2011. 4. 12., 법률 제10580호),「부동산등기법」

「부동산등기법」이 2011. 4. 12. 전부개정을 하면서「동산·채권 등의 담보에 관한 법률」의 채권담보권에 관한 내용인 부칙 제3조제6항[27]을 삭제하고「부동산등기법」에 채권담보권에 대해 규정하였다(부등법 76조).

나) 제2차 개정(타법개정 2011. 5. 19., 법률 제10629호),「지식재산기본법」

타법 개정을 통해 '지적재산권'을 '지식재산권'으로 변경함으로써, 법률 용어를 통일하도록 하였다.

---

26 김재형, "『동산·채권 등의 담보에 관한 법률』 제정안의 구성과 내용", 민법론.Ⅳ(2011), 234-235면
27 ⑥ 부동산등기법 일부를 다음과 같이 개정한다.
　제2조에 제6호의2를 다음과 같이 신설한다.
　6의2. 채권담보권
　제142조의3을 다음과 같이 신설한다.
　제142조의3(저당권에 대한 채권담보권)「동산·채권 등의 담보에 관한 법률」제37조에서 준용되는
　「민법」제348조에 따른 채권담보권의 부기등기를 신청하는 경우에는 신청서에 채권담보권의 목적
　인 채권을 담보하는 저당권을 표시하고 다음 각 호의 사항을 기재하여야 한다.
　　1. 채무자의 표시
　　2. 채권액 또는 채권최고액
　　3. 변제기와 이자의 약정이 있는 경우에는 그 내용

다) 제3차 개정(타법개정 2014. 5. 20., 법률 제12592호), 「상업등기법」

제39조제2항제2호 및 제47조제2항제1호나목 중 '「상업등기법」 제31조'를 각각 '「상업등기법」 제30조'로 하는 내용의 개정이었다.

라) 제4차개정(타법개정 2016. 2. 3., 법률 제13953호), 「법무사법」

법무사법인(유한)제도를 신설하였으므로 이를 반영하여 제42조제1호 단서 및 제43조제2항제2호의 '법무조합 또는 법무사합동법인'을 '법무조합, 법무사법인 또는 법무사법인(유한)'하는 내용의 개정이었다.

마) 제5차개정(일부개정 2020. 10. 20., 법률 제17502호)

법무부는 전체 대출 중 0.3%[28]에 불과한 미미한 이용실적을 개선하기 위하여 2020년 3월 20일 일괄담보제 도입, 담보권 이용대상 확대, 사적실행 요건 구체화, 담보권 존속기간 폐지 등을 주요 내용으로 한 「동산·채권 등의 담보에 관한 법률」 일부개정법률안을 발의 하였으나 2020년 5월 29일 임기만료로 폐기되었다.

전재수의원 등이 2020년 6월 15일 담보권설정자를 사업자등록을 한 사람으로 확대하고 「민사집행법」의 압류금지채권에 관한 규정이 준용되도록 하는 내용의 일부개정법률안을 발의하였다. 그러나 「민사집행법」의 압류금지채권은 성질상 준용될 수 없다고 해석되어 이를 제외한 채 수정가결되었다.[29]

3) 주요내용

「동산·채권 등의 담보에 관한 법률」은 총 7장으로 구성하고 있다. 제1장은 목적과 정의규정을 두고 있다. 제2조에서 담보약정, 동산담보권, 채권담보권, 지식재산권담보권, 담보권설정자, 담보권자, 담보등기, 담보등기부, 채무자 등, 이해관계인, 등기필정보의 정의에 관해 상세히 규정하고 있다. 제2장은 동산담보권에 관한 효력, 내용, 실행절차, 준용규정을 두고 있다. 기존 「민법」상 체계와 병존하는 제도이므로 필요한 곳에 「민법」을 준용하도록 하면서 그 실행은 「민사집행법」을 따르도록 하였다. 제3장은 채권담보권에 관한 내용으로,

---

28 법제사법위원회, 동산·채권 등의 담보에 관한 법률 일부개정법률안(의안번호 2024817) 검토보고서 (2020), 4면
29 법제사법위원회, 동산·채권 등의 담보에 관한 법률 일부개정법률안(의안번호 2100464) 심사보고서 (2020), 5면

채권담보권의 특유한 내용을 규정하고 그 외에는 성질에 반하지 않는 한 동산
담보권에 관한 규정과「민법」을 준용하도록 하였다. 제4장은 담보등기에 관한
내용으로 등기할 수 있는 권리, 관할 등기소, 신청정보, 첨부서면, 이의신청에
관한 절차까지 규정해 놓고,「부동산등기법」을 준용하도록 하였다. 제5장은
지식재산권의 담보에 관한 특례로서 지식재산담보권의 특유한 내용을 규정하
는 외에는 동산담보권에 관한 규정,「민법」을 준용하도록 하였다. 제6장은 등
기필정보의 안전 확보와 대법원규칙에 위임 근거 규정이다. 제7장은 등기필정
보와 관리 등에 관한 벌칙을 규정을 두고 있으나, 담보목적물의 불법반출·훼
손에 대한 벌칙 규정 부재로 담보권 유지가 곤란하다는 비판이 있다.

〈규칙 체계도〉

구 분	제 목	해 당 조 문	내 용(관 련 법 령)
제1장	총칙	제1~3조	목적, 등기전산운영 등
제2장	등기소와 등기관	제4~7조	관할, 등기관의 업무처리 등
제3장	담보등기부	제8~19조	담보등기부와 부속서류,등기기록의 양식 등기부 관리에 관한 규정, 보존기간 등
제4장	등기사항의 증명과 열람	제20~26조	등기사항증명 등의 신청, 열람, 발급 등
제5장	등기절차	제27~54조	등기신청(33,34조) 〔법 47조2항4호〕 필요한 서면, 취하, 외국법인의 등기사항, 조사, 등기필정보 작성, 통지, 등기기록의 폐쇄와 부활 등
제6장	담보권의 실행	제55조	준용(55조) 〔민사소송규칙 민사집행규칙〕
제7장	보칙	제56조, 제57조	준용(56조) 〔부동산등기규칙〕 위임(57조) 〔대법원예규〕

다. 동산 · 채권의 담보등기 등에 관한 규칙

1) 제정경위

법원행정처 사법등기국은 법에서 위임한 사항과 그 시행에 관하여 필요한 사항을 규정하기 위하여 「동산 · 채권의 담보에 관한 규칙(안)」을 마련하고 입법예고 등의 의견수렴 절차를 거쳤다. 동산담보법연구반을 구성하여 8차례의 토론을 거쳐 공탁법인심의담당실에서 상정한 규칙안의 상위규범 정합성, 내용 및 문구의 적정성 등을 검토하여 규칙안을 입안하였으며, 2011년 3월부터 변호사 · 법무사 · 교수 · 은행 실무진 등으로 구성된 동산 · 채권의 담보에 관한 규칙안 검토 회의 및 관계기관의 의견조회 등을 통한 여론 수렴절차를 거쳐 문제점 등을 점검하였다. 이후 대법관회의를 거쳐 2011년 11월 17일 제정하였고, 법 시행일과 동일한 2012년 6월 11일부터 시행하도록 하였다.

2) 경과

가) 제1차 개정(일부개정 2014. 7. 1., 대법원규칙 제2544호)

집행관이 채무자에 대한 동산담보 설정 여부 및 담보권자의 인적사항을 확인하여 담보권자에게 배당요구 또는 이중압류의 필요성을 고지할 수 있도록 집행관의 등기사항증명서 발급 근거를 마련하였다(23조 3항에 '집행관은 민사집행규칙 제132조의2제1항에 따른 업무를 수행하기 위하여 제1항 각 호의 등기사항증명서의 발급을 신청할 수 있다'의 내용을 신설함).

나) 제2차 개정(타법개정 2014. 10. 2., 대법원규칙 제2560호), 「상업등기규칙」

제5조제1항, 제29조제1항제1호나목, 같은 항 제2호, 같은 항 제3호가목, 제45조제1항제1호 및 같은 항 제2호의 '「상업등기법」 제31조'를 '「상업등기법」 제30조'로, '「상업등기법」 제10조'를 '「상업등기법」 제15조'로, '「상업등기법」 제11조'를 '「상업등기법」 제16조'로 각각 변경하는 내용의 개정이었다.

다) 제3차 개정(타법개정 2016. 6. 27., 대법원규칙 제2668호), 「법무사규칙」

법무사법인(유한) 제도를 신설하는 내용으로 「법무사법」(법률 제13953호, 2016. 2. 3. 공포, 2016. 8. 4. 시행)이 개정됨에 따라 법률에서 위임한 사항과 그 시행에 필요한 사항을 정하고자 제42조제1항 단서 및 제44조제1항 단서 중 '법무사합동법인'을 각각 '법무사법인·법무사법인(유한)'으로 하는 내용의 개정이었다.

라) 제4차 개정(일부개정 2018. 4. 27., 대법원규칙 제2787호)

동산·채권의 담보등기에 대한 등기사항을 이해관계 없는 제3자에게도 공시함으로써 동산·채권의 담보등기제도를 활성화하고 거래안전을 보장하고자 하였다. 대리인이 방문하여 등기사항증명서를 발급받거나 등기기록을 열람하는 경우 그 권한을 증명하는 서면을 첨부하지 않도록 변경하였다(20조 2항). 등기사항의 개요를 증명하는 서면에 관한 규정을 삭제하고, 법인·상호등기를 한 사람에 대하여 아무런 등기기록이 개설되어 있지 않다는 내용을 기재한 증명서의 종류를 '등기기록미개설증명서'로 변경하였다(23조 1항 4호). 누구든지 수수료를 내고 동산·채권담보 등기사항증명서의 발급신청이 가능하도록 하였다(현행 23조 2항 삭제). 집행관에 대한 특별규정을 삭제하였다(현행 23조 3항 삭제). 등기사항증명서의 증명사항에 해당하는 등기기록에 대하여도 누구든지 수수료를 내고 열람을 신청할 수 있도록 변경하였다(25조 3항).

마) 제5차 개정(타법개정 2020. 11. 26., 대법원규칙 제2931호), 「부동산등기규칙」

「전자서명법」이 전부개정(법률 제17354호, 시행 2020. 12. 10.)되면서 공인인증서 제도를 폐지하고 다양한 전자서명수단들을 허용함에 따라 이를 규칙에 반영하였다.

바) 제6차 개정(타법개정 2021. 5. 27., 대법원규칙 제2986호), 「부동산등기규칙」

전자서명수단을 대법원규칙으로 특정한 경우를 제외하고는 특정한 전자서명수단만을 이용하도록 제한하여서는 아니 된다는 「전자서명법」 제6조제2항이 시행됨에 따라, 전자신청 시 사용할 수 있는 전자서명수단을 특정하였다.

사) 제7차 개정(일부개정 2022. 2. 25. 대법원규칙 제3041호)

담보권설정자가 상호등기를 한 사람에서 「부가가치세법」에 따라 사업자등록을 한 사람으로 확대됨에 따라 법은 관할을 담보권설정자의 주소로 변경하였다. 기존에는 법인 또는 상호등기를 한 사람만 담보권설정자가 될 수 있었으므로 등기시스템과 연계를 통해 법인의 본점 또는 주된 사무소 소재지, 영업소 소재지의 변경이 있어 법인등기부 또는 상호등기부에 변경등기된 경우 동산·채권담보등기부에 변경사항을 통지하여 직권으로 변경하였다. 그러나 사업자등록을 한 사람으로 확대됨으로써 더 이상 시스템 간 연계를 통한 직권 변경등기는 할 수 없게 되었다. 따라서 법인의 경우 기존대로 본점 또는 주된 사무소의 변경등기가 있는 경우 담보등기를 담당하는 등기관에게 통지하여 직권으로 변경하고, 사업자등록을 한 사람의 주소가 변경된 경우, 변경된 주소를 관할하는 등기소에 등기신청시 등기관이 직권으로 담보등기기록의 담보권설정자부에 기재된 담보권설정자의 주소를 변경등기 하도록 하였다(주소증명서면이 첨부되어야 함). 또한 경과조치로 기존에 상호등기를 한 자로서 담보등기기록이 있는 자의 경우 영업소 소재지를 관할하는 등기소가 관할 등기소였으므로 이를 유지시켜 주되, 마찬가지로 현재 주소를 증명하는 서면을 첨부하여 현재 주소를 관할하는 등기소에 등기를 신청할 수 있다.

기존에 명문의 규정없이 「부동산등기규칙」의 등기절차에 관한 규정들을 유추적용했었다. 이번 개정으로 이 규칙에 특별한 규정이 있는 경우를 제외하고는 성질에 반하지 아니하는 범위에서 「부동산등기규칙」을 준용하도록 하여 명문의 준용 근거를 마련하였다. 또한 법에서 상호와 영업소를 등기사항에서 제외함에 따라 등기기록 양식을 변경하였다.

3) 주요내용

「동산·채권의 담보에 관한 규칙」은 총 7장으로 구성되어있다. 법에서 위임한 사항과 그 시행에 필요한 사항을 규정함을 목적으로 한다. 제1장은 총칙규정으로 제1조부터 제3조까지 목적, 담보등기부에 사용할 문자, 등기정보중앙관리소와 전산운영책임관에 대해 규정하고 있다. 제2장은 등기소와 등기관에 대해 규정하고 있다. 특히 담보권설정자가 외국법인, 법인, 자연인인 경우로 나누어 관할 등기소와 처리 권한에 관한 세부적인 절차를 두고 있다. 제3장은 담보등기부 등에 관한 내용으로 담보등기부의 보관, 등기기록의 양식, 관련 장부 등을 규정하고 있다. 제4장은 등기사항의 증명과 열람에 관해, 제5장은 구체적인 등기절차에 관해, 제6장은 담보권의 실행에 관해 각 규정하고 있다. 제7장은 담보등기와 관련하여 필요한 사항에 관해 대법원예규로 정할 수 있는 근거규정을 두고 있다.

라. 관련 예규

1) 「동산·채권의 담보등기 신청에 관한 업무처리지침」

동산·채권을 목적으로 한 담보등기의 신청에 필요한 사항과 등기신청서의 양식을 규정한다.

2) 「동산·채권 담보등기사항증명서의 열람·발급에 관한 업무처리지침」

법과 규칙에 따른 등기사항증명서의 발급과 등기기록 또는 신청서나 그 밖의 부속서류의 열람절차에 관한 사항을 규정한다.

3) 「동산·채권의 담보등기에 관한 사무처리지침」

법과 규칙에 따른 담보등기절차를 규정함으로써 담보등기 사무의 통일을 기하고 각종 문서의 양식을 정하고 있다. 착오 또는 유루의 통지서, 경정등기통지서 등 각종 문서의 양식을 마련하고 있다.

4) 「저당권부채권에 대한 채권담보권의 부기등기에 관한 업무처리지침」

「부동산등기법」 제76조제2항 및 「부동산등기규칙」 제132조제2항에 따라 저당권부채권에 대한 채권담보권의 부기등기에 관한 사항을 규정하고 있다.

동산담보권

1 서 설

가. 동산담보권의 의의

동산담보권이란 담보약정에 따라 동산(여러 개의 동산 또는 장래에 취득할 동산을 포함한다)을 목적으로 등기한 담보권을 말한다(법 2조 2호). 동산담보권은 법에 의해 새롭게 창설된 담보물권으로서, 부종성, 수반성, 불가분성, 물상대위가 인정되고, 그 소멸에 있어서도 피담보채무에 대한 변제 등 담보물권 일반의 소멸사유에 의하여 소멸된다.

나. 동산담보권의 법적 성질

1) 약정 담보물권

동산담보권은 채무자 또는 제3자가 제공한 담보목적물에 대하여 다른 채권자보다 자기채권을 우선변제받을 수 있는 약정 담보물권이다(법 8조). 물권 법정주의에 의해 물권은 법률 또는 관습법에 의하는 외에는 임의로 창설하지 못한다(민법 185조). 동산담보권은 「동산·채권 등의 담보에 관한 법률」에 의해 창설된 담보물권이다. 따라서 담보물권이 가지고 있는 일반적인 성질을 가지고 있다. 이를 담보물권의 통유성이라고 한다.

2) 담보물권의 통유성

가) 타물권

타인의 담보목적물에 대하여 등기를 함으로써 성립하는 물권으로서 타물권의 성질을 가지고 있다.[1] 저당권이나 질권처럼 우선변제를 그 본체적 효력으로 하므로 자신의 담보목적물 위의 담보권은 혼동으로 소멸된다.[2]

나) 부종성

피담보채권의 존재를 전제로 해서만 담보물권이 존재할 수 있다는 성질을 담보물권의 부종성이라고 한다.[3] 담보물권은 성립, 존속, 소멸에 있어서 피담보채권의 존재를 전제로 하고 있다. 동산담보권에 관하여 「민법」 제369조를 준용하고 있다(법 33조). 「민법」은 성립 및 존속에 관한 부종성을 명문으로 인정하고 있지 않지만, 저당권에 관해 통설 및 판례는 성립상의 부종성 또한 당연히 인정되는 것으로 보고 있으므로, 이를 준용하고 있는 동산담보권에도 당연히 부종성이 인정된다.

다) 수반성

담보권의 수반성이란 피담보채권과는 별도로 담보물권만의 이전이 허용되지 않음을 의미한다. 법은 동산담보권은 피담보채권과 분리하여 타인에게 양도할 수 없다고 규정하고 있다(법 13조).[4] 피담보채권의 처분이 있으면 담보권도 항상 함께 처분된다는 것이 아니라 담보권 제도의 존재 목적에 비추어 볼 때 특별한 사정이 없는 한 피담보채권의 처분에는 담보권의 처분도 당연히 포함된다고 보는 것이 합리적이라는 것일 뿐이므로, 피담보채권의 처분이 있음에도 불구하고 담보권의 처분이 따르지 않는 특별한 사정이 있는 경우에는 채권양수인은 담보권이 없는 무담보의 채권을 양수한 것이 되고 채권의 처분에

---

1 김재형, "동산담보권의 법률관계", 민법론V, 박영사, (2015), 42면
2 안형준, 동산 · 채권 등의 담보에 관한 법률 해설서, 법무부, (2010), 108면
3 곽윤직 · 김재형, 물권법(제8판), 박영사, (2014), 371면
4 이는 피담보채권만의 양도가 불가능하다는 것이 아니라, 동산담보권만의 양도가 불가능하다는 것임에 유의할 필요가 있다.

따르지 않은 담보권은 소멸한다.[56] 따라서 동산담보권에 대한 이전등기는 피담보채권의 양도와 함께 이루어져야 한다.

저당권의 경우와 달리[7] 법은 동산담보권의 전담보에 관하여는 아무런 규정을 두지 않았는데, 이는 전저당의 경우보다 복잡한 문제가 발생할 수 있기에 법 제정 당시 허용하지 않기로 한 것으로 보인다. 다수의 동산에 대하여 1개의 담보권이 설정될 경우 동산담보권의 일부를 재담보로 제공하는 것이 허용되면 담보목적물의 어느 범위까지 재담보에 제공되는 것인지 명확하지 아니한 점 등을 고려한 것이다.[8]

라) 불가분성

피담보채권의 전부를 변제받을 때까지 담보목적물 전부에 대하여 그 권리를 행사할 수 있다(법 9조). 담보목적물의 일부가 불가항력 그 밖의 사유로 소멸되더라도 동산담보권은 잔존하는 담보목적물로써 피담보채권의 전부를 담보한다. 법은 동일한 종류의 담보물끼리는 공동담보를 설정할 수 있도록 하였는데, 이 경우에도 마찬가지로 일부에 대해 경매가 진행되어 피담보채권이 일부 변제받더라도 나머지 담보목적물에 대하여 여전히 권리를 행사할 수 있다(법 29조).

마) 물상대위

담보목적물의 매각, 임대, 멸실, 훼손 또는 공용징수 등으로 담보권설정자가 받을 금전이나 그 밖의 물건에 대하여도 동산담보권을 행사할 수 있다(법 14조). 「민법」의 질권 또는 저당권과 달리 담보목적물의 매각, 임대 등으로 인한 경우에도 물상대위가 인정된다. 저작권법 등에서 저작권 등의 양도 등의 경우에도 물상대위를 허용하고 있고,[9] 동산담보권의 매각, 임대의 경우에 물상대위를 인정하더라도 법체계상 큰 문제는 없고, 동산담보권자의 지위를 강화할 필요가 있다는 시각에서 이를 규정하였다.[10]

---

5 지원림, 민법강의(제14판), 홍문사, (2016), 701면
6 대법원 1999. 2. 5. 선고 97다33997 판결, 대법원 2004. 4. 28. 선고 2003다61542 판결 등
7 「민법」제361조는 법 제13조와 달리 "저당권은 그 담보한 채권과 분리하여 타인에게 양도하거나 다른 채권의 담보로 하지 못한다"고 규정하고 있다.
8 안형준, 동산·채권 등의 담보에 관한 법률 해설서, 55면
9 제47조(저작재산권을 목적으로 하는 질권의 행사 등) ① 저작재산권을 목적으로 하는 질권은 그 저작재산권의 양도 또는 그 저작물의 이용에 따라 저작재산권자가 받을 금전 그 밖의 물건(제57조에 따른 배타적발행권 및 제63조에 따른 출판권 설정의 대가를 포함한다)에 대하여도 행사할 수 있다. 다만, 이들의 지급 또는 인도 전에 이를 압류하여야 한다.

동산담보권은 담보목적물의 교환가치를 지배하는 것을 목적으로 하므로, 가치변형물인 앞으로 '받을' 금전 기타 물건에 대한 청구권이 그 목적이 된다. 이미 가치변형물이 채무자의 재산에 혼입된 경우 담보권의 특정성이 상실되기 때문에 그 지급 또는 인도 전에 압류할 것을 요구하고 있다.

3) 특유한 성질

가) 효율성

이 법에 따른 담보권의 설정을 위하여 점유의 이전이 필요 없으므로, 담보권의 성립에 있어서 점유의 이전을 강제하는 양도담보나 질권에 비해 효율적으로 담보목적물을 활용할 수 있다. UNCITRAL 모델법은 효율성을 추구하고 있고, 신속성, 간편성, 명확성, 체계성, 비점유담보성 등은 모두 효율성과 관련된 성질[11]로서 동산담보권에 반영되어있다.

나) 안정성

담보등기로 공시되기 때문에, 점유개정이라는 불완전한 공시방법에 의존하는 양도담보와 달리 안정적인 담보제도이다.[12] 다만, 동산담보등기는 부동산등기와 달리 인적 편성주의를 택하고 있으므로, 개별 물건에 대한 권리관계를 등기부를 통해 알 수 없다. 즉 개별 동산에 대해 담보권이 설정되어 있는지 여부는 소유자로 주장하는 담보권설정자별로 일일이 담보등기부를 확인하여야 알 수 있다. 해당 동산의 전 소유자를 알지 못한다면 동산에 선순위 담보권이 있는지 확인할 방법이 없다. 따라서 점유를 공시방법으로 하는 질권, 양도담보 등 다른 담보권에 비해 안정적이라는 의미이다.

다) 형평성

동산양도담보권자가 소유권을 보유하는 것은 과도한 권리를 보유한다는 점에서[13] 동산담보의 제공으로 담보권이 설정되고, 소유권 자체가 이전하지 않는 동산담보권은 양도담보에 비하여 형평에 합치하는 제도이다.

---

10 김재형, 『동산 · 채권 등의 담보에 관한 법률』 제정안의 구성과 내용", 256면
11 권영준, "국제 동향에 비추어 본 한국 동산채권담보법제", 65면
12 김재형, "동산담보권의 법률관계", 36면
13 김재형, "동산담보권의 법률관계", 36 – 37면

라) 자율성

「민법」은 "질권설정자는 채무변제기전의 계약으로 질권자에게 변제에 갈음하여 질물의 소유권을 취득하게 하거나 법률에 정한 방법에 의하지 아니하고 질물을 처분할 것을 약정하지 못한다(민법 339조)"고 하여 유질계약을 금지하고 있다. 유저당계약에 관하여는 명문의 규정은 없다(민법 370조가 민법 제339조를 준용하고 있지 않다). 이에 관해 저당권과 병용하여 저당물을 법률에서 정한 방법이 아닌 임의의 방법으로 환가하기로 하는 약정은 유효하다는 견해가 있다.[14]

반면 동산담보권에 대해서는 "담보권자와 담보권설정자는 법에서 정한 실행 절차와 다른 내용의 약정을 할 수 있다. 다만, 제23조제1항에 따른 통지가 없거나 통지 후 1개월이 지나지 아니한 경우에도 통지 없이 담보권자가 담보목적물을 처분하거나 직접 변제에 충당하기로 하는 약정은 효력이 없다(법 31조 1항)"고 명확히 규정하여 유담보계약을 허용하고 있다. 현실적으로 궁박한 채무자가 융자의 길이 막혀 더 곤궁한 상태에 빠지게 될 것을 우려하였기 때문이다.[15]

2 동산담보권의 성립

가. 의의 및 요건

동산담보권은 담보약정에 따라 동산(여러 개의 동산 또는 장래에 취득할 동산을 포함한다)을 목적으로 등기한 담보권을 말한다(법 2조 2호). 「동산·채권 등의 담보에 관한 법률」에 따라 동산을 담보로 제공하기로 하는 약정인 담보약정(물권적 합의)과 공시방법인 등기를 갖춰야 동산담보권이 성립한다고 하여 물권의 효력발생요건(성립요건)으로 등기를 요구한다.

나. 담보약정(담보권설정계약)

1) 의의

양도담보 등 명목을 묻지 아니하고 이 법에 따라 동산·채권·지식재산권을 담보로 제공하기로 하는 약정을 말한다(법 2조 1호). 법이 시행된 2012. 6. 11.

---

14 김준호, 민법강의(제25판), 1737면
15 안형준, 동산·채권 등의 담보에 관한 법률 해설서, 90면

이후에 체결된 담보설정계약이기만 하면 그 명칭이 양도담보계약, 소유권유보부 매매 또는 금융리스인지 가리지 않는다.[16]

담보약정에는 「동산·채권 등의 담보에 관한 법률」이 정하는 동산(근)담보권을 설정한다는 의사의 합치가 확인되어야 한다. ① 당사자인 담보권설정자와 담보권자 ② 채무자 ③ 담보목적물 ④ 피담보채권의 채권액 또는 채권최고액 ⑤ 존속기간이 포함되어야 한다. 동산담보권은 금융권에서 주로 대출상품을 취급하고 있으므로 은행들은 표준 계약서 서식을 만들어 활용하고 있다.[17]

2) 당사자

가) 담보약정의 당사자

담보권설정자와 담보권자가 담보약정의 당사자이다. 채무자는 피담보채권을 발생시키는 계약의 당사자일 뿐 담보약정의 당사자는 아니다(동일인이 하나의 계약서에 의할 수 있으나 엄밀히 별개의 지위이다). 이 법에 따른 동산담보등기를 하기 위하여는 동산담보약정의 당사자 중 담보권설정자는 법인 또는 「부가가치세법」에 따라 사업자등록을 한 자여야 한다. 제정 당시에는 법인 또는 상호등기를 한 사람만이 담보권설정자가 될 수 있었으나, 중소기업·자영업자 대부분이 기존의 담보제도를 이용하기 어려운 실정을 반영하여 법인 또는 「부가가치세법」에 따라 사업자등록을 한 사람으로 확대하는 방향으로 개정하였다 (법 2조 5호).[18] 담보권자에 대한 제한은 별도로 존재하지 않는다. 피담보채권의 채권자와 담보권설정계약의 담보권자가 원칙적으로 동일해야 하나 근저당권의 경우 예외적으로 유효하게 보는 경우가 있으므로[19] 동산담보권과 관련하여서도 동일한 논리가 적용될 수 있다고 본다.

---

16 김재형, 『동산·채권 등의 담보에 관한 법률』 제정안의 구성과 내용", 239면
17 국민은행(고객센터 > 서식/약관/설명서 > 대출), 신한은행(고객센터 > 자료실 > 업무양식), 하나은행 (고객센터 > 서식/약관/설명서자료실 > 약관자료실), 한국씨티은행(고객센터 > 서식/약관자료실 > 은행서식), 등 각 은행은 홈페이지에 담보권설정계약서 서식을 비치하여 활용하고 있다.
18 동산·채권 등의 담보에 관한 법률 일부개정법률안 검토보고(법제사법위원회 전문위원 허병조, 8면)에서 법원이 쉽게 관리할 수 있다는 점 외에 상호등기 여부로 담보권설정자를 제한할 필요성이 크지 않고 전체 등록 개인사업자 중 상호 미등기 사업자 비중이 99.8%로 사실상 자영업자 대부분은 동법상의 담보제도를 이용할 수 없어 법 제정 취지가 크게 퇴색되는 문제점이 있고 변호사나 법무사 등 전문직종 사업자의 경우 상인이 아니라는 이유로 상호등기를 할 수 없어 법인을 설립하지 않고는 동법상의 제도를 이용할 수 없는 문제점도 있다고 지적하였다.
19 대법원 2001. 3. 15. 선고 99다48948 전원합의체 판결

나) 명시의무

동산담보권을 설정하려는 자는 담보약정을 할 때 담보목적물의 소유 여부, 담보목적물에 관한 다른 권리의 존재 여부를 상대방에게 명시하여야 한다(법 6조). 동산에 대한 소유 관계 확인이 용이하지 않은 점 등을 고려하여 담보권을 취득하려는 자를 보호하기 위해 담보권설정자의 명시의무에 대하여 규정하였다.[20] 이 법에 따라 동산담보권을 설정하려는 담보권설정자는 당해 동산에 대한 처분권이 있어야 하는데, 동산의 소유관계는 공시의 불완전성으로 인하여 그 동산에 관한 권리관계를 알 수 없다. 따라서 담보권설정자에게 담보목적물인 동산에 대한 소유 및 다른 권리의 존재여부를 명시할 의무를 계약 체결의 중요한 의무사항으로 둔 것이다. 시중 은행에서 사용하는 표준계약서에는 설정자가 명시한 내용을 확인하기 위해 채권자가 담보목적물의 현황조사 또는 추가자료를 요청하는 경우 설정자는 이에 협조하기로 하는 내용과 명시의무 위반시 기한의 이익을 상실하게 되는 내용 등이 기재되어 있어 계약으로 명시의무의 성실한 이행을 담보하고 있다.[21] 다만 명시의무를 위반하였다고 하더라도 담보권의 효력에 대해 별도의 규정이 없으므로 담보권설정자가 무권한자의 처분으로 인해 담보권이 무효인 경우는 논외로 하고 명시의무 위반으로 인해 담보권의 효력이 무효가 되지는 않는다.[22]

3) 담보목적물

가) 대상

(1) 동산

동산담보권의 목적물은 동산이다(법 3조). 개별 동산뿐만 아니라 여러 개의 동산(장래에 취득할 동산을 포함)도 목적물의 종류, 보관장소, 수량을 정하거나 그 밖에 이와 유사한 방법으로 특정할 수 있는 경우에는 이를 목적으로 담보등기를 할 수 있으므로 동산담보권의 목적물에 해당한다.

---

20 안형준, 동산·채권 등의 담보에 관한 법률 해설서, 41면
21 국민은행, 신한은행, 하나은행, 한국씨티은행 등 은행의 담보권설정계약서 서식에 위와 같은 내용이 포함되어 있다.
22 설사 무효라고 하더라도 신의칙에 비춰 담보권설정자가 이를 주장하는 것은 허용되지 않는 경우가 많을 것이다.

(2) 동산담보의 대상에서 제외되는 동산

동산 중에 ① 「선박등기법」에 따라 등기된 선박, 「자동차 등 특정동산 저당법」에 따라 등록된 건설기계·자동차·항공기·소형선박, 「공장 및 광업재단 저당법」에 따라 등기된 기업재산, 그 밖에 다른 법률에 따라 등기되거나 등록된 동산, ② 화물상환증, 선하증권, 창고증권이 작성된 동산, ③ 무기명채권증서 등 대통령령으로 정하는 증권은 이 법에 따른 동산담보의 대상에서 제외된다(법 3조 3항). ④ 양도할 수 없는 물건도 동산담보권의 목적물이 되지 못한다(법 33조, 민법 331조).

① 내지 ③의 경우 공시의 이원화로 인해 거래의 안전을 저해할 수 있고, 증권의 인도가 해당 동산을 인도하는 것과 같은 물권적 효력을 허용하는 경우 권리의 우열관계를 둘러싼 혼란이 발생할 수 있으므로 이들을 동산담보의 대상에서 제외하였다. 해당 동산을 담보로 하는 저당권을 등기 또는 등록할 수 있는 경우에는 공시의 이원화가 문제되므로 동산담보의 목적물에서 제외하였으나 선박, 건설기계, 자동차, 항공기, 소형선박이 아직 등록관청에 등기 또는 등록되지 않았거나 등기 또는 등록이 말소된 경우에는 동산담보권의 목적으로 할 수 있다.[23] 법이 '등기 또는 등록된'이라고 규정하고 있을 뿐 '등기 또는 등록할 수 있는 경우'이라고 규정하고 있지 아니하므로 당연한 결과이다. 담보등기의 대상이 되는 동산과 담보권의 효력에 관해 몇가지 문제가 있을 수 있는데 이에 대해서는 관련된 부분에서 자세히 살펴본다.

나) 집합동산

법은 목적물의 종류, 보관장소, 수량을 정하거나 그 밖에 이와 유사한 방법으로 특정할 수 있는 경우에는 여러 개의 동산이더라도 동산 담보의 목적물로 인정하고 있다(법 3조 2항). "일반적으로 일단의 증감 변동하는 동산을 하나의 물건으로 보아 이를 채권담보의 목적으로 삼으려는 이른바 집합물에 대한 양도담보설정계약체결도 가능하며 이 경우 그 목적 동산이 담보권설정자의 다른 물건과 구별될 수 있도록 그 종류, 장소 또는 수량지정 등의 방법에 의하여 특정되어 있으면 그 전부를 하나의 재산권으로 보아 이에 유효한 담보권의 설정이 된 것으로 볼 수 있다"는 양도담보설정계약의 유효성을 인정한 판례[24]를 반

---

23 안형준, 동산·채권 등의 담보에 관한 법률 해설서, 33면
24 대법원 1988. 10. 25. 선고 85누941 판결 등 다수

영한 것이다.

동산을 특정하는 데 관하여 수량의 기재와 관련하여 수량이 많아지는 경우에는 담보목적물을 특정할 것으로 볼 수 없어 무효가 될 여지가 있으므로 수량을 기재하지 않는 것이 바람직하다는 견해가 있다.[25] 동산양도담보와 관련하여 판례[26]는 "양도담보계약서 중 양도물건목록에 소재지, 보관창고명과 목적물이 양만장 내 뱀장어, 수량 약 백만 마리라고 기재되어 있을 뿐이고 특별히 위 양만장 내의 뱀장어 중 1,000,000마리로 그 수량을 지정하여 담보의 범위를 제한한 사실이 인정되지 않는다면 위 양도담보계약서에 기재된 수량은 단순히 위 계약 당시 위 양만장 내에 보관하고 있던 뱀장어 등의 수를 개략적으로 표시한 것에 불과하고 당사자는 위 양만장 내의 뱀장어 등 어류전부를 그 목적으로 하였다고 봄이 당사자의 의사에 합치된다고 할 것이다"라고 한다. 생각건대, 이미 수량으로 특정된 담보등기의 효력은 계약 당사자의 의사와 합리적인 사람이라면 등기부에 기재된 표기가 어떤 담보목적물을 지칭하는 것으로 이해할 것인지에 따라 판단하여야 한다. 따라서 수량이 등기부의 기재와 다른 경우 자칫 담보목적물의 특정 불가로 무효가 될 수 있으므로 설정계약 및 등기시에 주의하여야 한다.

집합동산은 그 유형을 확정집합동산, 유동집합동산, 변질집합동산으로 구분할 수 있다. ① 확정집합동산은 기계기구, 비품 등과 같은 특정한 동산의 집합체가 일개의 집합물을 이루고 있는 경우를 말한다. 단지 개별적으로 여러 개의 특정가능한 동산의 집합인 경우에는 하나의 집합물의 개념을 도입할 필요가 없다. 이는 공동담보(법 29조 1항)의 문제로 해결하여야 한다.[27]

② 유동집합동산은 일단의 증감 변동하는 동산을 하나의 물건으로 보는 형

---

25 김재형, "동산담보권의 법률관계", 46-47면

26 대법원 1990. 12. 26. 선고 88다카20224 판결

27 (대법원 2016. 4. 28. 선고 2015다221286 판결) 여러 개의 동산을 일괄하여 양도담보의 목적으로 하는 양도담보설정계약을 체결하면서 향후 일정 장소에 편입되는 동산에 대해서도 양도담보의 효력을 받는 것으로 약정한 경우에, 이를 특정된 동산들을 목적물로 한 양도담보로 볼 것인지, 일단의 증감 변동하는 동산을 하나의 물건으로 보아 이를 목적물로 한 이른바 유동집합동산 양도담보로 볼 것인지는 양도담보설정계약의 해석의 문제이다. 양도담보설정계약이 기계기구 또는 영업설비 등 내구연수가 장기간이고 가공 과정이나 유통 과정 중에 있지 아니한 여러 개의 동산을 목적으로 하고 있으며, 담보목적물마다 명칭, 성능, 규격, 제자자, 제작번호 등으로 특정하고 있는 경우에는, 원칙적으로 특정된 동산들을 일괄하여 양도담보의 목적물로 한 계약이라고 보아야 하므로 향후 편입되는 동산을 양도담보 목적으로 하기 위해서는 편입 시점에 제3자가 그 동산을 다른 동산과 구별할 수 있을 정도로 구체적으로 특정되어야 한다.

태를 말한다. 유동집합동산의 경우라도 목적물의 종류, 보관장소, 수량을 정하
거나 그 밖에 이와 유사한 방법으로 특정할 수 있는 경우에는 이를 목적으로
담보등기를 할 수 있다(법 3조 2항). 이에 대한 이론 구성을 어떻게 할 것인지
에 관해 집합물의 개념을 인정하는 전제에서 ⅰ) 유동집합동산을 경제적 통일
체로서 하나의 객체로 보는 집합물론 ⅱ) 담보권자의 담보권설정자에 대한 처
분수권을 전제로 유동집합동산을 이루는 개별 동산의 유입시에 담보권이 성립
한다는 분석론 ⅲ) 집합물 개념에 의해 설정된 범위 중 일정한 가치범위에 해
당하는 동산으로부터 우선변제를 받을 수 있는 특수한 담보라는 가치범위론이
있다. 판례[28]는 "집합물에 대한 양도담보권설정계약이 이루어지면 그 집합물
을 구성하는 개개의 물건이 변동되거나 변형되더라도 한 개의 물건으로서 동
일성을 잃지 아니하므로 양도담보권의 효력은 항상 현재의 집합물 위에 미치
는 것이고, 따라서 양도담보권자가 담보권설정계약 당시 존재하는 집합물을
점유개정의 방법으로 그 점유를 취득하면 그 후 양도담보설정자가 그 집합물
을 이루는 개개의 물건을 반입하였다 하더라도 그때마다 별도의 양도담보권설
정계약을 맺거나 점유개정의 표시를 하여야 하는 것은 아니다"고 하여 유동집
합동산의 경우 담보목적물을 이루는 개개의 동산이 처분되고, 새로 유입되는
경우에도 여전히 담보권의 효력이 미친다고 하고 있다.

  ③ 변질집합동산은 원재료 · 반제품 등과 같이 집합체를 구성하는 동산에 가
공 · 제조 과정에서 변질되는 동산을 말한다. 원재료에 동산담보권을 설정한 후,
원재료를 가공하여 다른 제품을 만들었을 때 담보권설정 당시의 동산의 성상
이 달라져 담보권이 미치지 않을 위험이 있다(제품을 제조하는 자는 대개 다양한
원재료를 구입하여 제조를 하므로 담보로 제공한 자신의 동산에 다른 소유자의 동산이
부합되는 경우와는 구분되는 경우이다). 법무부 해설서에는 이런 경우까지 부합의
경우에 포함하여 동산담보권이 미치는 것을 전제로 약정으로 달리 정할 수 있
다고 한다.[29] 그러나 「민법」상 부합의 규정은 소유자를 달리하는 물건의 법률
관계를 조율하는 규정인데 비해 이 상황은 소유자는 동일함에도 그 동산의 성
상이 달라져 담보권의 효력이 등기부에 기재된 것과 다른 경우에도 여전히 미
치는 지에 관한 것이므로 부합에 관한 논의가 적용될 사안으로 보기 어렵다.

---

28 대법원 1990. 12. 26. 선고 88다카20224 판결
29 안형준, 동산 · 채권 등의 담보에 관한 법률 해설서, 48면

생각건대 담보권설정자가 담보물을 멸실, 훼손함으로 인해 형사상 책임[30] 또는 담보물보충책임 등을 지는 것은 별론으로 하고, 해당 동산이 다른 물건과 결합·가공되어 동일성을 잃게 된다면 담보목적물인 동산의 변형물에 담보권의 효력이 미친다고 볼 수 없다. 동산은 부동산과 달리 그 성상의 가변성이 크므로 법은 이러한 특성을 예정하여 특별히 현황조사 규정을 두어 담보권자에게 필요한 조치를 할 수 있게 한다(법 17조 1항). 따라서 담보권자는 자신의 담보목적물에 대해 현황조사를 통해 그 담보가치 유지를 통제할 수 있다. 반면 담보권이 그 동산(원재료)의 변형물(완성품)에까지 미치게 된다면 등기부를 보고 다른 담보권이 없다고 신뢰한 제3자에게 예측할 수 없는 손해를 입게 되기 때문이다. 판례[31]도 "집합물을 구성하는 개개의 물건이 변동되거나 변형되더라도 한 개의 물건으로서의 동일성을 잃지 아니하면, 양도담보권이 집합물 위에 미친다" 미친다고 하여 동일성을 주요한 기준으로 삼고 있다. 동일성이 상실될 경우를 대비하여 원재료와 같은 동산을 담보목적물로 한 담보권설정계약을 체결하려는 담보권자는 장래 취득할 동산으로 그 원재료를 사용하는 완성품까지 공동담보로 하여 담보권설정계약을 체결함이 담보권소멸에 따른 손해를 방지할 수 있다.

---

30 (대법원 2020. 8. 27. 선고 2019도14770 전원합의체 판결) 판례는 "배임죄는 타인의 사무를 처리하는 자가 그 임무에 위배하는 행위로써 재산상의 이익을 취득하거나 제3자로 하여금 이를 취득하게 하여 사무의 주체인 타인에게 손해를 가할 때 성립하는 것이므로 그 범죄의 주체는 타인의 사무를 처리하는 지위에 있어야 한다. 여기에서 '타인의 사무를 처리하는 자'라고 하려면, 타인의 재산관리에 관한 사무의 전부 또는 일부를 타인을 위하여 대행하는 경우와 같이 당사자 관계의 전형적·본질적 내용이 통상의 계약에서의 이익대립관계를 넘어서 그들 사이의 신임관계에 기초하여 타인의 재산을 보호 또는 관리하는 데에 있어야 한다. 이익대립관계에 있는 통상의 계약관계에서 채무자의 성실한 급부이행에 의해 상대방이 계약상 권리의 만족 내지 채권의 실현이라는 이익을 얻게 되는 관계에 있다거나, 계약을 이행함에 있어 상대방을 보호하거나 배려할 부수적인 의무가 있다는 것만으로는 채무자를 타인의 사무를 처리하는 자라고 할 수 없고, 위임 등과 같이 계약의 전형적·본질적인 급부의 내용이 상대방의 재산상 사무를 일정한 권한을 가지고 맡아 처리하는 경우에 해당하여야 한다. 채무자가 금전채무를 담보하기 위하여 그 소유의 동산을 채권자에게 동산·채권 등의 담보에 관한 법률(이하 '동산채권담보법'이라 한다)에 따른 동산담보로 제공함으로써 채권자인 동산담보권자에 대하여 담보물의 담보가치를 유지·보전할 의무 또는 담보물을 타에 처분하거나 멸실, 훼손하는 등으로 담보권 실행에 지장을 초래하는 행위를 하지 않을 의무를 부담하게 되었더라도, 이를 들어 채무자가 통상의 계약에서의 이익대립관계를 넘어서 채권자와의 신임관계에 기초하여 채권자의 사무를 맡아 처리하는 것으로 볼 수 없다. 따라서 이러한 경우 채무자를 배임죄의 주체인 '타인의 사무를 처리하는 자'에 해당한다고 할 수 없고, 그가 담보물을 제3지에게 처분하는 등으로 담보가치를 감소 또는 상실시켜 채권자의 담보권 실행이나 이를 통한 채권실현에 위험을 초래하더라도 배임죄가 성립하지 아니한다"라고 하여 동산담보권설정자의 배임죄 성립을 부정하였다.

31 대법원 1988. 12. 27. 선고 87누1043 판결

다) 개별동산

개별 동산의 경우에도 위와 같은 방법으로 특정할 수 있으면 동산담보권의 목적물이 될 수 있다. 규칙에서는 특성 또는 보관장소에 따라 특정하는 데 필요한 사항을 구분하고 있다(규칙 35조 1항 1호).

담보목적물의 대상인 동산과 관련하여 온라인 아이템을 동산담보권의 목적으로 할 수 있는지 문제된다. 온라인 아이템은 게임 안에서 유용성을 가지고 양도 · 인수가 가능하므로 게임 산업의 발전에 따라 이를 중개해주는 IMI, 아이템베이와 같은 온라인 아이템 거래 중개 사이트가 생겨났다. 중개업시장의 연간 거래액 규모는 2010년 기준 연 약1조원에 달하고[32], 게임 속 캐릭터를 블록체인 기술과 NFT(NON−Fungible Token, 대체불가능토큰)을 활용하여 계정과 분리하여 양도할 수 있는 서비스를 제공하는 등[33] 게임 아이템과 관련하여 거래가 활발해지고 있다. 만약 게임아이템 등이 동산의 개념에 포함된다면 동산담보권의 대상이 되어 금융상품으로 활용될 수 있다. 동산은 부동산 이외의 물건이므로 물건(민법 98조)의 개념, 즉 유체물 및 전기 기타 관리할 수 있는 자연력에 온라인 아이템이 포함되는지가 쟁점이다.[34] 이에 대해 영속성이 없어 당연히 유체물에 해당하지 않고, 물권의 처분, 이용 등이 자유로이 이루어지는 관리가능성이 온라인 아이템이 서버내에서만 이용가능한 점에 비춰 인정되지 않으므로 물건으로 볼 수 없다는 견해가 있다.[35] 생각건대, 「민법」상 물건에 해당하려면 외계의 일부로서 유체물에 해당하거나 관리가능성이 있는 자연력이어야 하는데 온라인 아이템은 외계의 일부라고 할 수 없으므로 유체물도 아니고, 관리가능성도 온라인 사업제공자와 분리하여 게임사용자에게 있다고만 할 수 없으므로 물건이라고 볼 수 없다. 다만, 동산담보권의 입법취지가 종래 부동산에 편중된 담보대출로 인하여 자금융통이 어려운 중소기업이나 소상공인을 돕는 취지이므로 입법적으로 점차 이를 확대해 감이 타당하다.[36]

---

32 장우현, "아이템 거래 규제, 과잉규제의 위험성은 없는가?", KDI FOCUS 통권제12호(2011), 3면
33 이상훈, "계정 판매 없이 캐릭터만 거래..위메이드, '미르4' 글로벌서 캐릭터 NFT 도입", 한국정경신문, http://kpenews.com/View.aspx?No=2155264, 최종 수정2021.12.23.
34 본법에서 물건이라 함은 유체물 및 전기 기타 관리할 수 있는 자연력을 말한다.
35 양재모, "온라인아이템의 물건성과 법률관계", 법과 정책연구 제1집(2001), 272−275면
36 게임 아이템 중개사업 등 아이템들을 보유한 스타트업들의 재고자산으로 게임 아이템이 해당할 수 있다.

라) 장래 취득할 동산

장래에 취득할 동산을 채권자의 담보를 위해 목적물의 종류, 보관장소, 수량을 정하거나 그 밖에 이와 유사한 방법으로 특정할 수 있는 경우에는 이를 목적으로 동산담보권을 설정할 수 있다(법 3조 2항).

4) 피담보채권

피담보채권의 종류에 관해 법은 달리 규정을 두고 있지 아니하다. 따라서 금전채권이 피담보채권이 되는 경우가 대부분일 것이지만, 금전채권이 아니라도 피담보채권이 될 수 있다.[37] 다만, 피담보채권액 또는 그 최고액이 등기사항이고(법 47조 2항 7호), 일정한 금액을 목적으로 하지 않는 채권을 담보하기 위하여는 그 채권의 평가액을 기록하여야 하므로(등기예규 1741호 7조 5항) 금전으로 평가될 수는 있어야 한다.

장래에 발생할 특정의 채권을 위하여 담보권을 설정할 수 있는지에 대해 명시적인 규정은 없으나 이를 인정하여야 한다. 장래의 특정의 채권을 위한 저당권에 관해서는 규정이 없으나 「민법」이 여러 곳에서(민법 26조 1항, 206조, 443조, 588조, 639조 2항, 662조 2항, 918조 4항, 956조 등) 장래의 채권을 위한 담보를 인정하는 규정을 두고 있는 것을 보더라도, 장래에 발생할 특정의 채권을 담보하기 위한 저당권은 유효하다고 보고 있다.[38] 동산담보권도 장래의 불특정의 채권을 담보하는 동산근담보권을 허용하고 있고, 「민법」의 여러 담보제도들과 조화를 이루는 범위에서 제정되었으며, 저당권과 구조적 유사성을 띠고 있으므로 이를 달리 취급할 이유가 없다.

5) 존속기간

동산담보권의 존속기간을 5년으로 제한하되, 5년을 초과하지 않는 기간으로 이를 갱신할 수 있다(법 49조). 피담보채권이 대부분 상사채권이고 그 소멸시효가 5년인 점을 고려하여 존속기간을 5년으로 한 것이다.[39] 다만, 5년을 초과하지 않는 범위에서 연장할 수 있고, 갱신의 횟수는 제한되지 않으므로 변제기가 도래하기 전에 부당하게 존속기간이 만료되어 소멸하는 경우를 방지할 수 있다.

---

37 김재형, "동산담보권의 법률관계", 51면
38 곽윤직·김재형, 물권법(제8판), 박영사, (2014), 439면
39 안형준, 동산·채권 등의 담보에 관한 법률 해설서, 129면

동산담보권은 여타의 담보권과 달리 최장 존속기간을 두고 있으나, 존속기간을 정하지 않은 경우의 최단 존속기간에 대하여는 별도의 규정이 없다. 이 법에 따른 동산담보권을 취득하기 위하여는 등기를 하여야 하는데, 등기사항으로 존속기간을 두고 있으므로(법 47조 2항 9호), 존속기간을 정하지 않은 경우 각하사유에 해당하여(법 46조 5호) 등기를 할 수 없어 담보권을 취득할 수 없기 때문에 존속기간을 정하지 않은 경우 최단 존속기간을 얼마로 할 것인지가 문제되지 않는다. 즉 담보권설정계약에 있어서 존속기간은 계약의 중요한 부분에 해당한다.[40]

다. 동산담보등기

동산담보권은 담보권설정계약 외에 설정등기가 있어야 성립한다. 설정등기는 담보권의 성립요건이다. 등기할 사항은 법 제47조제2항에서 규정하고 있다. 등기방법이나 절차가 부동산등기와 유사하기 때문에 담보등기에 관하여 특별한 규정이 있는 경우를 제외하고는 성질에 반하지 않는 한 부동산등기를 준용하고 있다(법 57조). 다만, 담보등기는 부동산등기의 물적 편성주의와 달리 인적 편성주의에 의해 편성되어 있어 그 구조가 상이함에 주의하여야 한다.

라. 동산근담보권

일정한 계속적인 거래관계에서 장래 발생하는 다수의 불특정채권을 담보하기 위하여 담보할 채무의 최고액만을 정하고 채무의 확정을 장래에 보류하여 설정할 수 있는 근담보권을 법은 명문으로 인정하고 있다(법 5조 1항). 동산담보에서의 근담보권은 부동산담보의 근저당권과 유사한 것이므로, 피담보채무의 확정, 근담보권의 처분 등은 근저당권에서의 피담보채무 확정이나 근저당권의 처분에 관한 학설 및 판례의 이론이 그대로 적용되어야 할 것이다.[41]

따라서 근담보권의 존속기간 내에 계속적 거래관계의 종료[42]나 경매신청[43]

---

40 동산·채권 등의 담보에 관한 법률 일부개정법률안 검토보고(법제사법위원회 전문위원 허병조, 32 면)에서 원안에서 담보등기의 존속기간이라고 한 부분을 담보권의 존속기간으로 변경하는 것이 법 체계상 바람직한 것으로 보인다는 수정의견이 있었고 제정법은 이를 반영하여 '담보권의 존속기간'으로 수정가결 되었다.

41 안형준, 동산·채권 등의 담보에 관한 법률 해설서, 40면

42 (대법원 2002. 5. 24. 선고 2002다7176 판결) 근저당권이라 함은 그 담보할 채권의 최고액만을 정하고 채무의 확정을 장래에 유보하여 설정하는 저당권을 말하고, 이 경우 그 피담보채무가 확정될

등에 의해 피담보채권은 확정되고, 그때를 기준으로 피담보채권이 특정되므로 그 후 발생하는 채권은 더 이상 근담보권에 의해 담보되지 않는다.

■ **사례정리(제3자의 경매신청으로 인한 피담보채권 확정 시기)**

> 甲은 이 사건 동산에 대하여 채권최고액을 10억원으로 하여 동산근담보권을 설정하고 담보권설정자에게 7억원을 대여하였다. 이후에 담보권설정자의 일반채권자에 의해 강제경매절차가 진행된 경우 甲의 피담보채권은 언제 확정되는가?

1. 근저당권의 경우와 마찬가지로 경락대금 완납시로 보는 견해

(대법원 1999. 9. 21. 선고 99다26085 판결) 당해 근저당권자는 저당부동산에 대하여 경매신청을 하지 아니하였는데 다른 채권자가 저당부동산에 대

때까지의 채무의 소멸 또는 이전은 근저당권에 영향을 미치지 아니하므로, 근저당부동산에 대하여 소유권을 취득한 제3자는 피담보채무가 확정된 이후에 그 확정된 피담보채무를 채권최고액의 범위 내에서 변제하고 근저당권의 소멸을 청구할 수 있다고 할 것이며, 피담보채무는 근저당권설정계약에서 근저당권의 존속기간을 정하거나 근저당권으로 담보되는 기본적인 거래계약에서 결산기를 정한 경우에는 원칙적으로 존속기간이나 결산기가 도래한 때에 확정되지만, 이 경우에도 근저당권에 의하여 담보되는 채권이 전부 소멸하고 채무자가 채권자로부터 새로이 금원을 차용하는 등 거래를 계속할 의사가 없는 경우에는, 그 존속기간 또는 결산기가 경과하기 전이라 하더라도 근저당권설정자는 계약을 해지하고 근저당권설정등기의 말소를 구할 수 있고, 한편 존속기간이나 결산기의 정함이 없는 때에는 근저당권의 피담보채무의 확정방법에 관한 다른 약정이 있으면 그에 따르되 이러한 약정이 없는 경우라면 근저당권설정자가 근저당권자를 상대로 언제든지 해지의 의사표시를 함으로써 피담보채무를 확정시킬 수 있다.

피담보채무를 확정시키는 근저당권설정자의 근저당권설정계약의 해제 또는 해지에 관한 권한은 근저당부동산의 소유권을 취득한 제3취득자도 원용할 수 있다고 할 것인데, 제3취득자가 명시적인 해지의 의사표시를 하지는 아니하였지만 근저당권자에게 저당목적 부동산을 취득하였음을 내세우면서 앞으로 대위변제를 통하여 채권최고액 범위 내에서 피담보채무를 소멸시키고 근저당권의 소멸을 요구할 것이라는 전제에서 채무자의 피담보채무에 대하여 채무를 일부 변제하기 시작하는 등 제3취득자가 기존 근저당권설정계약의 존속을 통한 피담보채무의 증감변동을 더 이상 용인하지 아니하겠다는 의사를 파악할 수 있는 어떤 외부적, 객관적 행위를 하고, 채권자도 그러한 사정 때문에 그 계약이 종료됨으로써 피담보채무가 확정된다고 하는 점을 객관적으로 인식할 수 있었던 경우라면, 제3취득자는 근저당권설정계약을 해지하는 묵시적인 의사표시를 한 것으로 볼 수 있으므로, 근저당권의 피담보채무는 그 설정계약에서 정한 바에 따라 확정된다.

43 (대법원 2002. 11. 26. 선고 2001다73022 판결) 근저당권자가 피담보채무의 불이행을 이유로 경매신청을 한 경우에는 경매신청시에 근저당 채무액이 확정되고, 그 이후부터 근저당권은 부종성을 가지게 되어 보통의 저당권과 같은 취급을 받게 되는바, 위와 같이 경매신청을 하여 경매개시결정이 있은 후에 경매신청이 취하되었다고 하더라도 채무확정의 효과가 번복되는 것은 아니다.

하여 경매신청을 한 경우 민사소송법 제608조 제2항, 제728조의 규정에 따라 경매신청을 하지 아니한 근저당권자의 근저당권도 경락으로 인하여 소멸하므로, 다른 채권자가 경매를 신청하여 경매절차가 개시된 때로부터 경락으로 인하여 당해 근저당권이 소멸하게 되기까지의 어느 시점에서인가는 당해 근저당권의 피담보채권도 확정된다고 하지 아니할 수 없는데, 그 중 어느 시기에 당해 근저당권의 피담보채권이 확정되는가 하는 점에 관하여 우리 민법은 아무런 규정을 두고 있지 아니한바, 부동산 경매절차에서 경매신청기입등기 이전에 등기되어 있는 근저당권은 경락으로 인하여 소멸되는 대신에 그 근저당권자는 민사소송법 제605조가 정하는 배당요구를 하지 아니하더라도 당연히 그 순위에 따라 배당을 받을 수 있고, 이러한 까닭으로 선순위 근저당권이 설정되어 있는 부동산에 대하여 근저당권을 취득하는 거래를 하려는 사람들은 선순위 근저당권의 채권최고액 만큼의 담보가치는 이미 선순위 근저당권자에 의하여 파악되어 있는 것으로 인정하고 거래를 하는 것이 보통이므로, 담보권 실행을 위한 경매절차가 개시되었음을 선순위 근저당권자가 안 때 이후의 어떤 시점에 선순위 근저당권의 피담보채무액이 증가하더라도 그와 같이 증가한 피담보채무액이 선순위 근저당권의 채권최고액 한도 안에 있다면 경매를 신청한 후순위 근저당권자가 예측하지 못한 손해를 입게 된다고 볼 수 없는 반면, 선순위 근저당권자는 자신이 경매신청을 하지 아니하였으면서도 경락으로 인하여 근저당권을 상실하게 되는 처지에 있으므로 거래의 안전을 해치지 아니하는 한도 안에서 선순위 근저당권자가 파악한 담보가치를 최대한 활용할 수 있도록 함이 타당하다는 관점에서 보면, 후순위 근저당권자가 경매를 신청한 경우 선순위 근저당권의 피담보채권은 그 근저당권이 소멸하는 시기, 즉 경락인이 경락대금을 완납한 때에 확정된다고 보아야 한다.

2. 근담보권자가 제3자에 의한 강제집행절차가 개시된 사실을 알게 된 때로 보는 견해

(대법원 2009. 10. 15. 선고 2009다43621 판결) 근질권의 목적이 된 금전채권에 대하여 근질권자가 아닌 제3자의 압류로 강제집행절차가 개시된 경우, 제3채무자가 그 절차의 전부명령이나 추심명령에 따라 전부금 또는 추심금을 제3자에게 지급하거나 채권자의 경합 등을 사유로 위 금전채권의 채권액을 법원에 공탁하게 되면 그 변제의 효과로서 위 금전채권은 소멸하고 그 결과 바로 또는 그 후의 절차진행에 따라 종국적으로 근질권도 소멸하게 되

므로, 근질권자는 위 강제집행절차에 참가하거나 아니면 근질권을 실행하는 방법으로 그 권리를 행사할 것이 요구된다. 이런 까닭에 위 강제집행절차가 개시된 때로부터 위와 같이 근질권이 소멸하게 되기까지의 어느 시점에서인가는 근질권의 피담보채권도 확정된다고 하지 않을 수 없다. 근질권자가 제3자의 압류 사실을 알고서도 채무자와 거래를 계속하여 추가로 발생시킨 채권까지 근질권의 피담보채권에 포함시킨다고 하면 그로 인하여 근질권자가 얻을 수 있는 실익은 별 다른 것이 없는 반면 제3자가 입게 되는 손해는 위 추가된 채권액만큼 확대되고 이는 사실상 채무자의 이익으로 귀속될 개연성이 높아 부당할 뿐 아니라, 경우에 따라서는 근질권자와 채무자가 그러한 점을 남용하여 제3자 등 다른 채권자의 채권 회수를 의도적으로 침해할 수 있는 여지도 제공하게 된다. 따라서 이러한 여러 사정을 적정·공평이란 관점에 비추어 보면, 근질권이 설정된 금전채권에 대하여 제3자의 압류로 강제집행절차가 개시된 경우 근질권의 피담보채권은 근질권자가 위와 같은 강제집행이 개시된 사실을 알게 된 때에 확정된다고 봄이 타당하다.

3. 검토

생각건대, 동산근담보권의 피담보채권 확정시기는 근저당권의 경우와 마찬가지로 경락대금 완납시가 타당하다. 동산근담보권은 근질권과 달리 집행법원이나 이해관계인은 등기부등본만 보아도 근담보권의 존부와 우선변제권의 범위를 쉽게 알 수 있다. 동산근담보권의 존재는 담보권설정자의 담보등기부를 열람하면 누구든지 알 수 있으므로 담보권 실행을 위한 경매절차가 개시되었음을 선순위 근담보권자가 안 때 이후의 어떤 시점에 선순위 근담보권의 피담보채무액이 증가하더라도 그와 같이 증가한 피담보채무액이 선순위 근저당권의 채권최고액 한도 안에 있다면 경매를 신청한 후순위 담보권자(후순위 근담보권자, 후순위 질권자 등)가 예측하지 못한 손해를 입게 된다고 볼 수 없는 반면, 선순위 담보권자는 자신이 경매신청을 하지 아니하였으면서도 경락으로 인하여 근담보권을 상실하게 되는 처지에 있으므로 거래의 안전을 해치지 아니하는 한도 안에서 선순위 근담보권자가 파악한 담보가치를 최대한 활용하도록 보호할 필요가 있기 때문이다. 또한 이와 같은 논리는 담보목적물이 채권인 채권근담보권의 경우에도 후순위 권리자는 등기부를 통해 피담보채무액의 증가를 예상할 수 있으므로 피담보채권의 확정시기를 동산인 경우와 달리 볼 이유가 없다.

4. 사안의 경우

甲의 피담보채권은 이 사건 동산의 경락대금 완납시에 확정된다.

마. 공동담보

1) 의의

공동담보란 동일한 채권을 담보하기 위하여 여러 개의 담보목적물에 동산담보권을 설정하는 것을 말한다(법 29조 1항). 동산은 개별 가치가 부동산에 비해 대체적으로 작고, 감가상각으로 인해 시간이 지남에 따라 담보가치가 하락한다. 따라서 개별동산뿐만 아니라 집합동산의 경우에도 담보가치의 집적과 담보가치 하락에 따른 위험 분산을 위하여 공동담보가 활용되고 있다. 동산담보권은 피담보채권을 담보하기 위하여 하나의 동산을 담보로 제공하는 경우보다 여러 개의 동산을 담보로 제공하는 경우가 일반적이다. 공동담보는 동일한 피담보채권을 담보하기 위해 수 개의 담보목적물에 담보권이 설정된 광의의 공동담보와 법 제29조가 적용 또는 준용되는 공동담보인 협의의 공동담보로 구분된다.

2) 협의의 공동담보(동종의 담보목적물)

가) 요건

동일한 피담보채권(근담보인 경우 기본계약)을 담보하기 위하여 동일한 담보권설정자와 여러 개의 동산에 대한 담보권설정계약과 설정등기를 하여야 한다.

나) 효력

동산담보권의 공동담보는 공동저당과 달리 소유자를 달리하는 공동담보를 예정하고 있지 않다. 물적 편성주의를 취하는 부동산의 경우 채무자 소유 부동산과 물상보증인 소유 부동산에 대하여 공동저당권을 설정할 수 있다. 등기부에 공동저당에 제공되는 부동산임을 표시할 수 있으므로 부동산 수유자를 달리하는 공동저당을 설정할 수 있다(등기선례 제9-324호).[44] 반면, 법은 소유자가 다른 공동담보의 설정에 관해 별도로 규정을 하고 있지 아니하다. 이는 부동산등기와 달리 담보등기부가 소유권을 공시하지 않고, 인적 편성주의에 따른 담보등기부를 통해 공동담보인지 여부를 쉽게 확인하기 어려워 차순위자의 대위등기 반영 등에 혼란이 있어 법률관계가 지나치게 복잡해질 우려가 있기 때문인 것으로 보인다. 따라서 물상보증인 소유의 동산에 대해 채무자와 공동으로 담보권을 설정하기 위하여는 동일한 피담보채권을 담보하기 위한 별개의 담보권설정등기를 설정하는 수밖에 없고 이 경우 후순위자의 권리행사에 관한 제26조는 적용되지 않는다.

다) 실행

공동담보권의 객체인 각 동산마다 별개로 하나의 담보권이 성립한다. 보통의 (근)담보권과 같지만 (근)담보권자에게 실행에 선택권이 있으므로 전부 또는 일부 선택하여 실행할 수 있다.

법은 제29조에서 「민법」 제368조와 마찬가지로 동시배당과 이시배당에 관하여 규정하고 있다. 동일한 채권의 담보로 여러 개의 담보목적물에 동산담보권을 설정한 경우에 그 담보목적물의 매각대금을 동시에 배당할 때에는 각 담보목적물의 매각대금에 비례하여 그 채권의 분담을 정한다(법 29조 1항). 담보목적물 중 일부의 매각대금을 먼저 배당하는 경우에는 그 대가에서 그 채권 전부를 변제받을 수 있다. 이 경우 경매된 동산의 후순위담보권자는 선순위담보권자가 다른 담보목적물의 동산담보권 실행으로 변제받을 수 있는 금액의 한도에서 선순위담보권자를 대위하여 담보권을 행사할 수 있다(법 29조 2항). 이러한 규정은 사적실행절차에도 준용하고 있다. 담보권자가 담보목적물로써 직접 변제에 충당하거나 담보목적물을 매각하여 그 대금을 변제에 충당하는 방법으로 동산담보권을 실행하는 경우에도 동시배당과 이시배당에 관한 법 제29조제1항과 제2항을 준용한다. 다만, 각 담보목적물의 매각대금을 정할 수 없는 경우에는 사적실행 절차에 따른 통지에 명시된 각 담보목적물의 평가액 또는 예상매각대금에 비례하여 그 채권의 분담을 정한다(법 29조 3항).

---

44 동일한 채권의 담보로 부동산에 관한 소유권과 지상권에 대하여 공동근저당권설정등기가 가능한지 여부(등기선례 제9-324호)

　　채권자는 동일한 채권의 담보로 갑부동산에 관한 소유권과 을부동산에 관한 지상권에 대하여 공동근저당권설정등기를 신청할 수 있으며, 이때 갑부동산의 소유자와 을부동산의 지상권자가 반드시 동일할 필요는 없다.

3) 광의의 공동담보(이종의 담보목적물)

동일한 담보목적물을 공동으로 담보하는 경우에만 공동담보로서 후순위자의 권리행사에 관한 제29조가 적용된다. 동산과 채권을 동시에 공동담보로서 동일한 채권자에게 담보로 제공하기 위하여는 개별적으로 담보등기부에 각각 설정등기를 할 수밖에 없다. 현재 이종의 담보목적물을 공동으로 담보하는 경우는 협의의 공동담보가 아니라 광의의 공동담보에 해당한다. 이런 경우 담보의 집적성이 떨어져 담보가치를 낮게 평가될 수 있다. 최근 법무부는 이런 이종의 담보를 일괄하여 담보로 제공할 수 있는 일괄담보를 골자로 한 개정안을 제출한 적이 있다.[45]

3   동산담보권의 효력

가. 동산담보권의 효력이 미치는 범위

1) 피담보채권

동산담보권은 원본, 이자, 위약금, 담보권실행의 비용, 담보목적물의 보존비용 및 채무불이행 또는 담보목적물의 흠으로 인한 손해배상의 채권을 담보한다. 다만, 설정행위에 다른 약정이 있는 경우에는 그 약정에 따른다(법 12조). 저당권과 달리 지연이자를 1년분으로 제한하지 않고 질권의 피담보채권과 마찬가지로 규정하였다. 제정법률에 따른 동산담보권의 경우 원칙적으로 담보권의 존속기간이 5년으로 제한되기 때문에 지연이자 증가로 후순위권리자 등의 이익을 해할 가능성이 높지 않은 점 등을 고려하여 위와 같은 제한을 두지 않고, 「민법」상 질권처럼 피담보채권의 범위를 폭넓게 인정하였다.[46] 동산근담보권의 경우 채권최고액까지 원본, 이자, 위약금, 담보권실행의 비용, 담보목적물의 보존비용 및 채무불이행 또는 담보목적물의 흠으로 인한 손해배상의 채권 등이 담보된다.[47]

---

45 정부안으로 "동산 · 채권 등의 담보에 관한 법률 일부개정법률안(의안번호2024817)"이 발의되었으나, 2020.5.29.임기만료로 폐기되었다.
46 안형준, 동산 · 채권 등의 담보에 관한 법률 해설서, 52−53면

2) 담보목적물

가) 부합된 물건과 종물

동산담보권의 효력은 담보목적물에 부합된 물건과 종물에 미친다. 다만, 법률에 다른 규정이 있거나 설정행위에 다른 약정이 있으면 그러하지 아니하다(법 10조). '부합'이란 분리 훼손하지 아니하면 분리할 수 없거나 분리에 과다한 비용을 요하는 경우는 물론 분리하게 되면 경제적 가치를 심히 감손케 하는 경우도 포함하고, 부합의 원인은 인공적인 경우도 포함한다.[48]

먼저 부합에 의해 목적물의 소유권이 변경되는 경우 담보권의 효력을 살펴본다. 부동산에 담보목적물이 부합된 경우, 「민법」 제256조에 의해 부동산의 소유자가 소유권을 타인의 권원에 의하여 부동산에 부합된 물건이 거래상 독립한 권리의 객체성을 상실하고 부동산의 구성부분이 된 경우, 물건의 소유권이 부동산의 소유자에게 귀속되고, 이때 부동산의 소유자가 방해배제청구권에 기하여 부합물의 철거를 청구할 수 없다.[49] 부동산의 소유자는 소유권을 원시취득하고 다만, 동산의 소유자는 부당이득이 정하는 요건에 따라 보상을 청구할 수 있다(민법 261조). 예를 들어 동산담보권의 목적물인 철재강판이 건축자재로 사용되어 부동산의 일부를 구성한 경우를 들 수 있다.

반면 동산간에 부합된 경우에는 무엇이 주된 동산인지 여부에 따라 담보권의 효력이 결정된다. 담보목적물인 동산이 주된 동산인 경우 부합된 다른 동산의 소유권은 주된 동산의 소유자에게 귀속하므로 동산담보권의 효력은 이에 미친다(법 257조 본문). 다만 주종을 알 수 없는 경우에는 동산의 소유자는 부합당시의 가액의 비율로 합성물을 공유하므로(법 257조 단서) 동산담보권은 해당 동산의 지분에 미친다는 견해가 있다.[50] 생각건대, 부합으로 인하여 담보등기부에 기재된 동산 소유권이 변동되고, 그 성상이 달라졌다고 하여 특정성을 결하여 동산담보권이 무효가 된다고 볼 수 없다. 애초부터 동산담보등기에 기재 당시에 불분명하게 특정한 경우 경우(예를 들어 수량이 상이한 경우 등)와 이익상황이 다르다. 후자의 경우 애초부터 담보등기부에 동산을 특정하는데 과

---

47 근질권 채권최고액의 한도 내에서 대출원금에 대해 약정연체이율로 계산한 지연손해금을 지급할 의무가 있다고 판단한 판결(대법원 2015. 9. 10 선고 2015다211432 판결)
48 대법원 2012. 1. 26. 선고 2009다76546 판결; 대법원 1962. 1. 31. 선고 4294민상445 판결
49 대법원 2020. 4. 9. 선고 2018다264307 판결
50 안형준, 동산·채권 등의 담보에 관한 법률 해설서, 48면

실이 있는 담보권자보다 등기부를 신뢰한 제3자를 보호해야할 필요성이 있는 반면, 전자의 경우 담보권자의 귀책사유 없이 담보권설정자 혹은 제3자에 의해 동산이 부합될 경우도 동산의 성상이 달라 무효로 한다면 담보권자는 예측하지 못하는 손해를 입을 수 있기 때문이다. 담보목적물인 동산이 부합된 경우 담보목적물인 동산이 주된 동산이거나 혹은 주종을 알 수 없고 등기부의 기재와 성상이 차이가 나더라도 동일성이 있다면 담보권은 그 동산에 여전히 미치거나 지분에 미친다. 다만, 담보목적물이 다른 동산을 주된 동산으로 하여 부합된 경우 그 동산의 소유권은 주된 동산의 소유자에게 귀속되므로 담보권자는 담보권을 상실하고 부당이득이 정하는 요건에 따라 보상을 청구할 수 있다(민법 261조).

■ 사례정리(양도담보권과 부합의 문제)

주식회사 일흥조선은 2007. 7. 25. 성호해운 주식회사와 화학제품 운반선 2척(이 사건 선박)에 관한 선박건조계약(선박 1척당 2,500만 달러, 선수금 2,000만 달러는 정해진 시기마다 지급하되 계약해제시 반환약정)을 체결하였다. 이후 피고는 2007. 10. 31. 및 2008. 3. 12. 일흥조선과 일흥조선의 성호해운에 대한 선수금반환채무를 보증하기 위하여 2건의 지급보증약정을 체결하고, 지급보증채무를 이행한 후의 구상금채권을 확보하기 위해 '이 사건 선박과 그 원자재'에 양도담보권설정계약을 체결(점유개정에 따른 점유취득함)하였다.

양도담보권설정계약서 내용

...

① 일흥조선은 담보목적물의 전부 또는 일부를 갈아 놓거나 또는 새로 물건을 들여온 때에는 그 갈아 놓은 물건이나 새로 들여온 물건에 대하여도 따로 계약을 체결할 것 없이 모두 위 각 계약에 의하여 피고에게 양도되고 인도를 마친 것으로 하며, ② 담보목적물에 의하여 제조·가공되는 재공품·반제품·완제품·부산물이나 양도물건에 부합된 물건도 당연히 위 각 계약에 의하여 양도되고 인도를 마친 것으로 한다.

이후 원고는 2008. 4. 28. 및 2008. 7. 21. 일흥조선이 이 사건 각 선박에 장착하기 위하여 노르웨이의 '프라모 시스템'으로부터 수입한 카고펌프 4기(선박별로 2기씩 장착될 예정이었다, 이하 '이 사건 각 카고펌프'라고 한다)의 대금 지급을 위하여 일흥조선에게 2건의 신용장[카고펌프 2기에 1건씩 개설되었는데 각 개설금액은 132만 2,000 달러, 지급기간(USANCE 기간)은 270일이다, 이하 '이 사건 각 신용장'이라고 한다]을 개설해 주었다. 원고는 2008. 4. 28. 일흥조선과 이 사건 각 신용장 거래로 인한 일흥조선에 대한 채권을 담보하기 위하여 이 사건 각 카고펌프를 담보목적물로 하는 양도담보권설정계약을 체결하였고, 2008. 10. 27. 이 사건 각 카고펌프 중 2기에 관한 선하증권을, 2009. 1. 30. 및 2009. 2. 12. 나머지 2기에 관한 선하증권(이하 합하여 '이 사건 각 선하증권'이라고 한다)을 취득하였다. 이후 일흥조선의 이 사건 사업장 내로 반입되어 2기씩 이 사건 각 선박에 장착되었는데, 이 사건 각 카고펌프는 화학제품운반선인 이 사건 각 선박의 핵심적인 하역장비로서 갑판 2m 아래 부분의 선체 내에 액체화학제품의 적하통로인 파이프와 용접된 형태로 연결되어 있다.

이 경우 원고는 이 사건 선박의 담보권자인 피고를 상대로 부합으로 인한 부당이득반환을 청구할 수 있는가?

위 사안은 대법원 2016. 4. 28, 2012다19659 판결에 관한 것이다.

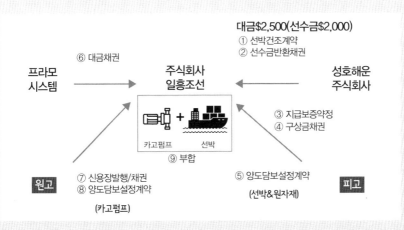

1. 쟁점

동산양도담보권의 목적인 주된 동산이 다른 동산에 부합되어 권리자가 권리를 상실하는 손해를 입은 경우 「민법」 제261조에 따라 보상을 청구할 수 있는 상대방이 누구인지 문제된다.

2. 판례의 태도(대법원 2016. 4. 28. 선고 2012다19659 판결)

[1] 재고상품, 제품, 원자재 등과 같은 집합물을 하나의 물건으로 보아 일정기간 계속하여 채권담보의 목적으로 삼으려는 이른바 집합물에 대한 양도담보권설정계약에서는 담보목적인 집합물을 종류, 장소 또는 수량지정 등의 방법에 의하여 특정할 수 있으면 집합물 전체를 하나의 재산권 객체로 하는 담보권의 설정이 가능하므로, 그에 대한 양도담보권설정계약이 이루어지면 집합물을 구성하는 개개의 물건이 변동되거나 변형되더라도 한 개의 물건으로서의 동일성을 잃지 아니한 채 양도담보권의 효력은 항상 현재의 집합물 위에 미치고, 따라서 그러한 경우에 양도담보권자가 점유개정의 방법으로 양도담보권설정계약 당시 존재하는 집합물의 점유를 취득하면 그 후 양도담보권설정자가 집합물을 이루는 개개의 물건을 반입하였더라도 별도의 양도담보권설정계약을 맺거나 점유개정의 표시를 하지 않더라도 양도담보권의 효력이 나중에 반입된 물건에도 미친다. 다만 양도담보권설정자가 양도담보권설정계약에서 정한 종류·수량에 포함되는 물건을 계약에서 정한 장소에 반입하였더라도 그 물건이 제3자의 소유라면 담보목적인 집합물의 구성부분이 될 수 없고 따라서 그 물건에는 양도담보권의 효력이 미치지 않는다.

[2] 「민법」 제261조는 첨부에 관한 민법 규정에 의하여 어떤 물건의 소유권 또는 그 물건 위의 다른 권리가 소멸한 경우 이로 인하여 손해를 받은 자는 '부당이득에 관한 규정에 의하여 보상을 청구할 수 있다'고 규정하고 있는데, 여기서 '부당이득에 관한 규정에 의하여 보상을 청구할 수 있다'는 것은 법률효과만이 아니라 법률요건도 부당이득에 관한 규정이 정하는 바에 따른다는 의미이다.

[3] 부당이득반환청구에서 이득이란 실질적인 이익을 의미하는데, 동산에 대하여 양도담보권을 설정하면서 양도담보권설정자가 양도담보권자에게 담보목적인 동산의 소유권을 이전하는 이유는 양도담보권자가 양도담보권을 실행할 때까지 스스로 담보물의 가치를 보존할 수 있게 함으로써 만약 채무자

가 채무를 이행하지 않더라도 채권자인 양도담보권자가 양도받은 담보물을 환가하여 우선변제받는 데에 지장이 없도록 하기 위한 것이고, 동산양도담보권은 담보물의 교환가치 취득을 목적으로 하는 것이다. 이러한 양도담보권의 성격에 비추어 보면, 양도담보권의 목적인 주된 동산에 다른 동산이 부합되어 부합된 동산에 관한 권리자가 권리를 상실하는 손해를 입은 경우 주된 동산이 담보물로서 가치가 증가된 데 따른 실질적 이익은 주된 동산에 관한 양도담보권설정자에게 귀속되는 것이므로, 이 경우 부합으로 인하여 권리를 상실하는 자는 양도담보권설정자를 상대로 민법 제261조에 따라 보상을 청구할 수 있을 뿐 양도담보권자를 상대로 보상을 청구할 수는 없다.

3. 검토

대상판결은 부당이득반환청구에서 이득이란 '실질적 이익'을 말한다고 하면서 담보물 가치의 증가에 따른 실질적 이익은 선박 소유자인 양도담보권설정자에게 있다고 한다. 그러나 동산양도담보의 소유관계에 관해 신탁적 소유권이전설을 취한 판례의 일관된 태도에 비춰볼 때 이 사안은 타당하지 않은 결론이다. 양도담보권자는 해당 담보목적물에 대해 대내외적으로 소유권을 가지고 있는 자이므로 부합으로 인하여 이익을 받는 자에 해당한다고 봐야 한다.[51]

다만 위 경우가 「동산·채권 등의 담보에 관한 법률」에 따른 동산담보권이 설정된 경우라면 담보권설정자가 담보목적물의 소유자로서 언제든지 피담보채권을 변제하고 말소등기할 수 있으므로 실질적 이익을 받은 자로서 부당이득반환청구의 상대방이 되어야 한다.

4. 사안의 경우

원고는 피고에 대해 부당이득반환청구를 할 수 있다(판례에 따르면 주식회사 일흥조선에 대해 부당이득반환청구를 하여야 한다).

---

51 양도담보의 법적 성격을 담보권으로 파악하더라도 부당이득반환청구의 상대방은 양도담보권설정자로 보는 견해도 있다{김형석, "양도담보 목적물 사이의 부합과 부당이득", 서울대학교 법학 제60권 제3호(2019) 103 – 134면}.

나) 과실

동산담보권의 효력은 담보목적물에 대한 압류 또는 제25조제2항의 인도 청구가 있은 후에 담보권설정자가 그 담보목적물로부터 수취한 과실 또는 수취할 수 있는 과실에 미친다(법 11조). 반면 담보권자가 담보목적물을 점유하는 경우에 담보권자는 담보목적물의 과실을 수취하여 다른 채권자보다 먼저 그 채권의 변제에 충당할 수 있으므로(법 25조 4항) 압류 전 과실에 대해 동산담보권의 효력이 미치는 범위가 문제된다.

동산담보권자가 담보목적물인 개별동산을 직접점유하고 있는 경우에는 법 제25조제4항에 의해 담보목적물의 과실을 수취하여 우선적으로 피담보채권의 변제에 충당할 수 있다. 담보권설정자가 담보목적물인 개별동산을 직접점유하고 있는 경우에는 법 제25조제4항은 적용되지 아니하고, 동산담보권자가 법 제11조에 의해 압류하거나 법 제25조제2항의 인도 청구가 있은 후에만 그 과실에 대해 담보권효력이 미친다. 담보권설정자가 담보목적물인 유동집합동산을 직접점유하고 있는 경우에 압류 전 과실에 대해 담보권의 효력이 미치는지에 대해서는 검토가 필요하다. 유동집합동산 양도담보에 관한 판례[52]는 "돈사에서 대량으로 사육되는 돼지를 집합물에 대한 양도담보의 목적물로 삼은 경우, 그 돼지는 번식, 사망, 판매, 구입 등의 요인에 의하여 증감 변동하기 마련이므로 양도담보권자가 그때마다 별도의 양도담보권설정계약을 맺거나 점유개정의 표시를 하지 않더라도 하나의 집합물로서 동일성을 잃지 아니한 채 양도담보권의 효력은 항상 현재의 집합물 위에 미치게 되고, 양도담보권설정자로부터 위 목적물을 양수한 자가 이를 선의취득하지 못하였다면 위 양도담보권의 부담을 그대로 인수하게 된다"라고 하여 유동집합동산의 과실에 대하여는 하나의 집합물로 보아 압류와 무관하게 담보권의 효력이 미친다고 한다.[53]

---

[52] 대법원 2004. 11. 12. 선고 2004다22858 판결
[53] 이와 달리 "돼지를 양도담보의 목적물로 하여 소유권을 양도하되 점유개정의 방법으로 양도담보설정자가 계속하여 점유·관리하면서 무상으로 사용·수익하기로 약정한 경우, 양도담보 목적물로서 원물인 돼지가 출산한 새끼 돼지는 천연과실에 해당하고 그 천연과실의 수취권은 원물인 돼지의 사용·수익권을 가지는 양도담보설정자에게 귀속되므로, 다른 특별한 약정이 없는 한 천연과실인 새끼 돼지에 대하여는 양도담보의 효력이 미치지 않는다"고 본 사례(대법원 1996. 9. 10. 선고 96다25463 판결)는 유동집합동산에 대해 양도담보를 설정한 사안이 아니라, '연령 1년 6개월 된 웅돈 10두, 1년 된 모돈 90두, 2개월 된 자돈 280두, 3개월 이상 된 육성돈 300두'로 특정한 동산에 대한 양도담보였다.

생각건대, 기존 동산 양도담보에 관한 판례와 동일한 입장을 취함이 타당하다.[54] '과실(果實)'이란 원물의 경제적 용도에 따라 생기는 수익 또는 산출물을 말한다. 유동집합동산은 증감·변동하는 목적물 전체를 하나의 물건으로 취급하는 것이므로 과실에 대한 담보권의 효력이 문제되지 않는다.

〈과실에 대한 담보권의 효력〉

담보목적물	직접점유자	압 류	효 력	근 거
개별동산	담보권자	전	○	담보권자의 과실 수취권 (법 25조 4항)
		후	○	
	담보권설정자	전	×	압류 또는 인도청구 필요 (법 11조)
		후	○	
집합동산	담보권자	전	○	과실이 아닌 집합물로서 담보목적물에 해당함
		후	○	법 제11조에 의한 효력
	담보권설정자	전	○	과실이 아닌 집합물로서 담보목적물에 해당함
		후	○	법 제11조에 의한 효력

다) 장래 취득할 동산

장래 취득할 동산을 담보목적물로 하여 동산담보권을 설정한 경우 나중에 담보권설정자가 해당 동산을 취득한 순간 담보권의 효력이 미친다. 이에 관해 장래 취득할 동산을 채권자의 담보를 위해 양도한 다음 다른 채권자를 위해 동산담보권을 설정한 경우 나중에 설정자가 동산의 소유권을 취득한 순간 사전점유개정의 효력으로 소유권은 양도담보권자에게 이전한다고 할 것이어서 동산담보권은 성립하지 않는다는 견해가 있다.[55] 이는 양도담보권과 동산담보권이 병존할 수 없다는 전제와 그 궤를 같이한다. 그러나 담보약정에 관한 규정을 양도담보권설정자에게 해당 동산에 대한 처분권을 부여한 특별규정으로

---

54 同旨, 법원행정처, 동산·채권담보 집행절차 해설, 128면
55 김형석, "동산·채권 등의 담보에 관한 법률에 따른 동산담보권과 채권담보권", 서울대학교 법학 제 52권 제3호(2011. 9.), 202면

보는 경우 선순위 양도담보권에 비해 후순위의 동산담보권이 될 지언정 불성립한다고 볼 수 없다.

라) 동산담보물이 양도된 경우

(1) 추급력

동산담보권이 설정된 뒤 담보목적물이 제3자에게 이전된 경우에도 담보목적물의 새로운 소유자에 대해서도 담보권을 행사할 수 있는 효력을 동산담보권의 추급력이라고 한다. 법은 담보권의 추급력에 관해 명문의 규정을 두고 있지 아니하다. 저당권에 대해「민법」은 명시적으로 추급력을 규정하고 있지 아니하지만 물적 편성주의를 취하는 부동산등기의 구조 및 물상대위 규정에 의해 당연히 인정되고,「공장 및 광업재단 저당법」제7조는 "저당권자는 제3조와 제4조에 따라 저당권의 목적이 된 물건이 제3취득자에게 인도된 후에도 그 물건에 대하여 저당권을 행사할 수 있다. 다만,「민법」제249조부터 제251조까지의 규정을 적용할 때에는 그러하지 아니하다"고 하여 이를 명시적으로 규정하고 있다. 판례는 당연하게도 동산담보권의 추급력을 인정하고 있다.[56]

담보권은 담보목적물의 교환가치를 지배하는 것으로서 대세적 효력이 있으며, 등기로 인해 공시되고 있으므로 제3자의 불측의 손해를 입을 우려는 적은 반면 담보권자는 담보권설정자의 처분이라는 우연한 사정에 의해 담보권자에게 담보권 상실이라는 손해를 입히게 되므로 동산담보권의 추급력을 인정하여야 한다. 다만, 집합동산에서 담보권자의 허락을 맡은 개개의 동산은 물론이고, 통상의 영업범위 내의 처분에 대해서는 묵시적인 허락이 있다고 보아 그 개개의 동산에는 추급력이 미치지 않고 불법행위 책임도 지지 않는다고

---

56 (대법원 2020. 8. 27. 선고 2019도14770 전원합의체 판결) 담보권의 추급력을 다수의견과 반대의견 모두 인정하는 전제에서, 채무자가 금전채무를 담보하기 위하여 동산담보권을 설정한 동산(레이저 가공기 2대)을 제3자에게 처분하여 재산상 이익을 취득하고 담보권자에게 재산상 손해를 가하였다는 사안에 대해 '타인의 사무를 처리하는 자'에 해당하지 아니하고, 그 처분으로 인해 담보권 실행이나 채권실현에 위험을 초래하더라도 배임죄가 성립하지 아니한다고 판시하였다.
(대법원 2004. 11. 12. 선고 2004다22858 판결) 돈사에서 대량으로 사육되는 돼지를 집합물에 대한 양도담보의 목적물로 삼은 경우, 그 돼지는 번식, 사망, 판매, 구입 등의 요인에 의하여 증감 변동하기 마련이므로 양도담보권자가 그 때마다 별도의 양도담보권설정계약을 맺거나 점유개정의 표시를 하지 않더라도 하나의 집합물로서 동일성을 잃지 아니한 채 양도담보권의 효력은 항상 현재의 집합물 위에 미치게 되고, 양도담보권설정자로부터 위 목적물을 양수한 자가 이를 선의취득하지 못하였다면 위 양도담보권의 부담을 그대로 인수하게 된다는 원심의 판단을 수긍한 사례로서 양도담보권의 경우에 추급력을 인정하고 있다.

보아야 한다.57

(2) 동산이 다른 법률에 의해 등기된 경우

(가) 미등록된 자동차 등이 등록된 경우

등기·등록이 가능한 동산이 등기·등록되기 전에는 동산담보권의 목적물이 된다. 「선박등기법」에 따라 등기의 대상이 되는 선박, 「자동차 등 특정동산 저당법」에 따라 등록의 대상이 되는 건설기계·자동차·항공기·소형선박, 「공장 및 광업재단 저당법」에 따라 등기의 대상이 되는 기업재산, 그 밖에 다른 법률에 따라 등기·등록될 수 있는 동산은 등기·등록되기 전에는 이 법에 따라 동산담보권을 설정할 수 있다. 이 법에 따라 동산담보권이 설정된 후 개별 법령에 의하여 등기·등록되어 동산담보권의 목적물에 해당하지 않게 되는 경우 동산담보권의 효력은 어떻게 되는지 문제된다.

이에 관해 법은 명문의 규정을 두고 있지 아니하고 귀일된 논의도 없다. 다만 부동산등기와 관련하여 판례58는 등기는 물권의 효력 발생 요건이고 존속 요건은 아니어서 등기가 원인 없이 말소된 경우에는 그 물권의 효력에 아무런 영향이 없다고 한다. 법은 등기의 효력에 대해 담보권의 성립요건으로 할 뿐 존속요건으로 규정하고 있지 아니하고, 특별한 규정이 있는 경우를 제외하고 그 성질에 반하지 아니하는 범위에서 「부동산등기법」을 준용하고 있다(법 57조). 등기를 통한 공시방법이란 점에서 등기의 효력과 물권의 존속요건을 부동산과 달리 볼 이유는 없다. 따라서 등기의 효력에 관한 위 판례의 논리는 동산담보등기에도 적용될 수 있다. 동산담보등기를 신청할 때 목적물이 될 수 있

---

57 일본 최고재판소(最高裁判所平成18年7月20日, 第一小法廷判決(平成17年) (受) 第948号)는 "상품의 집합동산양도담보계약에 있어서, 양도담보설정자는, 독자적인 판단에 제3자에게 목적물인 상품을 통상의 영업 범위 내에서 판매할 권한이 있다"고 한다. 집합동산에 대해 동산담보권을 설정한 후 담보권설정자가 통상의 범위내에 개개의 물건을 처분한 사안에 대해 명시적인 판례는 없으나 이를 집합물론을 취하는 판례의 태도(대법원 2004. 11. 12. 선고 2004다22858 판결)에 비추어 볼때 이를 달리 취급할 필요가 없으므로 유동집합동산에 대해 동산담보권을 설정한 설정자가 통상의 영업범위에서 개개의 동산을 처분한 경우 담보권의 추급력은 미치지 않는다.
  또한, 통상의 영업범위를 넘어서 집합동산을 구성하는 개개의 동산을 처분한 경우에도(판매용 자재를 담보가치의 저감을 위해 헐값에 빼돌린 경우 등) 이는 집합물 전체 가치에 대한 훼손으로서 불법행위가 성립할 뿐 개개의 동산에 추급력이 미친다고 볼 수 없다(개별 동산인 기계의 주요부품을 빼돌려 기계의 기능을 떨어뜨린 경우처럼, 집합동산의 담보목적물은 집합동산 전체이므로 개별 구성품에 대해 담보권이 성립되는 것은 아니기 때문이다).
58 대법원 2002. 10. 22. 선고 2000다59678 판결

어 담보등기를 하였다면 이후에 담보등기의 대상적격을 상실한다고 하여 이미 설정된 담보권이 소멸된다고 볼 수 없다. 다만, 동산담보등기는 물적 편성되지 않아 해당 동산의 권리변동 이력을 추적하기가 어렵고 양수인이 선의취득할 가능성이 높으므로 현실적으로 추급력을 실현하기가 어렵다.

> ### ■ 사례정리(자동차 등 등록의 대상이 된 동산에 대한 선의취득)
>
> > 자동차 제작업체인 甲은 완성되었지만 아직 등록하지 않은 자동차에 대해 乙에게 담보로 제공하고 동산담보권설정등기를 마쳤다. 이후 자동차를 판매한 경우 법률관계는 어떻게 되는가?
>
> #### 1. 쟁점
> 「자동차관리법」에 따른 자동차등록원부에 등록되기 전의 자동차를 담보목적물로 하여 동산담보등기를 마친 후, 자동차를 자동차등록원부에 신규등록한 경우에는 앞서 살펴봤듯이 그 자동차에 동산담보권의 추급력이 미친다. 따라서 그 자동차는 자동차등록원부에 공시되지 않는 담보권의 부담을 안고 있다. 이때 동산담보권의 추급력이 미치는 자동차(동산)를 양수하여 소유권을 등록하려는 자가 선의취득에 의해 동산담보권이 없는 자동차를 양수할 수 있을지가 문제된다.
>
> ※ 자동차의 경우 자동차나 원동기를 제작 · 조립하는 것을 업으로 하는 자와 국토교통부장관이 지정하는 자는 자동차에 차대번호를 표기하여야 하므로(자동차관리법 제22조), 차대번호[59]를 통해 해당 동산담보 목적물인 자동차의 동일성을 확인할 수 있다.
>
> #### 2. 판례의 태도(대법원 2016. 12. 15. 선고 2016다205373 판결)
> [1] 자동차관리법 제6조는 "자동차 소유권의 득실변경은 등록을 하여야 그 효력이 생긴다"라고 규정하고 있다. 이는 현대사회에서 자동차의 경제적 효용과 재산적 가치가 크므로 민법상 불완전한 공시방법인 '인도'가 아니라 공적 장부에 의한 체계적인 공시방법인 '등록'에 의하여 소유권 변동을 공시함으로써 자동차 소유권과 이에 관한 거래의 안전을 한층 더 보호하려는 데 취지가 있다. 따라서 자동차관리법이 적용되는 자동차의 수유권을 취득함에는 민법상 공시방법인 '인도'에 의할 수 없고 나아가 이를 전제로 하는 민법 제249조의 선의취득 규정은 적용되지 아니함이 원칙이다.

[2] 자동차관리법이 적용되는 자동차에 해당하더라도 구조와 장치가 제작 당시부터 자동차관리법령이 정한 자동차안전기준에 적합하지 아니하여 행정상 특례조치에 의하지 아니하고는 적법하게 등록할 수 없어서 등록하지 아니한 상태에 있고 통상적인 용도가 도로 외의 장소에서만 사용하는 것이라는 등의 특별한 사정이 있다면 그러한 자동차에 대하여 자동차관리법이 정한 공시방법인 '등록'에 의하여만 소유권 변동을 공시할 것을 기대하기는 어려우므로, 소유권을 취득함에는 민법상 공시방법인 '인도'에 의할 수도 있다. 그리고 이때는 민법 제249조의 선의취득 규정이 적용될 수 있다.

3. 검토

자동차 신규등록을 하기 위하여는 「자동차등록규칙」 제27조제1항에 따라 자동차제작증을 첨부하여야 한다. 자동차제작증은 제작자 또는 양도인과 양수인을 기재하도록 되어 있다. 즉 자동차 신규등록 전에는 「민법」에 따라 '인도'에 의해 소유권이 이전됨을 전제로 하고 있다. 동산담보권의 추급력이 미친다고 하더라도 아직 등록되기 전에는 「민법」의 일반원칙에 따라 선의취득을 할 수 있다. 부동산의 경우 대장상 소유명의자가 소유권보존등기를 하여야 함(부등법 64조)과 달리, 자동차 등 특정동산의 경우에는 반드시 제작자가 소유명의인으로 신규등록하는 게 아니라 「민법」의 일반원칙에 따른 인도에 의하여 이전한 후에 신규등록(부동산의 보존등기)을 하도록 되어 있다. 부동산의 경우와 그 구조를 달리한다.

따라서 자동차를 신규등록 할 양수인은 선의취득을 할 가능성이 높으므로 (법 32조), 동산담보권의 효력은 자동차등록으로 소멸하는 것이 아니라 선의취득으로 인하여 소멸된다고 봐야한다.

(나) 협의의 공장저당

「공장 및 광업재단 저당법」은 공장 소유자가 공장에 속하는 토지와 그 토지에 부합된 물건과 그 토지에 설치된 기계, 기구 그 밖의 공장의 공용물을 저당권의 목적으로 하는 이른바 협의의 공장저당(이하 '공장저당'이라 함)을 규정하

---

59 "차대번호"란 자동차의 동일성 확인을 목적으로 규칙 제14조에 규정된 방법에 따라 차대 또는 차체가 일체구조인 경우에는 차체(이하 "차대"라 한다)에 표기한 아라비아숫자 및 알파벳 글자를 말한다(자동차관리법 22조 1항, 자동차관리법 시행규칙 14조 3항, 자동차 차대번호 등의 운영에 관한 규정 2조 2호).

고 있다. 「공장 및 광업재단 저당법」 3조 내지 9조는 토지와 공장 건물의 저당에 대해 규정하고 있다. 공장저당은 토지와 건물에 부합된 물건과 그곳에 설치된 기계, 기구, 그 밖의 공장의 공용물에 특별한 약정이 없는 한 저당권의 효력이 미친다(공장저당법 3조). 공장저당은 ① 토지 또는 건물이 공장에 속해야 하고 ② 목적물인 토지 또는 건물과 기계·기구·그 밖의 공장의 공용물의 소유자가 동일하여야 하며 ③ 저당권설정합의와 등기를 하여야 한다. 공장에 속하는 토지나 건물에 설치된 기계, 기구, 그 밖의 공장의 공용물은 공장저당 등기를 위하여 그 기계·기구 등의 목록을 제출하고, 등기된 경우 등기부의 일부로 보고 그 기록은 등기로 본다(공장저당법 6조 2항, 36조). 따라서 공장저당에 속하는 기계·기구 등은 동산담보권의 목적으로 하여 담보등기를 할 수 없다(법 3조 3항 1호). 만약 공장저당등기가 되어 동산담보권의 목적으로 할 수 없는 동산을 동산담보권의 목적으로 하여 등기가 되어 있더라도 이는 사건이 등기할 것이 아닌 경우에 해당하여 동산담보권을 취득하지 못한다.

위 경우와 반대로 동산담보권의 대상이 된 동산을 공장저당으로 등기한 경우의 동산담보권의 효력에 대해서는 명문의 규정이 없다. 공장저당의 요건으로 기계, 기구 등에 대해 다른 규정이 없으므로 동산담보권의 목적이 된 동산도 유효하게 공장저당등기를 할 수 있고, 공장저당권의 효력이 해당 기계, 기구 등에도 미친다. 생각건대, 동산담보권의 객체인 동산이 추후 다른 법률에 따라 등기되어 동산담보권의 객체가 될 수 없게 되더라도, 동산담보권의 효력을 상실하지 않는다고 하여야 한다. 그렇지 않으면 담보권설정자의 우연한 사정에 의해 담보권자에게 불측의 손해를 줄 우려가 있기 때문이다. 또한 공장저당을 성립하려면 토지 또는 건물과 기계·기구 등의 소유자가 동일해야 하는데 동산담보권설정자가 공장저당을 설정해준 경우라면 공장저당권자가 설정 당시 등기부를 조회하여 이를 확인해 볼 수 있고, 소유자가 바뀐 경우라면 기계·기구 등에 대해서는 양수인인 공장저당권설정자가 선의취득을 할 가능성이 높아 공장저당권자가 불측의 손해를 입을 우려는 적다. 「공장 및 광업재단 저당법」 제4조, 제5조, 제7조 제1항에 의하면, 공장저당의 목적이 된 토지 또는 건물과 거기에 설치된 기계, 기구 등은 이를 분할하여 경매할 수 없으므로, 그 부동산에 신청근저당권자 이외의 근저당권자의 공장저당이 있을 때에는 경매법원으로서는 그 근저당권자의 공장저당의 목적이 된 기계·기구 등도 함께 일괄경매하여야 한다.[60] 이때 동산담보권자는 기계·기구에 대해서만 우선변제권을 행사할 수 있다고 봄이 타당하다.

(다) 공장재단

타인의 권리의 목적인 물건은 공장재단의 구성물이 될 수 없다(공장저당법 13조 3항 1호). 다만 등기나 등록제도가 없는 일반의 동산[61]을 구성물의 일부로 하는 공장재단의 소유권보존등기가 있는 경우에 등기관은 이해관계인의 권리신고를 공고하고 그 기간 내에 권리신고가 없으면 그 권리는 존재하지 아니하는 것으로 간주한다(공장저당법 33조 3항[62]). 권리신고가 있는 경우에는 공장재단의 소유권보존등기신청은 각하된다(공장저당법 34조 1항 3호[63]). 따라서 동산

---

60 대법원 2003. 2. 19.자 2001마785 결정

61 「공장저당법」 제13조는 공장재단의 구성물을 열거하고 있는데, 동산담보권과의 관계에서 주로 문제되는 공장재단의 목적물은 기계·기구(제2호)나 등기나 등록이 되지 않은 자동차(제3호) 등이다.
「공장 및 광업재단 저당법」 제13조(공장재단의 구성물)
① 공장재단은 다음 각 호에 열거하는 것의 전부 또는 일부로 구성할 수 있다.
  1. 공장에 속하는 토지, 건물, 그 밖의 공작물
  2. 기계, 기구, 전봇대, 전선(전선), 배관(배관), 레일, 그 밖의 부속물
  3. 항공기, 선박, 자동차 등 등기나 등록이 가능한 동산
  4. 지상권 및 전세권
  5. 임대인이 동의한 경우에는 물건의 임차권
  6. 지식재산권

62 제33조(이해관계인의 권리신고)
① 공장재단의 소유권보존등기 신청을 받으면 등기관은 공장재단에 속하게 될 동산에 관하여 권리를 가지는 자 또는 압류·가압류나 가처분의 채권자는 일정기간 내에 그 권리를 신고하라는 공고를 관보에 하여야 한다. 이 경우 권리신고 기간은 1개월 이상 3개월 이하로 하여야 한다.
② 공장재단의 소유권보존등기 신청이 제1항의 권리신고 기간이 끝나기 전에 각하되면 등기관은 제1항의 공고를 지체 없이 취소하여야 한다.
③ 제1항의 권리신고 기간 내에 권리의 신고가 없으면 그 권리는 존재하지 아니하는 것으로 보고, 압류, 가압류 또는 가처분은 그 효력을 상실한다. 다만, 소유권보존등기 신청이 각하되거나 소유권보존등기가 효력을 상실한 경우에는 그러하지 아니하다.
④ 제1항의 권리신고 기간 내에 권리가 있음을 신고한 자가 있으면 등기관은 그 사실을 소유권보존등기 신청인에게 통지하여야 한다.

63 제34조(소유권보존등기 신청의 각하)
① 공장재단의 소유권보존등기 신청은 「부동산등기법」 제29조에 규정된 경우 외에 다음 각 호의 어느 하나에 해당하는 경우에도 각하하여야 한다.
  1. 등기기록 또는 그 등기사항증명서나 등록에 관한 원부의 등본에 의하여 공장재단에 속하게 될 것이 타인의 권리의 목적이거나 압류, 가압류 또는 가처분의 목적인 것이 명백한 경우
  2. 공장재단 목록 기록 내용이 등기기록 또는 그 등기사항증명서나 등록에 관한 원부의 등본과 일치하지 아니하는 경우
  3. 공장재단에 속하게 될 동산에 대하여 권리를 가지는 자 또는 압류, 가압류나 가처분의 채권자가 그 권리를 신고한 경우에 제33조제1항의 권리신고 기간이 끝난 후 1주 내에 권리신고가 취소되지 아니하거나 그 권리신고가 이유 없다는 사실이 증명되지 아니할 경우

담보권의 담보목적물인 동산이 공장재단의 구성물이 되는 경우는 동산담보권이 소멸되어야만 가능하므로 동산담보권과 공장재단이 충돌할 여지가 없다. 광업재단의 경우도 마찬가지다(공장저당법 54조).

3) 담보권 실행과 유동집합동산의 범위

유동집합동산에 관해 담보권이 실행되거나 회생절차개시결정 이후 유입된 동산에도 담보권의 효력이 미치는지에 대한 '고정화 이론'의 개념과 관련한 논의가 있다. ① 담보권 실행의 통지는 고정화 사유이고, 고정화로 인해 집합동산이 개별동산의 공동담보의 형태로 바뀌므로 고정화 이후에 반입된 동산에 대하여는 담보권의 효력이 미치지 않는다는 고정화론, ② 고정화 개념을 도입할 필요가 없고, 담보권 실행 통지는 담보권자가 담보권설정자에게 준 집합동산을 구성하는 개개의 동산에 대한 통상의 영업범위 내의 처분수권을 철회하는 것이므로 담보권은 집합동산에도 미치고, 그 구성부분인 개별동산도 집합동산의 범위 내라면 담보권 실행 통지 이후에 유입된 동산이라도 그 효력이 미친다는 유동성상실론이 있다. 판례는 고정화론 도입 여부에 관해 직접적으로 언급하고 있지 않다.

생각건대 고정화 이론을 도입할 필요가 없다. 일정한 범위의 집합체를 집합물로 인정하고 있으므로 담보목적물의 범위는 명확하고, 고정화가 생기는 시기에 관한 다양한 주장이 있고, 귀일된 논의도 없는 상황에서 고정화 이론을 도입하게 되면 명확해야 할 물권이 불안정하게 되는 위험이 있기 때문이다.

4) 존속기간

담보권의 존속기간은 5년 내의 범위로 제한된다(법 47조). 원칙적으로 존속기간 동안의 지연이자가 담보되므로 후순위 권리자에게 지연이자의 증가로 인한 불측의 손해를 입힐 위험은 없다. 담보등기의 존속기간이 아닌 담보권의 존속기간이므로 존속기간이 경과한 경우 담보권은 소멸한다. 피담보채권에 변제기 도과하여 채무자가 채무불이행에 빠진 경우, 담보권자는 소멸시효를 중

---

② 등기관은 소유권보존등기 신청을 각하하였으면 제32조제1항에 따른 기록을 말소하여야 한다.

③ 제2항의 경우 다른 등기소나 특허청에 소유권보존등기가 신청되었다는 사실을 통지한 등기소는 그 신청을 각하한 사실을 지체 없이 통지하여야 한다.

④ 제3항의 통지를 받은 등기소나 특허청은 제32조제3항 및 제4항에 따른 기록을 말소하여야 한다.

단시키면서 담보권의 존속을 바라는 경우도 있을 것이다. 그러나 존속기간의
등기는 공동신청에 의하므로 채무불이행에 빠진 채무자가 존속기간 연장에 협
조하지 않는다면, 채무자를 상대로 판결을 받아 단독신청으로 존속기간 연장
등기를 하여야 하는 번거로움이 있다. 동산담보권의 존속기간은 담보물권의
부종성을 고려할 때 피담보채권의 변제기 외에 별도로 담보권의 존속기간을
둠으로써 보호되는 자는 없고 오히려 담보권자의 지위를 불안하고 불리하게
하고, 피담보채권이 변제나 소멸시효의 완성으로 소멸되었다면 동산담보권은
부종성에 의해 이미 소멸한 것이므로, 담보등기는 실체관계와 부합하지 않아
그 효력이 없다는 점에서 담보권의 존속기간은 불필요하다는 견해가 있다.[64]
　생각건대, 동산담보권의 존속기간은 실체관계와 부합하는 공시제도를 위해
필요하다. 소멸시효 완성 등의 이유로 피담보채무가 소멸하였다고 하더라도,
동산담보권말소등기는 원칙적으로 공동신청에 의하므로 담보권자가 협력하지
않는 경우 실체와 일치하지 않는 동산담보권이 공시된다. 현실적으로 담보권말
소등기 신청을 위해 담보권자를 상대로 판결을 받아 단독신청하는 경우는 드
물고, 담보여력이 부족한 중소기업이나 소상공인 등이 주로 이용하는 제도적
특성을 고려할 때 부종성에 의해 소멸한 동산담보권이 말소등기되지 않은 채
등기부에 그대로 남아있을 가능성이 높다. 따라서 존속기간을 둠으로써 등기사
항인 존속기간을 통해 말소되지 않은 채 그대로 남아있는 동산담보권의 효력
에 대해 공시됨으로써 실체와 공시의 불일치를 줄일 수 있다. 반면 동산담보권
의 존속기간을 두었다고 하여 담보권설정자에게 연장등기 협력 여부에 따라
반드시 동산담보권자의 지위가 불안하거나 불리하게 된다고 볼 수 없다. 주로
금융기관이 동산담보권을 활용하고 있는데, 표준계약서에는 존속기간 도래 전
에 담보권설정자가 연장에 동의하지 않거나, 담보권설정자의 귀책사유로 연장
등기를 하지 못한 경우 대출 기간의 연장에도 불구하고 다른 담보를 제공하거
나 기한의 이익을 상실한다는 내용을 담고 있다. 따라서 피담보채권의 변제기
와 동산담보권의 존속기간이 모두 5년인 경우라고 하더라도, 동산담보권자는
존속기간 만료 전에 연장등기절차에 협력을 요구하고, 이를 거절하는 경우 설
정자는 기한의 이익을 상실하므로 동산담보권자는 동산담보권을 실행할 수 있

---

64 김현진, 동산·채권담보권 연구, 경인문화사, (2013), 244면; 차상휘·김형수, "중소자영업자의 금융
　접근성 강화를 위한 동산담보 개선방안에 관한 연구", 소비자문제연구 제51권 제3호(2020), 38면

다. 다만 입법론적으로 동산담보권의 활성화에 따라 피담보채권이 상사채권이
아닌 민사채권인 경우도 늘어날 것으로 고려하여 10년으로 연장함이 타당하다.

5) 물상대위

가) 의의

물상대위란 담보목적물의 매각, 임대, 멸실, 훼손 또는 공용징수 등으로 인
하여 담보권설정자가 받을 금전이나 그 밖의 물건에 대하여 우선변제권을 행
사하는 것을 말한다(법 14조). 「민법」은 질권에 대해서 물상대위를 규정하고
있으며(민법 342조) 저당권에서도 이를 준용하고 있다(민법 370조). 인정근거에
관하여 물권설이나 절충설이 있으나, 우선변제를 받을 수 있는 담보물권의 본
질상 당연히 인정된다는 가치권설이 통설이며 판례65이다.66 동산담보권의 경
우 「민법」상 물상대위를 규정한 질권이나 저당권과 마찬가지로 우선변제적 효
력이 있으므로 본질적으로 담보물권의 본질상 동산담보권에도 인정되는 것이
라고 봄이 타당하다.

나) 요건

담보권설정자가 ① 받을 금전이나 그 밖의 물건에 대해 ② 그 지급 또는 인
도 전에 압류하여야 한다. ①에 관하여 질권이나 저당권과 달리 동산담보권은
담보목적물의 매각, 임대의 경우에도 물상대위를 행사할 수 있도록 규정하였
다. 이는 담보목적물인 동산의 소유와 점유가 제3자에게 이전된 경우에도 추
급효는 미치지만, 담보목적물인 동산에 대해 선의취득이 인정되는 경우 등으
로 인해 동산담보권을 행사하기가 쉽지 않은 점을 고려하였다.67 ②에 관하여
받을 금전의 특정을 위하여 압류를 요구하고 있다. "저당권자의 물상대위권
행사로서의 압류 및 전부는 그 명령이 제3채무자에게 송달됨으로써 효력이 생
기며, 물상대위권의 행사를 제한하는 취지인 '특정성의 유지'나 '제3자의 보호'
는 물상대위권자의 압류 및 전부명령이 효력을 발생함으로써 비로소 달성될
수 있는 것이므로, 배당요구의 종기가 지난 후에 물상대위에 기한 채권압류
및 전부명령이 제3채무자에게 송달되었을 경우에는, 물상대위권자는 배당절차

---

65 대법원 1996. 7. 12. 선고 96다21058 판결
66 편집대표 김용덕, 주석 민법[물권3](제5판), 한국사법행정학회, (2019), 637면
67 김재형, "동산담보권의 법률관계", 61면

에서 우선변제를 받을 수 없다"는 판례[68]는 동산담보권의 물상대위 행사에도 적용될 수 있을 것이다. 또한 판례[69]는 "물상대위권의 행사시기에 관하여 물상대위권자의 압류 전에 양도 또는 전부명령 등에 의하여 보상금 채권이 타인에게 이전된 경우라도 보상금이 직접 지급되거나 보상금지급청구권에 관한 강제집행절차에 있어서 배당요구의 종기에 이르기 전에는 여전히 그 청구권에 대한 추급이 가능하다"고 한다.

다) 효과

물상대위권의 요건을 갖춘 경우 담보목적물의 매각, 임대, 멸실, 훼손 또는 공용징수에 따른 매각대금채권, 임료채권, 손해배상채권, 보험금채권 등에 관하여 우선변제권을 행사할 수 있다. 매각, 임대의 경우에 동산담보권의 추급력이 미치는 데 물상대위와 중첩적 또는 선택적 행사가 가능한지 문제된다. 이에 대해 동산담보권자의 지위강화를 이유로 물상대위의 범위를 확대한 이상 물상대위의 범위를 가능한 확대하는 방향으로 해석을 하는 것이 바람직하므로 동산담보권자는 물상대위권과 동산담보권을 중첩적으로 행사할 수 있다는 견해가 있다.[70]

생각건대, 동산담보권의 추급력을 선택적으로 인정하여 동산담보권자의 불안정한 지위를 보완할 필요가 있다. 인적 편성주의를 취하는 동산담보권의 특성상 공시가 제한적이므로 담보권자가 담보목적물이 제3취득자들에게 순차로 전전 양도되는 등 그 목적물의 소재가 불분명할 경우 담보권의 추급력을 행사하기가 곤란하기 때문이다. 담보를 설정할 당시 담보목적물과 그 담보목적물을 매각할 경우 발생할 매각대금채권에 대해 장래의 채권으로 별도로 채권담보등기를 한 경우에도 담보목적물인 동산에 대해 물상대위를 행사할 수 있음은 당연하다.

6) 담보권의 순위

동일한 동산에 설정된 동산담보권의 순위는 등기의 순서에 따른다(법 7조 2항). 동일한 동산에 여러 개의 동산담보권이 설정된 경우 동산의 순위에 따른

---

68 대법원 2003. 3. 28. 선고 2002다13539 판결
69 대법원 2000. 6. 23. 선고 98다31899 판결
70 김태관, "동산담보권의 물상대위 - 유동집합동산을 중심으로 - ", 저스티스 통권 제160호(2017, 6), 36면

다. 동일한 동산에 관하여 담보등기부의 등기와 인도(민법에 규정된 간이인도, 점유개정, 목적물반환청구권의 양도를 포함한다)가 행하여진 경우에 그에 따른 권리 사이의 순위는 법률에 다른 규정이 없으면 그 선후에 따른다. 동산에 관해 「민법」의 인도에 따른 공시방법과 병존하되 '등기우선의 원칙'을 선택하고 있지 아니함에 따라 등기와 인도의 선후에 따라 담보권의 순위를 결정한다.

나. 우선변제적 효력

1) 의의

동산담보권은 담보물권으로서 다른 채권자에 비해 담보목적물에 대하여 자기채권을 우선변제 받을 권리가 있다(법 8조). 일반채권자들에 대하여는 항상 우선하지만, 다른 담보권자와는 순위에 따라 우선변제를 받게 된다. 국세·지방세나 임금채권 등 개별법령에 따라 우선순위가 달라질 수는 있다. 다만, 동산담보권을 실행할 당시에 현존하는 담보목적물에 한하여 우선변제적 효력이 인정될 뿐이며, 동산담보권 실행 이후에 담보권자가 피담보채권 중 변제받지 못한 부분이 있고 채무자(담보권설정자)가 담보등기된 내용과 동일한 동산을 취득하였다 하더라도 그에 대하여는 우선변제권이 인정되지 않는다.[71]

2) 제3취득자의 비용상환청구권

'담보목적물의 제3취득자'란 동산담보권이 설정된 담보목적물에 질권이나 소유권 등을 취득한 자를 의미한다.[72] 동산담보권은 담보권설정자의 담보목적물을 처분하는 것을 금지하지 않는다. 따라서 담보목적물이 제3취득자에게 양도된 경우 양수인이 선의취득 하지 않는 한 추급력에 의해 담보권은 유지된다. 법 제18조는 담보목적물의 제3취득자가 담보목적물의 보존·개량을 위하여 필요비 또는 유익비를 지출한 경우에는 「민법」 제203조제1항 또는 제2항에 따라 담보권자가 담보목적물을 실행하고 취득한 대가에서 우선하여 상환받을 수 있다. 저당권의 제3취득자의 비용상환청구권과 같은 내용이다(민법 367조).

제3취득자는 담보권설정자에 대하여 담보목적물인 동산을 위하여 지출한 필요비와 유익비의 상환청구권을 갖고, 배당을 통하여 우선상환 받을 수 있다. 제

---

71 안형준, 동산·채권 등의 담보에 관한 법률 해설서, 46면
72 안형준, 동산·채권 등의 담보에 관한 법률 해설서, 65면

3취득자의 비용상환청구권은 집행비용으로서 일종의 우선특권이다. 제3취득자의 필요비와 유익비의 상환청구권은 담보목적물에 관하여 생긴 채권이므로 그 변제를 받을 때까지 유치권을 행사할 수 있다. 제3취득자는 유치권자가 변제책임을 경매절차의 매수인에게 주장할 수 있는지 여부(민집법 91조5항 유추적용여부)와 무관하게 경매절차에서 그 담보목적물인 동산이 매각된 후에도 여전히 담보권설정자에 대하여 상환을 청구할 수 있다.

3) 우선순위

순위	담보권 설정일		비고
	조세채권의 법정기일 前	조세채권의 법정기일 後	
1	집행비용	집행비용	제3취득자의 비용상환청구권 포함
2	소액임차보증금, 최종3개월분의 임금, 재해보상금채권 등	소액임차보증금, 최종3개월분의 임금, 재해보상금채권 등	주임법 8조1항, 근로기준법 38조2항1호, 2호
3	당해세	당해세	국세기본법 35조1항3호, 지방세기본법 71조1항3호
4		국세·지방세 등 징수금 (조세채권 법정기일 先)	국세기본법 35조 지방세기본법 71조
5	질권·저당권·동산담보권 등	질권·저당권·동산담보권 등	
6	근로관계채권	근로관계채권	근로기준법 8조1항
7	국세·지방세 등 징수금 (조세채권 법정기일 後)		국세기본법 35조 지방세기본법 71조
8	국민건강보험료, 국민연금보험료, 고용보험료 및 산업재해보상보험료 등	국민건강보험료, 국민연금보험료, 고용보험료 및 산업재해보상보험료 등	국민건강보험법 85조 국민연금법 98조 고용보험 및 산업재해보상보험의 보험료징수 등에 관한 법률 30조

우선변제적 효력은 결국 경매절차에서 배당의 순위와 관련하여 그 의미가 있다. 「근로기준법」 제38조제1항은 "임금, 재해보상금, 그 밖에 근로 관계로 인한 채권은 사용자의 총재산에 대하여 질권·저당권 또는 「동산·채권 등의 담보에 관한 법률」에 따른 담보권에 따라 담보된 채권 외에는 조세·공과금 및 다른 채권에 우선하여 변제되어야 한다. 다만, 질권·저당권 또는 「동산·채권

등의 담보에 관한 법률」에 따른 담보권에 우선하는 조세·공과금에 대하여는 그러하지 아니하다"고 규정하고 있다. 우선변제적 효력이 있는 다른 권리들과의 관계에서 종합적으로 살펴보면, 집행대상 목적물에 담보권이 없는 경우 근로관계채권(최종3개월분의 임금 등 제외)은 당해세를 포함한 조세 등 채권에 우선하지만, 담보권이 있는 경우 당해세＞담보권＞근로관계채권(최종3개월분의 임금 등 제외)＞조세 등 채권(당해세 제외, 법정기일 기준) 순으로 우선 변제된다.

다. 유치적 효력

동산담보권은 비점유담보로서 사용가치와 교환가치를 분리하여 이용할 수 있다는 점에서 점유개정에 의한 설정이 허용되지 않는 질권에 비해 그 효용성이 크다. 다만, 법은 동산담보권 설정계약으로 담보권자가 담보목적물을 점유·사용하는 것을 금지하고 있지 아니하므로 이러한 경우의 법률관계를 규정하고 있다.

동산담보권자는 담보권에 기초해 목적물을 점유할 권능을 가지는 것이 아니다. 다만 동산담보권 설정계약에서 점유할 권능을 가지는 것으로 약정한 경우, 즉 담보권자가 담보목적물에 대해 적법한 점유를 개시한 경우에는 피담보채권을 전부 변제받을 때까지 담보목적물을 유치할 수 있다(법 25조 1항 본문). 다만, 점유자인 동산담보권자는 자기보다 우선권이 있는 권리자에게는 대항하지 못한다(법 25조 1항 단서). 선순위권리자란 점유자인 동산담보권자보다 앞선 동산담보권자 혹은 질권자 등을 말한다.

담보권자가 담보권을 실행하기 위하여 필요한 경우에는 채무자 등에게 담보목적물의 인도를 청구할 수 있다(법 5조 2항). 동산담보권은 교환가치를 지배하고 있을 뿐이지만, 사적실행을 위하여 담보목적물을 담보권자가 점유할 필요가 있다. 담보권자가 담보목적물을 점유하는 경우에 담보권자는 선량한 관리자의 주의로 담보목적물을 관리하여야 한다(법 25조 3항). 담보권자가 담보목적물을 점유하는 경우 그 과실을 수취하여 다른 채권자보다 먼저 그 채권의 변제에 충당할 수 있다. 다만, 과실이 금전이 아닌 경우에는 그 과실을 경매하거나 그 과실로써 직접 변제에 충당하거나 그 과실을 매각하여 그 대금으로 변제에 충당할 수 있다(법 25조 4항).

라. 침해에 대한 구제

1) 현황조사

담보권자는 담보목적물의 현황을 조사할 수 있고 담보권설정자는 정당한 사유 없이 담보권자의 담보목적물에 대한 현황조사 요구를 거부할 수 없다(법 17조 1항). 양도담보의 경우 설정계약에 양도담보권자가 담보권설정자에게 담보목적물의 현황에 대하여 조사하거나 그 현황보고를 요구할 수 있도록 하는 조항을 두는 것이 일반적이므로 이를 명문화한 것이다.[73]

담보목적물인 동산은 그 특성상 처분가능성과 이동가능성이 높아 담보목적물의 담보가치가 저감될 가능성이 많다. 불법반출이나 훼손의 경우 담보권은 유지하기 곤란한 반면 벌칙조항이 부재하여 이를 막을 수 없는 점 등 담보목적물의 교환가치 유지가 어렵다는 단점이 있다. 이를 방지하기 위해 담보목적물의 현황 조사를 위하여 전자적으로 식별할 수 있는 표지(무선주파수 식별이 가능한 전자태그 뿐만 아니라 전자적인 자동식별 데이터수집장치를 말한다[74])를 부착하는 등 필요한 조치를 할 수 있으나 당사자의 약정이 있어야 하며 이에 대해 거래 비용이 증가하는 문제점이 있다.[75]

2) 담보물보충청구권

담보권설정자에게 책임이 있는 사유로 담보목적물의 가액이 현저히 감소된 경우에는 담보권자는 담보권설정자에게 그 원상회복 또는 적당한 담보의 제공을 청구할 수 있다(법 17조 2항). 담보권설정자에게 귀책사유가 있어야 하므로 통상의 사용용법에 따른 감가상각에 의한 담보목적물의 가액 감소로 인한 경우에는 담보물보충청구권을 행사할 수 없다. 담보물보충청구권을 인정하는 취지가 「민법」상 저당권자에게 담보목적물보충청구권이 인정되는 것과 같은 취지(민법 362조)이므로[76] 담보목적물의 가액이 현저히 감소된 경우뿐만 아니라 교환가치의 감소로 피담보채권을 충분히 변제받지 못할 염려가 있으면 족하다.[77]

담보물보충청구권은 담보권의 존속을 전제로 하는 것이므로 담보물보충청

73 안형준, 동산·채권 등의 담보에 관한 법률 해설서, 63면
74 박훤일, "새 법제 하에서 동산담보관리의 효율화 방안", 국제법무연구 제16권 1호(2012), 49면
75 김재형 동산담보권의 법률관계, 62면
76 안형준, 동산·채권 등의 담보에 관한 법률 해설서, 64면
77 김준호, 민법강의(제25판), 1758면

구권을 행사하는 경우에는 불법행위에 기한 손해배상청구나 기한의 이익 상실 (민법 388조 1호)을 주장하지 못한다. 주의할 것은 담보물보충청구권을 행사하 였다고 하여 기존 동산담보등기부에 변경등기를 통해 담보목적물인 동산을 추 가하는 형태의 변경등기를 할 수는 없다.[78] 담보목적물을 추가하기 위하여는 별도로 담보권을 설정하여 담보등기를 개설하여야 한다.

3) 담보목적물 반환청구권

담보권자는 담보목적물을 점유한 자에 대하여 담보권설정자에게 반환할 것 을 청구할 수 있다(법 19조 1항). 담보권자가 담보목적물을 점유할 권원이 있거 나 담보권설정자가 담보목적물을 반환받을 수 없는 사정이 있는 경우에 담보 권자는 담보목적물을 점유한 자에 대하여 자신에게 담보목적물을 반환할 것을 청구할 수 있다(법 19조 2항). 점유자가 그 물건을 점유할 권리가 있는 경우에 는 반환을 거부할 수 있다(법 19조 3항). 담보목적물을 점유하지 않는 저당권과 달리 담보권자가 담보목적물을 점유하고 있을 수도 있고, 그렇지 않은 경우에 도 무단점유자를 상대로 반환청구를 할 필요가 있으므로 담보물반환청구권에 관한 규정을 두고 있다.[79]

신탁적 소유권이전설을 취하는 우리 판례의 태도에 따라 양도담보권자는 무 단점유자에 대해 소유자로서 반환청구권을 구할 수 있다.[80] 이 법에 따른 담보 약정은 양도담보 등 그 명목을 묻지 않고 있으므로, 거래의 안전을 도모하기 위해 담보등기를 한 담보권자의 법적 지위를 양도담보만 설정한 경우보다 불 리해지지 않도록 저당권과 달리 명문으로 담보목적물 반환청구권을 인정한 것 으로 생각한다.

4) 방해제거청구권 및 방해예방청구권

담보권자는 동산담보권을 방해하는 자에게 방해의 제거를 청구할 수 있고, 동산담보권을 방해할 우려가 있는 행위를 하는 자에게 방해의 예방이나 손해 배상의 담보를 청구할 수 있다(법 20조). 담보목적물인 동산은 훼손과 이동의

---

78 담보목적물을 추가하는 내용의 변경등기는 동일성의 범위를 벗어나고, 부기등기에 의하는 경우 순 위는 주등기의 순위에 따르므로(법 57조, 부동법 5조) 후순위 담보권자 등 담보목적물에 관하여 이 해관계를 가지는 자에게 예측하지 못하는 손해를 입힐 수 있어 허용되지 않는다.
79 곽윤직 · 김재형, 물권법(제8판), 525면
80 대법원 1986. 8. 19. 선고 86다카315 판결

가능성이 높으므로 방해예방청구권을 통해 이를 확실히 할 필요성이 있다. 더
군다나 훼손·이동에 대해 별도의 벌칙조항도 없고, 동산 양도담보로 제공한
채무자가 제3자에게 담보에 제공된 동산을 처분한 경우 배임죄가 성립하지 않
으므로[81] 방해제거청구 및 방해예방청구는 동산담보권의 유효·적절한 실행을
위해 적절한 행사가 필요하다.

4 담보권의 실행

가. 공적실행

동산담보권의 실행방법으로 법은 경매청구를 통한 공적실행(법 21조 1항)과
사적실행(법 21조 2항)을 규정하고 있다. 공적실행을 위한 경매절차에서는 「민
사집행법」 제264조, 제271조 및 제272조를 준용하고, 담보권설정자가 담보목
적물을 점유하는 경우에 경매절차는 압류에 의하여 개시한다.

동산담보권의 실행절차는 ① 신청 ② 압류 ③ 현금화(매각) ④ 배당 순으로
진행된다. 담보권자는 담보권에 기한 집행을 위해 집행관에게 집행신청을 하
면서 담보권의 존재를 증명하는 서류를 제출하여야 하므로(민집법 264조), 등기
사항증명서를 제출하여야 한다. 담보권자가 점유하는 형태와 제3자가 점유하
는 형태의 경우 담보권자가 목적물을 제출하거나 제3자가 압류를 승낙할 때에
경매절차가 개시된다(민집법 271조). 반면 담보권설정자가 직접 점유하는 경우
압류에 의하여 개시한다(법 22조 2항).

동산담보권이 설정된 동산이 제3자에 의해 경매된 경우 부동산경매와 같이
부동산 위의 부담이 되는 권리가 매수인에게 인수되는 범위에 관한 명문의 규
정(민집법 91조)이 없어 동산담보권의 부담이 인수되는지 여부가 문제된다.[82]
이에 대해 소멸주의와 인수주의가 대립하고 있다. 어느 견해를 취하더라도 대
부분의 사례에서 동산담보권의 선의취득에 의해 소멸되어 매수인은 동산담보

---

81 대법원 2020. 2. 20. 선고 2019도9756 전원합의체 판결
82 다만, 대법원 2022. 3. 31. 선고 2017다263901 판결에서 유제동산에 관한 강세집행절차에서도 부동
산과 마찬가지로 잉여주의와 소멸주의가 적용되어 매각이 이루어지면 동산담보권은 그 피담보채권
이 만족되었는지에 관계없이 소멸한다고 하여 「민사집행법」 제91조를 유추적용하는 전제에서 판시
하고 있다.

권의 부담 없는 소유권을 취득할 것이므로 현실적인 결과에서는 차이가 없을 것이라는 견해가 있다.[83] 판례[84]는 유체동산에 관한 강제집행절차에서도 부동산과 마찬가지로 잉여주의와 소멸주의가 적용된다는 입장이다.

채권자가 한 사람인 경우 또는 채권자가 두 사람 이상으로서 매각대금 또는 압류금전으로 각 채권자의 채권과 집행비용의 전부를 변제할 수 있는 경우에는 집행관은 채권자에게 채권액을 교부하고, 나머지가 있으면 채무자에게 교부하여야 한다(민집규 155조 1항). 채권자가 두 사람 이상으로서 각 채권자의 채권과 집행비용의 전부를 변제할 수 없고 배당협의가 이루어지지 아니한 때에는 매각대금을 공탁하여야 한다(민집법 222조 1항, 민집규 155조 4항).

■ 사례정리(동산담보권자에게 민사집행법 제148조 유추적용 여부)

> 甲은행은 이 사건 동산에 동산근담보권을 설정한 후 담보권설정자의 일반채권자들이 위 동산에 대해 강제집행을 신청하여 강제집행절차가 개시되었다. 2차 경매기일에서 이 사건 동산이 매각되었는데 원고는 배당요구 종기(집행관의 매각대금 영수 시)가 지난 후에야 배당요구서를 제출하였다. 집행법원이 배당을 실시하면서 피고들에게만 안분배당하고 甲은행을 배당에서 제외하자, 甲은행이 이 사건 배당이의의 소를 제기하였다. 배당표가 경정되어야 하는가?

위 사안은 대법원 2022. 3. 31. 선고 2017다263901 판결에 관한 것이다.

1. 쟁점

동산근담보권이 설정된 유체동산에 대하여 다른 일반채권자의 신청에 의한 강제집행절차가 진행되는 경우, 집행관의 압류 전에 등기된 동산담보권을 가진 채권자가 배당요구를 하여야만 배당에 참가할 수 있는지가 이 사건의 쟁점이다.

---

83 법원행정처, 동산 · 채권담보 집행절차 해설, 42-43면; 김광수, "등기에 의한 동산담보제도에 관한 연구", 박사학위 논문, 한남대학교(2015), 97-98면
84 대법원 2022. 3. 31. 선고 2017다263901 판결

2. 판례의 태도(대법원 2022. 3. 31. 선고 2017다263901 판결)

[1] 「동산·채권 등의 담보에 관한 법률」(이하 '동산채권담보법'이라 한다)에 따라 동산을 담보로 제공하기로 하는 담보약정을 하고 담보등기를 마치면 동산담보권이 성립한다(제7조). 동산담보권자는 담보목적물에 대하여 다른 채권자보다 자기채권을 우선변제받을 권리가 있다(제8조).

[2] 등기를 통해 공시되는 동산담보권을 창설한 동산채권담보법의 입법취지, 부동산 집행절차에서 등기된 담보권자를 당연히 배당받을 채권자로 정하는 민사집행법 제148조 제4호의 취지, 동산담보권자와 경매채권자 사이의 이익형량 등을 고려하면, 동산담보권이 설정된 유체동산에 대하여 다른 채권자의 신청에 의한 강제집행절차가 진행되는 경우 민사집행법 제148조 제4호를 유추적용하여 집행관의 압류 전에 등기된 동산담보권을 가진 채권자는 배당요구를 하지 않아도 당연히 배당에 참가할 수 있다고 보아야 한다. 상세한 이유는 다음과 같다.

(1) 동산에 관하여 질권, 양도담보와 같은 종래의 담보제도는 담보설정자가 담보물을 활용하지 못하거나 공시방법이 불완전하다는 등의 이유로 잘 활용되지 못하였다. 2012. 6. 11. 시행된 동산채권담보법은, 동산의 담보거래를 활성화하여 중소기업과 자영업자의 자금조달을 원활하게 하고 거래 안전을 도모하기 위하여 등기를 통해 공시되는 담보제도를 새롭게 창설하였다. 동산담보권은 담보등기를 함으로써 효력이 발생하고(동산채권담보법 제7조 제1항), 담보등기부는 담보권설정자별로 구분하여 작성되며(제47조), 누구든지 등기부를 열람하거나 발급받을 수 있다(제52조).

(2) 부동산에 대한 강제집행절차에서 우선변제청구권이 있는 채권자는 배당요구를 할 수 있다(민사집행법 제88조). 그런데 민사집행법 제148조 제4호는 '저당권·전세권, 그 밖의 우선변제청구권으로서 첫 경매개시결정등기 전에 등기되었고 매각으로 소멸하는 것을 가진 채권자'를 배당요구를 하지 않아도 당연히 배당받을 채권자로 정하고 있다. 위 규정은 등기·등록의 대상이 되는 선박, 자동차, 건설기계 등에 대한 강제집행절차에 준용된다(민사집행법 제172조, 제187조, 민사집행규칙 제108조, 제130조).

민사집행법 제148조는 2002년 민사집행법 제정 시 신설된 규정인데, 이러한 규정이 없었던 구 민사소송법(2002. 1. 26. 법률 제6626호로 전부개정되기 전의 것, 이하 같다)이 적용되던 때에도 '압류의 효력 발생 전에 등기되고 매각으로 소멸하는 담보권을 가진 채권자'는 배당요구 없이도 당연히 배당을 받을 수 있었다(대법원 1998. 10. 13. 선고 98다12379 판결, 대법원 2002. 1. 22. 선고 2001다70702 판결 등 참조). 이와 같이 해석한 것은, ① 그러한 담보권자는 압류 전에 이미 경매목적물에 대하여 우선변제권을 취득한 물권자로서 압류채권자에 우선하고 압류에 대항할 수 있는 점, ② 그런데도 우리나라는 매각에 관하여 소멸주의를 취하여 위와 같이 압류에 대항할 수 있는 담보물권도 매각으로 모두 소멸하므로(구 민사소송법 제608조 제2항 참조) 권리 소멸에 대한 대상(代償) 또는 보상(報償)이 필요한 점, ③ 채무자의 총 재산에 대하여 우선변제권이 있는 임금채권자 등과 달리 물적 담보권자는 특정재산에 대하여만 우선변제권이 있으므로 그 재산에 대한 경매절차에서 우선변제권을 행사할 것이 당연히 예상되고, 구 민사소송법 제608조 제1항도 압류채권자의 채권에 우선하는 채권에 관한 부담을 먼저 변제하고 남는 것이 있어야 부동산을 매각할 수 있다고 정하는 점, ④ 집행법원이나 이해관계인은 등기부등본만 보아도 그러한 담보권의 존부와 우선변제권의 범위를 쉽게 알 수 있어 당연 배당이 어렵지 않은 점 등을 근거로 하였다. 2002년 신설된 민사집행법 제148조 제4호는 이러한 기존의 해석론을 명문으로 정한 것이다.

(3) 동산채권담보법이 제정·시행되기 전에는 유체동산에 관하여 등기에 의하여 공시되는 담보권이 존재하지 않았기 때문에, 민사집행법은 유체동산의 강제집행절차에 관하여 우선변제청구권이 있는 채권자는 배당요구를 할 수 있다고 정할 뿐(민사집행법 제217조, 제218조, 제220조) 민사집행법 제148조를 준용하지 않았다. 2012년 시행된 동산채권담보법은 제22조 이하에서 동산담보권의 실행방법을 정하고 있지만, 담보목적물에 대한 강제집행절차에서 동산담보권자가 어떤 지위에 있는지에 관하여는 아무런 규정을 두지 않고 있다.

동산담보권의 존재는 담보권설정자의 담보등기부를 열람하면 누구든지 알 수 있다. 집행관은 유체동산 압류 시에 채무자에 대한 담보등기부를 열람하여 담보등기가 있으면 등기부를 집행기록에 편철하여야 한다(민사집행규칙 제132조의2 제1항). 유체동산에 관한 강제집행절차에서도 부동산과 마찬가지로 잉여주의와 소멸주의가 적용되어, 압류물의 매각대금으로 압류채권자의 채권에 우선하는 채권과 집행비용을 변제하면 남을 것이 없다고 인정하는 때에는 매각을 진행할 수 없고(민사집행규칙 제140조 제2항), 매각이 이루어지면 동산담보권은 그 피담보채권이 만족되었는지에 관계없이 소멸한다. 동산담보권자는 집행목적물에 대하여 압류채권자에 우선하고 압류에 대항할 수 있는 물적 담보권이 있으며 이것이 등기에 의해 공시되는데도 불구하고 배당요구를 하지 않으면 배당을 받지 못하고 담보권이 소멸한다고 보면, 저당권·전세권 등 부동산 담보권자와의 형평에 맞지 않는다. 동산의 질권자는 집행관의 압류를 승낙하지 않음으로써(민사집행법 제191조 참조), 양도담보권자는 제3자이의의 소로써(대법원 2004. 12. 24. 선고 2004다45943 판결 등 참조) 일반채권자의 강제집행을 쉽게 저지할 수 있는 점을 고려하면 동산담보권자의 지위가 그들보다도 더 약화된다. 배당요구를 하여야 배당을 받을 수 있는 채권자가 배당요구를 하지 않아 배당을 받지 못한 경우 배당을 받은 후순위 채권자를 상대로 부당이득반환청구를 할 수 없는 점(대법원 1996. 12. 20. 선고 95다28304 판결 등 참조)까지 더하여 보면, 이러한 해석은 동산담보권의 설정을 꺼리게 함으로써 동산의 담보거래를 활성화하려는 동산채권담보법의 입법취지에 부합하지 않는다. 반면 채무자의 재산에 대해 강제집행을 하려는 채권자는 채무자의 담보등기부를 통해 동산담보권의 존재를 알 수 있으므로, 그 우선변제권이 미치는 부분에 대하여는 일반채권자의 배당에 관한 기대를 보호할 필요도 적다.

이러한 점을 모두 종합하여 보면, 동산담보권이 설정된 유체동산에 대하여 다른 채권자의 신청에 의한 강제집행절차가 진행되는 경우 민사집행법 제148조 제4호를 유추적용하여, 집행관의 압류 전에 등기된 동산담보권을 가진 채권자는 배당요구를 하지 않아도 당연히 배당에 참가할 수 있다고 보는 것이 타당하다.

(4) 2014. 7. 1. 신설된 민사집행규칙 제132조의2는 집행관은 유체동산 압류 시에 채무자에 대한 담보등기부를 통해 동산담보권 존재 여부를 확인하고(제1항), 담보권이 존재하는 경우 담보권자에게 '매각기일에 이르기까지 집행을 신청하거나, 민사집행법 제220조에서 정한 시기까지 배당요구를 하여 매각대금의 배당절차에 참여할 수 있음'을 고지하여야 한다고 정한다(제2항). 종래에는 위 제2항을 근거로 동산담보권자가 배당요구 또는 이중압류를 하여야만 동산담보권자에게 배당을 하는 경우가 많았던 것으로 보인다. 그러나 강제집행절차에서 동산담보권자의 지위에 관하여는 앞서 본 것처럼 동산담보권의 효력과 공시방법, 집행절차에서 담보권자의 지위에 관한 동산채권담보법과 민사집행법 규정을 종합적으로 고려하여 판단하여야 한다. 집행기관이 동산담보권자의 배당요구 없이 당연 배당을 할 수 없다는 취지의 법률 규정은 존재하지 않고, 위 민사집행규칙 규정은 집행관의 고지의무에 관하여 정한 것일뿐더러 집행관이 고지를 하지 않은 경우 배당이 무효가 된다고 보기도 어려

워 이것만으로는 동산담보권의 보호에 충분하다고 할 수 없다. 따라서 위 규정의 신설로 앞서 본 것과 같은 해석이 불가능해진다고 할 수도 없다.

(5) 담보등기부는 담보권설정자별로 편성되고(동산채권담보법 제47조. 부동산별로 편성되는 부동산등기부와 다르다) 담보목적물이 양도되어도 소유권 변동 내역이 담보등기부에 기재되지 않으므로, 집행채무자가 이미 동산담보권이 설정된 동산을 취득한 경우와 같이 담보권설정자가 아닌 경우에는 집행채무자의 담보등기부만 보아서는 동산담보권의 존재를 알 수 없는 문제가 있다. 집행관은 유체동산 압류 시에 집행채무자가 집행목적물에 담보가 설정되어 있다는 진술을 한 경우에는 이를 압류조서에 기재하여야 하는데(민사집행규칙 제134조 제1항), 그 경우 집행기관이 담보등기부를 열람하여 담보권의 존재 여부를 확인하고 배당을 하는 등의 조치가 가능하다.

집행채무자가 담보에 관한 진술을 하지 않아 집행기관에서 동산담보권의 존재를 알지 못하여 동산담보권자가 배당에 참여할 기회가 없었던 경우에, 동산담보권자를 배당요구를 하여야만 배당을 받을 수 있는 채권자라고 보면 동산담보권자는 아무런 잘못 없이 담보권을 상실할 뿐만 아니라 앞서 본 바와 같이 배당받은 후순위 채권자를 상대로 부당이득반환청구도 하지 못하는 등 아무런 구제 수단이 없게 된다. 이러한 경우를 상정하여 보더라도 동산담보권자를 배당요구 없이도 배당받을 채권자로 보아 적어도 후순위 채권자를 상대로 부당이득반환청구를 할 수 있다고 보아야 할 것이다.

3. 검토

기존의 동산경매집행의 실무는 「민사집행법」 제148조를 준용하는 명문의 규정이 없음을 이유로, 배당요구를 하여야만 동산담보권자에게 배당을 하였다. 이 판결을 통해 동산경매절차에서도 「민사집행법」 제148조를 유추적용할 수 있다고 하여 동산담보권자의 지위를 명확히 하였다는 점에서 그 의의가 크다.

4. 사안의 경우

甲은행의 채권최고액을 한도로 피담보채권액에 먼저 배당하고 남은 금액을 일반채권자들이 안분하는 것으로 배당표가 경정되어야 한다.

나. 사적실행

1) 귀속청산과 처분청산

동산담보권의 사적실행이란, 경매절차를 통한 채권의 만족이 아닌, 귀속청산 또는 처분청산의 방법으로 채권의 만족을 얻기 위해 담보권을 실행하는 절차를 말한다. 정당한 이유가 있는 경우 담보목적물로써 직접 변제에 충당(귀속청산)하거나 담보목적물을 매각하여 그 대금을 변제에 충당(처분청산)할 수 있도록 규정하고 있다(법 21조 2항). 만약 동산담보권자가 후순위권리자라면, 담보등기부에 등기되어 있거나 담보권자가 알고 있는 선순위권리자의 동의를 받아야 한다(법 21조 2항 단서). 여기서 '정당한 이유'란 「민법」 제338조제2항의 질권자의 간이변제충당 요건인 '정당한 이유'에 해당하는 목적물의 가치가 적어 많은 비용을 들여 경매하는 것이 불합리하다든가, 경매에 의할 경우 정당한 가격으로 경락되기 어려운 사정이 있다든가, 경매에 의하지 않더라도 공정한 가액을 산출해 낼 수 있는 경우[85]를 포함한다.[86]

2) 직접 변제충당 등의 절차

담보권자가 담보목적물로써 직접 변제에 충당하거나 담보목적물을 매각하기 위하여는 담보목적물이 멸실 또는 훼손될 염려가 있거나 가치가 급속하게 감소될 우려가 있는 경우를 제외하고, 그 채권의 변제기 후에 동산담보권 실행의 방법을 채무자 등과 담보권자가 알고 있는 이해관계인에게 통지하고, 그 통지가 채무자 등과 담보권자가 알고 있는 이해관계인에게 도달한 날부터 1개월이 지나야 한다(법 23조 1항). 이 통지에는 피담보채권의 금액, 담보목적물의 평가액 또는 예상매각대금, 담보목적물로써 직접 변제에 충당하거나 담보목적물을 매각하려는 이유를 명시하여야 한다(법 23조 2항). 담보권자는 담보목적물의 평가액 또는 매각대금에서 그 채권액을 뺀 금액(청산금)을 채무자 등에게 지급하여야 한다. 이 경우 담보목적물에 선순위의 동산담보권 등이 있을 때에는

---

85 편집대표 김용덕, 주석 민법[물권3](제5판), 616면
86 「동산·채권 등의 담보에 관한 법률 일부개정법률안」(의안번호 24817호) 제21조제2항은 "정당한 이유"로 1. 담보목적물의 가치와 경매에 드는 제반 비용을 고려할 때 경매를 하는 것이 불합리한 경우 2. 담보목적물이 부패, 변질 또는 감량되기 쉬운 것이어서 속히 매각하지 아니하면 그 담보목적물의 가액이 줄어들 우려가 있는 경우 3. 대통령령으로 정하는 공개시장에서 매각하는 경우 4. 그 밖에 정당한 사유가 있는 경우를 제시했었다(임기만료로 폐기).

그 채권액을 계산할 때 선순위의 동산담보권 등에 의하여 담보된 채권액을 포함한다(법 23조 3항). 담보권자가 담보목적물로써 직접 변제에 충당하는 경우 청산금을 채무자 등에게 지급한 때에 담보목적물의 소유권을 취득한다(법 23조 4항). 다만, 담보목적물을 직접 변제에 충당하는 경우 청산금을 지급하기 전 또는 청산금이 없는 경우 통지가 도달한 날로부터 1개월이 지나기 전 또는 담보목적물을 매각하여 그 대금을 변제에 충당하는 경우 담보권자가 제3자와 매매계약을 체결하기 전에 담보목적물에 대하여 경매가 개시된 경우에는 담보권자는 직접 변제충당 등의 절차를 중지하여야 한다(법 23조 5항).

사적실행의 경우 동산담보권의 실행으로 담보권자나 매수인이 담보목적물의 소유권을 취득하면 그 담보권자의 권리와 그에 대항할 수 없는 권리는 소멸한다(법 24조). 따라서 선순위권리자의 권리는 소멸하지 않는다. 이는 선순위권리자가 담보목적물의 소유권을 취득하는가와 무관하게 그 교환가치가 유지될 수 있어 채권을 그대로 유지함으로써 투하자본의 이윤을 예정대로 회수하는 것이 더욱 유리할 수 있는 점을 고려한 것이다.[87]

3) 후순위권리자의 권리

후순위권리자는 제23조제3항에 따라 채무자 등이 받을 청산금에 대하여 그 순위에 따라 청산금이 지급될 때까지 그 권리를 행사할 수 있고, 담보권자는 후순위권리자가 요구하는 경우에는 청산금을 지급하여야 한다(법 26조 1항). 사적실행에 따른 동산담보권 실행의 경우에 후순위권리자는 제23조제5항 각 호의 구분에 따라 정한 기간 전까지 담보목적물의 경매를 청구할 수 있다. 다만, 그 피담보채권의 변제기가 되기 전에는 제23조제1항의 기간에만 경매를 청구할 수 있다(법 26조 2항). 후순위권리자는 청산금에 순위에 따른 권리를 행사할 때에는 그 피담보채권의 범위에서 그 채권의 명세와 증서를 담보권자에게 건네주어야 한다(법 26조 2항). 담보권자가 채권 명세와 증서를 받고 후순위권리자에게 청산금을 지급한 때에는 그 범위에서 채무자 등에 대한 청산금 지급채무가 소멸한다(법 26조 4항). 후순위권리자의 청산금에 대한 권리행사를 막으려는 자는 청산금을 압류하거나 가압류하여야 한다.

---

87 안형준, 동산·채권 등의 담보에 관한 법률 해설서, 74면

4) 매각대금의 공탁

담보목적물의 매각대금 등이 압류되거나 가압류된 경우 또는 담보목적물의 매각대금 등에 관하여 권리를 주장하는 자가 있는 경우에 담보권자는 그 전부 또는 일부를 담보권설정자의 주소(법인인 경우에는 본점 또는 주된 사무소 소재지)를 관할하는 법원에 공탁할 수 있다. 이 경우 담보권자는 공탁사실을 즉시 담보등기부에 등기되어 있거나 담보권자가 알고 있는 이해관계인과 담보목적물의 매각대금 등을 압류 또는 가압류하거나 그에 관하여 권리를 주장하는 자에게 통지하여야 한다(법 27조 1항). 담보목적물의 매각대금 등에 대한 압류 또는 가압류가 있은 후에 담보목적물의 매각대금 등을 공탁한 경우에는 채무자 등의 공탁금출급청구권이 압류되거나 가압류된 것으로 본다(법 27조 2항). 담보권자는 공탁금의 회수를 청구할 수 없다(법 27조 3항).

5) 변제와 실행 중단

동산담보권의 실행의 경우에 채무자 등은 청산금을 지급하기 전 또는 청산금이 없는 경우 통지가 도달한 날로부터 1개월이 지나기 전 또는 담보목적물을 매각하여 그 대금을 변제에 충당하는 경우 담보권자가 제3자와 매매계약을 체결하기 전까지 피담보채무액을 담보권자에게 지급하고 담보등기의 말소를 청구할 수 있다. 이 경우 담보권자는 동산담보권의 실행을 즉시 중지하여야 한다(법 28조 1항). 동산담보권의 실행을 중지함으로써 담보권자에게 손해가 발생하는 경우에 채무자 등은 그 손해를 배상하여야 한다(법 28조 2항).

6) 유담보의 허용

「민법」 제339조는 "질권설정자는 채무변제기전의 계약으로 질권자에게 변제에 갈음하여 질물의 소유권을 취득하게 하거나 법률에 정한 방법에 의하지 아니하고 질물을 처분할 것을 약정하지 못한다"고 하여 명시적으로 유질계약 금지 규정을 두고 있다. 반면, 동산담보권의 경우에는 후순위담보권자 등을 보호하기 위한 사적 실행에 관한 통지를 하지 않는 약정을 제외하고는 이 법에서 정한 실행절차와 다른 내용의 약정을 할 수 있게 하여 유담보계약을 허용하고 있다(법 31조 1항). 상행위로 인하여 생긴 채권을 담보하기 위하여 설정한 질권에는 유질계약 금지규정이 적용되지 않고(상법 59조), 제도의 입법 배경이 중소기업이나 영세상인들의 사업자금의 원활한 융통을 위한 것인 점을 고려하면 법이 유담보를 허용하는 것은 결론에 있어서 타당하다.

다. 담보목적물이 아닌 재산으로부터의 변제

담보권자는 담보목적물로부터 변제를 받지 못한 채권이 있는 경우에만 채무자의 다른 재산으로부터 변제를 받을 수 있다(법 15조 1항). 담보권자는 원칙적으로 경매나 사적 실행을 통해 우선변제를 받을 수 있지만, 동산담보권이 설정되어 있다고 하더라도 채무자의 일반재산으로부터 변제받을 권리를 잃지 아니한다.

담보목적물보다 먼저 다른 재산에 관해 배당이 실시되어 담보권자가 피담보채권 전액으로 배당참가하여 배당을 받은 경우에 다른 채권자의 청구가 있으면 담보권자는 그 배당금액을 공탁하여야 한다(법 15조 2항). 담보권자가 담보권을 실행한 후 부족액에 한하여 그 공탁금으로 변제받을 수 있다.

5 담보권을 둘러싼 법률관계

가. 양도담보권과의 병존여부

1) 문제점

이 법에 따른 담보약정은 양도담보 등 명목을 묻지 아니하고 이 법에 따라 동산을 담보로 제공하기로 하는 약정이 있으면 동산담보권을 설정할 수 있다. 이 때 양도담보권자가 자신의 지위를 강화하기 위하여 동산담보등기를 설정한 경우 양도담보권과 동산담보권이 병존하는지 문제된다.

2) 견해의 대립

가) 동산담보권 불성립설[88]

이 법에 따른 동산담보권의 효력과 양도담보의 효력은 서로 병존할 수 없음을 전제로 이 법에 따른 담보등기가 되었다고 하여도 그 등기는 무효이고 양

---

88 김재형, "동산담보권의 법률관계", 42면

도담보권만 존속한다는 견해이다. 양도담보약정에 따라 양도담보권자가 담보
목적물에 대한 소유권이 있으므로 타물권인 동산담보권을 취득할 수 없음을
주된 논거로 한다.

나) 겸유·병존설[89]

주택임차권과 전세권의 겸유·병존을 인정하는 대법원 판례[90]를 원용하여
동산담보권의 성립요건 및 효력은「동산·채권 등의 담보에 관한 법률」에 의
해 규율하고, 양도담보권의 성립요건 및 효력은 양도담보에 관한 판례 법리에
의해 규율하는 것으로 해석하여 양도담보권과 동산담보권은 병존하고, 양 권
리를 겸유할 수 있다는 견해이다. 양 권리를 겸유·병존시키는 게 당사자의 의
사해석에 부합할 뿐 아니라, 동산담보제도의 활성화에 기여할 수 있다는 점을
논거로 한다.

다) 양도담보권 소멸설[91]

동산담보권은 존속하고 양도담보권은 소멸한다는 견해이다. 혼동의 법리(민
법 191조) 또는 담보권자의 의사해석에 의해 동산담보권만 인정되고 이 경우
동산담보권의 취득 시기는 양도담보권을 취득한 시점이 아니라 담보등기를 한
때라고 한다.

3) 검토

법은 양도담보 등 그 명칭을 불문하고 담보약정을 한 경우에 이 법에 따른
등기를 할 수 있게 하여 양도담보나 소유권유보부 매매 등의 경우에도 이 법
에 따른 등기를 할 수 있게 하였다. 이는 이 법을 이용하여 동산담보권을 설정
하려는 자들은 기존의 담보권을 소멸시키고 이 법에 따른 동산담보권을 설정
할 의사가 아니라 기존의 담보권은 그대로 둔 채 법적 지위를 고양하기 위하
여 이 제도를 이용하려고 봄이 합리적인 당사자의 의사해석이다. 또한 담보약
정에 관한 규정(법 2조 1호)[92]은 양도담보약정을 한 자가 동산담보권도 설정할

---

89 법원행정처, "동산·채권담보 집행절차 해설", 124-125면
90 대법원 2010. 6. 24. 선고 2009다40790 판결
91 법원행정처, "동산·채권담보 집행절차 해설", 124-125면
92 제2조(정의) 이 법에서 사용하는 용어의 뜻은 다음과 같다.
  1. "담보약정"은 양도담보 등 명목을 묻지 아니하고 이 법에 따라 동산·채권·지식재산권을 담보
  로 제공하기로 하는 약정을 말한다.

수도 있음을 예정한 것으로서, 양도담보권자가 신탁적 소유권이전설[93]에 따라 자신의 소유물인 담보목적물에 대해서도 동산담보권을 취득하고, 양도담보권 설정자에게 해당 동산에 대한 처분권을 부여한 특별규정으로 봐야 한다. 이런 경우 동산담보권은 다른 후순위권리자가 없더라도 혼동으로 소멸하지 않을 실 익[94]이 있으므로 혼동의 법리에 의해 소멸된다고 보면 안 된다.[95]

나. 선의취득

1) 담보목적물의 선의취득

가) 법 제32조에 따른 선의취득의 의의

(1) 문제점

「민법」 제249조는 "평온, 공연하게 동산을 양수한 자가 선의이며 과실없이 그 동산을 점유한 경우에는 양도인이 정당한 소유자가 아닌 때에도 즉시 그 동산의 소유권을 취득한다"고 하고, 「민법」 제343조에서 이를 준용하도록 하 여, 소유권 · 질권에 대해 선의취득을 인정하고 있다. 선의취득의 요건사실로는 ① 무권리자가 ② 점유하는 ③ 동산을 ④ 유효한 거래행위를 통해 ⑤ 양수인 이 평온 · 공연 · 선의 · 무과실로 점유이다.

법 제32조는 "이 법에 따라 동산담보권이 설정된 담보목적물의 소유권 · 질 권을 취득하는 경우에는 「민법」 제249조부터 제251조까지의 규정을 준용한 다"고 규정하고 있다. 위 규정이 양도인이 무권리자가 아닌 경우에도 이를 허 용하는 것인지에 따라 선의취득의 인정범위가 달라지므로 이에 대한 검토가 필요하다.

---

93 대법원 1999. 9. 7. 선고 98다47283 판결
94 물상대위의 범위가 매각, 임대의 경우도 포함되고, 점유개정에 의한 양도담보인 경우 공시의 불완 전성을 보완하기 위한 실익이 있다.
95 (대법원 1998. 7. 10. 선고 98다18643 판결) 판례는 선순위 저당권자인 원고가 후순위 가압류등기 가 경료된 부동산의 소유권을 취득한 사안에서 "어떠한 물건에 대한 소유권과 다른 물권이 동일한 사람에게 귀속한 경우 그 제한물권은 혼동에 의하여 소멸하는 것이 원칙이지만, 본인 또는 제3자의 이익을 위하여 그 제한물권을 존속시킬 필요가 있다고 인정되는 경우에는 민법 제191조 제1항 단 서의 해석에 의하여 혼동으로 소멸하지 않는다"라고 하여 선순위 저당권이 소멸하지 않는다고 하 였다.

(2) 견해의 대립

(가) 「민법」상 선의취득설[96]

이 견해는 동산담보권설정자는 소유권자로서 처분하는 것이므로 「민법」 제249조의 선의취득 문제는 발생하지 않고, 다만 양수인은 담보권의 부담을 떠안은 동산을 양수하게 될 뿐이라고 한다. 「동산·채권 등의 담보에 관한 법률」은 양도담보의 공시 방법의 문제점을 개선하기 위해 동산담보등기제도를 도입한 것이기 때문이다.

(나) 변용된 선의취득설[97]

동산담보권의 존재에 대하여 알지 못하고 그 알지 못함에 과실이 없으면 동산담보권의 부담이 없는 완전한 소유권을 취득하도록 하는 것이라고 한다. 「민법」상 선의취득의 요건과 동일하다면 선의취득에 관한 준용규정인 법 제32조를 별도로 규정하지 않았더라도 「민법」에 의해 선의취득할 수 있으므로 특별히 제32조를 둘 이유가 없다. 결국 제32조를 둔 이유는 동산담보권이 설정되어 있다는 사실을 알지 못한 채 그 소유권이나 질권을 취득하는 경우에 한하여 적용될 수 있고, 이러한 경우에 「민법」 제249조를 준용하는 실질적 의미가 있다고 한다.

(3) 검토

생각건대, 다음과 같은 이유로 「동산·채권 등의 담보에 관한 법률」 제32조에 의해 준용되는 선의취득은 변용된 선의취득을 말한다고 본다. 첫째, 입법기초자들의 입법취지는 거래안전을 위하여 동산담보권이 설정되어 등기된 담보목적물에 대하여 「민법」상 선의취득 규정에 따라 소유권·질권을 취득할 수 있도록 규정한 것이다.[98] 둘째, 준용이란 특정 조문을 그와 성질이 유사한 규율 대상에 대해 그 성질에 따라 다소 수정하여 적용하는 것을 의미한다.[99] 따라서 담보권설정자가 무권리자가 아닌 소유권자의 유효한 거래행위로 인한 경우에 한해 선의취득을 인정하여 거래의 안전을 보호하겠다고 해석해야 한다.

---

96 김인유, "「동산·채권 등의 담보에 관한 법률」에 관한 소고 : 동산담보를 중심으로", 원광법학 제27권 제4호(2011), 18－19면
97 김희동, "동산담보등기의 효력과 선의취득", 법학논총 제29집(2013), 228면
98 안형준, 동산·채권 등의 담보에 관한 법률 해설서, 92면
99 법제처 법제지원총괄과, 법령 입안·심사 기준, 법제처(2021), 784면

무권리자의 처분행위인 경우에는 「민법」상 선의취득 규정에 의하여 해결해야 한다. 셋째, 동산선의취득제도의 취지는 동산을 점유하는 자의 권리외관을 중시하여 이를 신뢰한 자의 소유권 취득을 인정하고 진정한 소유자의 추급을 방지함으로써 거래의 안전을 확보하기 위하여 법이 마련한 제도이므로[100] 동산담보권자의 추급의 방지와 담보권이 없는 동산으로 신뢰한 양수인을 보호함을 통한 거래의 안전을 보호할 필요성은 동산담보권제도의 시행으로 비로소 생겨났기 때문이다.

나) 선의취득의 요건과 증명책임

(1) 요건

법 제32조에 따른 담보목적물에 대한 선의취득은 ① 동산에 대해 완전한 소유권이 없지만 처분권이 있는 권리자(주로 동산담보권설정자)가 ② 점유하는 ③ 동산을 ④ 유효한 거래행위를 통해 ⑤ 양수인이 평온 · 공연 · 선의 · 무과실로 점유해야 한다. 처분권이 없는 무권리자의 처분은 이 법이 아닌 「민법」 제249조에 의한 선의취득이 인정된다.

(2) 증명책임

「민법」상 선의취득에서 선의는 「민법」 제197조제1항에 의해 추정되고, 무과실에 대해서 다수설은 「민법」 제200조에 의해 점유자가 적법한 권리자로 추정되므로 무과실이 추정된다는[101] 반면, 판례는[102] 양수인이 입증책임을 부담한다고 한다.

법 제32조에 의한 선의취득에 경우 선의 · 무과실의 대상이 동산담보권의 존재이므로 「민법」 제197조 제1항이나 「민법」 제200조가 작용할 여지가 없다는 견해가 있다.[103] 생각건대, 선의 · 무과실에 대해서 일반원칙으로 돌아가 그 효과를 주장하는 양수인이 부담함이 타당하다.[104] 「민법」 제197조 제1항에 의해 추정되는 선의는 점유할 권리인 본권이 없음에도 불구하고 본권이 있다고 오신하며 하는 점유[105]를 말하고 무과실은 본권이 있다고 믿은 오신에 관하여 과

---

100 대법원 1998. 6. 12. 선고 98다6800 판결
101 곽윤직 · 김재형, 물권법(제8판), 165면
102 대법원 1981. 12. 22. 선고 80다2910 판결
103 김희동, "동산담보등기의 효력과 선의취득", 230면
104 同旨 김희동, "동산담보등기의 효력과 선의취득", 230면
105 편집대표 김용덕, 주석 민법[물권1](제5판), 한국사법행정학회, (2019), 434면

실이 없는 경우를 말하므로106 점유할 권리인 본권과 무관한 법 제32조의 선의
취득에서는 그 작용국면이 상이하기 때문이다.

(3) 담보등기 조사와 무과실

법은 담보등기 여부에 관해 조사하거나 확인할 의무를 별도로 규정하고 있
지 아니하다. 담보목적물인 동산을 양수하려는 자가 동산담보권이 없는 '완전
한 소유권'을 취득할 때 담보등기부를 확인하지 않은 것이 과실에 해당하는지
에 관해 논의가 있다.

조사·확인 의무가 부과되면 거래비용이 증가하고, 인적 편성주의인 동산담
보등기의 특성상 거래상대방의 전주(前主)에 대해서는 조사가 곤란하며, 동산
의 처분이 금지되지 않고, 담보권설정자는 다른 권리의 존재 유무를 양수인에
게 명시할 의무가 없으므로 양수인에게 담보등기 조사·확인의무가 없다는 견
해가 있다.107 반면, 집합적 동산에 관하여 제3자가 담보등기의 설정여부를 확
인하지 않고 동산을 취득하였다면 담보권이 있다는 것을 알지 못한 데 과실이
있다고 볼 수 있으나, 개별동산의 경우에는 제3자에게 선의취득이 인정될 수
있다는 견해가 있다.108

생각건대, 양도인에 대해 거래의 목적물인 동산의 담보등기부를 조사하지
않았다고 하여 일률적으로 과실이 있다고 할 수 없다. 동산담보등기가 동산에
대한 권리 또는 그 변동에 관한 공시방법인 점유 또는 인도를 대체한 것이 아
니고,109 담보권에 대해서만 등기를 통해 공시할 수 있는 길을 열어준 것에 불
과하다. 담보권설정자가 개인인 경우 성명만으로 확인할 수 없고 인적사항(주
민등록번호)을 알아야 확인할 수 있으므로(등기예규 1743호 3조 1항, 9조 1항, 별
지 제1호, 제2호 양식) 양수인에게 양도인 또는 전 소유자의 생년월일까지 확인
하여 담보등기부를 확인하도록 하는 것은 지나치게 가혹하고 거래의 경직을
초래한다. 다만 동산담보등기가 활성화되어 구체적인 거래관행이 확립됨에 따
라 과실여부의 판단은 달라질 수 있다.

106 편집대표 김용덕, 주석 민법[물권1](제5판), 436면
107 장병주, "동산담보권이 설정된 동산의 선의취득과 동산담보권 보호", 동아법학 제70호(2016), 358면
108 김재형, "동산담보권의 법률관계", 68면
109 김재형, "동산담보권의 법률관계", 66면

다) 선의취득의 효과

선의취득을 한 양수인은 동산담보권이 없는 완전한 소유권을 취득한다. 선의취득은 원시취득이라고 보는 것이 통설적 견해이다.[110] 법 제32조에 따라 질권을 선의취득하는 경우 선순위 담보권이 없는 질권을 선의취득한다.

2) 동산담보권의 선의취득

무권리자로부터 담보약정에 따라 해당 동산에 대해 동산담보등기를 한 경우와 동산담보권을 선의취득할 수 있는지 문제된다. 담보등기부는 담보권의 존재만을 알리고 있을 뿐 동산의 소유권 귀속에 대한 정보를 주지 않고, 동산담보권을 설정하는 경우에도 그 권리외관의 기초는 여전히 점유이다. 「민법」의 선의취득 규정은 선의취득하는 권리의 공시방법이 점유인 경우를 상정하고 있어 동산담보등기의 공시방법은 등기인 경우와 그 이익상황이 달라 「민법」의 선의취득 규정을 유추적용할 수 없다는 견해가 있다.[111] 생각건대 동산담보권을 선의취득할 수 있도록 하는 명문의 규정이 없으므로 이를 허용할 수 없다. 이에 대해 제정 당시 동산담보권의 경우 인도 없이 등기만으로 선의취득을 인정하자는 주장이 있었으나, 담보등기에 공신력을 인정하는 것과 같은 결과가 되므로 채택되지 않았다.[112]

---

110 곽윤직·김재형, 물권법(제8판), 166면
111 김형석, "동산·채권 등의 담보에 관한 법률에 따른 동산담보권과 채권담보권", 201면
112 김재형, "『동산·채권 등의 담보에 관한 법률』 제정안의 구성과 내용", 265면

1 서 설

가. 채권담보권의 의의

채권담보권이란 담보약정에 따라 금전의 지급을 목적으로 하는 지명채권(여러 개의 채권 또는 장래에 발생할 채권을 포함한다)을 목적으로 등기한 담보권을 말한다(법 2조 3호). 법은 담보약정과 등기를 요건으로 하고 있지만, 채권담보권은 동산담보권과 달리 등기는 대항요건에 불과하므로(법 35조) 담보등기는 담보권의 성립에 영향을 주지 아니한다고 보는 견해가 있다.[1] 법은 채권담보권에 관하여 그 성질에 반하지 아니하는 범위에서 동산담보권에 관한 규정과 「민법」 제348조[2] 및 제352조[3]를 준용한다(법 37조). 동산담보권에 관한 규정을 준용하고 있으므로 담보권의 불가분성(법 37조, 9조), 담보권이 효력을 미치는

---

1 김형석, "동산·채권 등의 담보에 관한 법률에 따른 동산담보권과 채권담보권", 231면
2 세348조(서낭채권에 대한 실권과 부기등기) 저당권으로 담보한 채권을 질권의 목적으로 한 때에는 그 저당권등기에 질권의 부기등기를 하여야 그 효력이 저당권에 미친다.
3 제352조(질권설정자의 권리처분제한) 질권설정자는 질권자의 동의없이 질권의 목적된 권리를 소멸하게 하거나 질권자의 이익을 해하는 변경을 할 수 없다.

목적물의 범위(법 37조, 10조), 과실에 대한 효력(법 37조, 11조), 피담보채권의
범위(법 37조, 12조), 담보권의 양도(법 37조, 13조), 담보목적물 이외의 재산으로
부터의 변제(법 37조, 15조), 물상보증인의 구상권(법 37조, 16조), 담보목적물의
보충(법 37조, 17조) 등의 규정이 채권담보권에도 적용된다.[4] 채권담보권은 법
에 의해 새롭게 창설된 담보물권으로서[5], 부종성, 수반성, 불가분성이 인정되
고, 그 소멸에 있어서도 피담보채무에 대한 변제 등 담보물권 일반의 소멸사
유에 의하여 소멸된다.

법은「민법」제348조의 준용하고 있으므로 저당권으로 담보한 채권을 채권
담보권의 목적으로 한 때에는 그 저당권등기에 채권담보권의 부기등기를 하여
야 그 효력이 저당권에 미친다.[6]「부동산등기법」제76조제2항,「부동산등기규
칙」제132조제2항 및「저당권부채권에 대한 채권담보권의 부기등기에 관한
업무처리지침」(등기예규 1741-1호)은 저당권부채권에 대한 채권담보권의 부기
등기에 관한 사항을 부동산등기부에 기록하도록 규정하고 있다.

법은「민법」제352조를 준용하므로, 질권설정자의 권리처분제한과 마찬가
지로 채권담보권설정자는 채권담보권자의 동의없이 채권담보권의 목적된 권
리를 소멸하게 하거나 채권담보권자의 이익을 해하는 변경을 할 수 없다. 질
권의 경우와 마찬가지로 채권담보권자의 동의를 요하는 권리의 소멸 또는 변
경은 채권담보권설정자의 법률행위에 의한 소멸 · 변경을 의미하고 법률의 규
정에 의한 경우에는 이 규정이 적용되지 아니한다.

나. 채권담보권의 법적 성질

1) 약정 담보물권

채권담보권은 채무자 또는 제3자가 제공한 담보목적물에 대하여 다른 채권
자보다 자기채권을 우선변제받을 수 있는 약정 담보물권이다(법 37조, 8조). 물
권은 물권 법정주의에 의해 법률 또는 관습법에 의하는 외에는 임의로 창설하

---

4 안형준, 동산 · 채권 등의 담보에 관한 법률 해설서, 106면
5 동산담보권처럼 담보물권으로 볼 수 있느냐에 대해 의문이 있을 수 있으나, 현재 그 구조가 유사한
  권리질권의 법적 성질에 관해 동산질권과 동일한 담보물권이라고 보는 데 이론이 없다는 점(편집
  대표 김용덕, 주석 민법[물권3](제5판), 650면), 채권담보권에 관해 동산담보권의 내용을 대부분 준
  용하고 있는 점에 비추어 동일한 담보물권으로 볼 수 있다.
6 안형준, 동산 · 채권 등의 담보에 관한 법률 해설서, 106면

지 못한다(민법 185조). 채권담보권은 「동산·채권 등의 담보에 관한 법률」에 의해 창설된 담보물권이다. 따라서 담보물권이 가지고 있는 일반적인 성질을 가지고 있다. 이를 담보물권의 통유성이라고 한다.

2) 담보물권의 통유성

채권담보권은 타인의 채권에 대하여 등기를 함으로써 성립하는 물권에 해당한다. 법은 채권담보권에 관하여 그 성질에 반하지 아니하는 범위에서 동산담보권에 관한 규정을 준용(법 37조)하고 있으므로 담보물권의 통유성인 부종성(법 29조), 수반성(법 13조), 불가분성(법 9조) 등이 인정된다.

2   채권담보권의 성립

가. 의의 및 요건

채권담보권은 담보약정에 따라 금전의 지급을 목적으로 하는 지명채권(여러 개의 채권 또는 장래에 발생할 채권을 포함한다)을 목적으로 등기한 담보권을 말한다(법 2조 3호). 이 법의 규율을 받는 채권담보권이 되기 위하여는 담보등기가 되어야 하고, 채권담보등기부에 등기하기 전의 담보약정만 있는 단계에서는 당사자 사이에 그 담보약정의 명목인 담보목적의 채권양도계약 내지 채권질권 설정계약만 성립한다.[7] 채권담보권의 정의규정은 담보등기가 물권변동의 성립요건인 동산담보권의 정의규정과 동일한 표현으로 되어 있지만 담보등기의 효력은 대항요건(법 35조 1항)으로 두고 있다.

나. 담보약정(담보권설정계약)

1) 의의

'담보약정'은 양도담보 등 명목을 묻지 아니하고 이 법에 따라 동산·채권·지식재산권을 담보로 제공하기로 하는 약정을 말한다(법 2조 1호). 이 법에 따라 채권을 담보로 제공하기로 한 약정이라면, 그 명칭이 채권양도계약인지 가

---

7 김현진, 동산·채권담보권 연구, 359면

리지 않는다. 명칭이 아니라 실질이 이 법에 따라 채권담보권을 설정하려는 것인지가 중요하다.

2) 당사자

가) 담보약정의 당사자

담보권설정자와 담보권자가 담보약정의 당사자이다. 채무자는 피담보채권을 발생시키는 계약의 당사자일 뿐 담보약정의 당사자는 아니다(동일인이 하나의 계약서에 의할 수 있으나 엄밀히 별개의 지위이다). 이 법에 따른 채권담보등기를 하기 위하여는 채권담보약정의 당사자중 담보권설정자는 법인 또는「부가가치세법」에 따라 사업자등록을 한 자여야 한다. 제정 당시에는 법인 또는 상호등기를 한 사람만이 담보권설정자가 될 수 있었으나, 중소기업·자영업자 대부분이 기존의 담보제도를 이용하기 어려운 실정을 반영하여 법인 또는「부가가치세법」에 따라 사업자등록을 한 사람으로 확대하는 방향으로 개정하였다[8](법 2조 5호). 담보권자에 대한 제한은 별도로 존재하지 않는다. 피담보채권의 채권자와 담보권설정계약의 담보권자가 원칙적으로 동일해야 하나 근저당권의 경우 예외적으로 유효하게 보는 경우가 있으므로[9] 채권담보권과 관련하여도 동일한 논리가 적용될 수 있다.

나) 명시의무

채권담보권을 설정하려는 자는 담보약정을 할 때 담보목적물의 채권자 여부, 담보목적물에 관한 다른 권리의 존재 여부를 상대방에게 명시하여야 한다(법 37조, 6조). 담보목적물인 채권의 진정한 채권자인지에 대한 확인이 용이하지 않은 점 등을 고려하여 담보권을 취득하려는 자를 보호하기 위해 담보권설정자의 명시의무에 대하여 규정하였다.

이 법에 따라 채권담보권을 설정하려는 담보권설정자는 당해 채권에 대한

---

8 동산·채권 등의 담보에 관한 법률 일부개정법률안 검토보고(법제사법위원회 전문위원 허병조, 8면)에서 법원이 쉽게 관리할 수 있다는 점 외에 상호등기 여부로 담보권설정자를 제한할 필요성이 크지 않고 전체 등록 개인사업자 중 상호 미등기 사업자 비중이 99.8%로 사실상 자영업자 대부분은 동법상의 담보제도를 이용할 수 없어 법 제정 취지가 크게 퇴색되는 문제점이 있고 변호사나 법무사 등 전문직종 사업자의 경우 상인이 아니라는 이유로 상호등기를 할 수 없어 법인을 설립하지 않고는 동법상의 제도를 이용할 수 없는 문제점도 있다고 지적하였다.
9 대법원 2001. 3. 15. 선고 99다48948 전원합의체 판결

처분권이 있어야 한다. 채권담보권의 담보목적물은 금전의 지급을 목적으로
하는 지명채권이므로 채권자가 누구인지, 채권이 다른 권리의 목적이 되어 있
는지 여부를 외부에서 쉽게 알 수 없다. 따라서 담보권설정자에게 담보목적물
인 채권의 채권자인지, 다른 권리의 목적인지 여부를 담보권자에게 명시하도
록 하였다. 시중 은행에서 사용하는 표준계약서에는 설정자가 명시한 내용을
확인하기 위해 채권자가 담보목적물의 현황조사 또는 추가자료를 요청하는 경
우 설정자는 이에 협조하기로 하는 내용과 명시의무 위반시 기한의 이익을 상
실하게 되는 내용 등이 기재되어 있어 계약으로 명시의무의 성실한 이행을 담
보하고 있다[10]. 다만 명시의무를 위반하였다고 하더라도 담보권의 효력에 대해
별도의 규정이 없으므로 담보권설정자가 무권한자의 처분으로 인해 담보권이
무효인 경우는 논외로 하고 명시의무 위반으로 인해 담보권의 효력이 무효가
되지는 않는다(설사 무효라고 하더라도 신의칙에 비춰 담보권설정자가 이를 주장하
는 것은 허용되지 않는다).

　　법무부 해설서에서 "해당 규정은 채권담보권, 지적재산권담보권에도 준용되
므로, 예컨대 매출채권을 목적으로 하는 채권담보권을 설정하는 경우에 담보
권설정자는 그와 관련된 '동산담보권'의 존재 여부에 대하여도 명시하여야 할
것이다"라고 하여 매출채권이 담보목적물인 채권담보권 설정 시에 그와 관련
된 동산담보권의 존재 여부를 명시할 것을 요구하고 있다.[11] 법 제6조[12]를 채
권담보권에 적용하는 경우 '동산담보권을 설정하려는 자는'을 '채권담보권을
설정하려는 자는'으로 해석한다면 제1호의 '담보목적물의 소유 여부'나 제2호
의 '담보목적물에 관한 다른 권리의 유무'는 담보권설정자가 담보목적물인 채
권의 채권자인지 여부나, 담보목적물인 채권에 다른 권리가 있는지(권리질권
이나 선순위 채권양도)를 담보권자가 될 자에게 명시하여야 하는 것으로 해석되
므로, 담보목적물이 매출채권인 경우 그에 관한 동산담보권의 존재여부를 명
시하여야 하는지에 대해 의문이 있을 수 있다. 생각건대, 채권담보권의 담보목

---

10 국민은행, 신한은행, 하나은행, 한국씨티은행 등 은행의 담보권설정계약서 서식에 위와 같은 내용이
　　포함되어 있다.
11 안형준, 동산·채권 등의 담보에 관한 법률 해설서, 41면
12 제6조(동산담보권을 설정하려는 자의 명시의무) 동산담보권을 설정하려는 자는 담보약정을 할 때
　　다음 각 호의 사항을 상대방에게 명시하여야 한다.
　　　1. 담보목적물의 소유 여부
　　　2. 담보목적물에 관한 다른 권리의 존재 유무

적물은 장래의 매출채권이지만 담보목적물인 매출채권의 반대급부로 제공되는 재고자산인 동산에 대해 이미 동산담보권이 설정되어 동산담보권자가 물상대위를 행사할 경우 채권담보권자는 교환가치를 확보할 수 없을 수 있으므로 이를 염두에 둔 것으로 보인다.

3) 객체

가) 금전의 지급을 목적으로 하는 지명채권

금전의 지급을 목적으로 하는 지명채권만 채권담보권의 대상이 된다. '금전채권'이어야 하고, '지명채권'이어야 한다. 제정 당시 금전채권이 비개성적이고, 금전 외의 채권인 경우 가치를 환산하기 곤란할 수 있으며 기업 등이 사업자금을 조달하기 위하여 담보로 제공하려는 경우 대상이 되는 채권은 사실상 금전채권에 한정될 가능성이 높다는 것을 이유로 금전채권으로 한정하였다고 한다.[13] 금전채권이기만 하면 되므로, 외화채권이어도 무방하다. 통상적으로 신용카드대금, 매매대금, 대여금, 임대차보증금, 도급대금, 공탁금출급청구권, 예금채권 등이 이에 해당한다.

나) 장래에 발생할 채권

장래에 발생할 채권(이하 '장래채권')이란 현재 채권의 성립을 위한 법률요건 중 전부 또는 일부가 결여되어 아직 채권으로 성립되지 못한 채권을 말한다.[14] 이미 성립되었으나 그 효력의 발생 또는 소멸이 장래의 불확실한 사실에 의존되는 정지조건부 또는 시기부 채권이 장래에 발생할 채권에 해당하는지 논란이 있다. 설사 장래채권에 포함되지 않더라도 이미 성립된 채권이므로 채권담보권의 담보목적에 해당함에는 의문이 없다.

판례[15]는 장래 발생할 채권이라도 현재 그 권리의 특정이 가능하고 가까운 장래에 발생할 것임이 상당한 정도로 기대되는 경우에는 채권양도의 대상이 될 수 있다고 하여 '특정 가능성'과 '발생 가능성'을 장래 채권양도의 요건으로 보고 있다. 법은 발생 가능성에 대해 요구하지 않고, 채권을 특정할 수 있

---

13 김재형, "『동산 · 채권 등의 담보에 관한 법률』 제정안의 구성과 내용", 266면
14 허명국, "장래채권의 본질에 관한 고찰―독일에서의 논의를 중심으로", 한국비교사법학회, 비교사법 제24권 제2호(2017), 380면
15 대법원 1982. 10. 26. 선고 82다카508 판결; 1991. 6. 25. 선고 88다카6358 판결 외 다수

는 경우에는 장래에 발생할 채권도 채권담보권의 목적으로 할 수 있도록 하여
(법 34조 2항) 장래채권에 대한 담보제공의 길을 넓혔다.

다) 여러 개의 채권

이른바 집합채권이란 그 정의가 명확한 것은 아니지만, 현재 보유하고 있거
나 장래에 보유하게 될 채권을 일괄하여 취급한 채권이라고 할 수 있다.[16] 그
법적 성질에 대해서는 논란이 있다.

생각건대 채권담보권의 객체인 여러 개의 채권이란, 다수의 채권을 집합물
처럼 하나의 채권으로 취급하는 것이 아니라 개별 채권의 단순한 총합을 말한
다. 채권은 물권과 달리 상대효를 가지고 있으므로 집합일물의 개념을 도입하
는 경우 법률관계가 지나치게 복잡해질 수 있기 때문이다. 판례[17]도 '현재 및
장래 피고 앞 PSU 등 납품거래 관련 매출채권'을 양도금지특약을 위반하여 채
권양도계약의 효력의 주장여부가 문제된 사안에서 "이른바 집합채권의 양도가
양도금지특약을 위반하여 무효인 경우 채무자는 일부 개별 채권을 특정하여
추인하는 것이 가능하다"고 하여 집합채권을 집합동산처럼 하나의 집합물로
보는 것이 아니라 개별채권의 합으로 보는 듯하다. 채권양도담보의 사례를 채
권담보권에 그대로 적용할 수 있는지 의문이 있을 수 있으나, 채권담보권은 「민
법」의 체계와 조화를 이루는 가운데 등기를 할 수 있게 한 것에 불과한 것으로,
등기를 대항요건으로 하고 그 실행도 「민사집행법」에서 정한 집행방법으로 실
행할 수 있는 등 본질적인 부분에서 채권양도담보와 달리 취급할 이유가 없다.
따라서 채권양도담보에 관한 판례의 법리가 채권담보권에도 특별한 사정이 없
는 한 적용될 수 있다.

법은 장래 발생할 채권을 포함하여, 채권의 종류, 발생 원인, 발생 연월일을
정하거나 그 밖에 이와 유사한 방법으로 특정할 수 있는 경우에는 이를 목적
으로 하여 담보등기를 할 수 있도록 하였다(법 34조 2항). 주로 매출채권[18], 요
양급여비용채권[19], 공사대금채권[20] 등이 집합채권담보로 이용되고 있다.

---

16 집합채권의 양도예약에 관하여 판례는 "채무자가 자신의 채무를 담보하기 위하여 현재 보유하고 있
   거나 장래에 보유하게 될 채권을 일괄하여 채권자에게 양도하기로 하는 예약은 이른바 집합채권의
   양도예약에 해당한다고" 하여 집합채권의 양도예약에서 집합채권을 간접적으로 정의하고 있다(대
   법원 2016. 7. 14. 선고 2014다233268 판결 등).
17 대법원 2009. 10. 29. 선고 2009다47685 판결
18 대법원 2016. 7. 14. 선고 2014다233268 판결; 대법원 2002. 7. 9. 선고 2001다46761 판결
19 대법원 2019. 6. 27. 선고 2017다222962 판결

라) 양도가 금지된 채권

동산담보권은 「민법」 제331조를 준용하고(법 33조), 채권담보권은 그 성질에 반하지 아니하는 범위에서 동산담보권에 관한 제2장을 준용하므로(법 37조) 채권담보권은 양도할 수 없는 채권을 목적으로 하지 못한다. 채권담보권의 목적은 채무자의 채무불이행의 경우에 담보목적물로부터 우선변제를 받는 것이기 때문이다.[21] 주채권과 분리하여 보증채권만을 양도하는 경우[22]와 같은 성질상 양도가 금지된 채권(민법 449조 1항 단서), 부양청구권(민법 979조)이나 재해보상청구권(산재보험법 88조 2항)처럼 법률상 양도가 금지된 채권, 당사자 사이에 양도금지특약을 한 채권은 채권담보권의 목적이 될 수 없다. 즉 이를 목적으로 한 채권담보권 등기는 무효의 등기이므로 채권담보권의 대항력이 없다. 다만, 당사자 사이에 양도금지특약을 한 채권의 경우 담보권자가 선의인 경우에만 유효하게 채권담보권을 취득할 수 있다. 담보권자의 악의에 대한 입증책임은 담보목적물로 제공된 채권의 채무자가 부담한다.[23]

마) 압류가 금지된 채권

압류할 수 없는 채권은 양도할 수 없다고 보아 채권담보권의 목적이 될 수 없다는 견해가 있다.[24] 법은 제36조제3항은 "담보권자는 제1항 및 제2항에 따른 채권담보권의 실행방법 외에 「민사집행법」에서 정한 집행방법으로 채권담보권을 실행할 수 있다"고만 규정하고 있어서 압류금지채권을 열거한 「민사집행법」 제246조의 준용여부가 불분명하다. 담보권설정자를 사업자등록을 한 사람으로 확대하는 내용의 일부개정법률[25]의 입법추진과정에서 대부업자나 사채

---

20 대법원 2003. 9. 5. 선고 2002다40456 판결
21 안형준, 동산·채권 등의 담보에 관한 법률 해설서, 96면
22 대법원 2002. 9. 10. 선고 2002다21509 판결
23 안형준, 동산·채권 등의 담보에 관한 법률 해설서, 96면; 이에 대해 장래채권을 포함한 집합채권 등 채권을 담보로 제공받는 경우 채권양도금지특약이 존재하는지 일일이 조사하는 것은 많은 시간과 비용지출을 수반하게 되므로 민법상 채권의 양도금지특약에 관한 규정의 적용을 배제할 필요성이 있다는 의견이 있으나 입안과정에서 받아들여지지 않았다(국회 법사위 의견요청에 대한 대한법무사협회 의견; 김효석, "채권을 활용한 새로운 담보제도에 관한 소고 —「동산·채권 등의 담보에 관한 법률」을 중심으로—", 민사집행법연구, (2012), 59면
24 「민사집행법」 제246조는 압류금지채권(예컨대 공무원의 퇴직금 등)을 열거하고 있지만 해당법령(공무원연금법 32조)에서는 양도·압류·담보제공까지 금지되는 채권으로 하고 있는 등 압류금지와 양도금지를 혼용하고 명확히 입법적으로 구별하지 않고 있다. 이는 애초부터 압류가 금지되는 채권은 원칙적으로 양도도 금지되는 것으로 보아왔기 때문임을 이유로 든다(김현선, 동산·채권·지적재산권 담보제도 실무, 백영사, (2012), 288면).

업자 등의 경우 개인의 생활필수품을 담보로 잡아 악용할 우려가 있으므로 「민사집행법」 제246조의 적용하여 압류가 금지되는 채권은 채권담보권의 목적으로 할 수 없도록 해야 한다는 의견이 있었으나, 형식적 심사권만 가진 등기관이 압류금지채권을 심사하여 담보등기 허용여부를 판단하는 것은 현실적으로 불가능하고, 성질상 준용될 수 없으므로 채택되지 않았다.[26]

생각건대, 압류금지와 양도금지는 채권자의 실질적 채권회수를 위한 의도로 규정하였다고 하더라도 이를 동일시 할 수 없다. 압류금지는 채권자(당해 채권의 채권자, 즉 채권이 압류된 경우라면 집행채무자를 가리킨다)의 '의사에 기초하지 않은' 처분을 금지하고 있는 것에 불과하기 때문이다.[27] 판례[28]도 「민사집행법」 제246조제1항제4호에 의해 급여채권의 2분의 1에 해당하는 금액은 압류가 금지되지만, 그 양도를 금지하는 법률의 규정이 없으므로 이를 양도할 수 있다고 한다. 압류금지채권을 수동채권으로 하는 상계는 금지하고 있으나(민법 497조), 이를 자동채권으로 하는 상계나 상계계약을 허용하는 것도 그 채권자의 처분권한을 빼앗는 것은 아니기 때문이라고 한다.[29] 결국 압류금지와 양도금지는 당사자의 처분권한이 인정되느냐로 구별되는 개념이다. 압류금지채권과 양도금지채권은 채권담보권설정에서 그 취급을 달리해야한다. 양도할 수 없는 금전채권은 현금화가 불가능하여 금전채권의 집행 대상이 되지 못하므로 압류할 수 없으나, 압류금지채권은 양도를 금지하는 규정이 없는 한 채무자의 처분권이 여전히 유효하므로 양도할 수 있고, 채무자의 처분행위란 점에서 채권담보권도 설정할 수 있다. 따라서 압류금지채권도 채권담보권의 목적물이 될 수 있고, 실제 적용에 있어서 「민사집행법」 제246조(압류금지채권)는 그 성질이 다르므로 법 제36조제3항에 의해 준용될 수 없다.

---

25 『동산·채권 등의 담보에 관한 법률』 일부개정 2020. 10. 20. [법률 제17502호, 시행 2022. 4. 21.], 2020.6.15. 전재수 의원 등 11인이 발의(의안번호 2100464)하여 2020.9.24.수정가결되었다.

26 『동산·채권 등의 담보에 관한 법률(법률 제17502호)』 일부개정법률안에 대한 법제사법위원회 심사보고서 5면에서 허병조 전문위원은 "제195조와 제246조는 채무자의 의사에 기하지 않고 강제로 환가하는 것을 금지하는 취지일 뿐 채무자 스스로 이를 처분하는 것까지 금지하는 것은 아니라는 이유임. 따라서, 이 법에 따른 담보권 실행에 있어서도 「민사집행법」을 준용한다고 규정하더라도 실제 적용에 있어서는 압류금지채권에 관한 규정(246조)은 성질상 준용될 수 없다고 해석될 것으로 보임"이라고 하였다.

27 편집대표 민일영, 주석 민사집행법(Ⅴ)(제4판), 한국사법행정학회, (2018), 807면

28 대법원 1988. 12. 13. 선고 87다카2803 전원합의체 판결

29 양창수·김재형, 계약법(제2판), 박영사, (2015), 34면

4) 피담보채권

피담보채권의 종류에 관해 법은 달리 규정을 두고 있지 아니하다. 따라서 금전채권이 피담보채권이 되는 경우가 대부분일 것이지만, 금전채권이 아니라도 피담보채권이 될 수 있다.[30] 다만, 피담보채권액 또는 그 최고액이 등기사항이고(법 47조 2항 7호), 일정한 금액을 목적으로 하지 않는 채권을 담보하기 위하여는 그 채권의 평가액을 기록하여야 하므로(등기예규 1741호 7조 5항) 금전으로 평가될 수는 있어야 한다. 장래에 발생할 특정의 채권을 위하여 담보권을 설정할 수 있는지에 대해 명시적인 규정은 없으나 동산담보와 마찬가지로 인정하여야 한다.

5) 존속기간

동산담보권과 마찬가지로 채권담보권의 존속기간을 5년으로 제한하되, 5년을 초과하지 않는 기간으로 이를 갱신할 수 있다(법 37조, 49조). 피담보채권이 대부분 상사채권이고 그 소멸시효가 5년인 점을 고려하여 존속기간을 5년으로 한 것이다.[31] 다만, 5년을 초과하지 않는 범위에서 연장할 수 있고, 갱신의 횟수는 제한되지 않으므로 변제기가 도래하기 전에 부당하게 존속기간이 만료되어 소멸하는 경우를 방지할 수 있다.

담보권은 여타의 담보권과 달리 최장 존속기간을 두고 있으나, 존속기간을 정하지 않은 경우의 최단 존속기간에 대하여는 별도의 규정이 없다. 이 법에 따른 채권담보권을 설정하기 위하여는 등기를 하여야 하는데, 등기사항으로 존속기간을 두고 있으므로(법 47조 2항 9호), 존속기간을 정하지 않은 경우 각하사유에 해당하여(법 46조 5호) 등기를 할 수 없어 담보권을 취득할 수 없기 때문에 존속기간을 정하지 않은 경우 최단 존속기간을 얼마로 할 것인지가 문제되지 않는다. 즉 담보권설정계약에 있어서 존속기간은 계약의 중요한 부분에 해당한다.[32]

---

30 김재형, "동산담보권의 법률관계", 51면
31 안형준, 동산 · 채권 등의 담보에 관한 법률 해설서, 129면
32 동산 · 채권 등의 담보에 관한 법률 일부개정법률인 검토보고(법제사법위원회 전문위원 허병조, 32면)에서 원안에서 담보등기의 존속기간이라고 한 부분을 담보권의 존속기간으로 변경하는 것이 법체계상 바람직한 것으로 보인다는 수정의견이 있었고 제정법은 이를 반영하여 '담보권의 존속기간'으로 수정가결 되었다.

다. 채권담보등기

1) 채권담보등기의 등기사항

등기할 사항은 법 제47조제2항에서 규정하고 있다. 등기방법이나 절차가 부동산등기와 유사하기 때문에 담보등기에 관하여 특별한 규정이 있는 경우를 제외하고는 성질에 반하지 않는 한 부동산등기를 준용하고 있다(법 57조). 다만, 담보등기는 부동산등기의 물적 편성주의와 달리 인적 편성주의에 의해 편성되어 있어 그 구조가 상이함에 주의하여야 한다.

2) 지명채권의 채무자 외의 제3자에 대한 대항요건

담보권설정계약 외에 채권담보권 설정등기가 있어야 채권담보권의 설정을 지명채권의 채무자 외의 제3자에게 대항할 수 있다(법 35조 1항). 설정등기는 채권담보권을 지명채권의 채무자 외의 제3자에게 대항하는 요건이다. '지명채권의 채무자 외의 제3자'의 범위가 문제된다. 지명채권양도에 있어서 대항할 수 있는 '채무자 외의 제3자'에 대해 판례[33]는 "당해 채권에 관하여 양수인의 지위와 양립할 수 없는 법률상 지위를 취득한 자를 말한다"고 한다. 지명채권양도의 경우와 달리 채권담보권의 경우 담보목적물인 채권에 대해 후순위로 담보권을 설정할 수 있으므로 '지명채권의 채무자 외의 제3자에게 대항할 수 있다'는 의미는 '경합하는 채권자들 사이에서 우선적 지위를 가진다'는 것을 의미한다고 해석하여야 한다는 견해가 있다.[34]

3) 지명채권의 채무자(제3채무자)에 대한 대항요건

담보권자 또는 담보권설정자(채권담보권 양도의 경우에는 그 양도인 또는 양수인을 말한다)는 제3채무자에게 등기사항증명서를 건네주는 방법으로 그 사실을 통지하거나 제3채무자가 이를 승낙하지 아니하면 제3채무자에게 대항하지 못한다(법 35조 2항). 통지권자는 「민법」의 채권양도의 경우와 달리 담보권설정자뿐만 아니라 담보권자도 포함된다. 통지의 방식은 등기사항증명서를 건네주는 방법으로 정해져 있으므로 단지 담보권 설정 사실만 통지하는 것은 제3채무자

---

33 대법원 1983. 2. 22. 선고 81다134, 135, 136 판결
34 김현진, 동산·채권담보권 연구, 381면

에 대해 대항할 수 있는 통지방법이 아니다. 제3채무자는 이의를 보류한 승낙을 할 수 있다(법 35조 4항, 민법 451조 1항). 채권담보권에 관한 명시적인 판례는 없지만, 이의를 보류하지 않은 승낙을 하였더라도 양수인이 악의 또는 중과실인 경우에 해당하는 한 채무자의 승낙 당시까지 양도인에 대하여 생긴 사유로써도 양수인에게 대항할 수 있다는 판례[35]는 그와 이익상황이 유사한 채권담보권자의 악의 또는 중과실의 경우에도 적용될 수 있을 것이다.

'채무자 외의 제3자'에 대한 대항요건과 제3채무자에 대한 대항요건은 그 기능이 다르므로 동일하게 설정하지 않았다.[36] 담보등기만으로 제3채무자에 대항할 수 있다고 한다면, 담보목적물인 지명채권의 처분권은 채권자에게 있음에도 불구하고, 제3채무자는 채권자에 대해 항변권을 행사할 수 있는지를 확인하기 위해 담보등기부를 조회해야 하는 번거로움을 감수해야 한다. 따라서 제3채무자의 인지를 전제로 한 승낙이나, 등기사항증명서의 교부를 통해 제3채무자에게 대항할 수 있도록 하여「민법」의 채권양도에 있어 채무자에 대한 대항요건과 조화를 이루었다.

제3채무자에 대항한다는 의미에 대해 법은 명문의 규정을 두고 있지 않다. 법은「민법」제451조[37]를 준용하므로 반대해석상 제3채무자는 담보권 설정 통지를 받은 이후에는 담보권설정자에 대하여 생긴 사유로써 담보권자에게 대항할 수 없다는 견해가 있다.[38] 생각건대, 법 제35조제4항이「민법」제451조를 준용한다는 의미는 통지, 승낙의 효과에 대해 채권양도와 동일하게 취급한다는 의미이므로 통지를 받은 이후에는 담보권설정자에 대한 대하여 생긴 사유로 채권담보권자에게 대항할 수 없다고 봄이 타당하다.

---

35 대법원 2002. 3. 29. 선고 2000다13887 판결
36 안형준, 동산·채권 등의 담보에 관한 법률 해설서, 100면
37 제451조(승낙, 통지의 효과)
  ① 채무자가 이의를 보류하지 아니하고 전조의 승낙을 한 때에는 양도인에게 대항할 수 있는 사유로써 양수인에게 대항하지 못한다. 그러나 채무자가 채무를 소멸하게 하기 위하여 양도인에게 급여한 것이 있으면 이를 회수할 수 있고 양도인에 대하여 부담한 채무가 있으면 그 성립되지 아니함을 주장할 수 있다.
  ② 양도인이 양도통지만을 한 때에는 채무자는 그 통지를 받은 때까지 양도인에 대하여 생긴 사유로써 양수인에게 대항할 수 있다.
38 김현진, 동산·채권담보권 연구, 386면

라. 채권근담보권

근담보권은 일정한 계속적인 거래관계에서 장래 발생하는 다수의 불특정채
권을 담보하기 위하여 담보할 채무의 최고액만을 정하고 채무의 확정을 장래
에 보류한 담보권을 말한다. 동산근담보권에 대한 규정(법 5조 1항)은 채권담보
권에도 준용(법 37조) 되므로, 채권근담보권도 설정할 수 있다. 채권근담보권의
피담보채권 확정시기와 관련하여 담보목적물이 같은 금전채권이라는 점에서
근질권에 대한 판례[39]와 같이 근질권자가 강제집행이 개시된 사실을 알게 된
때에 확정된다고 보는 견해가 있다.[40] 구체적인 내용은 동산근담보권의 논의를
참조하기 바란다.

마. 공동담보

1) 의의

공동담보란 동일한 채권을 담보하기 위하여 여러 개의 담보목적물에 채권담
보권을 설정하는 것을 말한다(법 37조, 29조 1항). 공동담보는 동일한 피담보채
권을 담보하기 위해 수 개의 담보목적물에 담보권이 설정된 광의의 공동담보
와 법 제29조가 적용 또는 준용되는 공동담보인 협의의 공동담보로 구분된다.

2) 협의의 공동담보(동종의 담보목적물)

가) 요건

동일한 피담보채권(근담보인 경우 기본계약)을 담보하기 위하여 동일한 담보권
설정자와 여러 개의 채권에 대한 담보권설정계약과 설정등기를 하여야 한다.

나) 효력

집합동산을 하나의 집합물로 보는 동산담보권의 경우와 달리 여러 개의 채
권(집합채권)을 개별채권의 합으로 보는 경우 개별채권마다 채권담보권이 성립
한다.[41] 예를 들어 임대차계약에 기한 1년간 차임채권을 채권담보권의 담보목
적물로 한 경우 매월마다 발생하는 12개의 차임채권에 대해 채권담보권이 설
정되고 이들 상호 간에는 공동담보의 관계에 있다.

---

39 대법원 2009. 10. 15. 선고 2009다43621 판결
40 법원행정처, 동산·채권담보 집행절차 해설, 96면
41 다만, 집합채권을 집합동산과 같이 하나의 집합물로 본다면 공동담보가 성립하지 않는다.

【 담 보 목 적 물 】 (담보목적물에 관한 사항)				
일련번호	채권의 종류	채권의 발생원인 및 발생연월일	목적채권의 채권자 및 채무자	기타사항
1	차임채권	시기 : 2013년1월1일 종기 : 2013년12월31일 서울특별시 서초구 서초대로 10 서초빌딩 101호 상가건물 임대차계약	목적채권의 채권자 주식회사 갑을실업 　　서울특별시 서초구 서초대로 1(서초동) 목적채권의 채무자 홍길동 　　서울특별시 강남구 진달래10길 2(양재동)	

이 경우와 달리 채무자를 달리하는 채권을 채권담보권의 공동담보로 할 수
있다. 예를 들어, 제3채무자 에이스유통 주식회사에 대한 채권과 제3채무자 김
담보에 대한 채권을 공동담보로 하여 담보목적물부에 일련번호 1번, 2번으로
등기된 경우로서 법이 예정하는 공동담보의 모습이다.

【 담 보 목 적 물 】 (담보목적물에 관한 사항)				
일련번호	채권의 종류	채권의 발생원인 및 발생연월일	목적채권의 채권자 및 채무자	기타사항
1	차임채권	시기: 2020년1월1일 종기: 2020년12월31일 서울특별시 서초구 서초대로 123 ○○빌딩 상가건물 임대차계약	목적채권의 채권자 주식회사 갑을실업 　　서울특별시 서초구 서초대로 1(서초동) 목적채권의 채무자 에이스유통 주식회사 　　서울특별시 강남구 양재대로 12(양재동)	
2	동산매매대금채권	2020년3월12일 완구류 판매계약	목적채권의 채권자 주식회사 갑을실업 　　서울특별시 서초구 서초대로 1(서초동) 목적채권의 채무자 김담보 　　서울특별시 관악구 은천로 93, 101동 1201호(봉천동, 봉천빌딩)	

다) 실행

공동담보권의 객체인 각 채권마다 별개로 하나의 담보권이 성립한다. 보통
의 (근)담보권과 같지만 (근)담보권자에게 실행에 선택권이 있으므로 전부 또
는 일부 선택하여 실행할 수 있다.

동산담보권에 관한 공동담보규정은 채권공동담보에도 적용된다(법 37조, 29
조). 채권담보권에 관한 판례는 아니지만 「근로기준법」에 규정된 임금 등에 대
한 우선특권에 관해 판례[42]도 "근로기준법에 규정된 임금 등에 대한 우선특권

은 사용자의 총재산에 대하여 저당권에 의하여 담보된 채권, 조세 등에 우선
하여 변제받을 수 있는 이른바 법정담보물권으로서, 사용자 소유의 수 개의
부동산 중 일부가 먼저 경매되어 그 경매대가에서 임금채권자들이 우선특권에
의하여 우선변제 받은 결과 그 경매한 부동산의 저당권자가 「민법」 제368조
제1항에 의하여 위 수 개의 부동산으로부터 임금채권이 동시배당되는 경우보
다 불이익을 받은 경우에는 같은 조 제2항 후문을 유추적용하여, 위 저당권자
로서는 임금채권자가 위 수 개의 부동산으로부터 동시에 배당받았다면 다른
부동산의 경매대가에서 변제를 받을 수 있었던 금액의 한도 내에서 선순위자
인 임금채권자를 대위하여 다른 부동산의 경매절차에서 우선하여 배당받을 수
있다"고 한다. 채권담보권은 저당권과 담보물권인 점에서 공통되므로 위 판례
의 논리가 채권공동담보에도 적용된다.

3) 광의의 공동담보(이종의 담보목적물)

동일한 담보목적물을 공동으로 담보하는 경우에만 공동담보로서 후순위자
의 권리행사에 관한 제29조가 적용된다. 동산과 채권을 동시에 공동담보로서
동일한 채권자에게 담보로 제공하기 위하여는 개별적으로 담보등기부에 각각
설정등기를 할 수 밖에 없다. 이종의 담보목적물을 공동으로 담보하는 경우는
협의의 공동담보가 아니라 광의의 공동담보에 해당한다. 이런 경우 담보의 집
적성이 떨어져 담보가치를 낮게 평가될 수 있다. 최근 법무부는 이런 이종의
담보를 일괄하여 담보로 제공할 수 있는 일괄담보를 골자로 한 개정안을 제출
한 적이 있다.[43]

3 ┃ 채권담보권의 효력

채권담보권의 효력과 채권담보등기의 효력은 구별해야 한다. 전자는 피담보
채권의 담보권으로서 교환가치의 지배에 관한 문제이고, 후자는 대항요건에
관한 문제이다.

---

42 대법원 2000. 9. 29. 선고 2000다32475 판결
43 정부안으로 "동산·채권 등의 담보에 관한 법률 일부개정법률안(의안번호2024817)"이 발의되었으나, 2020.5.29.임기만료로 폐기되었다.

가. 채권담보권의 효력이 미치는 범위

1) 피담보채권

채권담보권은 원본, 이자, 위약금, 담보권실행의 비용, 담보목적물의 보존비용 및 채무불이행 또는 담보목적물의 흠으로 인한 손해배상의 채권을 담보한다. 다만, 설정행위에 다른 약정이 있는 경우에는 그 약정에 따른다(법 37조, 12조). 저당권과 달리 지연이자를 1년분으로 제한하지 않고 질권의 피담보채권과 마찬가지로 규정하였다. 채권근담보권의 경우 채권최고액까지 원본, 이자, 위약금, 담보권실행이 비용, 담보목적물의 보존비용 및 채무불이행 또는 담보목적물의 흠으로 인한 손해배상채권 등이 담보된다.[44]

2) 담보목적물인 채권

가) 지연이자

채권담보권의 효력은 담보목적물인 지명채권의 종된 권리에도 미치므로(법 37조, 10조) 금전채권의 부수한 이자채권에도 미친다. 다만, 동산담보권과 달리 담보목적물의 점유를 상정할 수 없으므로 담보목적물을 담보권자가 점유하는 경우의 담보목적물에 대한 과실 수취권에 관한 규정(법 25조 4항)은 성질상 채권담보권에 준용되지 아니한다.

나) 담보권 실행 이후 발생한 장래의 채권

담보목적물이 장래의 채권을 포함한 여러 개의 채권인 경우 담보권 실행에 따라 담보권의 효력이 미치는 범위가 달라질 것인지에 대해 의문이 있다. 담보목적물인 여러 개의 채권(이미 발생한 채권과 아직 발생하지 않은 채권을 포함한다)을 목적으로 채권담보권을 설정한 담보권자가 피담보채권의 일부를 변제받기 위해 이미 발생한 채권에 대해 담보권을 실행하여 회수한 경우, 나머지 피담보채권의 변제를 위해 담보권 실행 이후 장래에 발생한 채권에 대해서도 담보권의 효력이 미치는지가 문제된다. 위의 경우 채권양도담보에 관한 판례[45]는

---

44 근질권 채권최고액의 한도 내에서 대출원금에 대해 약정연체이율로 계산한 지연손해금을 지급할 의무가 있다고 판단한 판결(대법원 2015. 9. 10 선고 2015다211432 판결)

45 (대법원 2013. 3. 28. 선고 2010다63836 판결) 甲이 乙은행으로부터 대출을 받으면서 甲의 국민건강보험공단에 대한 향후 의료비 등 채권을 담보목적물로 한 채권양도담보계약을 체결하였는데, 乙은행이 담보목적물 중 일부인 그 당시 현존 의료비 등 채권에 대하여 담보권을 실행하여 공단으로

피담보채권의 전액의 만족을 얻지 아니한 이상, 담보권 실행 후 발생하는 채권에 대해서도 담보권을 실행할 수 있다고 하여 담보권 실행 이후에 발생하는 채권에 대해서도 담보권의 효력이 미친다고 한다.

생각건대 위 판례의 논의는 채권담보권에도 동일하게 적용되어야 한다. 법은 채권담보권을 기존의 「민법」 체계와 조화를 이루는 범위 내에서 그 담보권을 등기하도록 하여 자금조달의 원활과 거래의 안전을 꾀하는 것을 목적으로 설계하였다. 등기를 대항요건으로 하고 그 실행도 「민사집행법」에서 정한 집행방법으로 실행할 수 있는 등 본질적인 부분에서 채권양도담보와 달리 취급할 이유가 없다. 따라서 위 판례의 논의가 채권담보권에도 동일하게 적용되므로 담보권 실행 후에도 나머지 피담보채권의 만족을 얻기 위하여 담보목적물인 장래에 발생한 채권에 대해서도 채권담보권의 효력이 미친다.[46]

다) 회생절차개시결정 이후 발생한 장래의 채권

집합동산의 경우와 마찬가지로, 담보목적물이 장래의 채권을 포함한 여러 개의 채권인 경우 회생절차개시결정이 고정화 사유가 되어 회생절처개시결정 이후의 채권에 대해서는 채권담보권의 효력이 미치는지에 대한 논의가 있다.[47]

생각건대, 여러 개의 채권을 담보목적물로 한 채권담보권에는 동산담보권과 달리 고정화론이 문제되지 않는다. 담보목적물인 여러 개의 채권은 집합동산처럼 하나의 집합채권을 구성한다고 보기 어렵고 개별채권의 묶음에 불과하다. 고정화론은 일정한 처분권한이 있는 집합동산이 고정화로 인해 처분권한이 상실되고 개별동산의 합이 되거나, 집합동산의 범위가 고정되는 것을 의미하는데, 금전채권의 경우 집합동산의 경우처럼 영업활동을 영위하기 위한 집합체를 상정한다고 하여 그 가치가 단순한 개별채권의 합보다 크다고 할 수 없기 때문에 필요성이 낮다.[48] 따라서 회생절차개시결정이 고정화 사유인지 여

부터 채권 일부를 회수한 후 甲에 대하여 회생절차가 개시된 사안에서, 乙은행이 피담보채권인 대출금채권 전액의 만족을 얻지 아니한 이상, 담보권 실행 후 발생하는 의료비 등 채권에 대해서도 담보권을 실행할 수 있고, 담보권 실행으로 인하여 그 후 발생하는 의료비 등 채권에 대하여 담보권의 효력이 미치지 아니하게 되는 것은 아니지만, 담보권 실행 후 甲에 대한 회생절차개시 당시까지 담보목적물인 채권이 남아 있지 아니하였고, 회생절차개시 후에 의료비 등 채권이 추가로 발생하였더라도 그러한 채권에 대해서는 더 이상 담보권의 효력이 미치지 아니하기 때문에, 乙은행의 잔존 대출금채권은 담보목적물이 존재하지 아니하는 회생채권이라고 한 사례
46 법원행정처, "동산·채권담보 집행절차 해설", 136−139면 <사례7> 참조
47 법원행정처, "동산·채권담보 집행절차 해설", 96면
48 영업활동을 하며 담보권설정자에게 처분권이 부여된 증감변동하는 집합동산은 집합일물로 볼 때

부에 대한 언급없이 "장래 발생하는 채권이 담보목적으로 양도된 후 채권양도
인에 대하여 회생절차가 개시되었을 경우, 회생절차개시결정으로 채무자의 업
무의 수행과 재산의 관리 및 처분 권한은 모두 관리인에게 전속하게 되는데(채
무자회생법 56조 1항), 관리인은 채무자나 그의 기관 또는 대표자가 아니고 채
무자와 그 채권자 등으로 구성되는 이른바 이해관계인 단체의 관리자로서 일
종의 공적 수탁자에 해당한다 할 것이므로, 회생절차가 개시된 후 발생하는
채권은 채무자가 아닌 관리인의 지위에 기한 행위로 인하여 발생하는 것으로
서 채권양도담보의 목적물에 포함되지 아니하고, 이에 따라 그러한 채권에 대
해서는 담보권의 효력이 미치지 아니한다"고 한 판례[49]는 비록 채권양도담보
의 사안이지만 담보목적물인 여러 개의 채권에 대한 의미를 동일하게 보는 채
권담보권에도 그대로 적용될 수 있다. 결국 회생절차개시결정 이후에 발생한
장래의 채권에 대해서는 채권담보권의 효력이 미치지 않는다.

3) 존속기간

동산담보권과 마찬가지로 채권담보권의 존속기간은 5년의 범위에서 정할
수 있고, 연장등기를 하여 연장할 수 있다. 존속기간이 만료될 경우 채권담보
권은 채권담보등기에 의한 대항요건을 상실한다. 존속기간의 필요여부에 대한
논의는 동산담보권과 동일하므로 해당 부분을 참조하면 된다.[50]

4) 물상대위

채권담보권의 내용은 그 성질에 반하지 않는 범위 내에서 동산담보권에 관
한 규정을 준용하고 있으므로 물상대위도 인정된다(법 37조, 14조)는 견해가 있
다.[51] 다만, 채권담보권의 담보목적물은 지명채권인 금전채권이므로 담보목적
물이 멸실·훼손·공용징수 등 그 교환가치를 유지하기 위해 그 담보목적물을
갈음하는 것에 존속하는 성질인 물상대위가 적용될 여지가 거의 없다. 지명채
권인 금전채권의 멸실이나 훼손을 상정할 수 없고, 「민법」 제352조가 준용(법

영업활동을 계속할 수 있다는 점에서 개별동산의 합보다 그 가치가 클 수 있으나, 금전채권의 경우
그 합이 집합일물로서 개별채권의 묶음보다 크다고 할 수 없다
49 대법원 2013. 3. 28. 선고 2010다63836 판결
50 제1장 제2절 2. 나. 5)
51 김재형, "『동산·채권 등의 담보에 관한 법률』 제정안의 구성과 내용", 270면; 김현진, 동산·채권담
보권 연구, 395면

37조)되므로 담보권설정자는 채권담보권자의 동의 없이 채권담보권의 목적된 권리를 소멸하게 하거나 채권담보권자의 이익을 해하는 변경을 할 수 없기 때문이다. 이에 대해 법 제14조의 물상대위 사유인 "매각, 임대, 멸실, 훼손, 공용징수 등으로"를 열거적인 규정이 아니라 예시적인 규정으로 해석하면서 담보목적물인 채권의 가치가 훼손되는 경우에도 채권담보권자가 물상대위를 할 수 있는 경우가 있다는 견해가 있다.[52] 즉 근저당권부채권을 담보목적물로 하여 채권담보권을 취득하고 근저당권등기에 채권담보권설정의 부기등기[53]를 하였는데, 이후 위법하게 근저당권등기가 말소되어 목적부동산 경매로 인해 근저당권의 피담보채권의 만족을 얻지 못한 경우 채권담보권자는 위법하게 말소한 불법행위자에 대해 가진 근저당권자의 손해배상채권에 대해 압류를 함으로써 물상대위를 할 수 있다고 한다.

생각건대 근저당권의 말소로 인한 가치변형물(손해배상채권)은 채권담보권의 가치변형물이 아니다. 채권담보권의 목적물은 어디까지나 위 예시에서 근저당권으로 담보되는 피담보채권일 뿐이고, 피담보채권의 담보권인 근저당권에도 채권담보권의 효력을 미치기 위해서 「민법」 제348조(법 37조에 의해 준용)에 의해 부기등기를 한 것에 불과하다. 따라서 채권담보권의 담보목적물인 근저당권의 피담보채권은 근저당권이 불법 말소됨으로 인해 그 담보력이 낮아졌을 뿐 여전히 변제되지 않는 한 존재한다. 이 경우 채권담보권의 담보목적물은 여전히 존재하므로 물상대위를 할 수 없고, 다만 채권담보권의 담보목적물의 가치 저감으로 인한 손해배상을 위 불법행위자에게 별도로 할 수 있다고 해야 한다. 물상대위와는 그 논의의 평면이 다른 경우에 해당한다.

법 제14조는 담보목적물의 매각, 임대의 경우에도 물상대위를 인정하고 있으나 이러한 경우에도 물상대위가 적용될 여지는 없다. 채권담보등기는 동산담보등기와 달리 대항요건으로 두고 있고, '지명채권의 채무자 외의 제3자에게 대항할 수 있다'는 의미는 '경합하는 채권자들 사이에서 우선적 지위를 가

52 정소민, "도산법상 채권담보권자의 지위에 관한 연구: 회생절차에서 담보목적물의 범위 확정을 중심으로", 법학논총 제3권 제1호(2016), 245면

53 민법 제348조는 "저당권으로 담보한 채권을 질권의 목적으로 한 때에는 그 저당권등기에 질권의 부기등기를 하여야 그 효력이 저당권에 미친다"고 규정하고 법 제37조는 채권담보권에 이를 준용하고 있다. 따라서 채권담보권의 담보목적물인 채권을 피담보채권으로 한 근저당권에 채권담보권의 효력이 미치게 하기 위하여는 부동산등기부 을구의 근저당권등기에 대해 채권담보권의 부기등기를 하여야 한다.

진다'는 것을 의미하므로 지명채권양도의 경우의 '당해 채권에 관하여 양수인의 지위와 양립할 수 없는 법률상 지위'를 의미 하는 것이 아니기 때문이다. 따라서 담보목적물의 매각은 곧 채권양도를 의미하고 이 경우에 당해 채권의 우열은 제3채무자 외의 제3자에게 등기와 그 통지의 도달 또는 승낙의 선후에 따라 그 권리를 주장할 수 있는지(법 35조 3항)가 문제될 뿐이다.

5) 담보권의 순위

가) 채권담보권 상호간의 순위

채권담보권은 기존 「민법」의 채권질권이나 채권양도담보를 대체한 제도가 아니라 병존하고 있는 제도이다. 따라서 동일한 채권에 대해 우선순위를 정할 필요가 있다. 동일한 채권에 대해 채권담보권 상호간에는 명문의 규정은 없으나 등기부의 등기일자의 선후에 따른다고 해석된다.[54] 법 제35조제3항은 동일한 채권에 관하여 담보등기부의 등기와 「민법」 제349조 또는 제450조제2항에 따른 통지 또는 승낙이 있는 경우의 우열관계만 규정하고 있을 뿐 법 제7조제2항과 같이 동일한 채권에 설정된 채권담보권의 순위에 대해서는 아무런 규정이 없다. 그러나 법 제37조가 제7조제2항을 준용할 수 있고, 법 제35조제3항은 동일한 채권에 대한 채권담보권의 우열관계는 등기일자의 선후로 판단한다는 내용을 포함한 것으로 볼 수 있다. 따라서 동일한 채권에 대한 채권담보권의 우열은 등기일자의 선후에 따라 판단된다.

나) 채권담보등기와 통지나 승낙 상호간의 순위

동일한 채권에 관하여 담보등기부의 등기와 「민법」 제349조 또는 제450조제2항에 따른 통지 또는 승낙이 있는 경우에 담보권자 또는 담보의 목적인 채권의 양수인은 법률에 다른 규정이 없으면 제3채무자 외의 제3자에게 등기와 그 통지의 도달 또는 승낙의 선후에 따라 그 권리를 주장할 수 있다(법 35조 3항). 만약 등기일자와 확정일자부 통지·승낙 또는 전부명령의 도달일자가 동일한 경우에는 채권양도 통지와 가압류 결정정본이 동시에 도달된 경우와 마찬가지로 동순위에 있게 된다. 제3채무자는 이들 중 누구에게라도 변제하면 다른 채권자에 대한 관계에서도 유효하게 면책되고, 다만 경합하는 채권자들 내부적으로 안분하여 정산할 의무가 있다.[55]

---

54 안형준, 동산·채권 등의 담보에 관한 법률 해설서, 103면; 김현진, 동산·채권담보권 연구, 381면

〈법 제35조에 따른 대항요건 정리〉

대항요건	대항의 상대방	근 거
채권담보등기	제3채무자 외의 제3자	35조 1항
등기사항증명서 건네주는 통지 제3채무자 승낙	제3채무자	35조 2항
담보등기와 제3자의 확정일자부 통지· 승낙의 도달	제3채무자 외의 제3자 사이의 우열(선후에 따라)	35조 3항

■ 사례정리(채권담보권과 채권양도와의 관계)

　　원고는 2013. 8. 13. 주식회사 BSL(이하 '채무자')과 사이에 원고의 BSL
에 대한 물품대금채권을 담보하기 위하여 채무자의 홈플러스 주식회사(이
하 '제3채무자')에 대한 이 사건 채권에 관하여 채권최고액 3억 원인 이 사
건 담보권을 설정하기로 하는 계약을 체결하였고, 이에 따라 2013. 8. 14.
이 사건 담보권의 설정등기가 마쳐졌다. 채무자는 2013. 8. 28. 피고에게
이 사건 채권을 양도하고, 2013. 10. 1. 제3채무자에게 내용증명우편으로
채권양도사실을 통지하였으며, 그 통지는 2013. 10. 2. 제3채무자에게 도
달하였다. 원고는 담보권을 실행하기 위하여 2013. 10. 14. 제3채무자에게
설정계약서 사본과 등기사항증명서 사본을 첨부하여 이 사건 담보권의 설
정사실을 통지하였고, 그 통지는 2013. 10. 15. 홈플러스에 도달하였다. 그
런데 제3채무자는 2013. 10. 31. 피고에게 이 사건 채권의 일부를 변제하
였다. 이에 원고는 피고 및 제3채무자를 상대로 이 사건 소송을 제기하여,
피고를 상대로는 제3채무자로부터 변제받은 것에 대한 부당이득반환청구
를 하는 한편 제3채무자를 상대로는 이 사건 담보권의 실행으로써 이 사
건 채권의 지급청구를 하였는데, 제1심 계속 중이던 2014. 12. 18. '원고는
홈플러스에 대한 청구를 포기하고, 원고와 홈플러스는 이 사건 채권에 관
하여 일체의 민·형사상 청구를 하지 아니한다'는 등의 내용으로 조정을
갈음하는 결정이 내려졌고, 위 결정은 원고와 홈플러스 사이에서 그 무렵

---

55 대법원 1994. 4. 26. 선고 93다24223 전원합의체 판결
56 同旨 김현진, 동산·채권담보권 연구, 393면

확정되었다.

위 사안에서 ① 제3채무자는 피고에 대한 변제로 원고에게 대항할 수 있는가? ② 원고의 피고에 대한 부당이득반환청구는 인정되는가?

위 사안은 대법원 2016. 7. 14. 선고 2015다71856, 71863 판결을 재구성한 것이다.

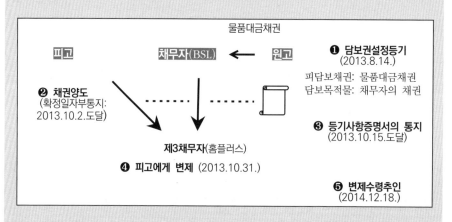

1. 쟁점

① 채권담보권과 채권양도(담보)가 경합하는 경우에 제3채무자는 누구에 대한 변제가 유효한지(제3채무자에 대한 대항문제) ② 채권담보권자와 제3채무자 외의 제3자인 채권양수인 사이의 우열이 문제된다.

2. 제3채무자의 피고에 대한 변제의 유효 여부

가. 판례의 태도(대법원 2016. 7. 14. 선고 2015다71856, 71863 판결)

동산·채권 등의 담보에 관한 법률(이하 '동산채권담보법'이라 한다)에 의한 채권담보권자가 담보등기를 마친 후에서야 동일한 채권에 관한 채권양도가 이루어지고 확정일자 있는 증서에 의한 채권양도의 통지가 제3채무자에게 도달하였으나, 동산채권담보법 제35조 제2항에 따른 담보권설정의 통지는 제3채무자에게 도달하지 않은 상태에서는, 제3채무자에 대한 관계에서 채권양수인만이 대항요건을 갖추었으므로 제3채무자로서는 채권양수인에게 유효하게 채무를 변제할 수 있고 이로써 채권담보권자에 대하여도 면책된다. 다만 채권양수인은 채권담보권자에 대한 관계에서는 후순위로서, 채권담보권자의 우선변제적 지위를 침해하여 이익을 받은 것이 되므로, 채권담보권자는 채권

양수인에게 부당이득으로서 변제받은 것의 반환을 청구할 수 있다.

그러나 그 후 동산채권담보법 제35조 제2항에 따른 담보권설정의 통지가 제3채무자에게 도달한 경우에는, 그 통지가 채권양도의 통지보다 늦게 제3채무자에게 도달하였더라도, 채권양수인에게 우선하는 채권담보권자가 제3채무자에 대한 대항요건까지 갖추었으므로 제3채무자로서는 채권담보권자에게 채무를 변제하여야 하고, 채권양수인에게 변제하였다면 특별한 사정이 없는 한 이로써 채권담보권자에게 대항할 수 없다.

나. 검토

판례는 채권양도의 확정일자부 통지가 도달한 이후에 등기사항증명서의 통지가 도달한 경우에는 채권양수인에 대한 변제로 채권양도인에 대해 대항할 수 없다고 한다는 점에서 부당하다. 법 제35조제3항의 '담보등기'와 '확정일자부 통지의 도달 또는 승낙'은 제3채무자 외의 제3자에게 그 선후에 따라 그 권리를 주장할 수 있는 것을 규정함에 불과하다. 채권담보등기보다 늦은 일자로 채권을 양수한 채권양수인은 채권담보권의 부담이 있는 채권을 양수하고, 채무자가 피고에게 변제 당시 채권담보권자의 등기사항증명서를 건네주는 방법의 통지(법 35조 2항)가 없었으므로 채권담보권자는 제3채무자에게 대항할 수 없다. 따라서 채권양도의 확정일자부 통지가 도달한 경우 피고에게 변제한 것은 정당한 채권자에 대한 변제로서 유효하다. 이와 달리 판례처럼 등기일자가 앞서지만, 등기사항증명서를 건네주는 방법의 통지가 없는 경우의 채권양수인에 대한 변제를 비채변제로 본다면, 대항요건의 구비여부는 채권담보권자의 권리 행사를 위한 것임에도 불구하고, 사실상 제3채무자에게 당해 채권에 대해 채권담보권의 설정여부를 조사할 의무를 부과하는 것과 마찬가지 결과를 초래한다. 또한 등기사항증명서를 건네주는 방법의 통지가 없는데도 채권양수인에게 변제하지 않고 있다면 채권양수인에 대해 이행지체 책임을 지게 되어 제3채무자의 지위가 불안정하게 된다.[56]

다만, 판례는 위 사안에서 "「민법」 제472조의 '채권자가 이익을 받은' 경우에는 무권한자의 변제수령을 채권자가 사후에 추인한 때와 같이 무권한자의 변제수령을 채권자의 이익으로 돌릴 만한 실질적 관련성이 인정되는 경우도 포함된다"라고 하여 비채변제로서 채권담보권자의 추인에 의해 유효한 변제가 된다는 논리를 펼치고 있다.

다. 사안의 경우

제3채무자의 피고에 대한 변제는 정당한 채권자에 대한 변제로서 유효하다

(판례에 따르면 무권한자에 대한 변제이나, 채권담보권자의 추인에 의해 유효함).

3. 채권담보자와 채권양수인 사이의 우열관계

담보등기와 「민법」 제349조 또는 제450조제2항에 따른 통지의 도달 또는 승낙의 선후에 따라 판단된다(법 35조 3항). 따라서 담보등기일자가 앞선 채권담보권자가 채권양수인에 대해 우선적 효력이 있으므로 부당이득반환을 청구할 수 있다.

다) 동산담보권의 물상대위와 채권담보권의 순위(동산의 물상대위와 장래의 채권담보 사이의 순위)

동산담보권이 설정된 담보목적물이 매각된 경우 담보권자는 그 지급 전에 매매대금 채권에 대해 압류함으로써 물상대위를 행사할 수 있다(법 14조). 이 경우 이미 담보권설정자가 당해 동산이 매각될 경우 발생할 매매대금 채권에 대해 채무자를 특정하지 않은 채 장래의 채권에 대한 채권담보권이 설정되어 있을 수 있다(법 34조 2항). 이 경우 동산담보권자와 채권담보권자의 순위에 관해 명문의 규정은 없다. 생각건대, 동산담보권자의 물상대위는 동산담보권의 우선적 효력에 따른 것이므로, 동산담보등기와 채권담보등기의 접수일자의 선후에 따라 판단하여야 한다.

나. 우선변제적 효력

채권담보권은 담보권으로서 다른 채권자에 비해 담보목적물에 대하여 자기 채권을 우선변제 받을 권리가 있다(법 37조, 8조). 일반채권자들에 대하여는 항상 우선하지만, 다른 담보권자와는 순위에 따라 우선변제를 받게 된다. 국세 · 지방세나 임금채권 등 개별법령에 따라 우선순위가 달라질 수는 있다. 다른 채권자가 담보목적물인 채권을 압류한 경우, 그 압류의 효력발생 전에 채권담보권을 취득한 채권담보권자는 압류에도 불구하고 여전히 자기의 채권담보권을 행사할 수 있다. 반면, 채권담보권자가 제3채무자에 대한 대항요건을 구비하지 못한 경우 압류채권자는 유효하게 채권을 추심할 수 있다.

다. 침해에 대한 구제

채권담보권은 동산담보권과 달리 물건의 점유를 내용으로 하지 않으므로, 반환청구권 등 점유의 이전과 관련된 내용은 준용될 수 없다. 다만, 채권담보권의 실행을 방해하는 자에게 방해의 제거, 방해의 예방, 손해배상의 담보를 구할 수 있다(법 37조, 20조). 또한 무체물인 채권에 대해서도 정기적 또는 수시로 최신의 담보목적채권의 상세한 사항을 기재한 담보채권보고서를 받는 형식으로 현황조사를 할 수 있고(법 37조, 17조 1항) 담보물보충청구도 할 수 있다(법 37조, 17조 2항).[57]

4 담보권의 실행

가. 공적실행

1) 채권담보권 집행신청

채권담보권은 「민사집행법」에서 정한 집행방법으로 채권담보권을 실행할 수 있다. 담보권실행을 위해 신청서와 담보권의 존재를 증명하는 서류인 등기사항증명서를 제출하여야 한다(법 36조, 민집법 273조, 규칙 55조, 민집규 200조, 192조). 채권담보권의 실행절차는 ① 신청 ② 압류 ③ 현금화 ④ 배당 순으로 진행된다.

2) 압류

채권담보권의 담보목적물은 금전채권이므로 금전채권의 압류의 방식에 따른다(법 36조 3항, 민집법 224조). 압류명령이 제3채무자에게 송달되면 압류의 효력이 생긴다(민집법 227조 3항). 압류경합과 압류의 확장효란, 채권 일부가 압류된 뒤에 그 나머지 부분을 초과하여 다시 압류명령이 내려진 때에는 각 압류의 효력은 그 채권 전부에 미친다(민집법 235조)는 것을 말한다. 채권담보권 실행의 경우에는 담보권자에게 우선권이 있기 때문에 압류의 경합이 있더라도

---

57 김현진, 동산·채권담보권 연구, 396면

담보권자는 전부명령을 얻을 수 있고, 고유한 추심권능에 기초하여 추심권을 행사할 수 있으므로, 우선권 있는 담보권 등에 기초한 압류의 효력도 확장되지 않는다고 한다.[58]

압류금지채권에 관한 「민사집행법」 제246조는 채권담보권의 실행절차에서 성질상 준용되지 않으므로, 담보목적물인 채권이 압류금지채권이라도 채권담보권의 실행절차에서 압류할 수 있다.

3) 현금화

금전채권의 현금화방법으로 추심명령, 전부명령, 특별현금화명령이 채권담보권의 집행절차에 준용된다(법 36조 3항, 민집법 229조, 241조). 추심명령이 있는 경우 압류채권자는 대위절차 없이 압류채권을 추심할 수 있다(민집법 229조). 채권담보권은 사절실행으로 추심권이 있으므로 그 추심명령을 신청할 실익은 크지 않다. 전부명령은 담보목적물인 채권을 피담보채권의 지급에 갈음하여 채권담보권자에게 이전시키는 집행법원의 결정이다(민집법 231조). 담보목적물인 채권의 변제기가 도래하지 않은 경우 채권담보권자는 전부명령을 받아 확정된 뒤, 추후에 변제기가 도래하면 추심할 수 있다. 특별한 현금화방법으로 압류된 채권이 조건 또는 기한이 있거나, 반대의무의 이행과 관련되어 있거나 그 밖의 이유로 추심하기 곤란할 때 양도명령, 매각명령, 관리명령, 그 밖에 적당한 방법으로 현금화명령을 할 수 있다(민집법 241조).

4) 배당

채권담보권자가 채권을 추심한 금액을 공탁하고 그 사유신고(민집법 236조)를 하거나 제3채무자가 공탁한 경우(민집법 248조) 배당절차가 개시된다(법 252조). 배당절차는 부동산경매의 배당절차가 준용된다(민집법 256조).

---

58 법원행정처, 동산 · 채권담보 집행절차 해설, 95면

■ 사례정리(장래의 채권과 배당의 사례)

1. 2019.12.31.채권담보등기(피담보채권: 1천만 원의 금전채권, 담보목적물: 20.1.1.부터 20.12.31.까지 매월 발생하는 차임채권)한 채권담보권자 甲
2. 2020.6.1.채권담보등기(피담보채권: 1천만 원의 금전채권, 담보목적물: 20.7.1.부터 21.6.30.까지 매월 발생하는 차임채권)한 채권담보권자 乙
3. 2021.6.30.변제기 도래한 일반채권자(집행채권: 1천만 원) 丙

위 경우 2021.6.30. 현재 각 압류명령의 송달을 받은 제3채무자가 20.1.1.부터 21.6.30.까지 발생한 채권액 1천8백만원(월 차임 1백만원)을 집행공탁하였다면 배당순위와 배당금액은 어떻게 되는가?

※ 甲의 피압류채권 표시는 '2020년 1월 1일부터 2020년 12월 31일까지의 차임채권 중 위 청구금액에 이를때까지의 금액'으로 기재되고, 乙의 피압류채권 표시는 '2020년 7월 1일부터 2021년 6월 30일까지의 차임채권 중 위 청구금액에 이를 때까지의 금액'으로 기재된다. 반면 丙의 피압류채권 표시는 '청구금액에 이를 때까지의 금액'형식으로 기재되므로 공탁금 1천8백만 원에 미친다.

1. 담보등기 상호간의 순위
채권담보권 상호간의 순위는 담보등기한 일자에 따라 판단한다. 따라서 甲은 2019.12.31. 채권담보등기를 마쳤으므로 후순위 권리자인 乙이나 일반채권자인 丙에 우선한다. 乙은 甲에 대해서는 열위이나 일반채권자인 丙에 대해서는 우선한다.

2. 배당방법
선순위 채권담보권자인 甲이 전체 차임채권(20.1.1.부터 21.6.30.까지 차임채권) 중 '20.1.1.부터 20.12.31.까지 차임채권'에 대해서 1순위로 배당을 받는다.
후순위 채권담보권자인 乙은 '20.7.1.부터 21.6.30.까지 차임채권' 중 '20.7.1.부터 20.12.31.까지 차임채권'에 대해서는 2순위, '21.1.1.부터 21.6.30.까지 차임채권'에 대해서는 1순위로 배당을 받는다. 일반채권자 丙은 위 집행공탁금액에 대해 甲과 乙에게 우선 변제한 후 잔액에 대해서 변제받을 수 있는데, 남은 금액이 없어 배당받을 수 없다.

(차임채권 각 1백만원)

❶ 20.1.1.~20.6.30.						❷ 20.7.1.~20.12.31.						❸ 21.1.1.~21.6.30.					
1	1	1	1	1	1	1	1	1	1	1	1	1	1	1	1	1	1

1순위 甲 (피담보채권: 10,000,000원)

2순위 乙 (피담보채권: 10,000,000원)

3순위 丙 (집행채권: 10,000,000원)

3. 사안에서의 배당

채권자	❶ 20.1.1.~20.6.30.	❷ 20.7.1.~20.12.31.	❸ 21.1.1.~21.6.30.
甲	6,000,000원	4,000,000원	–
乙	–	2,000,000원	6,000,000원
丙	0원	0원	0원

4. 위 사안에서 최우선 임금채권자(집행채권: 1천만 원) 丁도 압류명령을 받은 경우라면 배당순위와 배당금액은 어떻게 되는가?

(丁의 피압류채권 표시는 '청구금액에 이를 때까지의 금액'형식으로 기재되므로 공탁금 1천8백만 원에 미친다고 본다)

1. 배당방법

최우선임금채권인 경우 「근로기준법」 제38조제2항제1호에 따라 위 사안에서 최우선 변제받게 된다. 이 경우 "근로기준법에 규정된 임금 등에 대한 우선특권은 사용자의 총재산에 대하여 저당권에 의하여 담보된 채권, 조세 등에 우선하여 변제받을 수 있는 이른바 법정담보물권으로서, 사용자 소유의 수 개의 부동산 중 일부가 먼저 경매되어 그 경매대가에서 임금채권자들이 우선특권에 의하여 우선변제 받은 결과 그 경매한 부동산의 저당권자가 민법 제368조 제1항에 의하여 위 수 개의 부동산으로부터 임금채권이 동시배당되는 경우보다 불이익을 받은 경우에는 같은 조 제2항 후문을 유추적용하여, 위 저당권자로서는 임금채권자가 위 수 개의 부동산으로부터 동시에 배당받았다면 다른 부동산의 경매대가에서 변제를 받을 수 있었던 금액의 한도 내에서 선순위자인 임금채권자를 대위하여 다른 부동산의 경매절차에서 우선하여 배당받을 수 있다(대법원 2000. 9. 29. 선고 2000다32475 판결)"는 점을 감안한다면, 채권담보권의 상이한 담보 목적물이 있는 부분에 대해 안분비례로 배당받는다고 보아야 한다.[59]

(차임채권 각 1백만원)

❶ 20.1.1.~20.6.30.						❷ 20.7.1.~20.12.31.						❸ 21.1.1.~21.6.30.					
1	1	1	1	1	1	1	1	1	1	1	1	1	1	1	1	1	1
1순위 丁 (집행채권: 10,000,000원)																	
2순위 甲 (피담보채권: 10,000,000원)																	
												3순위 乙 (피담보채권: 10,000,000원)					
4순위 丙 (집행채권: 10,000,000원)																	

2. 사안에서의 배당

채권자	❶ 20.1.1.~20.6.30.	❷ 20.7.1.~20.12.31.	❸ 21.1.1.~21.6.30.
丁	3,333,333원	3,333,333원	3,333,333원
甲	2,666,667원	2,666,667원	-
乙	-	0원	2,666,667원
丙	0원	0원	0원

나. 사적실행

담보권자는 피담보채권의 한도에서 채권담보권의 목적이 된 채권을 직접 청구할 수 있다(법 36조 1항). 채권담보권의 목적이 된 채권이 피담보채권보다 먼저 변제기에 이른 경우에는 담보권자는 제3채무자에게 그 변제금액의 공탁을 청구할 수 있다. 이 경우 제3채무자가 변제금액을 공탁한 후에는 채권담보권은 그 공탁금에 존재한다(법 36조 2항). 동산담보권에서 인정되는 유담보 약정이 채권담보권에도 준용될 수 있다(법 37조, 31조 1항).

---

59 법원행정처, 동산·채권담보 집행절차 해설, 101-102면

5 담보권을 둘러싼 법률관계

가. 채권양도담보와 병존여부

채권양도담보로 인해 채무자에게 당해 담보목적물인 채권의 처분권이 없는 경우에 채권담보권을 설정할 수 있는지 문제된다. 법은 양도담보 등 그 명칭을 불문하고 담보약정을 한 경우에 이 법에 따른 등기를 할 수 있게 하여 양도담보의 경우에도 이 법에 따른 등기를 할 수 있게 하였다. 이는 이 법을 이용하여 채권담보권을 설정하려는 자들은 기존의 담보권을 소멸시키고 이 법에 따른 채권담보권을 설정할 의사가 아니라 기존의 담보권은 그대로 둔 채 법적 지위를 고양하기 위하여 이 제도를 이용하려고 봄이 합리적인 당사자의 의사해석이라고 생각한다. 따라서 채권양도담보를 설정한 담보권자라고 하더라도, 동일한 채무자에 대해 채권담보권을 설정할 수 있다.

나. 선의취득 규정(법 제32조) 준용 여부

「민법」은 채권을 선의취득의 대상으로 하지 않는다(민법 249조). 그러나 동산담보권의 담보목적물은 선의취득이 인정되는데(법 32조), 채권담보권이 설정된 담보목적물인 채권에 대해서 제32조를 준용(법 37조)하여 채권양수인이 채권담보권이 없는 채권을 취득할 수 있는지 문제된다.

채권의 선의취득은「민법」제108조제2항의 선의의 제삼자에게 대항하지 못하는 경우 채권양수인이 보호되는 경우와 그 범위가 동일하므로「민법」제107조 내지 제110조가 선의취득의 가능성을 열어주는 것으로 볼 수도 있다.[60] 그러나「민법」에 의한 제249조의 적용에 대해서는 법문에 그 대상을 동산으로 한정하고 있으므로 적용할 수 없고, 법 제32조는 변용된 선의취득으로서 권리자의 처분에도 적용된다는 것을 규정할 뿐 그 객체에 대해서는 여전히 동산으로 보고 있다. 또한「민법」제107조 내지 제110조는 채권의 선의취득이 없기 때문에 거래안전의 보호를 위한 특별규정으로 보아야 한다.[61]

---

60 제철웅, "선의취득제도의 해석론상의 문제점과 그 개선방향", 민사법학 제16호(1998), 139면
61 이익 상황이 유사한 계약 해제의 제3자의 경우 양도인이 소급하여 무권리자가 되어도 선의취득을 할 수 없다는 일관된 판례(대법원 1991. 4. 12. 선고 91다2601 판결; 대법원 1996. 4. 12. 선고 95다49882 판결)에 비춰볼 때「민법」제107조 내지 제110조는 예외적으로 인정해준 것으로 보아야 한다.

제2장

동산 · 채권담보등기

제1절

총 론

1 담보등기제도

가. 동산 · 채권담보등기제도의 의의

1) 배경

동산 · 채권담보등기제도는 국제연합국제무역법위원회(이하 'UNCITRAL[1]'이라 함)의 입법지침(2004년 도산법에 관한 입법지침, 2010년 입법지침, 도산에서 기업집단의 취급에 관한 제3부, 2013년 도산에 인접한 시기에서 이사의 의무에 관한 제4부, 2007년 담보권 입법지침, 2013년 담보권등기 시행지침)이 상당 부분 참조되었다.[2] 국내적으로 1997년 금융위기 이후 기업들의 소유 부동산에 대한 담보력이 줄어들어 새로운 담보를 발굴할 필요성에 부응하고, 국제적으로 UNCITRAL의 입법지침을 참조하는 등 담보권에 관한 규범의 국제적 통일과 조화에 맞춰가기 위한 노력의 결실이라고 할 수 있다.

---

1 상업 거래에 대한 현대적이고 공정하며 조화로운 규칙을 만들기 위해 1966년 총회에서 설립된 국제연합(UN)의 산하 국제기구이다(1966년 12월 17일 결의 2205(XXI)).

2 석광현, "UNCITRAL이 한국법에 미친 영향과 우리의 과제", 비교사법 제25권 제4호(2018), 1048면

동산물권의 공시방법은 점유(민법 188조 1항)이고, 채권의 양도나 입질의 대항요건은 제3채무자에 대한 통지나 승낙(민법 450조)이다. 동산물권은 일반적으로 부동산에 비해 그 경제적 가치가 작고 그 종류가 매우 다양하고 이동과 가공이 용이하므로 간편한 공시방법인 점유와 점유의 이전인 인도를 통해 그 물권을 공시하였다. 그러나 현재의 점유상태만 그대로 둔 채 의사표시만으로 점유를 이전하는 인도방법이 인정됨에 따라 점유는 점차 불완전한 공시방법이 되어 가고 있다. 이에 동산 및 채권에 대한 담보등기를 공시하는 담보등기제도를 마련하여 불완전한 공시방법인 점유와 통지를 보완하여 자금조달의 원활과 거래의 안전을 도모하고 있다.

대법원에서는 특수등기연구반을 꾸리는 등 양도등기제도를 도입하려는 노력[3]도 있었으나, 담보등기제도를 전제로 법안이 설계되었다. UNCITRAL의 입법지침 등에서 채택하는 담보등기제도를 참고하여 「민법」상의 질권, 비전형담보, 채권양도의 대항요건인 통지나 승낙을 병존하면서도 그 순위는 등기와 인도 또는 등기와 통지나 승낙의 선후에 따르는 특수성을 가진 등기제도가 탄생하였다.

2) 특징

가) 서류등기제도

등기제도는 서류등기제도(document filing)와 통지등기제도(notice filing)로 구분할 수 있다. 서류등기제도는 등기원인을 증명하는 서류들을 제출하고 등기관이 접수, 조사하여 등기사항을 기록해야 하는 제도이다. 통지등기제도는 담보권자의 일방적 통지만으로 등기가 이루어지는 제도로서 담보권자의 통지가 권리 또는 거래의 존재로 뒷받침되어야 하는 것이 아니다.[4] 이를 구분하는 기준은 등기신청시 계약서 등 등기원인을 증명하는 실체관계에 관한 서류를 제출하고 등기관이 이를 심사하는지 여부이다.[5] 동산 · 채권담보등기는 부동산등

---

3 대법원은 2007년 등기호적국 주관 하에 전문적 식견과 경험을 갖춘 법관 및 직원들을 중심으로 관련 법제 연구 및 새로운 법규범의 제정을 추진하기 위한 '특수연구반'을 발족하고, "동산 및 채권의 양도등기에 관한 특례법안"을 마련함

4 권영준, "국제 동향에 비추어 본 한국 동산채권담보법제", 66면

5 전우정, "동산 · 채권 담보등기제도와 선의취득에 관한 비교법적 고찰 – 영미법을 중심으로", 민사법학 제73호(2015.12), 124면

기나 상업등기와 마찬가지로 등기원인을 증명하는 서면을 첨부서면으로 제출
하도록 하고 있으므로(법 43조 1항 2호) 서류등기제도를 채택하고 있다.

나) 담보등기제도

담보등기제도는 등기부가 공시하는 사항인 담보권을 등기하는 제도로서 미
국의 통일상법전, 유럽부흥개발은행의 모범담보법, 유엔국제거래법위원회
(UNCIRAL)의 담보거래에 관한 입법지침에서 채택하고 있다.[6] 양도등기제도는
양도를 등기할 수 있게 한 제도로서 일본에서 채택하고 있다. 양도등기가 있
는 경우 동산의 인도 또는 채권양도의 대항요건이 갖추어진 것으로 본다. 담
보등기제도는 '담보권'을 공시하는 반면 양도등기제도는 '양도'를 공시하여 동
산양도의 성립요건 및 채권양도의 대항요건의 특례로서 기능하게 한다. 법은
동산담보권이나 채권담보권의 설정, 이전, 변경, 말소 또는 연장에 대하여 한
다고 하여 담보등기제도를 명확히 하고 있다(법 38조).

다) 인적 편성주의

등기부의 편성방식에는 인적, 물적, 연대적 편성주의로 나눌 수 있다. 인적
편성주의란 권리의 객체가 아닌 일정한 주체별로 등기기록을 개설하여 등기사
무를 처리하는 원칙을 말한다. 이 법은 기존 부동산등기부와 달리 인적 편성
주의 원칙에 따라 담보권설정자별로 담보등기부가 개설(법 2조 8호)되어 있는
점에 특징이 있다. 물적 편성주의는 물건별로 등기기록을 개설하여 등기사무
를 처리하는 원칙을 말한다. 부동산등기는 물적 편성주의에 따라 1필의 토지
또는 1개의 건물에 대하여 1개의 등기기록을 둔다(부등법 15조 1항). 연대적 편
성주의란 일정한 신청을 연대순으로 편철하여 등록소에 비치, 보관하는 방식
으로 등기사무를 처리한다. 미국의 레코딩 시스템(Recording system)[7]이 대표적
인 예이다.

라) 성립요건주의

법은 동산·채권담보권의 득실변경에 등기를 요하는 성립요건주의를 채택하
고 있다(법 7조 1항, 35조 1항). 반면 대항요건주의란 등기하지 않으면 제3자에

---

6 김재형, "『동산·채권 등의 담보에 관한 법률』제정안의 구성과 내용", 17면
7 매매계약에 따른 사문서인 날인증서를 연대적으로 등록하는 제도로서, 날인증서의 교부로 물권변동
　은 일어나고, 등록은 이중양도 등의 관계에서 우열을 가리기 위한 효력에 불과하다.

게 그 등기사항을 대항하지 못하는 원칙을 말한다. 채권담보권의 정의규정은 담보등기가 물권변동의 성립요건인 동산 담보권의 정의규정과 동일한 표현으로 되어 있지만 담보등기의 효력은 대항요건(법 35조 1항)으로 두고 있다.

나. 동산·채권담보등기의 의의

동산·채권담보등기란 동산·채권을 담보로 제공하기 위하여 등기관이 등기사항을 법정절차에 따라 담보등기부에 기록(저장)하는 것 또는 기록 그 자체를 말한다.[8]

1) 등기의 대상

동산과 채권을 담보목적물로 하는 담보권을 그 대상으로 한다. 동산·채권담보등기부에 의해 공시되는 것은 '담보권'이지 동산이나 채권의 존재여부나 권리자가 아니다. 담보권설정자나 담보목적물은 담보권을 표시하기 위한 구성요소에 불과할 뿐이기 때문이다.

2) 기록의 주체로서 등기관

동산·채권담보등기는 구체적인 등기사무처리에 관해 자기의 판단과 책임으로 그 사무를 처리하는 독립적인 직무권한을 가진 등기관이라는 국가기관에 의해서 처리된다. 담보등기를 어디에서 관장할 것인지에 관해 법무부 또는 국세청이나 시·군·구에서 관장하는 방안이 검토되었지만, 법원등기소에서 관장하는 것으로 결정되었다. 지식재산권담보권은 이 법에 따라 등록한 담보권으로서 지식재산권을 규율하는 개별 법률에 따라 등록되는 것이므로 공적장부에 기재된다는 점에서는 등기와 유사하지만 등기라고 하지 않는다.

법원은 등기사무의 전산화를 추진하여 2002. 9. 전국의 종이등기부를 전산등기부로 전환하는 작업을 완료하였고, 등기부에 이상이 있어 전환이 보류된 전환보류 등기부도 2004. 6.에 전환을 완료하여 등기사무의 전산화를 이루었

---

8 「상업등기법」 제2조제1호에서 상업등기를 "등기부에 기록하는 것 또는 그 기록 자체"라고 정의하고, 「부동산등기법」은 부동산등기를 정의하는 규정은 없으나, 법원행정처에서 발간한 부동산등기실무[Ⅰ]에서 부동산등기를 "부동산물권의 변동을 등기관이라는 국가기관이 등기부라는 공적인 전자적 정보저장매체에 법정절차에 따라 기록하는 것 또는 그러한 기록 자체"라고 표현하고 있다. '등기'가 무엇인지에 관해 명문의 규정은 없지만, 등기법들을 종합적으로 해석하면 '등기관이 등기사항을 등기부에 기록하는 것 또는 기록 그 자체'라고 볼 수 있다.

다.[9] 따라서 동산·채권담보등기는 전산정보처리조직에 의하여 입력·처리된 등기정보자료를 편성·기록한 기억장치인 전산등기부를 바탕으로 도입되었다.

3) 법정절차

법은 제4장에서 담보등기에 관한 사항을 규정하고 있고, 규칙 및 예규에서 시행에 필요한 구체적인 등기신청절차를 마련하고 있다.

다. 동산·채권담보등기부의 구성

1) 담보등기부

담보등기부는 전산정보처리조직에 의하여 입력·처리된 등기사항에 관한 전산정보자료를 담보권설정자별로 저장한 보조기억장치(자기디스크, 자기테이프, 그 밖에 이와 유사한 방법으로 일정한 등기사항을 기록·보존할 수 있는 전자적 정보저장매체를 포함한다. 이하 같다)를 말하고, 동산담보등기부와 채권담보등기부로 구분한다(법 2조 8호).

2) 등기기록

등기기록이란 하나의 담보권설정자에 대한 등기정보자료이다(규칙 5조 2항).[10] 등기부와 등기기록은 그 내용이 혼용되어 사용되기도 하지만 구분되는 개념이다. 등기부란 등기사항에 대해 공적 장부에 기재하기 위한 저장장치이다. 부동산등기는 과거 부책식 등기부에서 카드식 등기부로 전산등기부로 그 저장장치가 발전해왔다. 해당 등기사항에 관한 부책, 카드, 전자적 정보저장매체 자체가 '登記簿'인 것이다. 부동산등기의 경우 1필의 토지 또는 1개의 건물에 대하여 1개의 등기기록을 두고(부등법 2조 3호, 15조 1항) 중복등기가 발생하지 않도록 정리하고 있다(부등법 21조). 상업등기도 하나의 회사·합자조합·상호, 한 사람의 미성년자·법정대리인·지배인에 대하여 1개의 등기기록을 두고 있다(상등법 2조 4호).

---

9 법원행정처, 부동산등기실무[Ⅰ], (2015), 87면
10 법에는 동산·채권담보등기기록에 관한 정의 규정은 없다. 다만, 「상업등기법」 제2조제4호는 "'등기기록'이란 하나의 회사·합자조합·상호, 한 사람의 미성년자·법정대리인·지배인에 관한 등기정보자료를 말한다"라고, 「부동산등기법」 제2조제3호는 "'등기기록'이란 1필의 토지 또는 1개의 건물에 관한 등기정보자료를 말한다"고 규정하고 있고, 규칙은 관할의 변경과 관련한 제5조제2항에서 등기기록을 담보권설정자에 대한 등기정보자료라고 정의하고 있다.

　　동산 · 채권담보등기부는 담보권설정자별로 구분하여 작성하므로 하나의 담보권설정자에 대하여 하나의 등기기록을 두고 있다. 하나의 담보권설정자가 최초로 담보권설정을 하면 하나의 등기기록이 생성된다. 하나의 등기기록에 대하여 담보약정별로 담보권과 담보목적물에 관한 사항이 기록된다. 담보등기부는 동산담보등기부와 채권담보등기부로 구분하므로(법 2조 8호), 등기기록도 동산담보등기기록, 채권담보등기기록으로 구분된다.[11] 담보권설정자부는 동산담보등기기록이나 채권담보등기기록의 담보권설정자가 동일한 경우 동일한 담보권설정자부를 사용한다. 즉 동산담보등기를 설정한 담보권설정자 甲이 채권담보등기를 설정하는 경우 이미 담보권설정자에 대한 등기기록이 개설되어 있으므로 담보권설정자부를 새로 개설하지 않는다. 동산담보등기와 채권담보등기는 등기부가 별개로 구성되므로 담보약정에 따른 일련번호는 담보권설정자가 동일하더라도 동산담보등기와 채권담보등기 각 별로 부여하고 있다.[12]

〈담보등기기록〉

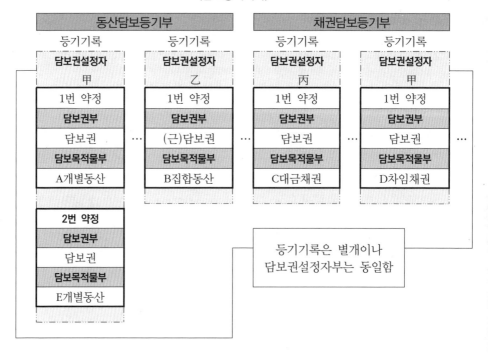

---

11 법원행정처, 동산 · 채권 담보등기 해설, (2012. 8), 41면
12 동일한 담보권설정자에 대해 동산담보권설정이 있고 채권담보권설정이 있는 경우 일련번호는 동산담보등기기록에 000001번, 채권담보등기기록에 000001번으로 각 일련번호를 달리 둔다.

3) 담보권설정자부

가) 기록방식

담보권설정자부는 담보등기부의 작성 기준이 되는 부분이다. 담보권설정자부에는 담보권설정자의 성명, 주소 및 주민등록번호(법인인 경우에는 상호 또는 명칭, 본점 또는 주된 사무소 및 법인등록번호를 말한다)을 기록하여야 한다(법 47조 2항 1호). 주민등록번호가 없는 재외국민이거나 외국인인 경우에는 「부동산등기법」 제49조제1항제2호 또는 제4호에 따라 부여받은 부동산등기용등록번호를 기재하여야 하고, 외국법인인 경우에는 국내의 영업소 또는 사무소를 기록하여야 한다. 다만 국내에 영업소 또는 사무소가 없는 경우에는 외국법인의 국내에서의 대표자와 그 주소를 기록해야 한다(규칙 34조).

부동산등기기록을 개설할 때 1필의 토지 또는 1개의 건물마다 부동산고유번호를 부여(부등규 12조 1항)하는 것처럼 동산·채권담보등기기록을 개설할 때 담보권설정자마다 하나의 등기고유번호가 부여된다(규칙 10조). 등기일련번호는 담보약정마다 부여되는 번호이다. 동일한 담보권설정자에 대한 여러 담보약정에 따른 담보권설정등기가 있는 경우 등기일련번호에 따라 담보권부 및 담보목적물부가 여러 개 만들어진다. 등기사항증명서에 기재된 등기일련번호는 등기고유번호와 같이 우측 상단에 위치하고 있지만 논리적으로는 담보권설정자 아래에 담보권부와 담보목적물부를 묶어 표시하는 번호이다. 다만 실제로 공시가 담보약정별로 이루어지므로 가시성을 높이기 위하여 등기고유번호와 같은 위치에 두었다.

담보권설정자는 법인 또는 「부가가치세법」에 따라 사업자등록을 한 사람으로 제한된다. 기존에는 법인 또는 「상업등기법」에 따라 상호등기를 한 사람으로 제한되어 있었고, 등기에 관하여는 법원에서 관장하고 있었으므로 법인등기부 또는 상호등기부를 기초로 상호명, 본점소재지나 영업소에 관한 사항을 직권으로 일치시킬 수 있었다. 그러나 2022. 4. 21.부터는 법이 개정되어 「부가가치세법」에 따라 사업자등록을 한 사람으로 담보권설정자의 인적범위가 확대되었고, 사업자등록을 한 사람의 영업소는 등기사항이 아니게 되었다. 따라서 상호등기에 기반을 두고 담보권설정자부를 직권으로 변경할 수 없고, 신청에 의하여 실체와 일치시켜야 한다.

〈담보등기부의 구조도〉

관념상 등기부 구성	등기사항증명서 제공 양식	
등기고유번호	등기고유번호 - 000001	등기고유번호 - 000002
담보권설정자부	담보권설정자부	담보권설정자부
000001		
담보권부	담보권부	담보권부
담보목적물부		
000002		
담보권부	담보목적물부	담보목적물부
담보목적물부		

〈담보권설정자부-법인〉

등기고유번호 2022-000101 등기일련번호 000001

【 담 　 보 　 권 　 설 　 정 　 자 】 (담보권설정자에 관한 사항)				
표시번호	상호 / 명칭	법인등록번호	본점 / 주사무소	등기원인 및 등기일자
1	주식회사 담보실업 (Damboe Industry Co., Ltd.)	110111-0012345	서울특별시 서초구 서초대로 1(서초동)	

〈담보권설정자부-사업자등록을 한 사람〉

등기고유번호 2022-000102 등기일련번호 000001

【 담 　 보 　 권 　 설 　 정 　 자 】 (담보권설정자에 관한 사항)				
표시번호	상호 / 명칭	법인등록번호	본점 / 주사무소	등기원인 및 등기일자
1	이담보	770111-1012345	서울특별시 서초구 서초대로 1(서초동)	

나) 담보목적물의 소유권자 또는 채권자

담보권설정자는 채무자일수도 있고 아닐 수 있으므로(물상보증인), 담보등기의 채무자와 일치할 필요는 없지만, 담보권설정자에게 담보목적물에 대한 소유권 등 처분권이 있어야 한다. 다만 담보목적물의 소유권은 등기할 수 있는 권리가 아니므로 담보권설정자로 등기되었어도 해당 등기기록이 담보목적물의 소유권 등이 담보권설정자에게 있거나 처분권이 있음을 공시하는 것은 아니다. 또한 담보권설정자가 현재 사업자등록을 한 사람인지 여부도 공시하고 있지 않다.13 법은 "담보권설정자의 사업자등록이 말소된 경우에도 이미 설정된 동산담보권의 효력에는 영향을 미치지 아니한다"는 규정(법 4조, 37조)을 두어 불필요한 논란을 방지하고 있다.

다) 담보권설정자에게 포괄승계(상속, 합병)가 발생한 경우14

담보권설정자는 등기명의인이 아니므로 담보권설정자에게 포괄승계 사유 관하여 담보권설정자부에 반영하는 규정을 두지 않았다. 규칙 제정 당시 상속인이나 합병한 법인에 관한 표시를 어떻게 하여야 할 것인지, 하게 된다면 어떻게 할 것인지의 문제에 대해 오랜 논의를 하였으나 담보등기에서는 이를 처리할 방법을 확정하지 못한 채 집행단계에서 처리하는 것으로 예정하였다.15

법 제51조는 담보권설정자의 법인등기를 담당하는 등기관은 담보권설정자의 법인등기부상 상호, 명칭, 본점 또는 주된 사무소(이하 '상호 등'이라 한다)가 변경된 경우 담보등기를 담당하는 등기관에게 이를 통지하도록 하고 있을 뿐 합병, 청산종결 등으로 폐쇄된 경우에 통지의무를 부과하고 있지 않다. 따라서 담보권설정자인 법인 또는 사업자등록을 한 사람에 포괄승계사유가 발생하여도 현재 이를 담보권설정자부에 기재할 수 없는 것이 실무이다. 인적 편성주의(법 47조 1항)의 원칙에 따라 동일한 담보목적물에 관해 포괄승계사유(상속, 합병 등)가 발생한 경우에는 별도로 상속인이나 합병 후 회사를 담보권설정자로하여 동일 목적물에 담보권을 등기하지 않는 한,16 기존의 담보권을 그대로

---

13 다만, 최초로 담보권설정등기를 하기 위하여는 사업자등록을 증명하는 서면을 제출하여야 하므로 (규칙 29조) 사업자등록을 한 적이 있었다는 사실은 확인될 수 있다.

14 담보목적물의 특정승계의 경우에는 지위를 승계하는 경우가 아니므로 담보권설정자 지위의 변동이 있다고 볼 수 없어 담보권설정자부의 변경등기는 문제되지 않는다.

15 규칙 제정과 관련하여 법원행정처에서 동산·채권의 담보에 관한 규칙안 검토회의가 있었는데 (2011. 4. 14.) 소관부서, 시스템 담당자, 학계 및 실무 담당자들로 구성되었다.

공시할 수는 없고 집행단계에서 처리되어야 할 문제로 남아있다. 추후 개선되어야 할 부분이다.

라) 담보권설정자가 공유자인 경우

담보목적물을 공유하여 수인의 공유자가 담보권설정자가 되는 경우, 인적 편성주의에 따라 수 개의 담보등기부가 생성된다. 이때 담보권설정자가 지분권자임을 표시할 수 있는지, 공유자가 변경되면 표시를 어떻게 하여야 할 것인지에 관한 규칙 제정 당시에 고민이 있었으나, 등기부에 이를 확정하는 방법을 채택하지 않고 아무런 규정을 두지 않은 채 집행단계에서의 해결할 문제로 남겼다. 이는 담보권만을 공시하는 권리로 설계한 한계에 기인하는 필연적 결과라기보다는 담보등기 방식에 관한 정책결정의 문제이므로 공유 동산의 일부 지분에 대한 담보권을 공시하는 유효적절한 수단이 마련된다면 실체관계에 부합하는 정확한 공시를 할 수 있을 것이다.

공유지분은 자유롭게 처분할 수 있으나(민법 263조) 공유물은 다른 공유자의 동의 없이 처분하거나 변경하지 못한다(민법 264조). 담보등기부는 담보목적물인 동산의 소유권을 공시하는 등기부가 아니어서 담보목적물부에 동산의 소유권에 관한 내용은 기재되지 않으므로 만약 담보권설정자가 다른 공유자의 동의 없이 해당 담보목적물인 동산에 담보권을 설정한 경우 처분공유자의 지분범위 내에서는 실체관계에 부합하는 등기[17]로 취급되어야 한다. 만약 동일한 동산에 관해 수인의 공유자가 동일한 담보권자에게 하나의 피담보채권을 담보하기 위해 동산담보권을 설정하는 경우 공유자별로 동산담보권 설정등기를 하여야 한다. 담보권부와 담보목적물부에는 동일하게 기재되지만, 실제 집행단계에서는 지분에 대한 집행으로 취급될 수 있다.

4) 담보권부

담보권부에는 동산담보권이나 채권담보권의 설정, 이전, 변경, 말소 또는 연장에 대해 기록한다(법 38조). 등기명의인이란 권리에 관한 등기의 현재의 명의인, 즉 권리자를 말한다.[18] 담보등기부의 등기명의인은 담보권부에 담보권자

---

16 이 경우 기존의 합병 전 회사를 대상으로 한 담보권과 동일한 담보권이라고 할 수 없고 기존의 담보권보다 후순위의 담보권이 된다는 문제가 있다.

17 대법원 1994. 12. 2. 선고 93다1596 판결

로 기재된 자가 등기명의인이다. 아래에서 담보은행과 주식회사 대출회사가 등기기록의 등기명의인에 해당한다.

〈담보권부〉

【 담　보　권 】 (담보권에 관한 사항)				
순위번호	등기목적	접수	등기원인	담보권자 및 기타사항
1	근담보권설정	2012년6월12일 16시25분 제100호	2012년6월11일 설정계약	채권최고액　금100,000,000원 존속기간　2020년 6월 12일부터 2025년 6월 11일까지 채무자　주식회사 담보건설 　서울특별시 관악구 신사로 1(신림동) 근담보권자 　담보은행　110111-0001234 　서울특별시 종로구 세종대로 1(세종로) 　주식회사 대출회사　110111-1012345 　서울특별시 종로구 새문안길 11(와룡동)

5) 담보목적물부

가) 기록방식

담보등기의 목적물인 동산, 채권을 특정하는 데 필요한 사항으로서 대법원규칙으로 정한 사항을 기재한다(법 47조 2항 6호). 규칙 제35조는 담보목적물인 동산 또는 채권을 특정하는데 필요한 사항을 규정하고 있다.

동산 · 채권의 담보등기 등에 관한 규칙

제35조(동산 및 채권의 특정을 위한 등기사항)
① 등기기록에는 담보목적물인 동산 또는 채권을 특정하는 데 필요한 사항으로서 다음 각 호의 구분에 따른 사항을 기록하여야 한다.
1. 담보목적물이 동산인 경우

---

18 법원행정처, 부동산등기실무 [I], 52면

가. 동산의 특성에 따라 특정하는 경우에는 대법원예규로 정하는 동산의 종류 및 동산의 제조번호 또는 제품번호 등 다른 동산과 구별할 수 있는 정보

나. 동산의 보관장소에 따라 특정하는 경우에는 대법원예규로 정하는 동산의 종류 및 동산의 보관장소의 소재지. 다만, 같은 보관장소에 있는 같은 종류의 동산 전체를 담보목적물로 하는 경우에 한정한다.

2. 담보목적물이 채권인 경우

가. 대법원예규로 정하는 채권의 종류

나. 채권의 발생원인 및 발생연월일 또는 그 시기와 종기

다. 담보목적물인 채권의 채권자의 성명 및 주소(법인의 경우에는 상호 또는 명칭과 본점 또는 주된 사무소를 말한다)

라. 담보목적물인 채권의 채무자의 성명 및 주소(법인의 경우에는 상호 또는 명칭과 본점 또는 주된 사무소를 말한다). 다만, 장래에 발생할 채권으로서 채무자가 담보권설정 당시 특정되어 있지 않거나, 나목에 의하여 특정할 수 있는 다수의 채권에 대하여 동시에 담보등기를 신청하는 경우에는 대법원예규에 따라 채무자의 성명이나 주소를 기록하지 않을 수 있다.

② 제1항 각 호 이외에도 해당 동산의 명칭이나 채권의 변제기, 채권액의 하한 그 밖에 해당 동산 또는 채권을 특정하는 데 유익한 사항을 기록할 수 있다.

나) 담보목적물인 동산

담보목적물인 동산을 특정하는 방법은 특질에 따라 특정하는 경우와 보관장소에 따라 특정하는 경우가 있는데 보관장소에 따라 특정하는 경우에는 특정, 집행, 공시의 편의를 위해 동일한 장소에 있는 같은 종류의 동산 전부를 대상으로 하도록 한다.

담보목적물을 공유하는 공유자 중 1인이 자신의 지분에 대해 동산담보권설정등기를 하는 경우, 담보목적물을 특정하기 위해 필요한 사항으로 담보목적물의 공유지분을 기록할 수 있을지가 문제된다.[19] 이에 관해 아무런 규정이 없

---

19 예를 들어 부동산공유자가 자신의 지분에 대해서만 저당권을 설정하듯이 담보목적물부에 공유하고 있는 담보목적물의 소유지분을 표시하는 것을 말한다.

고 귀일된 논의 및 판례도 없다. 생각건대 담보목적물부는 담보목적물을 특정하기 위하여 필요한 사항을 기록하는 곳이므로 담보목적물의 성상에 관한 사항이 아닌 권리에 관한 사항은 기록할 수 없을 뿐만 아니라, 담보등기는 담보목적물의 소유관계를 공시하지 않으므로 공유지분을 표시할 수 없다. 공유자인 담보권설정자가 공유물인 담보목적 동산에 대해 담보권을 설정하였다면 담보등기부는 생성되는 것이고 그 구체적인 법률관계는 결국 집행단계 등에서 개별적으로 담보권의 효력이 다퉈져야 한다.

다) 담보목적물인 채권

채권의 경우 채권의 종류, 발생원인, 발생연월일(또는 그 시기와 종기), 채권자의 성명 및 주소를 구체적으로 기록하도록 하였다. 담보권부에 기재된 사항과 달리 담보목적물은 특정을 위한 것이므로 담보목적물인 채권의 채권자나 채무자가 수인인 경우, 이를 모두 기재하지 않더라도 채권만 특정되면 충분하므로 채권자 또는 채무자의 성명 및 주소와 나머지 인원수를 적도록 하였다(등기예규 1742호 6조).

라) 전자표준양식에 의한 신청 의무

30개 이상의 동산 또는 채권을 담보목적물로 하는 담보권설정등기의 방문신청은 전자표준양식에 의한 신청에 의하여야 하고, 담보목적물에 관한 신청정보 및 첨부정보는 인터넷등기소에 미리 마련한 양식에 안내하는 절차에 따라 작성한 목록을 저장하는 방법으로 제출하여야 하며, 따로 서면으로 출력하여 등기소에 제출하지 아니한다(등기예규 1742호 9조 1항). 담보목적물을 특정하기 위해 제조번호나 성상을 상세히 기재하여야 하는데, 다수의 담보목적물에 대해 등기관이 일일이 기입하는 경우 업무지연을 초래할 수 도 있고, 기입과정에서의 오류로 인해 신청한 내용과 다른 내용이 기입될 수 있다는 문제점이 있어서 전자표준양식에 의한 신청을 하도록 하였다.[20] 이 경우 신청인은 목록에 입력된 담보목적물에 관한 정보가 계약의 내용과 틀림없음을 확인하여야 한다. 등기관은 목록에 입력된 정보가 등기할 것이 아닌 것을 발견한 경우를 제외하고는 입력된 정보대로 등기한다(등기예규 1742호 9조 2항).

---

20 법원행정처, 동산·채권 담보등기 해설, (2012. 8), 111면

〈담보목적물부 – 동산〉

【 담 보 목 적 물 】		(담보목적물에 관한 사항)	
일련번호	동산의 종류	보관장소 / 특성	기타사항
1	개별동산: 유압식 프레스기	제조번호: 2WEG323-421-233	제조사: 한국정밀 주식회사 모델명: KOR-2000SL
2	집합동산: 노트북 컴퓨터	서울특별시 서초구 서초대로 1서초동, 제일빌딩) 제1창고	
3	개별동산: 자동 주사기 제조 장비	모델명: 315EWT-A2_D12DF	제품명 자동 주사기 제조 장비 식별번호 AFA124G 모델명 4341A123 제조사 J&S makrers 제조연월 2010.1.2.

〈담보목적물부 – 채권〉

【 담 보 목 적 물 】		(담보목적물에 관한 사항)		
일련번호	채권의 종류	채권의 발생원인 및 발생연월일	목적채권의 채권자 및 채무자	기타사항
1	동산매매대금채권	2022년1월10일 사무용품 판매계약	목적채권의 채권자 이담보 외 2인 　서울특별시 서초구 서초대로 1(서초동) 목적채권의 채무자 가나다유통 주식회사 　서울특별시 강남구 양재대로 200(양재동)	
2	차임채권	시기 : 2022년1월1일 종기 : 2022년12월31일 서울특별시 서초구 서초대로 10 서초빌딩 상가건물 임대차계약	목적채권의 채권자 이담보 　서울특별시 서초구 서초대로 1(서초동)	

라. 동산·채권담보등기의 효력

1) 권리변동의 효력

물권변동을 위하여는 물권적 합의와 공시방법을 갖춰야 한다. 「민법」은 부동산물권변동은 원칙적으로 물권적 합의와 등기를 요건으로 하고(민법 186조), 동산물권은 물권적 합의와 인도(점유)를 요건으로 하고(민법 187조) 있다. 이에 대해 법은 담보목적물이 동산임에도 불구하고 동산담보를 설정하려는 물권적 합의와 등기를 갖추면 동산담보에 관한 물권변동의 효력이 발생하도록 하여 권리변동의 효력을 인정하고 있다(법 7조 1항).

2) 대항력

등기한 때 제3자에 대하여 등기한 사항에 대하여 그 효력을 주장할 수 있는 효력을 말한다. 채권담보권은 동산담보권과 달리 담보등기부에 등기한 때에 채무자 외의 제3자에게 대항할 수 있다. 담보목적물이 채권(이 법은 담보목적물을 지명채권으로 제한하고 있음)인 경우 당사자 간에 채권을 담보로 하기로 하는 합의만으로는 당사자 간에 담보로 제공하기로 하는 약정에 그친다. 채무자 외의 제3자에게 대항하기 위하여는 담보등기를 하여야 한다(법 35조 1항). 반면 담보목적물인 채권의 채무자인 제3채무자에게 대항하기 위하여는 등기만으로 부족하고, 등기사항증명서를 건네주는 방법으로 등기된 사실을 통지하거나 제3채무자가 이를 승낙하여야 한다(법 35조 2항).

그 밖에 법은 부동산등기의 경우처럼(저당권의 변제기·이자 등의 약정에 관한 부등법 75조 등) 담보권의 내용에 관해 동산·채권담보권의 효력이 부합된 물건과 종물에 미치지 않게 하거나(법 10조) 담보되는 피담보채권의 범위를 달리 정하는 경우(법 12조) 그 약정을 등기하여야 제3자에게 주장할 수 있도록 규정하고 있다.

3) 순위확정의 효력

동일한 동산·채권에 설정된 동산담보권의 순위는 등기의 순서에 따른다(법 7조 2항, 37조). 이를 순위확정의 효력이라고 한다. 다만, 등기기록이 담보권설정자별로 편제되어 담보약정별로 담보권부와 담보목적물부를 두고 있으므로 동일한 동산에 기록된 동산담보권을 파악하기가 쉽지 않다.

동산물권의 공시방법을 인도(점유)로 정한 「민법」과의 체계적 조화를 위하여 동일한 동산에 대한 담보등기부의 등기와 인도사이의 순위는 법률에 다른 규정이 없는 한 그 선후에 따르도록 한다(법 7조 3항). 등기와 인도(점유)가 동산 공시방법으로 병존하고 있다.

동일한 채권에 관하여 담보등기부의 등기와 「민법」 제349조 또는 제450조 제2항(확정일자 있는 증서에 의한)에 따른 통지 또는 승낙이 있는 경우에 담보권

자 또는 담보의 목적인 채권의 양수인은 법률에 다른 규정이 없으면 제3채무
자 외의 제3자에게 등기와 그 통지의 도달 또는 승낙의 선후에 따라 그 권리
를 주장할 수 있도록 하여(법 35조 3항) 채권양도(담보)와의 관계에서도 「민법」
과 조화를 꾀하고 있다.

4) 추정력

등기의 추정력이란 형식상 적법한 등기가 등기부에 등재된 이상 등기부상의
법률관계가 실체법상으로도 존재하는 것으로 추정되는 효력을 말한다. 명문의
규정은 없으나 부동산등기에 대해 판례[21]와 학설이 일치하여 인정하고 있다.
부동산등기의 추정력을 인정하는 논거로 등기절차상 등기관의 심사를 통해 등
기의 진정성을 담보할 제도를 갖추도록 하고 있으므로 실체적 권리관계에 부
합할 개연성이 크고, 「민법」 제200조의 동산의 점유에 권리추정력을 부여하고
있는 점에 비춰 이를 유추적용하여야 함을 들고 있다.[22] 동산 · 채권담보등기에
도 부동산등기와 마찬가지로 실체적 권리관계와의 부합할 개연성이 크고, 점
유를 동산에 대한 공시방법으로 병렬적으로 두고 있으므로, 점유의 권리추정
력을 유추적용하여 추정력을 인정할 수 있다(채권담보권은 성질에 반하지 않는
한 동산담보권에 관한 규정이 준용되므로 등기의 추정력을 채권담보등기의 경우 부인
할 특별한 이유는 없다). 등기의 추정력의 인정으로 인하여 등기된 내용과 다른
실체적 권리관계를 주장하는 자가 그에 관한 증명책임을 지게 된다.[23]

5) 형식상 확정력

일정한 등기가 존재하고 있다면 그 등기가 실체적 권리관계가 없는 무효의
등기라고 하더라도 말소하지 않는 한 그와 양립할 수 없는 등기를 할 수 없다.
예를 들어 동산담보권의 등기명의인이 이전등기로 인하여 A에서 B로 이전되
었으나 사실은 C가 양수인인 경우 B의 등기는 양립할 수 없는 등기로서 말소
의 대상이 된다. 이때 말소등기를 하기에 앞서 A를 등기의무자로 하고 C를 등
기권리자로 하여 담보권이전등기신청 하는 경우 형식상 확정력에 의해 그 신
청은 각하된다.

---

21 대법원 1957. 10. 21. 선고 4290민상251,252 판결
22 김준호, 민법강의(제25판), 1406면
23 대법원 2003. 2. 28. 선고 2002다46256 판결

6) 공신력

등기가 실체관계와 다른 경우에 등기를 믿고 거래한 자를 보호하는 효력을 등기의 공신력이라고 한다. 동산의 경우 점유에 관해 공신력을 인정하고 있으나 부동산등기에서는 이를 인정하고 있지 아니하다. 판례[24]는 "등기의 공신력이 인정되지 않는 현행 등기제도하에서는 등기기재에 부합하는 실체상의 권리관계가 존재함을 전제로 그 등기의 유효성이 인정된다"고 하여 등기에 공신력이 미치지 않음을 명확히 하고 있다. 「부동산등기법」을 그 성질에 반하지 않는 한 준용하고 있는 동산 · 채권담보등기의 경우에도 부동산등기와 달리 취급할 이유가 없어 등기의 공신력은 인정되지 않는다.

2 등기사항

가. 등기의 대상

등기사항이란 「동산 · 채권 등의 담보에 관한 법률」과 그 밖의 법률[25]에 의하여 등기하는 것이 허용되는 사항을 말한다. 담보등기부는 담보권의 변동에 관한 공시를 목적으로 하므로 등기사항으로 법령에 규정된 사항에 대하여만 할수 있다. 이를 등기사항 법정주의라고 한다. 법은 권리변동에 관한 사항과 권리변동과 무관한 사항을 등기사항으로 두고 있다. 권리변동에 관한 사항은 동산담보권이나 채권담보권의 설정, 이전, 변경, 말소 또는 연장이 이에 해당한다(법 38조). 반면 권리변동과 무관한 사항은 담보권설정자에 관한 사항, 담보목적물에 관한 사항이 이에 해당한다.

나. 등기할 수 있는 권리

1) 권리변동에 관한 사항

담보등기는 동산담보권이나 채권담보권의 설정, 이전, 변경, 말소 또는 연장에 대하여 한다(법 38조). 법은 이 법에 특별한 규정이 있는 경우를 제외하고는

---

24 대법원 1969. 6. 10. 선고 68다199 판결
25 법 제57조에 의해 준용되는 「부동산등기법」 등

그 성질에 반하지 아니하는 범위에서 「부동산등기법」을 준용(법 57조)하고 있으므로, 권리에 관한 등기사항은 법에 규정된 것 외에는 준용할 수 없다. 따라서 「부동산등기법」에 규정된 것과 달리 동산담보권이나 채권담보권의 설정, 이전, 변경, 말소 또는 연장만 등기할 수 있으므로 권리질권의 설정, 이전, 변경, 말소 등이나 담보권자가 가지는 처분권능을 제한하는 압류 · 가압류 또는 가처분 등의 처분제한에 관한 등기는 할 수 없다.

2) 권리변동과 무관한 사항

가) 담보권설정자에 관한 표시변경등기

담보등기부를 특정하는 담보권설정자부 표시에 관하여 변경사유가 있는 경우 실체와 일치시키기 위한 등기이다. 등기기록 편제의 기준이 된다.

나) 등기명의인표시의 변경등기

등기명의인표시의 변경등기의 등기명의인이란 권리에 관한 등기의 현재의 명의인, 즉 권리자를 말한다. 담보등기부에서는 권리자가 담보권자가 된다. 담보권자의 성명(명칭), 주소(본점 또는 주된 사무소 소재지), 주민등록번호(부동산등기용등록번호), 취급지점 등을 말한다.

다) 담보목적물 보관장소 변경등기

담보목적물의 보관장소는 목적물을 특정하는 사항이다. 규칙 제정 당시에는 이에 대해 허용하고 있지 않았으나, 당사자 간의 합의로 보관장소를 변경한 경우 그 변경등기를 허용하여 당초의 동산담보등기를 구비한 시점을 기준으로 우선순위를 유지할 필요성이 있어 「동산 · 채권의 담보등기 신청에 관한 업무처리지침」을 개정하여 2018. 8. 1.부터 허용하였다. 보관장소의 변경은 담보권의 내용을 변경하는 것이 아니라 담보목적물을 특정하는 데 필요한 사항에 불과하다.

3 등기기관

가. 등기소

1) 의의

법원은 등기에 관한 사무를 관장하거나 감독한다(법원조직법 2조 3항). 지방법원은 사무의 일부를 처리하게 하기 위하여 그 관할구역에 등기소를 둘 수 있고 등기소의 설치에 관하여는 대법원규칙으로 정한다(동법 3조). 등기소에서는 등기와 공증사무를 처리한다(등기소설치규칙 2조). 동산·채권담보등기에 관한 사무는 대법원장이 지정·고시하는 지방법원, 그 지원 또는 등기소에서 취급한다(법 39조 1항). 따라서 등기소는 영조물로서의 관서만이 아니라 등기사무를 담당하는 지방법원 등기국, 등기과 및 지원의 등기과를 포함하여 등기사무를 취급하는 국가기관을 말한다. 이와 구별하여 등기사무를 처리하는 사람으로 등기관이 있다. 등기소는 등기사무의 처리장소이고, 등기관은 등기사무의 처리권한이 있는 자를 말한다.

2) 등기소의 관할구역

가) 원칙

특정한 등기신청사건에 관하여 어떤 등기소가 등기사무를 처리하는가를 정하는 것을 말한다. 법 제39조제2항은 "등기사무에 관하여는 제1항에 따라 대법원장이 지정·고시한 지방법원, 그 지원 또는 등기소 중 담보권설정자의 주소를 관할하는 지방법원, 그 지원 또는 등기소를 관할 등기소로 한다"라고 규정하고 있다. 「각급 법원의 설치와 관할구역에 관한 법률」 제4조제1호의 지방법원과 그 지원의 관할을 정하고 있고, 「등기소의 설치와 관할구역에 관한 규칙」 제3조에서 지방법원 관내에 설치한 등기소에 대해 규정하고 있다.

나) 위임

대법원장은 어느 등기소의 관할에 속하는 사무를 다른 등기소에 위임할 수 있다(법 39조 3항). 담보등기 도입 당시 담보등기 신청사건의 건수가 많지 않을 것으로 예상되어 상업등기와 같이 지방법원 단위의 등기소에 위임하도록 하였다. 동일 시내에 여러 개의 등기소가 있는 경우 다른 등기소의 상업등기사무를 그 중 하나의 등기소에 위임하여 1곳에서 상업등기사무를 처리하는 상업등기사무의 위임규정(등기소설치규칙 4조)을 준용하여 상업등기사무를 처리하는 등기소와 일치시켰다(동 규칙 7조). 따라서 서울특별시내에 관할이 있는 지방법원 및 등기소의 서울특별시내의 동산·채권담보등기사무는 서울중앙지방법원 등기국에서, 대구광역시내에 관할이 있는 지원의 대구광역시내의 동산·채권담보등기사무는 대구지방법원 등기국에서, 부산광역시내에 관할이 있는 지원 및 등기소의 부산광역시내의 동산·채권담보등기사무는 부산지방법원 등기국에서, 인천광역시내에 관할이 있는 등기소의 인천광역시내의 동산·채권담보등기사무는 인천지방법원 등기국에서, 대전광역시내에 관할이 있는 등기소의 대전광역시내의 동산·채권담보등기사무는 대전지방법원에서 이를 각 처리한다. 광주지방법원 순천지원 여수등기소의 관할구역의 동산·채권담보등기사무는 광주지방법원 순천지원 여천등기소에서 이를 처리한다. 수원지방법원 장안등기소의 관할구역의 동산·채권담보등기사무는 수원지방법원 동수원등기소에서, 수원지방법원 송탄등기소의 관할구역의 동산·채권담보등기사무는 수원지방법원 평택지원에서, 수원지방법원 성남지원 분당등기소의 관할구역의 동산·채권담보등기사무는 수원지방법원 성남지원에서 이를 각 처리한다. 창원지방법원 진해등기소와 마산지원 등기계 관할구역의 동산·채권담보등기사무는 창원지방법원 등기과에서 처리한다.

3) 관할 등기소

가) 의의

등기신청은 관할 등기소에 하여야 한다. 등기사무에 관하여는 대법원장이 지정·고시한 지방법원, 그 지원 또는 등기소 중 담보권설정자의 주소를 관할하는 지방법원, 그 지원 또는 등기소를 관할 등기소로 한다(법 39조 2항). 「민사소송법」은 토지관할을 결정하는 기준으로서 사건의 당사자 또는 그 권리관계의 장소적 관련지점을 뜻하는 재판적의 개념을 사용하여 이를 법원의 관할구역과 연결시키는 방식으로 제1심의 토지관할을 정하고 있다. 이와 마찬가지로 법은 등기사무의 관할 등기소도 담보권설정자의 주소라는 관련지점을 법원의 관할구역과 연결시키는 방식으로 정하고 있다.

담보권설정자의 주소(본점 또는 주된 사무소를 포함)와 「각급 법원의 설치와 관할구역에 관한 법률」제4조제1호와 「등기소의 설치와 관할구역에 관한 규칙」 제3조에 따라 관할권을 가지는 등기소를 연결시켜 관할이 결정된다. 법 개정 전(법률 제17502호, 시행 2022. 4. 21. 이전의 법)에는 법인의 경우 본점 또는 주된 사무소의 소재지를, 상호등기를 한 사람의 경우 영업소 소재지를 관할하는 등기소를 관할 등기소로 했다. 그러나 2020.10.20. 일부개정(법률 제17502호, 시행 2022. 4. 21.)으로 담보권설정자의 주소(법인인 경우에는 본점 또는 주된 사무소 소재지를 말한다)가 등기소의 관할을 결정하는 기준이 되었다.

나) 등기사무 관할의 의미

소송절차와 달리 등기사건의 개념이 아니라 등기부의 관리 장소를 기준으로 관할이 운영된다는 점에서 특징이 있다. 과거 부책식 등기부를 운영하던 개념이 전산정보처리조직을 이용한 등기시스템으로 변경되었음에도 그 운영방식을 유지하고 있다. 즉 사건의 관할이 아니라 실질적으로 등기부의 관할로 운영한다. 부동산등기의 등기사무는 부동산의 소재지를 관할하는 지방법원, 그 지원 또는 등기소에서 담당한다(부등법 7조 1항)고 규정되어 있다. 부동산등기는 물적 편성주의를 취하므로(부등법 15조) 행정구역이 변경되지 않는 한 관할이 변경되는 경우는 없다. 따라서 등기사건의 관할이 곧 등기부의 관할이 된다. 반면 법인등기는 본점 또는 주된 사무소 소재지의 등기소에 관할(상등법 4조[26])이 있으며 등기소에 부책이 있는 것처럼 전산정보처리조직에 의해 등기부를 구성하고 있다. 즉 서울에 설립등기를 한 법인이 본점을 대구로 이전하기 위해서는 서울의 등기부를 폐쇄하고 이전의 표시를 한 다음 대구에 본점이전에 의한 새로운 등기부를 개설해야 한다(상등규 99조[27]). 본점 또는 주된 사무소의 소재지는 법인 기관 내부의 의사결정 사항으로 변경되지만, 등기하지 않으

---

26 제4조(관할 등기소) 등기사무는 등기 당사자의 영업소 소재지를 관할하는 등기사무를 담당하는 지방법원 또는 그 지원 또는 등기소에서 담당한다.

27 제99조(본점이전등기의 신청 및 지점등기기록 등의 처리)
  ① 법 제55조제1항의 본점이전등기신청은 구소재지 관할 등기소에서 하는 등기의 신청서에 신소재지 관할 등기소에서 하는 등기의 신청에 관한 정보를 함께 기재하여 신청하여야 한다
  ② 신소재지 관할 등기소에 지점등기기록이 개설되어 있는 경우 해당 등기소의 등기관은 직권으로 그 지점등기기록을 폐쇄함과 동시에 법 제55조제1항의 등기를 하여야 한다. 이 경우 폐쇄하는 지점 등기기록에 지배인에 관한 사항이 있을 때에는 지배인에 관한 사항도 함께 등기하여야 한다.
  ③ 구소재지 관할 등기소의 관할 구역 내에 소재하는 지점이 있는 경우 해당 등기소의 등기관은 제116조제1항제1호의 등기를 함과 동시에 직권으로 지점등기기록을 개설하여야 한다.

면 대항할 수 없고 법인등기부에 등기를 하도록 하여야 본점 또는 주된 사무소의 변경사항을 국가를 포함한 타인에게 대항할 수 있다.[28] 동산 · 채권담보등기는 기존에는 법인 또는 「상업등기법」에 따라 상호등기를 한 사람만 담보권을 설정할 수 있었으므로 법인등기부에 변경된 본점 또는 주된 사무소의 등기가 완료되면 기존 등기시스템과 연계하여 동산 · 채권담보등기의 본점 또는 주된 사무소의 소재지나 영업소 소재지를 직권으로 등기하여 법인 또는 상호등기부의 관할과 담보등기부의 관할을 일치시켰다. 그러나 담보권설정자가 상호등기를 한 사람에서 사업자등록을 한 사람으로 변경됨으로 인하여 기존 등기시스템과 연계를 할 수 없는 문제점이 발생한다. 사업자등록관서 및 주소증명서면을 관리하는 기관과의 실시간 전산연계를 할 수 없기 때문이다. 국민은 거주이전의 자유가 있고 거주지를 이전하는 경우 신고의무가 있다(주민등록법 14조). 전입신고로 인한 주소와 담보등기부의 주소가 상이한 경우 등기사무의 관할을 결정하는 표준을 어떻게 정할 것인지가 규칙 개정 당시 문제되었다. 법 제39조는 '담보권설정자의 주소'라고 하고 있으므로 담보등기부에 기재된 주소로 관할을 한정할 수 없다. 따라서 등기부를 중심으로 관할을 결정하는 것을 원칙으로 하되 사업자등록을 한 사람이 주소를 이전하는 경우에 이전한 주소에서 담보등기를 신청하면 이전한 주소 소재지의 등기소가 관할을 가지도록 구성하였다.

다) 구체적인 등기사무의 관할

(1) 담보권설정자가 법인인 경우

(가) 국내법인

담보권설정자가 법인인 경우 기존대로 법인등기부에 본점 또는 주된 사무소의 소재지가 변경되었음을 이유로 변경등기를 하면 법인등기를 담당하는 등기관은 담보등기부를 담당하는 등기관에게 변경사실을 통지하고(법 51조 3항), 통지를 받은 담보등기부를 담당하는 등기관은 본점 또는 주된 사무소의 소재지를 직권으로 변경함으로써 전산정보처리조직을 이용하여 그 담보권설정자에

---

28 주식회사의 경우 이사회 결정으로 본점 소재지를 변경하면 그 효력은 발생하지만 법인 등기부에 변경등기하지 않으면 대항할 수 없으므로, 동산 · 채권담보등기의 관할을 판단할 때에는 아직 법인등기부에 변경등기되지 않은 기존의 법인의 본점 소재지를 기준으로(동산 · 채권담보등기부에도 당연히 종전 법인의 본점 소재지가 등기되어 있음) 판단한다.

대한 등기정보자료의 처리권한을 새로운 관할 등기소로 넘겨주는 조치를 한다
(규칙 5조).

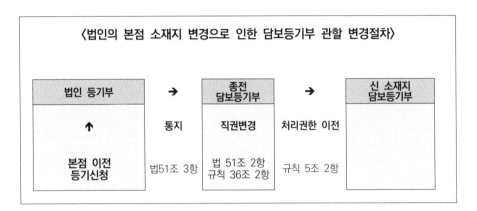

(나) 외국법인

국내에 영업소나 사무소를 개설한 외국법인의 경우 영업소나 사무소를 관할
하는 등기소가 관할등기소가 된다(규칙 4조 1항). 국내에 영업소나 사무소를 개
설하지 않은 외국법인의 경우 대법원소재지를 관할하는 등기소가 관할등기소
가 되므로(규칙 4조 2항) 결국 서울중앙지방법원 등기국이 관할등기소가 된다.
관할의 변경은 국내에 영업소나 사무소를 개설한 외국법인의 경우 국내의 법
인과 마찬가지로 직권 통지에 의해 관할이 변경된다.

(2) 담보권설정자가 사업자등록을 한 사람인 경우

(가) 사업자등록자가 국민인 경우

담보권설정자의 주소를 관할하는 등기소가 등기사무를 처리할 수 있으므로
(법 39조) 최초 담보권설정시 주소증명서면에 기재된 주소를 기준으로 관할등
기소가 결정된다. 이후 담보권설정자가 주소를 이전한 경우 등기기록상 기재
된 담보권설정자의 주소와 현재 주소가 불일치하게 된다. 이때 담보권설정자
는 주소증명서면에 기재된 자신의 현재 주소지에 주소증명서면을 첨부[29]하여

---

29 일반적으로 최초 담보권설정등기 외에는 담보권설정자의 주소증명서면은 첨부서면이 아니지만, 주
  소가 변경되어 변경된 주소를 관할하는 등기소에 등기신청하기 위하여는 주소증명서면을 첨부하여
  야 한다.

(규칙 5조의2 2항) 등기를 신청할 수 있다(규칙 제5조의2 1항). 이 경우 등기기록상 주소와 다른 현재 주소를 관할하는 등기소의 담당 등기관은 직권으로 등기기록상 주소를 주소증명서면에 기재된 주소로 변경하고, 전산정보처리조직을 통하여 그 등기기록의 처리권한을 넘겨받는 조치를 하여야 한다(규칙 5조의2 3항).

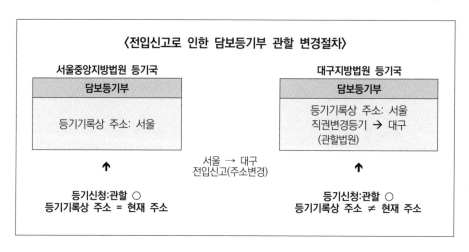

〈전입신고로 인한 담보등기부 관할 변경절차〉

(나) 사업자등록자가 재외국민 또는 외국인인 경우

국내에 주소가 있는 재외국민 또는 외국인인 경우 규칙 제5조의2에 따라 주소증명서면을 첨부하여 해당 관할 등기소에 등기를 신청할 수 있다. 국내에 주소가 없는 재외국민 또는 외국인인 경우 명문의 규정은 없으나 규칙 제4조 제2항을 유추적용하여 국내에 영업소나 사무소를 설치하지 않은 외국법인과 마찬가지로 대법원소재지를 관할하는 등기소에 관할이 있다.

(3) 담보권설정자가 기존에 상호등기를 한 사람인 경우

담보권설정자가 기존에 상호등기를 한 사람인 경우 등기신청사건이 법 개정 전 접수되고 등기관이 등기를 할 때가 법 개정 후인 경우 경과조치에 의해 기존 관할이 유지된다(법 부칙2조, 규칙 부칙2조). 또한 계속사건이 아닌 경우에도 기존에 영업소를 기준으로 등기부의 관할이 있는 경우 법 개정 후에도 영업소를 기준으로 등기부의 관할을 두되 주소증명서면을 첨부하여 현재 주소를 관할하는 등기소에 등기신청을 할 수 있다(규칙 부칙3조). 등기관은 신청서에 기재된 담보권설정자의 주소와 등기기록의 주소가 상이하다고 막바로 각하할 수 없고, 첨부된 주소증명서면을 조사하여 관할을 판단하여야 한다. 상호 및 영업

소는 법 개정으로 인해 더이상 등기사항은 아니지만, 기존에 등기기록을 개설한 담보권설정자의 관할의 이익을 유지하기 위해 경과조치로서 영업소 소재지에 등기를 신청할 수 있도록 한 것이다.

〈기존 등기부 양식〉

【 담 보 권 설 정 자 】 (담보권설정자에 관한 사항)			
표시번호	성명, 주민등록번호, 주소	상호 및 영업소	등기원인 및 등기일자
1	이담보 810101-1011111 　고양시 일산동구 호수로 550(장항동)	일등상사 　서울특별시 강남구 남부순환로 1250-3, 1104호(대치동, 대치빌딩)(강남점)	

〈등기양식 일괄 변경〉
↓
〈신설 등기부 양식〉

【 담 보 권 설 정 자 】 (담보권설정자에 관한 사항)				
표시번호	성명	주민등록번호	상호 및 영업소	등기원인 및 등기일자
1	이담보	810101-1011111	고양시 일산동구 호수로 550(장항동) ❶ 일등상사 　서울특별시 강남구 남부순환로 1250-3, 1104호(대치동, 대치제일빌딩)(강남점) ❷	

담보권설정자 이담보는 이후 ❸'대구광역시 수성구 동대구로 364'로 전입신고를 함

　담보권설정자인 '이담보'는 기존에 '일등상사'란 상호로 상호등기를 한 사람으로서 등기부를 이미 개설한 사람이다. 현재 이 등기부의 관할은 영업소 소재지(❷)인 서울중앙지방법원 등기국에 있다. 현재 주소증명서면상 주소가 등기기록상 주소(❶)와 동일한 경우에는 등기기록상 주소를 관할하는 고양등기소에 주소증명서면을 첨부하여 담보등기를 신청하면 등기관이 상호·영업소 말소등기를 직권으로 하고 전산정보처리조직을 이용하여 등기기록의 처리권한을 넘겨받는 조치를 취한다.

만약 주소증명서면상 주소가 대구광역시(❸)로 변경된 후 대구지방법원 등기국에 담보등기를 신청한 경우라면 주소 변경등기와 상호·영업소 말소등기를 직권으로 하고 전산정보처리조직을 이용하여 등기기록의 처리권한을 넘겨받는 조치를 취한다.

〈현재 주소가 ❶에 해당하여 고양등기소에 등기신청한 경우〉

【 담 보 권 설 정 자 】 (담보권설정자에 관한 사항)				
표시번호	성명	주민등록번호	주소	등기원인 및 등기일자
1	이담보	810101-1011111	고양시 일산동구 호수로 550(장항동) 일등상사 　　서울특별시 강남구 남부순환로 1250-3, 1104호(대치동, 대치제일빌딩)(강남점)	
2	이담보	810101-1011111	고양시 일산동구 호수로 550(장항동)	동산·채권의 담보등기 등에 관한 규칙 부칙 제3조제4항에 의하여 2022년 4월 25일 등기

〈현재 주소가 ❶에 해당하여 고양등기소에 등기신청한 경우〉

【 담 보 권 설 정 자 】 (담보권설정자에 관한 사항)				
표시번호	성명	주민등록번호	주소	등기원인 및 등기일자
1	이담보	810101-1011111	고양시 일산동구 호수로 550(장항동) 일등상사 　　서울특별시 강남구 남부순환로 1250-3, 1104호(대치동, 대치제일빌딩)(강남점)	
2	이담보	810101-1011111	고양시 일산동구 호수로 550(장항동)	동산·채권의 담보등기 등에 관한 규칙 부칙 제3조제4항에 의하여 2022년 4월 25일 등기

나. 등기관

1) 의의

등기사무를 처리하는 자(법 40조)로서 지방법원, 그 지원 또는 등기소에 근무하는 법원서기관, 등기사무관, 등기주사 또는 등기주사보 중에서 지방법원

장(등기소의 사무를 지원장이 관장하는 경우에는 지원장을 말한다)이 지정하는 사람
(법 2조 11호)이다.

2) 권한과 책임

등기관은 구체적인 등기사무 처리에 관한 한 상사나 상급기관의 지휘·명령에
의하여 등기사무를 처리하는 것이 아니고 자기의 판단과 책임으로 그 사무를 처
리하는 독립적인 직무권한을 갖는다. 등기관의 결정 또는 처분이 부당한 경우에
는 관할 지방법원에 이의신청을 할 수 있다(법 53조). 반면 등기공무원은 그 형
식적 심사권한을 행사함에 있어서 지켜야할 통상의 주의의무가 있다.[30]

3) 업무처리 제한

등기관은 자기, 배우자 또는 4촌 이내의 친족(이하 "배우자등"이라 한다)이 등
기신청인인 때에는 배우자등이 아닌 성년자 2명 이상의 참여가 없으면 등기를
할 수 없다. 배우자등의 관계가 끝난 후에도 같다(규칙 7조 1항). 업무처리가 제
한되는 경우 등기관은 조서를 작성하여 참여인과 같이 기명날인 또는 서명하
여야 한다(규칙 7조 2항). 등기관이 위 조서를 작성할 때에는 그 조서에 신청인
의 성명과 주소, 업무처리가 제한되는 사유, 등기의 목적, 신청정보의 접수연
월일과 접수번호 및 참여인의 성명, 주소와 주민등록번호를 적어야 한다(규칙
7조 3항).

4 등기신청절차

가. 신청주의

신청주의란 동산·채권을 목적으로 한 담보등기는 원칙적으로 당사자의 신청
이 있어야만 절차가 시작한다는 것을 의미한다. 법은 다른 법령[31]과 달리 신청

---

30 (대법원 1989. 3. 28. 선고 87다카2470 판결) 등기공무원은 등기신청에 대하여 실체법상의 권리관
계와 일치하는 여부를 심사할 실질적 심사권한은 없고 오직 신청서류와 등기부에 의하여 등기요건
에 합당하는 여부를 심사할 형식적 심사권한 밖에 없으나, 등기공무원으로서의 통상의 주의를 기울
이면 제출된 등기권리증 등이 진정하게 작성된 것이 아님을 식별할 수 있음에도 불구하고 이를 간
과하였다면 이는 그 형식적 심사권한을 행사함에 있어서 지켜야 할 주의의무를 위반한 것이다.

주의에 대해 명문으로 규정하고 있지 않으나 등기신청인에 관한 제41조, 등기신
청방법에 관한 제42조를 볼 때 원칙적으로 신청주의를 취하고 있다고 할 수 있다.

나. 등기신청인

1) 공동신청주의의 의의

담보등기신청은 법률에 다른 규정이 없으면 등기권리자와 등기의무자가 공동
으로 신청한다(법 41조 1항). 우리 법제는 등기원인증서의 공증을 요하지 않는
대신 공동으로 등기를 신청하도록 함으로써 등기의 진정을 확보하고자 한다.[32]

2) 등기권리자와 등기의무자

공동신청주의는 등기권리자와 등기의무자의 존재를 전제로 한다. 일찍이 부
동산등기와 관련하여 등기권리자와 등기의무자에 관한 개념이 등장하였다.

가) 실체법상 등기권리자와 등기의무자

부동산에 관한 법률행위로 인한 물권의 득실변경은 등기를 하여야 한다(민
법 186조). 이에 따라 등기신청 의사의 진술을 명하는 판결을 구할 수 있는 권
리인 등기청구권을 가지는 자가 실체법상 등기권리자이다. 등기신청 의사의
진술을 구하는 판결의 상대방으로서 등기청구권을 가지는 자의 상대방이 실체
법상 등기의무자이다.

담보등기도 약정에 따른 담보권의 득실변경은 담보등기부에 등기를 하여야
그 효력이 생기므로(법 7조 1항), 실체법상 담보등기신청 의사의 진술을 명하는
판결을 구할 수 있는 권리인 등기청구권을 가지는 자가 실체법상 등기권리자
가 되고, 그 상대방이 등기의무자가 된다. 절차법상 개념과 혼동을 피하기 위
하여 실체법상 등기권리자는 등기청구권자로 이해하면 좋다.

나) 절차법상 등기권리자와 등기의무자

절차법상 등기권리자는 신청하는 그 등기에 의하여 권리를 취득하거나 기타
이익을 받을 자이고 절차법상 등기의무자는 신청하는 그 등기에 의하여 권리
를 상실하거나 기타 불이익을 받을 자를 말한다.[33] 실체법상 권리관계의 귀속

---

31 「부동산등기법」 제22조제1항, 「상업등기법」 제22조, 「상법」 제34조
32 법원행정처, 부동산등기실무[Ⅰ], 134면

과는 실체적 권리관계에 있어서의 권리 취득이나 상실 등이 등기부상 형식적으로 표시되는 자를 말한다. 등기권리자와 등기의무자란 절차법상 등기권리자와 등기의무자를 말한다.

다) 문제되는 경우

근저당권이 설정된 후에 그 부동산의 소유권이 제3자에게 이전된 경우 종전 소유자도 근저당권설정계약의 당사자로서 근저당권설정등기의 말소를 구할 수 있는 계약상 권리가 있다는 이유로 실체법상 말소등기청구권을 인정한 판례[34]가 있다. 이에 따라 예규(등기예규 1656호 6조 1항)는 부동산의 소유권이 이전된 경우 근저당권설정자 또는 제3취득자(절차법상 등기권리자)가 공동으로 그 말소등기를 신청할 수 있다고 규정했다.[35] 이 내용은 부동산등기의 제한물권의 경우에도 이는 유추적용된다고 한다.[36]

이에 관해 동산·채권담보등기의 목적물이 제3자에게 양도된 경우 그 제3자를 말소등기의 절차법상 등기권리자로 볼 수 있는지에 대해 의문이 있을 수 있다. 근저당권말소의 경우에는 절차법상 등기권리자가 현재의 등기명의인이 아닌 계약당사자도 등기권리자로 허용한다는 것이다. 실체법상 말소등기청구권이 있으므로 이를 보장하기 위하여 절차법상 등기권리자를 확대하여 등기신청할 수 있게 한 것이다. 계약당사자가 물적 편성된 부동산등기의 등기명의인으로 등기된 적이 있는 자이기에 현재 유효한 부동산의 소유명의인이 아니어도 등기부상 이를 판단할 수 있으므로 등기부를 통해 이를 손쉽게 파악할 수 있다. 반면 동산·채권담보등기에는 담보권 말소등기의 등기권리자 확장이 허용되지 않는다. 위 내용은 실체법상 말소등기청구권이 있는 자를 절차법상 등기권리자로 확대하는 것으로서 청구원인인 물권적 청구권(민법 214조)이 인정됨을 전제로 한다. 그러나 동산담보등기부에 말소대상인 담보권이 말소되지 않고 있어도 그 담보권의 등기명의인을 해당 동산의 소유권을 방해하는 자로 볼 수 없다. 동산 물권변동의 공시는 등기가 아니라 점유이므로 전 소유자를 담보권설정자로 한 담보등기가 있다고 하여 제3취득자의 권리행사에 어떤 방해가 있다고 보기 어렵다. 동산·채권담보등기의 담보권설정자부는 해당 담보

---

33 대법원 1979. 7. 24. 선고 79다345 판결
34 대법원 1994. 1. 25. 선고 93다16338 전원합의체 판결
35 등기예규 1408호, 6. 가.는 근저당권뿐만 아니라 가등기의 말소에도 적용되도록 규정했다.
36 법원행정처, 부동산등기실무[I], 140면

목적물의 소유자나 채권자를 공시하는 것이 아니므로 담보목적물의 소유권이 변경되었다고 하여 위 담보목적물의 현재 소유자가 누구인지 등기부만으로 알 수 없다. 이는 인적 편성주의를 택할 수 밖에 없는 동산·채권담보등기의 필연적 한계에서 기인한다. 즉 물적 편성주의를 택한 부동산과는 그 논의의 평면을 달리하는 사안이다. 따라서 제3취득자의 「민법」 제214조에 의한 물권적 청구권이 인정되지 않으므로 실체법상의 말소등기청구권이 없다. 동산·채권담보등기를 한 담보권설정자가 해당 담보목적물을 제3자에게 양도한 경우에도 제3자는 해당 담보등기를 등기권리자로서 말소할 수는 없고, 변제 등으로 인해 담보등기를 말소하려는 경우에도 보전의 필요성이 인정되지 않으므로 담보권설정자를 대위하여서 말소등기를 할 수도 없다.

3) 예외적 단독신청

등기명의인 표시의 변경 또는 경정의 등기는 등기명의인 단독으로 신청할 수 있다(법 41조 2항). 판결에 의한 등기는 승소한 등기권리자 또는 등기의무자 단독으로 신청할 수 있고, 상속이나 그 밖의 포괄승계로 인한 등기는 등기권리자 단독으로 신청할 수 있다(법 41조 3항).

담보권설정자의 표시의 변경이나 경정등기를 신청하는 경우 담보권설정자가 단독으로 신청할 수 있는지가 문제된다. 이에 관해 명문의 규정은 없으나 「부동산등기법」을 준용하고 있는 취지에 비추어 이를 허용함이 타당하다(법 57조, 부등법 23조 5항).

다. 신청방법

담보등기는 방문신청 또는 전자신청에 해당하는 방법으로 신청한다(법 42조). 방문신청은 신청인 또는 그 대리인이 등기소에 출석하여 서면(전자표준양식 포함)으로 신청하여야 한다. 다만, 대리인이 변호사 또는 법무사[법무법인, 법무법인(유한), 법무조합, 법무사법인 또는 법무사법인(유한)을 포함한다]인 경우에는 자격자대리인의 사무소 소재지를 관할하는 지방법원장이 허가한 사무원을 등기소에 출석하게 하여 등기를 신청할 수 있다. 전자신청은 최초 사용자등록을 한 후 전산정보처리조직을 이용하여 법 제43조에 따른 전자문서를 송신, 대법원예규로 정하는 정보를 등기소에 제공 및 사용자등록번호도 함께 송신하는 방법으로 신청한다.

라. 신청정보

1) 작성방법

신청서 작성 방법에 관하여는 「동산·채권의 담보등기 신청에 관한 업무처리지침」(등기예규 1742호)에서 상세하게 규정하고 있다.

가) 양식

신청서의 양식은 별지 제1호부터 제15호와 같이 하며, 용지규격은 A4로 한다.

나) 작성방식

신청서는 간결하게 적어야 한다. 신청서를 제출하는 방법으로는 방문신청 또는 전자신청으로 할 수 있다. 방문신청의 경우 작성한 신청서를 등기소에 출석하여 제출하는 것이고, 전자신청은 전산정보처리조직을 이용하여 전자문서를 제출한다. 방문신청이나 전자신청은 신청방법의 차이일 뿐 신청서에 법령에서 정한 신청정보를 신청서에 기재하여야 하는 점은 동일하다. 신청서는 등기부에 기재할 사항을 신청정보로 기재하는 것이므로 「동산채권의 담보등기 신청에 관한 업무처리지침」 제2조에서 「등기부의 기재문자에 대한 사무처리지침」을 준용하고 있다. 한글과 아라비아숫자로 기재하고, 외래어는 문화체육관광부가 고시하는 외래어표기법에 의하여 기재한다. 외국인의 성명을 표시하여야 하는 경우에는 국적도 함께 기재한다(예, 미합중국인 헨리키신저). 국적표기 방식에 관하여 명확한 근거규정은 없으나, 통일적 국적 표기를 위하여 문화체육관광부 국립국어원의 「국가명 한글 표기 기준안」[37] 또는 행정안전부의 「행정표준코드관리시스템」[38]에서 외국명에 관한 표준을 제시하고 있다. 담보권설정자의 상호와 상호등기를 한 사람의 성명의 등기에 사용할 수 있는 문자에 관하여는 「상호 및 외국인의 성명 등의 등기에 관한 예규」를 준용한다. 부동산등기, 법인등기와 함께 국적명 표기에 관한 통일적 기준이 마련될 필요가 있다.

---

37 예를 들어, 국가명 한글 표기 기준안은 미국은 '미합중국', 중국은 '중화인민공화국', 호주는 '호주연방', 일본은 '일본국'으로 정하고 있다.

38 행정안전부의 「행정표준코드관리시스템」(https://www.code.go.kr/index.do)에는 외국명에 대해 각각의 코드를 부여하고(예, 코드 '840') 코드값의 의미(예, 코드값의 의미 '미국')에 국명이 기재되어 있다.

제조번호 등의 등기에 사용할 문자도 동 예규 제3조에서 정하고 있다. 담보목적물에 관한 사항 중 제조번호 또는 제품번호 등 개별동산에 부여된 표시 및 동산 또는 채권을 특정하는 데 유익한 사항으로서 중량, 규격, 재질, 증서번호 등(이하 '제조번호 등'이라 한다)의 등기는 한글 및 아라비아 숫자 외에 로마자 또는 부호를 사용할 수 있다.[39] 위 예규에서 정하고 있지 아니한 문자는 그 발음을 신청서에 한글로 표기하여야 한다.[40]

2) 기재사항

일반적인 기재사항으로 법 제43조제2항, 제47조제2항, 「동산채권의 담보등기 신청에 관한 업무처리지침」 제5조, 제6조에 기재된 사항을 적어야 한다. 신청서에 기재할 사항을 법에서 정하고 신청서 양식은 대법원규칙에서 다시 대법원예규로 위임하고 있다. 대법원예규에서는 신청서에 기재할 사항을 다시 한 번 풀어서 규정하고 있다. 이하에서는 특히 문제되는 부분에 관하여 살펴본다.

가) 담보권설정자, 채무자, 담보권자에 관한 사항

(1) 담보권설정자(법 47조 2항 1호, 등기예규 1742호 5조 3항 1호)

구 분			기재할 사항		
법 인	국내법인		상호/명칭	법인등록번호	본점 / 주된 사무소
	외국법인	영업소 등기	상호/명칭	법인등록번호	국내의 영업소 / 사무소(복수가능)
		영업소 미등기	상호/명칭	부동산등기용등록번호	국내에서의 대표자와 그 주소
사업자등록	국민		성명	주민등록번호	주소
	재외국민		성명	주민등록번호 / 부동산등기용등록번호	주소(외국의 주소)
	외국인		성명(원지음)	부동산등기용등록번호	주소(외국의 주소)

---

39 1. 로마자: A, B, C, D, E, F, G, H, I, J, K, L, M, N, O, P, Q, R, S, T, U, V, W, X, Y, Z, a, b, c, d, e, f, g, h, i, j, k, l, m, n, o, p, q, r, s, t, u, v, w, x, y, z
　2. 부호: 「#」(샤프)·「&」(앰퍼샌드)·「()」(소괄호)·「-」(붙임표)·「[]」(대괄호)·「:」(쌍점)·「"」(작은따옴표)·「,」(반점)·「.」(온점)·「/」(빗금)·「·」(가운뎃점)
40 라틴어 α, β, γ 등은 위 예규에서 정하고 있지 아니한 문자이므로 그 발음인 알파, 베타, 감마 등으로 표기하면 된다. 다만, 그 발음을 표기할 수 없는 경우에는 신청서에 표기할 수 없다는 문제가 있다.

(2) 채무자 (법 47조 2항 2호, 등기예규 1742호 5조 3항 2호, 4호)

구 분			기재할 사항	
법인	국내법인		상호/명칭	본점 / 주된 사무소
	외국법인	영업소 등기	상호/명칭	국내의 영업소 / 사무소(복수가능)
		영업소 미등기	상호/명칭	국내에서의 대표자와 그 주소
국민			성명	주소
재외국민			성명	주소(외국의 주소)
외국인			성명(원지음)	주소(외국의 주소)
법인 아닌 사단·재단			명칭 (대표자의 성명도 기재)	주된 사무소 (대표자의 주소도 기재)

(3) 담보권자 (법 47조 2항 3호, 등기예규 1742호 5조 3항 3호, 4호)

구 분			기재할 사항		
법인	국내법인		상호/명칭	법인등록번호	본점 / 주된 사무소
	외국법인	영업소 등기	상호/명칭	법인등록번호	국내의 영업소 / 사무소(복수가능)
		영업소 미등기	상호/명칭	부동산등기용등록번호	국내에서의 대표자와 그 주소
국민			성명	주민등록번호	주소
재외국민			성명	주민등록번호 / 부동산등기용등록번호	주소(외국의 주소)
외국인			성명(원지음)	부동산등기용등록번호	주소(외국의 주소)
법인 아닌 사단·재단			명칭 (대표자 성명 기재)	부동산등기용등록번호 (대표자 주민등록번호 기재)	주된 사무소 (대표자의 주소도 기재)

※ 법인 아닌 사단·재단(규칙 56조, 부등규 43조 2항)

(4) 외국법인의 국내의 영업소 또는 사무소

국내에 수개의 영업소(사무소) 설치등기를 한 외국법인은 수개의 영업소(사무소)를 전부 기재할 수도 있고, 그 중 일부만 적을 수도 있다.

(5) 부동산등기용등록번호

부동산등기용등록번호란 「부동산등기법」에서 권리에 관한 등기사항을 기록할 때 주민등록번호에 대응하여 당사자를 특정하기 위해 일정절차에 따라 부여받은 번호를 말한다. 「부동산등기법」 제49조에서 부여절차를 정하고 있다. 주민등록번호가 없는 재외국민의 등록번호는 대법원 소재지 관할 등기소의 등기관이 부여하고, 법인 아닌 사단이나 재단 또는 국내에 영업소(사무소)의 설치등기를 하지 아니한 외국법인에 대해서는 시장, 군수 또는 구청장이 부여한다. 외국인의 등록번호는 체류지(국내에 체류지가 없는 경우에는 대법원 소재지에 체류지가 있는 것으로 본다)를 관할하는 지방출입국·외국인관서의 장이 부여한다.

(6) 법인 아닌 사단이나 재단

법인 아닌 사단이나 재단은 원칙적으로는 「민법」상 권리능력이 인정되지 않지만, 정관으로 정한 목적의 범위 내에서는 권리능력을 가지므로[41] 채무자나 담보권자로 등기될 수 있는지가 문제된다. 법은 이 법에 특별한 규정이 있는 경우를 제외하고는 그 성질에 반하지 아니하는 범위에서 「부동산등기법」을 준용한다. 「부동산등기법」 제26조는 종중, 문중, 그 밖에 대표자나 관리인이 있는 법인 아닌 사단이나 재단에 속하는 부동산의 등기에 관하여는 그 사단이나 재단을 등기권리자 또는 등기의무자로 한다고 규정하고 있어 법인 아닌 단체의 등기당사자능력을 인정하고 있다. 법은 제47조제2호부터 제4호까지에서 채무자 및 담보권설정자에 관한 기재사항에 관해 법인 아닌 사단이나 재단의 경우를 예정하고 있지 않다. 이는 법이 법인 아닌 사단이나 재단의 경우 채무자나 담보권자로서 등기할 수 없도록 특별히 규정한 것이라기보다는 극히 이례적인 경우일 것이므로 「부동산등기법」의 준용을 통해 해결한 것으로 보인다. 규칙 제56조는 성질에 반하지 않는 한 「부동산등기규칙」을 준용하므로 법인 아닌 사단이나 재단의 등기신청에 관한 「부동산등기규칙」 제43조제2항을 준용하여 그 대표자나 관리인의 성명, 주소 및 주민등록번호를 신청정보로 제공하고, 동 규칙 제48조를 준용하여 정관이나 그 밖의 규약, 대표자나 관리인임을 증명하는 정보, 「민법」 제276조제1항의 결의가 있음을 증명하는 정보(법인 아닌 사단

---

41 (대법원 2007. 7. 26. 선고 2006다64573 판결) 법인 아닌 사단이나 재단도 대표자 또는 관리인이 있으면 민사소송의 당사자가 될 수 있으므로, 자연부락이 그 부락주민을 구성원으로 하여 고유목적을 가지고 의사결정기관과 집행기관인 대표자를 두어 독자적인 활동을 하는 사회조직체라면 비법인사단으로서의 권리능력이 있다.

이 등기의무자인 경우로 한정한다), 대표자나 관리인의 주소 및 주민등록번호를 증명하는 정보를 첨부정보로 등기소에 제공하여 등기할 수 있다. 다만 채무자는 등기신청 당사자가 아니므로 위의 첨부정보를 제공할 필요는 없다.

법인 아닌 사단이나 재단이 사업자등록을 한 경우 담보권설정자로서 등기할 수 있는지에 의문이 있을 수 있다. 사업자등록은 「국세기본법」의 인격구분에 따라 법인사업자 또는 개인사업자로 구분되고, 법인 아닌 사단이나 재단이 법인사업자로 등록하려면 법인으로 보는 단체가 되어야 한다(국세기본법 13조 2항, 동시행령 8조). 법인 아닌 사단이나 재단이 법인사업자로 사업자등록을 한 경우라 할지라도 이는 「국세기본법」과 「세법」의 적용에서의 취급일 뿐 법 제2조제5호의 법인으로 볼 수는 없다. 따라서 법인 아닌 사단이나 재단이 법인사업자로 사업자등록을 하여도 법인 아닌 사단이나 재단은 법인으로서 담보권설정자가 될 수는 없다. 뿐만 아니라 법은 담보권설정자를 사업자등록을 한 '사람'으로 정하고 있으므로 법인 아닌 사단이나 재단이 사업자등록(법인으로 보는 단체가 되어 법인사업자등록을 하거나 대표자 명의의 개인사업자등록을 한 경우 포함)을 하여도 담보권설정자 될 수 없다.

나) 담보목적물의 특정을 위한 사항

법 제47조제2항6호에서 대법원규칙으로 위임하였고, 규칙 제35조와 등기예규 1742호 제6조에서 상세히 규정하고 있다. 담보목석물의 특정이 제대로 되지 않는 경우 담보권이 무효로 될 수도 있으므로 주의를 요한다.

다) 담보권의 존속기간

초기 동산·채권담보등기 시스템을 구축하면서 담보등기부에 기재되는 존속기간은 만료일만 표시하도록 하였다.[42] 이후 제도가 시행되면서 만료일만 기재하는 경우 시스템에서 체크하지 못해 5년을 초과하는 담보권 설정등기 신청이 받아들여지는 경우가 종종 발생했다. 따라서 신청에 주로 사용되는 전자표준양식에서 존속기간이 5년을 초과하는 신청이 되지 않도록 명확히 하고, 등기공무원이 기입하는 단계에서도 만료일만 표시하는 것이 아니라 시작일을 함께 표시하도록 시스템을 개선하였다. 이에 따라 기재례도 '존속기간 ○○○○년 ○월 ○일부터 ○○○○년 ○월 ○일까지'로 변경하였다.

---

42 법원행정처, 동산·채권 담보등기 해설, (2012. 8), 203면 등 다수

〈존속기간 입력방식〉

* 근담보권존속기간	☐ 근담보권존속기간을 직접 입력하시려면 선택하세요.
	[📅] 부터 [📅] 까지

동산 · 채권 등의 담보에 관한 법률

제43조(등기신청에 필요한 서면 또는 전자문서 및 신청서의 기재사항 및 방식)
① 담보등기를 신청할 때에는 다음 각 호의 서면 또는 전자문서(이하 "서면 등"이라 한다)를 제출 또는 송신하여야 한다.
1. 대법원규칙으로 정하는 방식에 따른 신청서
2.~5. 생략

② 제1항제1호에 따른 신청서에는 다음 각 호의 사항을 기록하고 신청인이 기명날인하거나 서명 또는 「전자서명법」 제2조제2호에 따른 전자서명을 하여야 한다. <개정 2016.2.3>
1. 제47조제2항제1호부터 제9호까지의 규정에서 정한 사항
2. 대리인이 등기를 신청할 경우 대리인의 성명[대리인이 법무법인, 법무법인(유한), 법무조합, 법무사법인 또는 법무사법인(유한)인 경우에는 그 명칭을 말한다], 주소(법인이나 조합인 경우는 본점 또는 주된 사무소를 말한다)
3. 등기권리자와 등기의무자가 공동으로 신청하는 경우 및 승소한 등기의무자가 단독으로 등기를 신청하는 경우에 등기의무자의 등기필정보. 다만, 최초 담보권설정등기의 경우에는 기록하지 아니한다.
4. 등기소의 표시
5. 연월일

제47조(등기부의 작성 및 기록사항)
① 생략
② 담보등기부에 기록할 사항은 다음 각 호와 같다.
1. 담보권설정자의 성명, 주소 및 주민등록번호(법인인 경우에는 상호 또는 명칭, 본점 또는 주된 사무소 및 법인등록번호를 말한다)

2. 채무자의 성명과 주소(법인인 경우에는 상호 또는 명칭 및 본점 또는 주된 사무소를 말한다)

3. 담보권자의 성명, 주소 및 주민등록번호(법인인 경우에는 상호 또는 명칭, 본점 또는 주된 사무소 및 법인등록번호를 말한다)

3의 2. 담보권설정자나 담보권자가 주민등록번호가 없는 재외국민이거나 외국인인 경우에는 「부동산등기법」 제49조제1항제2호 또는 제4호에 따라 부여받은 부동산등기용등록번호

4. 담보권설정자나 채무자 또는 담보권자가 외국법인인 경우 국내의 영업소 또는 사무소. 다만, 국내에 영업소 또는 사무소가 없는 경우에는 대법원규칙으로 정하는 사항 ⇨ 규칙 제34조

5. 담보등기의 등기원인 및 그 연월일

6. 담보등기의 목적물인 동산, 채권을 특정하는 데 필요한 사항으로서 대법원규칙으로 정한 사항 ⇨ 규칙 제35조

7. 피담보채권액 또는 그 최고액

8. 제10조 단서 또는 제12조 단서의 약정이 있는 경우 그 약정

9. 담보권의 존속기간

10. 접수번호

11. 접수연월일

동산·채권 등의 담보등기 등에 관한 규칙

제28조(다른 법률에 따른 의무사항이 있는 경우)

등기신청과 관련하여 다른 법률에 의해 부과된 의무사항이 있을 때에는 그 의무사항을 신청서에 적어야 한다.

제34조(국내에 영업소나 사무소가 없는 외국법인의 등기사항)

법 제47조제2항제4호 단서에서 "대법원규칙으로 정하는 사항"이란 외국법인의 국내에서의 대표자와 그 주소를 말한다.

제35조(동산 및 채권의 특정을 위한 등기사항)

① 등기기록에는 담보목적물인 동산 또는 채권을 특정하는 데 필요한 사항으로서 다음 각 호의 구분에 따른 사항을 기록하여야 한다.

1. 담보목적물이 동산인 경우

가. 동산의 특성에 따라 특정하는 경우에는 대법원예규로 정하는 동산의 종류 및 동산의 제조번호 또는 제품번호 등 다른 동산과 구별할 수 있는 정보

나. 동산의 보관장소에 따라 특정하는 경우에는 대법원예규로 정하는 동산의 종류 및 동산의 보관장소의 소재지. 다만, 같은 보관장소에 있는 같은 종류의 동산 전체를 담보목적물로 하는 경우에 한정한다.

2. 담보목적물이 채권인 경우

가. 대법원예규로 정하는 채권의 종류 ⇨ 등기예규 1742호 제6조 [별표1]

나. 채권의 발생원인 및 발생연월일 또는 그 시기와 종기

다. 담보목적물인 채권의 채권자의 성명 및 주소(법인의 경우에는 상호 또는 명칭과 본점 또는 주된 사무소를 말한다)

라. 담보목적물인 채권의 채무자의 성명 및 주소(법인의 경우에는 상호 또는 명칭과 본점 또는 주된 사무소를 말한다). 다만, 장래에 발생할 채권으로서 채무자가 담보권설정 당시 특정되어 있지 않거나, 나목에 의하여 특정할 수 있는 다수의 채권에 대하여 동시에 담보등기를 신청하는 경우에는 대법원예규에 따라 채무자의 성명이나 주소를 기록하지 않을 수 있다.

② 제1항 각 호 이외에도 해당 동산의 명칭이나 채권의 변제기, 채권액의 하한 그 밖에 해당 동산 또는 채권을 특정하는 데 유익한 사항을 기록할 수 있다.

동산·채권의 담보등기 신청에 관한 업무처리지침

제5조 (신청서의 기재사항 및 방식)

① 동산·채권의 담보에 관한 각종 등기신청서의 양식은 별지 제1호부터 제15호와 같이 하며, 용지규격은 A4로 한다.

② 신청서는 간결하게 적어야 한다.

③ 신청서에는 다음 각호의 사항을 적고 신청인이 기명날인하거나 서명 또는 「전자서명법」 제2조 제2호 에 따른 전자서명을 하여야 한다.

1. 담보권설정자의 등기고유번호(최초로 담보권설정등기를 하는 경우를 제외한다) 및 다음 각 목의 구분에 따른 사항

가. 담보권설정자가 법인인 경우: 상호 또는 명칭, 본점 또는 주된 사무소 및 법인등록번호. 다만 국내에 영업소 또는 사무소 설치등기를 하지 않은 경우에는 법인등록번호 대신에 부동산등기용등록번호를 적어야 한다.

나. 담보권설정자가 「부가가치세법」에 따라 사업자등록을 한 사람인 경우: 성명, 주소 및 주민등록번호. 다만 사업자등록을 한 사람이 주민등록번호가 없는 경우에는 주민등록번호 대신에 부동산등기용등록번호를 적어야 한다.

2. 채무자의 성명과 주소(법인인 경우에는 상호 또는 명칭 및 본점 또는 주된 사무소를 말한다)

3. 담보권자의 성명, 주소 및 주민등록번호(법인인 경우에는 상호 또는 명칭, 본점 또는 주된 사무소 및 법인등록번호를 말한다)

4. 담보권설정자나 채무자 또는 담보권자가 외국법인인 경우 국내의 영업소 또는 사무소(영업소 또는 사무소가 여러 개인 경우에는 그중 일부만 적을 수 있다). 다만 국내에 영업소 또는 사무소가 없는 경우에는 외국법인의 국내에서의 대표자와 그 주소를 적어야 한다.

5. 등기일련번호(담보권설정등기 및 담보권설정자 표시의 변경이나 경정의 등기를 하는 경우를 제외한다)

6. 담보등기의 등기원인 및 그 연월일

7. 등기의 목적

8. 담보등기의 목적물인 동산, 채권을 특정하는 데 필요한 사항으로서 제6조에 정한 사항. 다만 담보목적물에 관한 정보를 대법원 인터넷등기소(http://www.iros.go.kr/, 이하 '인터넷등기소'라 한다)에 목록으로 저장하는 방법으로 제출 또는 송신하는 경우에는 신청서에 따로 적지 아니한다.

9. 피담보채권액 또는 그 최고액

10. 법 제10조 단서 또는 법 제12조 단서의 약정이 있는 경우 그 약정

11. 담보권의 존속기간

12. 대리인이 등기를 신청할 경우 대리인의 성명[대리인이 법무법인, 법무
    법인(유한), 법무조합 또는 법무사법인·법무사법인(유한)인 경우에는
    그 명칭을 말한다], 주소(법인이나 조합인 경우는 본점 또는 주된 사무
    소를 말한다)
13. 등기권리자와 등기의무자가 공동으로 신청하는 경우 및 승소한 등기의
    무자가 단독으로 등기를 신청하는 경우에 등기의무자의 등기필정보.
    다만 최초 담보권설정등기의 경우에는 적지 아니한다.
14. 등록면허세액
15. 등기신청수수료액
16. 등기소의 표시
17. 신청연월일
④ 일정한 금액을 목적으로 하지 않는 채권을 담보하기 위한 담보권설정등
기를 신청하는 경우에는 그 채권의 평가액을 적어야 한다.
⑤ 담보권의 이전등기를 신청하는 경우에는 담보권이 채권과 같이 이전한
다는 뜻을 적어야 한다.
⑥ 채권일부의 양도나 대위변제로 인한 담보권의 이전등기를 신청하는 경
우에는 양도나 대위변제의 목적인 채권액을 적어야 한다.

제6조 (동산 및 채권의 특정을 위해 신청서에 적어야 할 등기사항)
① 담보목적물인 동산 또는 채권을 특정하는 데 필요한 사항으로서 신청서
에 적어야 하는 등기사항은 다음 각호의 구분에 따른다.
1. 담보목적물이 동산인 경우
가. 동산의 특성에 따라 특정하는 경우에는 동산의 종류 및 동산의 제조번
    호, 제품번호 등 개별동산에 부여된 표시
나. 동산의 보관장소에 따라 특정하는 경우에는 동산의 종류 및 동산의 보
    관장소의 구체적인 소재지(토지의 경우에는 지번, 건물의 경우 동·호
    수가 있는 경우에는 이를 포함한다)
다. 담보목적물인 동산의 일련번호
2. 담보목적물이 채권인 경우
가. 별표 제1호에 따른 채권의 종류
나. 채권의 발생원인 및 발생연월일 또는 그 시기와 종기
다. 담보목적물인 채권의 채권자의 성명 및 주소(법인의 경우에는 상호 또

는 명칭과 본점 또는 주된 사무소를 말한다). 다만 담보목적물인 채권
의 채권자가 2인 이상인 경우에는 담보권설정자인 채권자의 성명 및
주소와 나머지 인원수를 적어야 한다.

라. 담보목적물인 채권의 채무자의 성명 및 주소(법인의 경우에는 상호 또
는 명칭과 본점 또는 주된 사무소를 말한다). 다만 담보목적물인 채권
의 채무자가 2인 이상인 경우에는 채무자 중 1인의 성명 및 주소와 나
머지 인원수를 적어야 한다.

마. 담보목적물인 채권의 일련번호

② 제1항 제2호 라목에도 불구하고 다음 각호의 경우에는 담보목적물인 채
권의 채무자의 성명 및 주소를 적지 않을 수 있다.

1. 장래에 발생할 채권으로서 채무자가 담보권설정 당시 특정되어 있지 않
은 경우

2. 담보권설정 당시 이미 발생한 채권과 채무자가 특정되어 있지 않은 장
래에 발생할 채권을 함께 담보로 제공하는 경우로서 채권의 발생원인
및 발생연월일 또는 그 시기와 종기로 특정할 수 있는 다수의 채권에
대하여 동시에 담보등기를 신청하는 경우

③ 제1항 각호 이외에도 동산을 특정하는 데 유익한 사항으로서 동산의 명
칭, 크기, 중량, 재질, 제조일, 색상, 형태, 제조자, 보관장소의 명칭, 점유자
등을 적을 수 있고, 채권을 특정하는 데 유익한 사항으로서 채권의 변제기,
채권액, 증서번호 등을 적을 수 있다. 다만 주관적 감정이나 가치판단, 기타
동산 또는 채권의 특정과 무관한 사항은 적을 수 없다.

마. 첨부서면

등기신청에 필요한 서면 또는 전자문서는 법 제43조제1항, 규칙 제45조,
「동산·채권의 담보등기 신청에 관한 업무처리지침」(등기예규 1742호) 제4조 및
「동산·채권의 담보등기에 관한 사무처리지침」(등기예규 1741호) 제9조에서 정
하고 있다.

1) 대법원규칙으로 정하는 방식에 따른 신청서

방문신청을 하는 경우 신청서나 그 밖의 등기에 관한 서면을 작성할 때에는
자획을 분명히 하여야 한다. 서면에 적은 문자의 정정, 삽입 또는 삭제를 한

경우에는 그 글자 수를 난외에 적으며 문자의 앞뒤에 괄호를 붙이고 이에 날인 또는 서명하여야 한다. 이 경우 삭제한 문자는 해독할 수 있게 글자체를 남겨두어야 한다. 신청서가 여러 장인 때에는 신청인 또는 그 대리인이 간인을 하여야 하고, 등기권리자 또는 등기의무자가 여러 명일 때에는 그중 1명이 간인하는 방법으로 한다. 다만 신청서에 서명을 하였을 때에는 각 장마다 연결되는 서명을 함으로써 간인을 대신한다(등기예규 1742호 7조).

  전자신청을 하는 경우 당사자가 직접 하거나 자격자대리인이 당사자를 대리하여 한다. 다만, 외국인의 경우에는 「출입국관리법」 제31조에 따른 외국인등록 또는 「재외동포의 출입국과 법적 지위에 관한 법률」 제6조, 제7조에 따른 국내거소신고의 요건을 갖추어야 한다(규칙 50조 1항). 법 제43조에 따른 전자문서를 송신하거나 대법원예규로 정하는 정보를 등기소에 제공하여야 하고, 이 때 사용자등록번호도 함께 송신하여야 한다. 다만, 30개 이상의 동산 또는 채권을 담보목적물로 하는 담보권설정등기를 전자신청하는 경우에는 담보목적물에 관한 신청정보 및 첨부정보는 인터넷등기소에 미리 마련한 양식에 안내하는 절차에 따라 작성한 목록을 저장하는 방법으로 제공하여야 하고, 따로 등기소에 송신하지 아니한다(규칙 50조 2항, 등기예규 1742호 13조 2항).

〈인터넷등기소를 통한 담보목적물 목록 작성(e-Form, 전자신청 공통)〉

〈담보목적물 일괄 입력 화면〉

2) 등기원인을 증명하는 서면 등

담보권의 설정, 이전, 변경, 말소 또는 연장 등 신청하고자 하는 등기신청에 관해 그 원인되는 법률행위 또는 법률사실을 증명하는 서면을 제출하여야 한다. 등기원인을 증명하는 서면은 등기할 권리변동의 원인인 법률행위 기타 법률사실의 성립을 증명하는 서면으로서 구체적인 경우에 따라 다를 것이므로 일률적으로 어느 특정 서면만이 등기원인을 증명하는 서면이 된다고 할 수 없다(등기선례 제1-70호). 일반적으로 설정계약서, 변경계약서 등 법률행위를 증명하는 '계약서'가 제출된다. 근담보권인 경우 변제로 인해 피담보채권이 소멸하였더라도 변제를 등기원인으로 근담보권말소등기를 할 수 없고 근담보권설정계약을 해지 하여야 하므로 '해지증서'가 첨부되어야 한다. 근담보권이 상속이나 합병과 같은 법률사실에 의해 이전되는 경우 이를 증명하는 서면으로는 상속을 증명하는 서류(피상속인의 가족관계증명서 등)나 법인등기사항증명서가 첨부되어야 한다.

등기원인을 증명하는 서면은 해당 내용을 증명하는 내용이어야 한다. 주소변경이 된 경우 「인감증명법」에 따른 인감증명서는 비록 주소가 기재되어 있다고 하더라도 주소를 증명하는 서면이라고 볼 수 없다(상업등기선례 제1-94호[43]).

---

43 유한(주식)회사 설립 또는 임원변경 등기 신청시 이사, 감사 등 임원의 주민등록번호 또는 주소를 증명하는 서면으로 인감증명서를 제출해서는 안되는지 여부(상업등기선례 제1-94호)

　법인의 설립 또는 변경등기 신청시 임원에 관한 등기에 있어서는 법인등의등기사항에관한특례법 시행규칙 제2조 제2항, 비송사건절차법 제154조에 의거하여 주민등록번호 또는 주소를 증명하는 개명이 된 경우 비록 주민등록표등·초본에 주민등록번호로 동일성이 확인되고 개명된 이름이 기재되어 있다고 하더라도 이를 개명을 증명하는 서면이라고 할 수 없다(등기선례 제9-154호[44]).

3) 등기원인에 대하여 제3자의 허가, 동의 또는 승낙이 필요할 때에는 이를 증명하는 서면 등

등기원인이 되는 법률행위 또는 법률사실에 제3자의 허가를 받아야 하는 경우가 있다. 법령에서 허가, 동의 또는 승낙을 요구하는 경우가 대표적이다. 학교법인은 경미한 사항이 아닌 한 그 기본재산에 대하여 매도·증여·교환·용도변경하거나 담보로 제공하려는 경우 또는 의무를 부담하거나 권리를 포기하려는 경우에는 관할청의 허가를 받아야 한다(사립학교법 28조 1항). 교육에 직접 제공되는 재산은 매도하거나 담보할 수 없다고 하여 동의 또는 승낙을 얻어도 담보로 제공할 수 없다(사립학교법 28조 2항, 사립학교법 시행령 12조 1항[45]). 공익법인의 기본재산을 담보로 제공하려는 경우에도 관할관청의 허가를 받아야 한다(공익법인법 11조 3항). 향교재산 중 동산이나 부동산을 처분하거나 담보로 제공하려는 때에는 대통령령으로 정하는 바에 따라 특별시장·광역시장·도지사 도는 특별자치도지사의 허가를 받아야 한다(향교재산법 8조 1항). 사찰에 있는 불상·화상·석물·고문서·고서화·종류·경전, 그 밖에 사찰에 속하는 재산으로서 유서가 있거나 학예, 기예 또는 고고 자료로 인정되는 것으로 제작되거나 작성된 지 50년 이상 지난 것인 '동산'을 전통사찰의 주지가 담보로 제공하려면 사찰이 속한 단체 대표자의 승인서를 첨부하여 시·도지사의 허가를 받아야 한다(전통사찰법 2조, 9조 2항).

서면을 첨부하도록 하였는바, 주민등록번호 또는 주소를 증명하는 서면은 원칙적으로 주민등록표등·초본 또는 주민등록증사본이라고 할 것이나, 자동차운전면허증도 운전면허를 받은 사람의 동일성 및 신분을 증명하기에 충분하고 그 기재내용의 진실성도 담보되어 있으므로 자동차운전면허증 사본도 주민등록번호 또는 주소를 증명하는 서면에 해당될 수 있다(1992.12.30. 등기 제2662호 통첩참조). 그러나 인감증명제도는 행정청이 출원자의 현재 사용하고 있는 인감을 증명함으로써 국민의 편의를 도모하기 위한 제도이므로 인감증명서는 주민등록번호 또는 주소를 증명하는 서면으로 보기 어렵다.

44 개명으로 인한 등기명의인표시변경등기 신청 시 등기소에 제출하여야 하는 등기원인을 증명하는 서면은 「가족관계의 등록 등에 관한 법률」 제15조제1항제2호의 "기본증명서"이다.

45 교지, 교사(강당을 포함한다), 체육장(실내체육장을 포함한다), 실습 또는 연구시설, 기타 교육에 직접 사용되는 시설·설비 및 교재·교구를 열거하고 있으나 부동산은 이 법에 따른 담보목적물이 아니므로 문제되지 않는다.

4) 대리인이 등기를 신청할 때에는 그 권한을 증명하는 서면 등

등기신청권한이 있는 자가 등기신청의 내용, 권한 및 수임인을 구체적으로 기재한 위임장을 말한다. 법무사 또는 변호사 아닌 자(공인중개사, 행정사 등. 이 하 "법무사 아닌 자"라 한다)는 다른 사람을 대리하여 부동산등기신청을 하거나 등기사항증명서 교부신청서를 작성하여 등기소에 제출하는 행위를 업으로 하 지 못한다. 다만, 자기가 등기당사자 중 일방인 경우에는 타방을 대리하여 등 기신청을 할 수 있다(등기예규 1221호 1.).[46]

변호사 또는 법무사가 아닌 자도 당사자의 위임을 받아 등기신청을 대리할 수 있지만, 변호사 또는 법무사가 아닌 자는 등기신청의 대리를 업으로 할 수 없고 (법무사법 3조), 이를 위반하는 경우에는 형사처벌을 받게 된다(법무사법 74조). 법 인 직원이 법인의 위임을 받아 수회에 걸쳐 반복적으로 등기신청업무를 대리하 는 행위는 변호사나 법무사가 아니면서 등기신청의 대리를 업으로 하는 것이 라고 볼 수 있으므로 보수의 유무에 관계없이 「법무사법」 제3조에 위반된다(상업등기선례 제1-15호).[47]

5) 그 밖에 당사자의 특정 등을 위하여 대법원규칙으로 정하는 서면 등

규칙 제29조와 등기예규 1742호 제4조제5호는 등기신청에 필요한 서면을 규정하고 있다. 당사자의 특정 등을 위하여 제출하여야 하는 서류는 담보권설 정자에 대하여는 최초의 담보권설정등기를 하는 경우에만 특정을 위한 첨부서 면을 제출하면 된다(다만, 담보권설정자의 등기기록의 주소와 다른 현재 주소지를 관할하는 등기소에 등기신청을 하기 위하여는 관할이 있음을 증명하기 위하여 최초의 담보권설정등기가 아니라도 주소증명서면을 첨부하여야 한다). 등기권리자는 권리를 취득하는 등기의 경우(설정, 이전)로 한정된다. 법인등기사항증명서, 사업자등 록증명, 주민등록표등·초본, 가족관계등록사항별 증명서는 발행일로부터 3개 월 이내의 것이어야 한다(규칙 46조).

---

46 법무사법 제3조, 제74조제1항제1호, 변호사법 제109조제1호
47 다만 이에 관해 법인 직원이 해당 법인에 관한 등기신청의 대리를 업으로 하는 것은 법인이 당사자 로서 등기신청을 하는 것과 달리 볼 수 없으므로 「법무사법」 위반으로 볼 수 없다는 의문이 있다.

가) 담보권설정자 또는 등기권리자가 자연인(재외국민 또는 외국인 포함)인 경우

담보권설정자가 사업자등록을 한 사람이거나 등기권리자가 법인이 아닌 자연인인 경우에 성명, 주소 및 주민등록번호를 증명하는 서면을 제출하여야 한다. 일반적으로 주민등록표등 · 초본이 이에 해당한다. 만약 재외국민이거나 외국인인 경우 「부동산등기법」 제49조제1항제2호 또는 제4호에 따라 부여받은 부동산등기용등록번호를 증명하는 서면을 제출하여야 하는데, 외국인의 부동산등기용등록번호 등록증명서가 이에 해당한다. 담보권설정자의 자격을 확인하기 위하여 사업자등록을 증명하는 서면을 제출하여야 한다. 이에는 사업자등록증과 사업자등록증명이 있는데 등기사항증명서와 달리 사업자등록증은 「부가가치세법」에 따라 사업자등록을 한 경우 제공하고 분실 등의 사유로만 재발급받을 수 있다. 즉 등기신청을 위하여 원본을 제출하기에 현실적으로 어려운 문서이다. 대신 사업자등록증명은 사업자등록을 증명하는 민원서류로서 원본을 발급받아 제출할 수 있다.

나) 담보권설정자나 등기권리자가 법인(외국법인 제외)인 경우

해당 법인의 상호 또는 명칭, 본점 또는 주된 사무소 및 법인등록번호를 증명하는 「상업등기법」 제15조에 따른 등기사항증명서면등을 제출하면 된다.

다) 담보권설정자나 등기권리자가 외국법인인 경우

국내에 영업소나 사무소 설치등기를 한 경우에는 이를 증명하는 「상업등기법」 제15조에 따른 등기사항증명서면등을 제출하면 된다. 국내에 영업소나 사무소 설치등기를 하지 아니한 경우에는 해당 법인의 상호 또는 명칭, 본점 또는 주된 사무소를 증명하는 서면이 제출되어야 한다. 이는 외국법인의 존재를 증명하는 서면으로서 등기관이 제출된 첨부서면을 통해 외국법인의 존재를 판단[48]하여야 한다(예를 들어, 일본국법에 의해 설립된 법인이라면 일본국의 법인등기

---

48 중화인민공화국(이하 '중국'이라 한다)에서 설립된 법인인 경우 과거에는 사업자등록과 유사한 기능을 하는 '회사영업집조(會社營業執照)'와 기업별 사업주체를 관리하기 위해 기관 코드를 부여한 '조직기구대마증(組织机构代码证)'이 별도로 있어서 '회사영업집조'만으로 중국법에 설립된 법인인지를 소명되기 어려웠으나, 2014년에 '삼증합일(三證合一)' 정책을 시행하여 하나의 영업집조(營業執照)로 통합했으며, 2016년에는 통계등기증, 사회보험등기증도 통합된 '오증합일(五證合一)'정책이 시행되었다. 따라서 이제는 영업집조가 중국법인의 상호나 명칭, 본점 또는 주된 사무소를 증명할 수 있을 것으로 보인다.

사항증명서가 이에 해당할 수 있다). 「부동산등기법」 49조1항3호에 따라 부여받은 부동산등기용등록번호를 증명하는 서면 등과 국내에서의 대표자와 그 주소를 증명하는 서면 등을 함께 제출하여야 한다. 등기신청서와 함께 제출하거나 송신하여야 하는 서면 등이 외국어로 작성된 경우에는 그 번역문을 함께 제출하거나 송신하여야 한다.

라) 첨부정보가 외국 공문서이거나 외국 공증인이 공증한 문서인 경우

첨부정보가 외국 공문서이거나 외국 공증인이 공증한 문서(이하 "외국 공문서 등"이라 한다)인 경우에는 「재외공관 공증법」 제30조제1항에 따라 공증담당영사로부터 문서의 확인을 받거나 「외국공문서에 대한 인증의 요구를 폐지하는 협약」에서 정하는 바에 따른 아포스티유(Apostille)를 붙여야 한다. 다만, 외국 공문서 등의 발행국이 대한민국과 수교하지 아니한 국가이면서 위 협약의 가입국이 아닌 경우와 같이 부득이한 사유로 문서의 확인을 받거나 아포스티유를 붙이는 것이 곤란한 경우에는 그러하지 아니하다(규칙 56조, 부등규 46조 9항).

6) 인감증명서

담보권설정등기를 하는 경우 등기신청서(위임에 의한 경우 위임장)에는 담보권설정자의 인감증명서를 날인하고 인감증명서를 제출하여야 한다. 담보권설정자가 법인인 경우 「상업등기법」 제16조에 따른 인감증명을, 담보권설정자가 사업자등록을 한 사람인 경우 「인감증명법」에 따른 인감증명을 제출하여야 한다(규칙 45조).

담보권이전·연장·말소·변경 또는 경정등기의 경우에는 등기필정보를 제공할 수 없어 확인서면(조서)을 제출해야 하는 경우에 한하여 등기의무자의 「인감증명법」 또는 「상업등기법」에 따른 인감증명을 제출하여야 한다.

사업자등록을 한 사람인 담보권설정자는 「인감증명법」 제12조에 따른 인감증명을 제출하여야 한다. 인감증명을 제출하여야 하는 자가 외국인인 경우에는 「인감증명법」에 따른 인감증명 또는 본국의 관공서가 발행한 인감증명을 제출하여야 한다. 다만, 본국에 인감증명제도가 없고 또한 「인감증명법」에 따른 인감증명을 받을 수 없는 자는 신청서나 위임장 또는 첨부서면에 한 서명에 관하여 본인이 직접 작성하였다는 뜻의 본국 관공서의 증명이나 이에 관한 공정증서를 제출하여야 하고, 재외국민인 경우에는 「부동산등기규칙」 제61조를 준용(규칙 56조)한다. 제출하는 인감증명서는 발행일로부터 3개월 이내의 것이어야 한다(규칙 46조).

7) 등기상 이해관계인이 있는 경우 그의 승낙 또는 동의서

가) 등기상 이해관계 있는 제3자의 의의

판례는[49] "등기상 이해관계가 있는 제3자가 있는 때에는 신청서에 그 승낙서 또는 이에 대항할 수 있는 재판의 등본을 첨부하여야 하는 것인데(부등법 75조), 여기서 등기상 이해관계 있는 제3자라 함은 등기 기재의 형식상 말소된 등기가 회복됨으로 인하여 손해를 입을 우려가 있는 제3자를 의미하나 회복될 등기와 등기면상 양립할 수 없는 등기가 된 경우에는 이를 먼저 말소하지 않는 한 회복등기를 할 수 없으므로 이러한 등기는 회복등기에 앞서 말소의 대상이 될 뿐이고 그 등기명의인을 이해관계 있는 제3자로 보아 별도로 그 승낙을 받아야 하는 것은 아니다"라고 한다. 등기상 이해관계 있는 제3자라 함은 등기 기재의 형식상 그 신청한 등기로 인하여 손해를 입을 우려가 있는 등기명의인인 제3자를 말하고 양립할 수 없는 등기명의인은 이에 해당하지 않는다.[50]

나) 동산·채권담보등기의 등기상 이해관계 있는 제3자

동산·채권담보등기의 등기상 이해관계 있는 제3자라 함은 동산·채권담보등기 기재의 형식상 그 신청한 등기로 인하여 손해를 입을 우려가 있는 등기명의인을 말한다. 동산·채권담보등기는 동산·채권담보권의 설정, 이전, 변경, 말소 또는 연장에 대한 공시방법일 뿐 담보목적물의 소유권(채권담보에서는 진정한 채권자)이 담보권설정자에게 있음을 공시하지 않는다. 즉 동산담보권의 소유권과 채권담보권의 담보목적인 채권의 채권자를 공시하지 않는다. 따라서 저당목적물에 소유자가 저당권설정자임을 전제로 다른 권리를 등기한 경우(가압류 등) 또는 저당권에 질권을 설정할 수 있는 부동산등기의 경우와 달리 동산·채권담보등기는 담보권 외의 다른 권리는 등기할 수 있는 권리로 두고 있

---

49 대법원 2002. 2. 27.자 2000마7937 결정
50 실체관계상의 불이익 여부에 따라 결정된다는 견해, 제3자의 범위를 회복등기 시를 기준으로 하여 등기의 형식면에서 판단하되, 회복등기에 의하여 등기상 이와 양립할 수 없는 제3자와 회복등기의 의무자로서 지위를 승계한 것으로 인정되는 제3자는 여기에서 말하는 제3자에 해당하지 않는다는 견해가 있다(법원행정처, 부동산등기실무[Ⅱ], 98.).

지 않으므로(법 38조) '등기상 이해관계 있는 제3자'는 상정할 수 없다.

예를 들어, 압류 등 처분제한에 관한 등기가 있거나 질권 설정의 등기가 있는 경우가 대표적인 부기등기명의인이 등기상 이해관계 있는 제3자로 인정되는 경우에 해당한다.[51] 그러나 담보권의 처분제한이나 질권의 설정은 법에서 등기사항으로 규정하고 있지 않아 허용되지 않으므로(법 38조), 이러한 경우 등기상 이해관계 있는 제3자가 등기될 수 없다. 담보권이 피담보채권과 함께 이전하여 제3자 명의로 이전등기가 완료되었으나, 주등기가 원인무효임을 이유로 말소등기를 신청한 경우 담보권의 양수인인 제3자가 등기상 이해관계 있는 제3자에 해당하는 것인지 의문이 있을 수 있다. 그러나 이는 제3자 명의의 이전등기는 말소등기와 양립할 수 없는 등기로서 주등기를 말소하기에 앞서 말소의 대상이 될 뿐이고 그 등기명의인을 이해관계 있는 제3자로 보아 별도로 그 승낙을 받아야 하는 것은 아니다.[52]

동산·채권담보등기의 등기상 이해관계 있는 제3자와 구별해야할 개념으로 '이해관계인'과 '담보목적물에 관하여 권리를 가지는 자 또는 압류·가압류나 가처분의 채권자'가 있다. '이해관계인'이란 채무자 등과 담보목적물에 대한 권리자로서 담보등기부에 기록되어 있거나 그 권리를 증명한 자, 압류 및 가압류 채권자, 집행력 있는 정본에 의하여 배당을 요구한 채권자를 말한다(법 2조 10호). 법 제2조제10호의 이해관계인은 법 제23조, 제27조, 제30조, 제31조에 규정되어 있는바, 담보권실행절차에서 주로 문제된다. 반면 '담보목적물에 관하여 권리를 가지는 자 또는 압류·가압류나 가처분의 채권자'란 담보목적물에 대하여 질권, 양도담보권, 동산·채권담보권 등 권리를 가지고 있는 자나 압류·가압류나 가처분의 채권자를 말한다. 동산·채권담보등기의 경우 동일한 동산에 설정된 동산담보권의 순위는 등기의 순서에 따르면서도 동일한 동산에 관하여 담보등기부의 등기와 인도(민법에 규정된 간이인도, 점유개정, 목적물반환청구권의 양도를 포함한다)가 행하여진 경우에 그에 따른 권리 사이의 순위는 법률에 다른 규정이 없으면 그 선후에 따르도록 하여(법 7조) 등기를 점유와 동일한 공시방법으로 두고 있다. 1번 약정에 따라 동산담보등기가 설정된 담보

---

51 근저당권부 채권이 가압류되어 가압류기입등기가 완료되고 난 후 근저당권에 대해 말소등기를 신청한 경우 가압류권자는 등기상 이해관계 있는 제3자이다(대법원 2004. 5. 28. 선고, 2003다70041 판결).

52 대법원 2004. 2. 27. 선고 2003다35567 판결

목적물에 대해 인도(민법에 규정된 간이인도, 점유개정, 목적물반환청구권의 양도를 포함한다)에 의한 질권 또는 양도담보권이 설정된 경우가 이에 해당한다. 동산·채권담보권의 공시방법에 등기우선의 원칙을 도입하지 않고 「민법」에 따른 공시방법을 병존하였기 때문에 발생한 문제이다. 권리의 변경이나 경정의 등기를 할 때 '담보목적물에 관하여 권리를 가지는 자 또는 압류·가압류나 가처분의 채권자'에게 손해를 입힐 우려가 있는 경우에는 부기등기가 아니라 주등기로 해야한다(등기예규 1741호 9조 4항 2호).[53] 부기등기의 순위는 주등기에 의하므로 등기우선주의를 채택하지 않고, 점유와 공시방법을 병존함으로써 담보목적물에 권리를 가지는 자 등에게 불측의 손해를 방지하기 위해서이다(법 57조 부등법 5조).

구체적으로 채권최고액의 증액, 법 제10조 또는 제12조의 약정을 변경[54]하는 경우, 일부 말소 의미의 변경등기 후 잔존 채권액을 증액하는 경정 등은 부기등기로 하는 경우 담보목적물에 관하여 권리를 가지는 자 또는 압류·가압류나 가처분의 채권자에게 손해를 입힐 우려가 있으므로 주등기로 한다. 반면 채권최고액을 감액하는 경우나 채무자 변경하는 등은 부기등기로 할 수 있다.

---

53 이전에는 등기상 이해관계 있는 제3자의 승낙이 없는 경우에 하는 권리의 변경이나 경정의 등기는 부기등기로 할 수 있었으므로(구 등기예규 1705호 9조 4항) 등기부를 기준으로 등기상 이해관계 있는 제3자가 존재하지 않는 경우 승낙이 필요없는 경우로 보아 부기등기를 한 사례가 많으나, 부기등기의 순위는 주등기에 따르므로(법 57조, 부등법 5조) 「민법」에 의한 공시방법을 갖춘 질권 또는 양도담보권자에게 불측의 손해를 줄 수 있는 위험이 있었다. 이로 인해 구체적인 배당절차에서 배당이의 소 등을 통해 정리될 수밖에 없어서 불필요한 분쟁발생과 실체관계와 공시의 불일치라는 문제가 있었다. 이후 위 예규를 개정하여 '담보목적물에 이해관계 있는 제3자에게 손해를 입힐 수 있는 경우에 하는 권리의 변경이나 경정의 등기'는 주등기로 하도록 하였다.
54 법 제10조 또는 제12조의 약정을 하였다가 이를 추후에 삭제하는 내용의 변경등기를 하는 경우 담보권의 효력 확장 또는 피담보채권의 범위가 넓어지므로 담보목적물에 권리를 가지는 자 또는 압류·가압류 또는 가처분의 채권자에게 손해를 입힐 우려가 있다.

■ 등기상 이해관계 있는 제3자의 개념 비교

1. 부동산등기

물적 편성주의를 취하는 부동산등기는 소유권, 지상권, 지역권, 전세권, 저당권, 권리질권, 채권담보권, 임차권에 대한 보존, 이전, 설정, 변경, 처분의 제한 또는 소멸에 대해 등기할 수 있고(부등법 3조) 소유권에 관한 사항을 기록하는 갑구, 소유권 외의 권리에 관한 사항을 기록하는 을구를 두고 있다(부등법 15조). 을구에 근저당권설정등기, 갑구에 체납처분에 의한 압류등기가 순차로 경료된 후에 근저당권의 채권최고액을 증액하는 경우, 그 변경등기를 부기등기로 실행하게 되면 을구의 근저당권변경등기가 갑구의 체납처분에 의한 압류등기보다 권리의 순위에 있어 우선하게 되므로, 갑구의 체납처분에 의한 압류등기의 권리자(처분청)는 을구의 근저당권변경등기에 대하여 등기상 이해관계 있는 제3자에 해당한다(등기선례 제9−312호). 이는 부동산등기가 소유권과 소유권 외의 권리를 공시하는 등기이므로 등기상 이해관계여부를 갑구와 을구를 비교하며 등기 기재의 형식상 손해여부를 판단할 수 있기 때문이다.

2. 동산 · 채권담보등기

인적 편성주의를 취하는 동산 · 채권담보등기는 담보목적물의 소유권(동산담보등기의 경우)이나 채권자(채권담보등기의 경우)를 공시하는 등기가 아니고 담보권의 설정, 이전, 변경, 말소 또는 연장에 관하여만 공시한다(법 38조). 따라서 부동산등기의 경우와 달리 동산 · 채권담보등기상 이해관계 있는 제3자란 등기를 통해 공시되는 권리인 담보권 자체에 대해 이해관계를 가진 자로 봐야 한다. 하나의 등기기록에 대해 복수의 동산 · 채권담보설정등기가 있고 그 담보목적물이 동일하더라도 선순위 동산 · 채권담보권자의 채권최고액을 변경하는 경우 후순위 동산 · 채권담보권자는 등기상 이해관계있는 제3자에 해당하지 않는다. 왜냐하면 동산담보등기부는 별도의 담보목적물부를 두고 있지만 이는 부동산등기처럼 해당 목적물의 소유자가 누구인지를 공시하지 않고 담보권의 내용을 이루고 있을 뿐이기 때문이다. 동일한 담보권설정자에 대해 동일한 담보목적물을 표시하여 후순위 담보등기를 한 경우 그 등기기록은 담보권설정자에 대해 수 개의 담보권이 있다는 사실만 공시한다.

동일한 담보권설정자와 동일한 담보목적물에 대한 담보권 설정을 의도하였다고 하더라도 등기부만으로는 그 담보목적물이 다른 담보권의 목적물과 동일한 담보목적물인지를 확인할 수 없다(기재방식이 다양할 수 있으므로). 동일한 담보목적물에 대한 이해관계를 맺은 자를 등기기록 자체로 확인할 수 없다. 즉 등기기록은 담보목적물의 권리관계를 공시하지 않기 때문에 각 담보권자가 동일한 담보목적물에 대한 담보권자인지는 실체관계에서(배당이의의 소 등을 통해) 밝혀져야 할 문제이다. 이러한 문제는 담보등기의 기재방식에 대해 부동산등기와 구조적 유사성에 의한 오해로 인해 발생한 문제이다.

다) 등기상 이해관계 있는 제3자의 동의서 첨부요부

등기상 이해관계 있는 제3자가 있는 경우 그의 승낙 또는 동의를 증명하는 정보는 부동산등기에서 필요한 첨부서면으로 요구되고 있다. 부기등기의 순위는 주등기에 따르므로(부등법 5조) 권리의 변경이나 경정등기의 경우 부기등기를 하게 되면 등기상 이해관계인에게 불측의 손해를 줄 수 있다. 따라서 「부동산등기법」은 원칙적으로 권리의 변경이나 경정등기의 경우 주등기로 하되 그의 동의가 있으면 부기등기로 할 수 있게 규정하였다(부등법 52조). 「부동산등기규칙」에서는 등기상 이해관계 있는 제3자의 승낙이 필요한 경우에는 이를 증명하는 정보 또는 이에 대항할 수 있는 재판이 있음을 증명하는 정보를 첨부정보로 규정하였다(부등규 46조 1항[55]). 물적 편성주의를 채택하는 부동산등기의 경우 권리의 변동은 등기를 통해 공시되므로 등기부만으로 이해관계인을 확인할 수 있기 때문이다. 그러나 앞서 살펴봤듯이 동산 · 채권담보 등기에서는 등기상 이해관계 있는 제3자를 상정할 수 없다.

동산 · 채권담보등기 신청시 첨부하여야 할 서면으로 '등기상 이해관계 있는 제3자의 동의'에 관해 법과 규칙에서 그 근거를 찾을 수 없고, 개정전 「동산 · 채권의 담보등기에 관한 사무처리지침」(구 등기예규 1705호) 제9조제4항제2호에서 간접적으로 그 첨부가 필요한 듯 규정하고 있었다.[56] 이 때에는 등기

---

55 반면 「부동산등기규칙」 제46조제1항제3호는 '등기상 이해관계 있는 제3자의 승낙이 필요한 경우에는 이를 증명하는 정보 또는 이에 대항할 수 있는 재판이 있음을 증명하는 정보'를 신청정보와 함께 첨부정보로서 등기소에 제공하여야 한다고 명확하게 규정하고 있다.

56 개정전 구 등기예규 1705호 제9조 (등기의 경정 등)

상 이해관계 있는 제3자가 없으므로 등기상 이해관계 있는 제3자의 승낙이
필요한 경우가 아니라고 보아 채권최고액 증액 등을 내용으로 하는 권리의
변경등기도 부기등기로 된 경우가 있었다. 이후「동산·채권의 담보등기에 관
한 사무처리지침」(등기예규 1741호) 제9조제4항제2호가 "담보목적물에 관하여
권리를 가지는 자 또는 압류·가압류나 가처분의 채권자가 손해를 입을 우려
가 있는 권리의 변경이나 경정의 등기(채권액 또는 채권최고액 증액, 담보권 효력
이나 피담보채권의 범위를 확장하는 경우 등)"라고 개정되어 이제는 더 이상 등기
상 이해관계 있는 제3자의 존재를 전제로 하는 그의 승낙 또는 동의서는 첨
부서면이 아니다.

〈신청유형별 필요 첨부서면 정리〉

	설정		이전	변경	말소	연장	표시변경
	최초	추가					
신청서	○	○	○	○	○	○	○
등기원인증명서면	○	○	○	○	○	○	○
등기원인에 대한 제3자의 허가 등	필요시						
위임장	대리인 신청시						
등기의무자[57] 사업자등록증명 (법인등기사항증명서)	○	–	–	–	–	–	–
주민등록표등·초본 등[58]	○	–	–	–	–	–	
등기권리자[60] 법인등기사항증명서, 주민등록표등·초본 등	○	○	○	–	–	–	필요시[59]
등기의무자의 (법인/개인)인감증명서	○	○	필요시[61]				–
등기의무자의 등기필정보(확인서면)[62]	–	○	○	○	○	○	○

①~② 생략
③ 등기명의인 표시의 변경이나 경정의 등기 및 권리의 변경이나 경정의 등기는 부기로 하여야 한다.
④ 제3항에도 불구하고 다음 각 호의 등기는 주등기로 한다.
  1. 담보권설정자 표시의 변경이나 경정의 등기
  2. 등기상 이해관계 있는 제3자의 승낙이 없는 경우에 하는 권리의 변경이나 경정의 등기

바. 등기신청과 관련된 의무사항

동산 채권 담보등기를 신청하기 위하여는 다른 법률에서 정한 의무를 이행해야 한다. 등기신청에 필요한 서면으로 법 제43조에 열거되어 있지 않지만, 각하사유로 정한 다른 법률에 따라 부관된 의무의 이행 여부를 확인하기 위하여 영수증 등을 신청서에 첨부하여야 한다(법 46조 9호). 취득세나 등록면허세, 인지세, 국민주택채권, 등기신청수수료 등이 대표적인 부동산등기신청시 이행해야 하는 의무사항이나 동산 · 채권담보등기의 경우 등록면허세와 등기신청수수료만 납부하면 된다.

등기관이 등기신청서를 조사할 때에는, ① 취득세(등록면허세) 영수필확인서[시 · 군 · 구작성의 전산처리된 용지(OCR고지서)이어야 함. 다만, 지방세인터넷납부시스템(WETAX 또는 ETAX)을 이용하여 납부한 후 출력한 납부서 또는 대법원 인터넷등기소의 정액등록면허세납부서 작성기능을 이용해 작성한 정액등록면허세납부서에 의한 것도 가능]의 첨부 여부와 그 납세명세, ② 당해 등기신청에 대한 신청수수료액과 그에 해당하는 금액의 영수필확인서가 첨부되어 있는지 여부 등을 반드시 조사 · 확인하여야 한다(등기예규 1566호 1.).

1) 등록면허세

지방세법 제24조 제1호에 의해 등록(등기)를 하는 자가 납세의무자가 된다. 따라서 설정등기의 경우 권리자로 등기되는 담보권자, 이전등기의 경우 담보권을 이전받는 자, 말소등기의 경우 담보권설정자가 납세의무자가 된다.

동산 · 채권담보권 설정 또는 이전 등기는 채권금액의 1천분의 1을, 그 밖의 등기(변경, 말소, 연장)는 건당 9천원을 납부하여야 하고, 등록면허세액의 100분의 20에 해당하는 지방교육세를 납부하여야 한다(지방세법 28조 1항 5호의2, 151조). 채권액 또는 채권최고액을 증액하는 변경등기를 하는 경우에는 증액하는 분에 대해 1천분의 1을 납부하여야 한다(등기선례 제7-526호).

---

57 최초 설정하는 경우에만 제출함
58 외국인의 부동산등기용등록번호 등록증명서 등 포함
59 표시변경의 주된 등기원인이 주소,개명 등인 경우이므로 이때에는 주소증명서면으로서가 아니라 등기원인증명서면으로서 주민등록표등 · 초본이나 기본증명서 첨부된다.
60 권리 취득의 등기를 하는 경우만 말한다.
61 등기필정보를 제출할 수 없는 경우에 인감증명서를 확인서면과 함께 제출한다.
62 등기권리자와 등기의무자가 공동으로 신청하는 경우 및 승소한 등기의무자가 단독으로 등기를 신청하는 경우에 등기의무자의 등기필정보. 다만 최초 담보권설정등기의 경우에는 제공하지 아니한다.

2) 등기신청수수료

담보권의 설정 및 이전등기 신청 수수료는 '매 건마다' 15,000원으로 한다. 이 외의 나머지 동산·채권담보등기의 신청수수료는 '매 건마다' 3,000원으로 한다. 다만, 담보권설정자표시의 변경 및 경정등기, 행정구역·지번의 변경, 주민등록번호(또는 부동산등기용등록번호)의 정정을 원인으로 한 등기명의인표시변경 또는 경정등기, 등기관의 과오로 인한 등기의 착오 또는 유루를 원인으로 하는 경정등기는 그 신청수수료를 받지 아니한다(수수료규칙 5조의2, 5조의4 1항)

담보권의 설정 및 이전등기를 전자신청에 의한 경우 '매 건마다' 10,000원, 전자표준양식(e-form)에 의한 경우 '매 건마다' 13,000원을, 그 밖의 등기를 전자신청에 의한 경우 '매 건마다' 1,000원, 전자표준양식(e-form)에 의한 경우 '매 건마다' 2,000원을 납부하여야 한다(수수료규칙 5조의5 6항).

동산·채권담보등기의 담보등기 신청 시 하나의 담보권설정등기를 신청하면서 담보목적물이 수 개인 경우 담보목적물의 개수로 산정하지 아니한다. '매 건마다' 수수료를 산정하기 때문에 하나의 담보권설정자에 대한 수 개의 담보목적물을 목적으로 한 담보권설정등기는 하나의 담보권신청 사건에 해당하기 때문이다(등기예규 1733호 4.가. 및 4의2.라.).

	서면신청	전자표준양식	전자신청
담보권 설정 및 이전	15,000원	13,000원	10,000원
그 밖의 등기	3,000원	2,000원	1,000원

5   등기실행절차

가. 신청서의 접수

등기신청은 등기의 목적, 신청인의 성명 또는 명칭, 그 밖에 대법원규칙으로 정하는 등기신청정보가 전산정보처리조직에 전자적으로 기록된 때에 접수된 것으로 본다(법 45조 1항). 등기신청서를 받은 등기관은 전산정보처리조직에 접수시각, 접수번호, 등기의 목적, 등기고유번호(최초로 담보권설정등기를 하는 경우에는 제외한다), 등기일련번호(담보권설정등기와 담보권설정자 표시의 변경 또는

경정의 등기는 제외한다), 신청인의 성명 또는 명칭, 등기신청수수료, 등록면허
세액을 입력한 후 신청서에 접수번호표를 붙여야 한다(등기예규 1741호 4조 1
항). 담보등기 신청서의 접수에 관하여는 성질에 반하지 않는 한「전자신청 등
기소의 등기신청서 접수에 관한 업무처리지침」을 준용한다(등기예규 1741호 4
조 2항). 등기관이 등기를 마친 경우 그 등기는 접수한 때부터 효력을 발생한
다(법 45조 2항).

전자신청 등기소의 등기신청서 접수에 관한 업무처리지침

1. 목적

이 예규는 법원행정처장이 전산정보처리조직을 이용한 등기신청(이하 "전
자신청"이라 한다)을 할 수 있는 등기소로 지정한 등기소(이하 "전자신청 등
기소"라 한다)의 접수업무처리절차에 관하여 규정함을 목적으로 한다.

2. 접수창구의 복수화

가. 전자신청 등기소장은 접수되는 사건 수를 고려하여 접수창구를 다음 각 호
의 창구로 복수화 할 수 있다.

(1) 즉시접수 창구 : 접수담당자가 신청서를 제출받는 즉시 접수절차를
진행하여야하며 신청인은 접수절차가 완료될 때까지 등기소에 출석하고
있어야 하는 창구를 말한다. 단, 관공서 촉탁 사건의 경우에는 아래 3. 다.
의 절차에 따른다.

(2) 당일접수 창구 : 접수담당자가 신청서를 제출받은 당일 이내에 접수
절차를 완료하면 되고, 신청인이 접수절차가 완료될 때까지 등기소에 출
석하고 있을 필요가 없는 창구를 말한다.

나. 접수창구가 복수화된 경우 신청인은 즉시접수 창구와 당일접수 창구를 선택
하여 접수하여야 하고 신청서에 그 표시를 하여야 한다.

3. 즉시접수 창구에 신청서를 제출하는 절차

신청인이 즉시접수 창구를 이용하여 신청서를 제출하고자 하는 경우에는
아래의 절차에 따라야 한다.

가. 신청인은 등기신청서를 접수담당자에게 제출하기 전에 순번대기표를 발급

받아야 하며(순번대기표는 동일한 사람이 2매 이상 연속하여 발급받을 수 없다), 순번대기표에 기재된 번호가 호명되거나 전광램프 등에 표시된 때 신청서를 접수담당자에게 제출한다.

나. 신청인이 일과시간 종료 후에 등기소에 도착한 때에는 위 가.의 순번대기표를 발급받을 수 없다. 또한, 신청인은 등기신청서 없이 순번대기표만을 미리 발급받을 수 없으며, 접수담당자가 이를 발견하였을 때에는 그 순번대기표를 무효화하고 다음 순번의 대기표를 발급받은 신청인의 신청서를 제출받아야 한다.

다. 관공서의 등기촉탁의 경우에는 우편집배원 등 그 촉탁서를 가져온 사람이 순번대기표를 발급받아 순번대기표와 촉탁서를 접수담당자에게 제출하고(접수절차 완료시까지 대기할 필요 없음), 접수담당자는 순번대기표의 순서에 따라 접수절차를 진행한다.

4. 법무사 또는 변호사가 다량 또는 대량사건을 즉시접수 창구를 이용하여 신청서를 제출하는 경우

가. 접수의 조기화

법무사 또는 변호사(이하 "법무사 등"이라 한다)가 동시에 50건 이상의 사건을 즉시접수 창구를 이용하여 신청하고자 할 경우에는 특별한 사정이 없는 한 당일 14:00 이전에 순번대기표를 발급받아야 한다.

나. e-Form신청의 권장

전자신청 등기소장은 법무사 등이 10개 이상의 부동산에 관한 신청을 하거나 10건 이상의 신청을 하는 경우에는 e-Form신청을 하도록 권고 또는 지도하여 접수창구의 혼란을 방지하는데 주의를 기울여야 한다.

5. 접수

가. 전자신청의 경우 접수절차가 전산정보처리조직에 의하여 자동으로 처리되므로 접수담당자가 별도로 접수절차를 진행하지 않는다.

나. 일반신청

(1) 등기신청서를 제출받은 즉시(단, 당일접수 창구를 이용한 신청의 경우에는 신청서를 제출받은 당일 이내에) 접수담당자는 등기의 목적, 신청인의 성명 또는 명칭, 접수의 연월일, 부동산의 소재와 지번 또는 건물번

호, 건물명칭, 등록세, 등기신청수수료, 국민주택채권에 관한 사항 등 기타 필요한 사항을 전산정보처리조직에 입력한 후 전산정보처리조직에서 자동적으로 생성된 접수번호표를 신청서의 첫 번째 좌측 상단 접수란에 붙인다. 단, 접수업무의 신속한 처리를 위한 사정이 있는 경우에는 부동산 표시에 관한 사항만 입력한 채 접수번호표를 생성하여 신청서에 붙일 수 있다.

(2) 다만 위 (1) 의 규정에 불구하고 동시에 100개 이상 또는 100건 이상의 집합건물에 관한 등기신청사건이 제출된 경우에는 당해 부동산의 표시에 관한 사항 중 소재, 지번만을 전산정보처리조직에 입력하고, 나머지 사항에 대하여는 추후에 입력한 후 접수번호표를 생성하여 신청서에 붙일 수 있다. 이 경우에는 당해 부동산의 소재, 지번만에 관한 정보가 전산정보처리조직에 전자적으로 기록되는 때에 그 등기신청서가 접수된 것으로 본다.

(3) 접수번호표 생성 기계의 고장 등으로 인하여 접수번호표가 생성되지 않는 경우에는 전산정보처리조직에 기록된 접수번호를 신청서에 수기로 기재하고, 접수번호표는 나중에 생성하여 붙인다.

(4) 전자신청 등기과·소장은 접수담당자의 업무량이 과다할 경우 등기소의 다른 직원을 접수장정보 입력담당자로 일시 지정하여 접수업무를 보조하게 할 수 있다.

다. e-Form신청

(1) e-Form신청서를 제출받은 접수공무원은 전산정보처리조직에 e-Form 신청서의 신청번호를 입력하거나 바코드리더기를 사용하여 신청서의 바코드를 읽는 방법으로 신청정보를 입력한다. e-Form신청서에 접수번호표를 붙이는 방법은 일반신청과 같다.

(2) 신청인이 e-Form신청서를 수기에 의하여 정정한 경우에는 신청서를 접수담당자에게 제출할 때 그 사실을 고지하여야 한다.

라. 촉탁서가 동시에 등기소에 도착한 경우의 접수

(1) 동일한 부동산에 관하여 2개 이상의 촉탁서가 등기소에 동시에 도착한 경우에는 가장 먼저 접수된 사건의 접수번호를 각각의 촉탁서에 부여한다.

(2) 위 (1) 의 경우에 접수번호가 다르게 부여된 사실을 등기관이 발견한 때에는 나중의 접수번호를 취소하고 먼저 접수된 사건의 접수번호를 부여한다.

(3) 위 (2) 의 경우에 취소된 접수번호는 공란으로 처리하고 그 사유를 전산정보처리조직에 기록한다.

마. 연건 신청의 접수

신청인이 동일부동산에 관하여 수건의 등기신청을 하면서 신청서에 연건임을 표시한 경우에는 먼저 접수된 사건의 부동산식별정보가 전산정보처리조직에 저장된 때에 연건의 접수번호(먼저 접수된 사건의 다음 번호)도 함께 출력하여 먼저 접수된 사건과 연건의 신청서에 순서대로 붙인다.

6. 접수장 기록

전자신청 사건을 접수한 때에는 등기신청서접수장에 전자신청 사건이라는 취지를 기록하여야 한다.

부 칙

이 예규는 2006. 6. 1.부터 시행한다.

부 칙(2006. 11. 15. 제1154호)

이 예규는 2006. 12. 1.부터 시행한다.

나. 신청사항의 기입

기입이란 신청된 등기사항을 등기기록(등기시스템)에 입력하여 등기가 완료될 수 있는 상태로 만드는 것을 말한다.[63] 일반적으로 접수된 순서대로 기입하지만, 후순위 사건을 먼저 기입하더라도 접수번호가 달라지는 것은 아니므로 후순위 사건을 먼저 기입할 수도 있다. 다만 선순위 사건을 처리하지 않으면 원칙적으로 후순위 사건을 처리할 수 없다.[64] 기입은 등기신청사건의 처리를 위하여 등기공무원(실무적으로 기입을 담당하는 실무관 등)이 하지만, 전자표준양식(e-form)에 의한 신청 또는 전자신청에 의한 경우 기입이 신청인에 의해 이미 완료된 채로 신청이 이루어진다.

---

63 정호경 외 공저, 등기관 처분에 대한 이의절차 개선 연구, 사법정책연구원, (2012), 12면
64 복잡한 사건 등의 이유로 실무상 후순위 사건을 먼저 처리할 수는 있으나, 접수순서가 바뀌는 것은 아니다.

다. 신청서의 조사 및 교합

1) 등기관의 심사권

신청서가 접수된 때에는 등기관은 지체 없이 신청에 관한 모든 사항을 조사하여야 한다(규칙 32조 1항). 등기는 실체관계에 부합하도록 하기 위하여 등기관의 조사를 거쳐야 한다. 여기에는 형식적 심사주의와 실질적 심사주의 두 가지 입법주의 있으나 우리 등기는 「상업등기법」 제26조 및 「부동산등기법」 제29조를 근거로 형식적 심사주의를 취하고 있다고 본다.[65] 판례[66]는 "원칙적으로 등기관은 등기신청에 대하여 「부동산등기법」상 그 등기신청에 필요한 서면이 제출되었는지 여부 및 제출된 서면이 형식적으로 진정한 것인지 여부 등 그 등기신청이 신청서 및 그 첨부서면과 등기부에 의하여 등기요건에 합당한지 여부를 심사할 형식적 심사권한밖에 없고, 실체법상의 권리관계와 일치하는지 여부를 심사할 실질적 심사권한은 없다"고 하여 형식적 심사주의 입장이다.

동산·채권담보등기도 「상업등기법」 및 「부동산등기법」과 마찬가지로 법 제46조에서 실체법상 권리관계의 존부가 아닌 형식상 사유를 각하사유로 열거하는 등 형식적 심사주의를 채택하고 있다.

2) 등기관의 심사 기준시

판례[67]는 "등기공무원이 「부동산등기법」 제55조에 의하여 등기신청서류에 대한 심사를 하는 경우 심사의 기준시는 바로 등기부에 기재(등기의 실행)하려고 하는 때인 것이지 등기신청서류의 제출시가 아니다"라고 한다. 등기관은 부족한 서류에 대해 보정을 한 경우 이를 고려하여 등기부에 기재하려고 하는 때 각하할 것인지를 판단하여야 한다. 그러므로 등기관은 등기신청서류가 법 제46조에 따라 각하사유가 있는 경우에도 보정명령을 통해 당사자가 보정을 하였다면 등기관의 심사 기준시에 등기요건이 갖추어진 경우로서 등기를 실행할 수 있다.

---

65 법원행정처, 부동산등기실무[Ⅰ], 150면; 법원행정처, 상업등기실무[Ⅰ], (2017), 275면
66 대법원 2010. 4. 15.자 2007마327 결정; 대법원 2010. 3. 18.자 2006마571 전원합의체 결정; 대법원 2008. 3. 27.자 2006마920 결정 등 다수
67 대법원 1989. 5. 29.자 87마820 결정

라. 등기신청의 취하 · 보정 · 각하

1) 취하

취하란 신청서를 통해 제출한 등기신청의 의사표시가 등기관이 등기를 마치기 전에 철회하는 등기소에 대한 의사표시를 말한다. 신청인이 취하를 할 수 있으므로 공동신청을 한 경우 등기권리자와 등기의무자 공동으로 취하를 하거나 그들로부터 취하권한을 위임받은 대리인이 취하를 해야 한다.

등기신청의 취하는 등기관이 등기를 마치기 전까지 할 수 있다. 방문신청의 경우 신청인 또는 그 대리인이 등기소에 출석하여 취하서를 제출하는 방법으로, 전자신청의 경우 전산정보처리조직을 이용하여 취하정보를 전자문서로 등기소에 송신하는 방법으로 취하를 하여야 한다(규칙 31조).

2) 보정

보정이란 등기신청서류에 흠결이 있어 법 제46조에 따른 각하사유에 해당되는 경우 그 흠결을 보완하는 행위를 말한다. 등기관은 법 제46조 단서의 보정요구를 신청인에게 말로 하거나, 전화, 팩시밀리 또는 인터넷을 이용하여 할 수 있다(규칙 32조 2항). 보정은 당사자 본인이나 그 대리인이 등기소에 출석하여 한다.[68]

3) 각하

등기관은 각하사유가 있는 경우 이유를 적은 결정으로써 신청을 각하하여야 한다. 신청인이 당일 이를 보정하였을 때에는 각하할 수 없다(법 46조).

가) 각하사유

(1) 사건이 그 등기소의 관할이 아닌 경우(제1호)

관할이 아닌 등기소에 등기신청을 한 경우 이는 각하사유이다. 담보권설정자의 주소는 등기소가 가지고 있는 원천정보가 아니므로 등기기록에서 확인할 수 없는 경우가 발생한다. 따라서 등기관은 최초 담보권설정등기신청 또는 등

---

68 담보등기의 신청에 관하여는 이 예규에 특별한 규정이 있는 경우를 제외하고는 그 성질에 반하지 아니하는 범위에서 부동산등기에 관한 예규를 준용하므로(등기예규 1742호 14조), 「등기신청서의 제출 및 접수 등에 관한 예규」의 보정에 관한 내용(등기예규 1718호 6조)이 준용 된다.

기기록과 다른 담보권설정자의 현재 주소지를 관할하는 등기소에 등기신청시 주소증명서면을 조사하여 등기사무처리의 관할이 있는지를 살펴야 한다.

이미 담보권설정등기를 마친 담보권설정자가 등기기록상 주소지가 아닌 자신의 현재 주소지를 관할하는 등기소에 등기기록상 주소를 기재한 신청서를 제출한 경우에는 등기당사자인 담보권설정자의 주소가 등기기록상 주소와 상이하므로 제8호 사유(신청의 내용이 이미 담보등기부에 기록되어 있던 사항과 일치하지 아니한 경우)에도 해당한다. 만약 위 경우에 당사자가 주소증명서면을 제출하지 않았다면 정당한 관할을 알 수가 없으므로 제1호, 제8호 각하사유에 중첩적으로 해당할 수 있다.

(2) 사건이 등기할 것이 아닌 경우(제2호)

사건이 등기할 것이 아닌 때라 함은 주로 등기신청이 그 신청취지 자체에 의하여 법률상 허용할 수 없음이 명백한 경우를 말한다.[69] 등기사항으로 정해지지 않은 권리를 등기하는 경우 등이 이에 해당한다. 실무상 담보권부채권에 대해 압류촉탁이 들어오는 경우가 있는데 위 경우에 해당하므로 각하되고 있다.

(3) 권한이 없는 자가 신청한 경우(제3호)

등기신청할 권한이 있는 자는 등기권리자와 등기의무자이므로 등기 기재의 형식상 등기당사자가 아닌 자가 신청한 경우가 이에 해당한다. 법무사나 변호사 아닌 자가 당사자를 대리하여 등기신청하는 경우 등기신청을 업으로 하여 법무사법 또는 변호사법 위반이 될 지언정 당사자로부터 등기신청권한을 위임받았다면 위 사유로 각하를 할 수는 없다.

(4) 방문신청의 경우 당사자나 그 대리인이 출석하지 아니한 경우(제4호)

출석주의를 관철하기 위하여 방문신청한 경우 반드시 당사자나 대리인이 출석하도록 하고 있다.

(5) 신청서가 대법원규칙으로 정하는 방식에 맞지 아니한 경우(제5호)

대법원규칙 및 예규에서 신청서에 기재할 사항에 맞지 않게 기재한 경우가 이에 해당한다. 특히 등기예규 1742호 제5조제3항의 내용을 기재하지 않거나 방식에 맞지 않게 기재한 경우가 이에 해당할 수 있다.

---

69 대법원 1988. 2. 24.자 87마469 결정

(6) 신청서에 기록된 사항이 첨부서면과 들어맞지 아니한 경우(제6호)

신청서는 등기 기재를 요청하는 의사표시를 담은 서면이고 첨부서면은 이를 근거짓는 서면이다. 신청한 의사표시가 첨부서면에 의해 증명되지 않으면 신청서 내용은 일방적 주장에 불과하다.

(7) 신청서에 필요한 서면 등을 첨부하지 아니한 경우(제7호)

법령에서 첨부하도록 규정한 서면을 첨부하지 않은 경우 보정을 명할 수도 있으나 신청인이 당일 보정할 수 없다면 각하 사유가 된다.

(8) 신청의 내용이 이미 담보등기부에 기록되어 있던 사항과 일치하지 아니한 경우(제8호)

등기기록상 기재된 내용과 다른 내용을 신청서에 기재하여 등기신청한 경우가 이에 해당한다.

(9) 제44조에 따른 신청수수료를 내지 아니하거나 등기신청과 관련하여 다른 법률에 따라 부과된 의무를 이행하지 아니한 경우(제9호)

등기신청수수료, 취득세(등록면허세)를 납부하여야 함에도 불구하고 납부하지 않은 경우가 이에 해당한다.

나) 각하사유를 간과하고 한 등기의 효력

등기관이 등기를 마친 후 그 등기가 법 제46조제1호 또는 제2호에 해당된 것임을 발견하였을 때에는 등기권리자, 등기의무자와 등기상 이해관계 있는 제3자에게 1개월 이내의 기간을 정하여 그 기간에 이의를 진술하지 아니하면 등기를 말소한다는 뜻을 통지하고 그 기간 이내에 이의를 진술한 자가 없거나 이의를 각하한 경우에는 제1항의 등기를 직권으로 말소하여야 한다(등기예규 1741호 12조). 동산·채권담보등기의 경우도 부동산등기와 마찬가지로 법 제46조제3호 이하의 각하사유가 있는 등기가 마쳐진 경우에는 소송이 아닌 이의의 방법으로 말소를 구할 수 없다.[70]

---

70 각하사유 및 직권에 의한 등기 말소규정이 동산·채권담보등기와 동일한 부동산등기에 관한 사안에서 대법원은 "등기공무원이 등기신청인의 신청에 따라 그 등기절차를 완료한 적극적인 처분을 하였을 때에는 비록 그 처분이 부당한 것이었다 하더라도 부동산 등기법 제55조 제1호, 제2호에 해당하지 않는 한 소송으로 그 등기의 효력을 다투는 것은 별론으로 하고 동법 제178조에 의한 이의의 방법으로는 그 말소를 구할 수 없다(대법원 1988. 2. 24.자 87마469 결정)"고 하였다.

마. 등기완료 후의 절차

등기관은 등기를 마치면 등기필정보를 등기명의인이 된 신청인(최초로 담보권설정등기를 하는 경우에는 담보권설정자를 포함한다)에게, 법정대리인이 등기를 신청한 경우에는 그 법정대리인에게, 법인의 대표자나 지배인이 신청한 경우에는 그 대표자나 지배인에게 등기필정보를 통지한다(규칙 39조).

부동산등기와 달리 등기필정보를 등기권리자인 담보권자뿐만 아니라 등기의무자인 최초 담보권설정자에게도 제공한다. 이는 담보권설정자가 담보등기부를 개설한 후 추후 새로운 담보권을 설정하기 위하여는 등기필정보를 제출하여야 하기 때문이다.

〈담보권설정자에게 발급하는 등기필정보〉

별지 제30호 양식

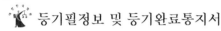

등기필정보 및 등기완료통지서

접수번호 :   대리인 :

담보권설정자 :
(법인)등록번호 :
주   소 :

등기고유번호 :

접 수 일 시 : 20 년 월 일 시 분 접 수 번 호 :
등 기 목 적 :
등기원인및일자 : 20 년 월 일

부착기준선 ┌

일련번호 : WTDI-UPRV-P6H1
비밀번호(기재순서 : 순번-비밀번호)

01-7952	11-7072	21-2009	31-8842	41-3168
02-5790	12-7320	22-5102	32-1924	42-7064
03-1568	13-9724	23-1903	33-1690	43-4443
04-8861	14-8752	24-5554	34-3155	44-6994
05-1205	15-8608	25-7023	35-9695	45-2263
06-8893	16-5164	26-3856	36-6031	46-2140
07-5311	17-1538	27-2339	37-8569	47-3151
08-3481	18-3188	28-8119	38-9800	48-5318
09-7450	19-7312	29-1505	39-6977	49-1314
10-1176	20-1396	30-3488	40-6557	50-6459

20 년 월 일

지방법원   지원   등기(과)소
등기관

✻ 등기필정보 사용방법 및 주의사항

◈ 보안스티커 안에는 다음 번 등기신청시에 필요한 일련번호와 50개의 비밀번호가 기재되어 있습니다.
◈ 등기신청시 보안스티커를 떼어내고 일련번호와 비밀번호 1개를 임의로 선택하여 해당 순번과 함께 신청서에 기재하면 종래의 등기필증을 첨부한 것과 동일한 효력이 있으며, 등기필정보 및 등기완료 통지서면 자체를 첨부하는 것이 아님에 유의하시기 바랍니다.
◈ 따라서 등기신청시 등기정보 및 등기완료통지서면을 거래상대방이나 대리인에게 줄 필요가 없고, 대리인에게 위임한 경우에는 일련번호와 비밀번호 50개 중 1개와 해당 순번만 알려주시면 됩니다.
◈ 만일 등기필정보의 비밀번호 등을 다른 사람이 안 경우에는 종래의 등기필증을 분실한 것과 마찬가지의 위험이 발생하므로 관리에 철저를 기하시기 바랍니다.

☞ 등기필정보 및 등기완료통지서는 분실시 재발급되지 않으므로 보관에 각별히 유의하시기 바랍니다.

〈담보권자에게 발급하는 등기필정보〉

별지 제31호 양식

등기필정보 및 등기완료통지서

접수번호 :   대리인 :

권 리 자 :
(법인)등록번호 :
주   소 :

담보권설정자 :
(법인)등록번호 :
등기고유번호 :   등기일련번호 :

접 수 일 시 : 20 년 월 일 시 분 접 수 번 호 :
등 기 목 적 :
등기원인및일자 : 20 년   월   일

부착기준선 ┌

일련번호 : WTDI-UPKV-P6H1
비밀번호(기재순서 : 순번-비밀번호)

01-7952	11-7072	21-2009	31-8842	41-3168
02-5790	12-7320	22-5102	32-1924	42-7064
03-1568	13-9724	23-1903	33-1690	43-4443
04-8861	14-8752	24-5554	34-3155	44-6994
05-1205	15-8608	25-7023	35-9695	45-2263
06-8893	16-5164	26-3856	36-6031	46-2140
07-5311	17-1538	27-2339	37-8569	47-3151
08-3481	18-3188	28-8119	38-9800	48-5318
09-7450	19-7312	29-1505	39-6977	49-1314
10-1176	20-1396	30-3488	40-6557	50-6459

20 년 월 일

지방법원   지원   등기(과)소
                등기관

※ 등기필정보 사용방법 및 주의사항

◆ 보안스티커 안에는 다음 번 등기신청시에 필요한 일련번호와 50개의 비밀번호가 기재되어 있습니다.
◆ 등기신청시 보안스티커를 떼어내고 일련번호와 비밀번호 1개를 임의로 선택하여 해당 순번과 함께 신청서에 기재하면 종래의 등기필증을 첨부한 것과 동일한 효력이 있으며, 등기필정보 및 등기완료 통지서면 자체를 첨부하는 것이 아님에 유의하시기 바랍니다.
◆ 따라서 등기신청시 등기필정보 및 등기완료통지서면을 거래상대방이나 대리인에게 줄 필요가 없고, 대리인에게 위임한 경우에는 일련번호와 비밀번호 50개 중 1개와 해당 순번만 알려주시면 됩니다.
◆ 만일 등기필정보의 비밀번호 등을 다른 사람이 안 경우에는 종래의 등기필증을 분실한 것과 마찬가지의 위험이 발생하므로 관리에 철저를 기하시기 바랍니다.

☞ 등기필정보 및 등기완료통지서는 **분실시 재발급되지 않으므로** 보관에 각별히 유의하시기 바랍니다.

6 등기의 공개

가. 등기사항증명서 발급

1) 등기사항증명서의 의의 및 종류

가) 의의

등기사항증명서란 하나의 담보약정에 따른 등기사항 전부 또는 일부를 증명하는 서면을 말한다. 누구든지 수수료를 내고 등기사항을 열람하거나 그 전부 또는 일부를 증명하는 서면의 발급을 청구할 수 있다(법 52조). 관념상 하나의 담보등기기록이란 하나의 담보권설정자별로 편제한 여러 담보약정에 따른 등기사항 전부를 포함하는 개념이지만, 편의를 위해 등기사항증명서는 담보약정별로 등기사항 전부 또는 일부를 증명하도록 증명서를 구성하였다.

등기사항증명서의 종류는 동산담보등기 및 채권담보등기별로 등기사항전부증명서(말소사항포함), 등기사항전부증명서(현재 유효사항), 등기사항일부증명서, 등기기록미개설증명서로 구분된다(규칙 23조). 동일한 담보권설정자로서 등기고유번호가 동일한 경우라도 동산등기부와 채권등기부는 별개이므로 등기사항증명서도 동산담보등기사항증명서와 채권담보등기사항증명서로 각각 발급할 수 있다.

나) 종류

규칙 제23조 및 「동산·채권 담보등기사항증명서의 열람·발급에 관한 업무처리지침」(등기예규 1743호) 제2조에서 규정하고 있다.

(1) 등기사항전부증명서(말소사항 포함)

하나의 담보약정에 따른 등기사항 전부를 증명하는 서면을 말한다. 폐쇄한 등기기록은 등기사항전부증명서(말소사항 포함)만 발급받을 수 있다.

(2) 등기사항전부증명서(현재 유효사항)

하나의 담보약정에 따른 등기사항 중 현재 유효한 사항만을 증명하는 서면을 말한다.

(3) 등기사항일부증명서

하나의 담보약정에 따른 등기사항 중 담보목적물에 관하여는 등기사항증명
서를 발급 받고자 하는 자가 신청한 특정한 담보목적물에 관한 사항만을 증명
하는 서면을 말한다. 주로 하나의 담보약정에 따른 등기사항 중 담보목적물이
여러 개인 경우 담보목적물을 선택하여 선택된 담보목적물이 모두 표시된 1건
의 증명서 또는 선택된 담보목적물 개별 표시된 각각의 증명서를 발급받을 때
사용한다.

〈등기사항일부증명서 발급신청화면(인터넷등기소)〉

열람대상 증명서 건수	○ 선택된 담보목적물이 모두 표시된 1건의 증명서 진행 ◉ 선택된 담보목적물이 개별 표시된 각각의 증명서 진행 → 담보목적물 100개까지만 선택 가능		
일련번호	-	동산구분	개별동산 ∨
동산종류		특성	검색
□	일련번호		
	조회내역이 존재하지 않습니다.		

● 열람대상목록　　　≫ ∨ ∧ ≪

□	일련번호
	조회내역이 존재하지 않습니다.

(4) 등기기록미개설증명서

법인 또는 「부가가치세법」에 따라 사업자등록을 한 사람에 대하여 등기기록
이 개설되어 있지 않음(담보권설정등기를 전부 말소하여 해당 등기기록을 폐쇄한 경
우를 포함한다)을 증명하는 서면을 말한다. 등기기록미개설증명서는 신청인이
입력한 정보를 바탕으로 등기시스템에 담보등기가 동일한 담보등기부가 있는
지를 확인하는 것에 불과하므로 등기기록미개설증명서가 담보권설정자의 존
재나 사업자등록 여부를 증명하진 않는다.

집행관은 유체동산 압류시에 채무자에 대하여 「동산 · 채권 등의 담보에 관
한 법률」 제2조제7호에 따른 담보등기가 있는지 여부를 담보등기부를 통하여
확인하여야 하고, 담보등기가 있는 경우에는 등기사항전부증명서(말소사항 포

함)를, 담보등기가 없는 경우에는 등기기록미개설증명서(다만, 등기기록미개설증
명서를 발급받을 수 없는 경우에는 이를 확인할 수 있는 자료)를 집행기록에 편철하
여야 한다(민집규 132조의2 1항). 등기기록미개설증명서는 현재 사업자등록정보
와 등기시스템이 연계되어 있지 아니하므로 등기기록미개설증명서를 발급받
으려는 대상에 대해 실시간으로 사업자등록을 한 사람인지를 확인할 수 없다.
따라서 자연인인 경우 사업자등록을 하였는지와 무관하게 담보등기를 하지 않
았다면 등기기록미개설증명서를 발급받을 수 있다. 그러나 법인의 경우 국내
에 영업소를 설치하지 않은 외국법인과 같이 등기시스템에 등록되지 않은 법
인은 담보등기를 개설하지 않은 경우라고 하더라도 등기기록미개설증명서를
발급받을 수 없다. 따라서 이런 경우에 집행관은 「민사집행규칙」 제132조의2
제1항의 '등기기록미개설증명서를 발급받을 수 없는 경우 이를 확인할 수 있
는 자료'를 첨부하여야 한다. 실무적으로 아래의 화면을 발급하여 제출하고 있
다. 다만 담보권설정자가 자연인인 경우는 아래와 같이 등기기록미개설증명서
를 발급할 수 없는 경우가 발생하지 않는다. 신청인이 입력한 성명과 주민등
록번호로 등기기록을 검색한 뒤 등기기록이 발견되지 않으면 등기기록미개설
증명서를 발급받을 수 있다.

〈법인등기부가 존재하지 않는 법인인 경우〉

〈등기사항증명서 예시〉

 등기사항전부증명서(말소사항 포함)
- 동산담보 -

등기고유번호 2022-000394   등기일련번호 000001

【 담 보 권 설 정 자 】 (담보권설정자에 관한 사항)				
표시번호	성 명	주민등록번호	주 소	등기원인 및 등기일자
1	홍길동	800606-*******	서울특별시 서초구 서초대로 1(서초동)	

【 담 보 권 】 (담보권에 관한 사항)				
순위번호	등 기 목 적	접 수	등 기 원 인	담 보 권 자 및 기 타 사 항
1	근담보권설정	2022년5월24일 10시43분 제342호	2022년5월23일 설정계약	채권최고액 금50,000,000원 존속기간 2022년 5월 24일부터 2027년 5월 23일까지 채무자 주식회사 갑을건설 　　서울특별시 관악구 신사로 1(신림동) 근담보권자 　　부자은행 주식회사 110111-0001234 　　서울특별시 종로구 세종대로 200(세종로) 　　주식회사 가나캐피털 110111-1012345 　　서울특별시 종로구 새문안로 10(당주동)

【 담 보 목 적 물 】 (담보목적물에 관한 사항)			
일련번호	동산의 종류	보관장소 / 특성	기타사항
1	집합동산 : 노트북컴퓨터	서울특별시 서초구 서초대로 10, 303호(서초동, 제일빌딩)	보관장소의 명칭 : 수도권물류센터

-- 이 하 여 백 --

관할등기소 서울중앙지방법원 등기국 / 발행등기소 서울중앙지방법원 등기국
수수료   1,200원 영수함

문서 하단의 바코드를 스캐너로 확인하거나, 인터넷등기소(http://www.iros.go.kr)의 **발급확인** 메뉴에서 **발급확인번호**를 입력
하여 위·변조 여부를 확인할 수 있습니다. **발급확인번호**를 통한 확인은 발행일부터 3개월까지 5회에 한하여 가능합니다.

발행번호 110220000D21222100A00000553M100S1126U020D302400414   발급확인번호 IKXI-3943-ALPP   발행일 2022/05/24

1/2

등기고유번호 2022-000304   등기일련번호 000001

이 증명서는 등기기록의 내용과 틀림없음을 증명합니다.
서기 2022년 5월 24일

법원행정처 등기정보중앙관리소   전산운영책임관

* 실선으로 그어진 부분은 말소사항을 표시함.

발행번호 110220000D21222100A00000553M100S1126U020D302400414   발급확인번호 IKXI-3943-ALPP   발행일 2022/05/24

등기사항전부증명서(말소사항 포함)
- 채권담보 -

등기고유번호 2022-000393   등기일련번호 000001

【 담 보 권 설 정 자 】 (담보권설정자에 관한 사항)				
표시번호	상호 / 명칭	법인등록번호	본점 / 주사무소	등기원인 및 등기일자
1	뉴욕제일은행 (NewYork First Bank Co., Ltd.)	110181-0041603	미합중국 뉴욕주 뉴욕시 월가 1 국내의 영업소 서울특별시 중구 을지로16길 5-10(인현동1가)(을지로지점)	

【 담 보 권 】 (담보권에 관한 사항)				
순위번호	등 기 목 적	접 수	등 기 원 인	담 보 권 자 및 기 타 사 항
1	근담보권설정	2022년5월24일 10시35분 제341호	2022년5월24일 설정계약	채권최고액 금50,000,000원 존속기간 2022년 5월 24일부터 2027년 5월 23일까지 채무자 주식회사 갑을건설 서울특별시 관악구 신사로 1(신림동) 근담보권자 부자은행 주식회사 110111-0001234 서울특별시 종로구 세종대로 200(세종로) (신림역지점)

【 담 보 목 적 물 】 (담보목적물에 관한 사항)				
일련번호	채권의 종류	채권의 발생원인 및 발생연월일	목적채권의 채권자 및 채무자	기타사항
1	동산매매 대금채권	2022년5월24일 완구류 판매계약	목적채권의 채권자 주식회사 갑을실업 서울특별시 서초구 서초대로 1(서초동) 목적채권의 채무자 가나다유통 주식회사 서울특별시 서초구 양재대로 200(양재동)	

-- 이 하 여 백 --

관할등기소 서울중앙지방법원 등기국 / 발행등기소 서울중앙지방법원 등기국
수수료 1,200원 영수함

문서 하단의 바코드를 스캐너로 확인하거나, 인터넷등기소(http://www.iros.go.kr)의 발급확인 메뉴에서 발급확인번호를 입력하여 위·변조 여부를 확인할 수 있습니다. 발급확인번호를 통한 확인은 발행일부터 3개월까지 5회에 한하여 가능합니다.

발행번호 110220000D21222100A00000540M100S2129U020D302409314   발급확인번호 IKXI-3935-ALPO   발행일 2022/05/24

1/2

등기고유번호 2022-000393   등기일련번호 000001

[참 고 사 항]
가. 이 증명서는 동산 또는 채권의 존재를 증명하지 않습니다.
나. 동산을 보관장소에 따라 특정하는 경우에는 같은 보관장소에 있는 같은 종류의 동산 전체가 담보목적물임을 나타냅니다.

이 증명서는 등기기록의 내용과 틀림없음을 증명합니다.
서기 2022년 5월 24일

법원행정처 등기정보중앙관리소   전산운영책임관

* 실선으로 그어진 부분은 말소사항을 표시함.

문서 하단의 바코드를 스캐너로 확인하거나, 인터넷등기소(http://www.iros.go.kr)의 발급확인 메뉴에서 발급확인번호를 입력
하여 위·변조 여부를 확인할 수 있습니다. 발급확인번호를 통한 확인은 발행일부터 3개월까지 5회에 한하여 가능합니다.

발행번호 110220000D21222100A00000540M100S2129U020D302409314   발급확인번호 IKXI-3935-ALPO   발행일 2022/05/24

〈발급 가능한 등기사항증명서의 종류〉

	발급가능한 등기사항증명서	비고
등기기록이 개설되어 있지 않은 경우	등기기록미개설증명서	
하나의 담보약정에 따른 등기사항이 유효한 경우	등기사항전부증명서(말소사항 포함) 등기사항전부증명서(현재 유효사항) 등기사항일부증명서	TEXT 등기기록의 경우에는 등기사항전부증명서(현재 유효사항)는 발급하지 않음
하나의 담보약정에 따른 등기사항 전부가 말소된 경우	등기사항전부증명서(말소사항 포함) 등기사항일부증명서	
담보권설정등기가 전부 말소되어 등기기록이 폐쇄된 경우	등기사항전부증명서(말소사항 포함) 등기기록미개설증명서	

등기예규 1743호 [별표 제1호]

2) 발급신청

등기소에 방문하여 발급하기 위하여는 발급신청서를 작성하여 제출하는 방법으로 등기사항증명서의 발급을 신청한다. 모든 담보권자에 대한 등기사항증명서를 신청하거나, 등기기록미개설증명서의 발급을 청구하는 경우에는 담보권자의 정보를 기재할 필요가 없다. 수수료는 담보권자의 수만큼(담보권자가 1인이라도 담보약정이 여러 개인 경우에는 그 수만큼) 납부하여야 한다. 등기소에 방문하여 신청서를 제출하는 방법 외에 무인발급기를 이용하여 등기사항증명서를 발급하거나 인터넷에 의해 발급을 신청할 수 있다. 담보권설정자가 법인인 경우 상호, 법인등록번호 또는 등기고유번호로, 담보권설정자가 사업자등록을 한 사람인 경우 성명, 주민등록번호 또는 등기고유번호를 입력하여 담보등기기록을 검색하고 발급할 담보약정을 선택하여 발급한다.

〈인터넷등기소를 통한 발급대상 법인의 담보약정 목록화면〉

• 관할등기소	서울중앙지방법원 등기국	▼
• 동산채권담보구분	동산	▼
• 발급통수	1 ▼ 통 • 상호 ▨▨철강	Q검색

- 두 자를 입력하면 검색어와 동일한 상호를 검색, 세 자 이상을 입력하면 검색어로 시작하는 상호를 모두 검색합니다.
- 상호등기를 한 사람은 성명과 생년월일로 찾기 메뉴에서 검색하기 바랍니다.
- 현재 등록된 결제대상을 보려면 결제대상 동산채권담보 목록보기를 누르세요.

◉ 발급할 담보약정을 선택하세요.(최대 10건까지 선택가능)

등기고유번호	2013-▨▨▨▨	폐쇄구분	현행등기부
담보권설정자의 표시	[동산] ▨▨ 株式會社(▨▨▨▨▨▨▨) ▨▨▨▨, ▨▨▨▨▨		

□	등기 일련번호	(근)담보권자	상태
□	000001	▨▨▨▨ 주식회사	유효
□	000002	▨▨▨▨ 주식회사	유효
□	000003	주식회사 ▨▨▨▨	유효
□	000004	▨▨▨▨ 주식회사	유효

3) 발급의 방법

등기사항증명서의 발급은 등기사항증명서의 종류를 명시하고, 등기기록의 내용과 다름이 없음을 증명하는 내용의 증명문을 기록하며, 발급연월일과 중앙관리소 전산운영책임관의 직명을 적은 후 전자이미지관인을 기록하여야 한다. 등기사항증명서가 여러 장으로 이루어진 경우에는 연속성을 확인할 수 있는 조치를 하여 발급한다. 등기신청이 접수된 경우에는 등기관이 그 등기를 마칠 때까지 등기사항증명서를 발급하지 못하지만, 등기신청사건이 접수되어 처리 중에 있다는 뜻을 등기사항증명서에 표시하여 발급할 수 있다(규칙 24조).

나. 등기기록, 신청서나 그 밖의 부속서류의 열람

1) 의의

등기기록이란 하나의 담보권설정자에 대한 등기정보자료이고(규칙 5조 2항), 부속서류는 등기신청에 필요하여 신청서에 첨부된 서류들을 말한다.

2) 열람의 방법

등기기록은 누구든지 수수료를 내고 열람할 수 있다(법 52조). 반면 신청서나 그 밖의 부속서류에 대해서는 이해관계가 있는 범위 내에서 열람을 신청할 수 있다(규칙 25조 3항).

3) 열람신청

열람신청서를 작성하여 제출하는 방법으로 등기기록 열람 신청을 한다. 등기소에 방문하여 신청서를 제출하는 방법 외에 인터넷에 의해 열람을 신청할 수 있다. 무인발급기로는 등기사항증명서의 발급만 가능할 뿐 등기기록의 열람은 허용되지 않는다. 반면 신청서나 그 밖의 부속서류를 열람하고자 하는 경우에는 신분증을 제시하고 법률상 이해관계가 있음을 소명하여야 한다(등기예규 1743호 9조 3항). 담보권설정자가 법인인 경우 상호, 법인등록번호 또는 등기고유번호로, 담보권설정자가 사업자등록을 한 사람인 경우 성명과 주민등록번호를 입력하여 담보등기기록을 검색하고 발급할 담보약정을 선택하여 발급한다.

4) 열람의 방법

가) 등기기록의 열람

등기기록의 열람은 등기기록에 기록된 등기사항을 전자적 방법으로 그 내용을 보게 하거나 그 내용을 기록한 서면을 교부하는 방법으로 한다. 다만, 서면을 교부하는 경우에는 등기사항증명서 양식이 아닌 다른 양식으로 교부할 수 있다(규칙 25조 1항). 신청인은 등기사항을 등기소에 비치된 컴퓨터의 화면을 보는 방법이나 등기사항증명서의 양식에 준하여 등기사항을 출력한 서면을 교부받는 방법에 의하여 등기기록을 열람할 수 있다. 열람을 위하여 출력하는 서면에는 열람용임을 표시하여야 하고, 신청사건이 접수된 경우에는 신청사건 처리중임을 같이 표시하여야 한다(등기예규 1743호 9조 2항).

나) 신청서나 그 밖의 부속서류의 열람

신청서나 그 밖의 부속서류는 법률상 이해관계인만이 이해관계가 있는 범위 내에서 열람할 수 있다. 등기관이 보는 앞에서 열람하여야 하나, 전자문서로 된 경우 전자적 방법으로 그 내용을 보거나 그 내용을 기록한 서면을 교부하는 방법으로 열람할 수 있다(규칙 25조).

법률상 이해관계인이 이해관계가 있는 범위를 소명하여야 한다(등기예규 1743호 9조 3항). 구체적인 사건에서 등기관이 판단하여야 한다. 법률상 이해관계인이란 당해 등기신청으로 인하여 법률상 어떠한 불이익을 받거나 받을 우려가 있는 자로서 등기상 이해관계 있는 제3자보다 넓은 개념이다.

다. 공시의 제한

등기사항증명서를 발급하거나 등기기록을 열람하게 할 때에는 등기기록에 기록된 담보권설정자 및 등기명의인의 표시에 관한 사항 중 주민등록번호 등 개인정보의 일부를 공시하지 아니할 수 있다(규칙 26조). 다만, 신청인이 주민등록번호를 제공하여 공개를 요청하는 경우(해당 주민등록번호) 또는 공용목적 (법인세 체납 등)으로 국가, 지방자치단체 등이나 재판상 목적으로 신청인이 등기소에 출석하여 등기사항증명서의 발급 신청을 하는 경우(신청인이 신청 목적과 이해관계가 있음을 소명한 담보권설정자 등에 한함)에는 공시를 제한하지 아니한다(등기예규 1743호 11조 2항).

7 등기관 처분에 대한 이의

가. 의의 및 요건

1) 의의

등기관의 결정 또는 처분에 이의가 있는 자는 관할 지방법원에 이의신청을 할 수 있다(법 53조 1항). 등기관의 결정 또는 처분은 등기사무를 처리하는 행정청으로서 등기관이 등기신청이란 구체적 사실에 대해 공권력 행사로서 외부에 대하여 직접적인 법적 효과를 발생시키는 공법상 단독행위에 해당하므로 사법행정처분에 해당한다. 사법행정사무의 특수성 때문에 법이 행정심판 또는 행정소송에 의하지 아니하고 이의신청 절차에 의해 해결하도록 이의신청제도 (법 53조)를 두었다.[71]

2) 요건

이의신청인이 등기관의 결정 또는 처분이 부당함을 이유로 관할 지방법원에 이의 신청을 하여야 한다(법 53조).

가) 이의신청인

등기관의 결정 또는 처분에 이의가 있는 자는 등기상 직접적인 이해관계가 있는 자에 제한된다.[72] 등기신청의 각하결정에 대하여는 등기신청인인 등기권리자 및 등기의무자에 한하여 이의신청을 할 수 있고, 제3자는 이의신청을 할 수 없다(등기예규 1689호 2조 1항).

나) 대상적격

등기관의 부당한 결정 또는 처분이다. 각하결정 뿐만 아니라 등기신청의 접수나 등기의 실행, 부속서류 열람 등과 같은 등기관이 하여야 하는 것으로 법령상 정해진 처분이 이에 해당한다.

다) 부당

행정법상 부당이란 재량권 행사를 그르친 행위로 위법하다고 평가할 수는 없으나 타당하다고 말할 수 없는 행위를 부당한 행위라고 한다. 부당은 재량행사에 관한 것이므로 기속행위에서는 문제가 발생할 여지가 없다. 등기관의 결정 또는 처분은 관할위반 등은 재량행위가 아닌 기속행위로 볼 여지가 있으므로 부당이 문제되지 않는 것처럼 보이지만, 다른 각하 사유들에 대해서는 이를 명확하게 구별할 수 없으므로 위법한 행위까지 포함하는 넓은 개념이라고 봐야 한다. 소극적 부당처분이란 등기관이 처분을 하여야 함에도 하지 않은 경우를 말하고, 적극적 부당처분이란 각하하여야 함에도 그 사유를 간과하고 등기한 경우를 말한다.

라) 관할 지방법원

이의신청사건의 관할은 지방법원에 있으나 이의신청서는 등기소에 제출하는 방식으로 한다.

---

71 「행정소송법」 제8조제1항, 「행정심판법」 제3조제1항의 "다른 법률에 특별한 규정이 있는 경우"에 해당한다.
72 대법원 1987. 3. 18.자 87마206 결정

나. 효력

이의신청에는 집행정지의 효력이 없다(법 53조 3항). 등기신청사건의 신속성을 고려하였으므로 「민사집행법」 제300조의 가처분에 관한 규정도 적용되지 않는다.

다. 이의에 대한 조치

이의신청 접수된 경우 등기관은 이의가 이유있다고 인정하면 그에 해당하는 처분을 하여야 한다(법 55조 1항). 각하결정이 부당하다고 인정한 때에는 그 등기를 실행하고, 완료된 등기에 대해 이의신청이 있어 그 이의가 이유있다고 인정하였다면 법 제46조제1호 또는 제2호에 해당하는 경우라면 등기예규 1741호 제12조의 절차에 따라 그 등기를 직권 말소한다.

등기관은 이의가 이유 없다고 인정하면 3일 이내에 의견서를 붙여 사건을 관할 지방법원에 송부하여야 한다. 등기를 완료한 후에 이의신청이 있는 경우 등기관은 제3자가 이의신청한 경우담보권설정자 및 담보권자에게, 담보권설정자 또는 담보권자가 이의신청한 경우 그 상대방에게, 이의신청 사실을 통지하고, 3일 이내에 의견서를 붙여 사건을 관할 지방법원에 송부하여야 한다.

등기관의 처분에 대한 이의신청절차 등에 관한 업무처리지침

제1조 (이의신청절차)
① 이의신청은 구술로는 할 수 없고 이의신청서를 당해 등기소에 제출하여야 한다.
② 이의신청서에는 이의신청인의 성명·주소, 이의신청의 대상인 등기관의 결정 또는 처분, 이의신청의 취지와 이유, 신청연월일, 관할지방법원 등의 표시를 기재하고 신청인이 기명날인 또는 서명하여야 한다.
③ 이의신청기간에는 제한이 없으므로 이의의 이익이 있는 한 언제라도 이의신청을 할 수 있다.
④ 새로운 사실에 의한 이의금지
등기관의 결정 또는 처분이 부당하다고 하여 이의신청을 하는 경우에는 그

결정 또는 처분시에 주장되거나 제출되지 아니한 사실   이나 증거방법으로
써 이의사유를 삼을 수 없다.

제2조 (이의신청인)

① 등기신청의 각하결정에 대하여는 등기신청인인 등기권리자 및 등기의
무자에 한하여 이의신청을 할 수 있고, 제3자는 이의신청을 할 수 없다.

② 등기를 실행한 처분에 대하여는 등기상 이해관계 있는 제3자가 그 처분
에 대한 이의신청을 할 수 있다. 그 이의신청을 할 수 있는지의 여부에 대한
구체적 예시는 아래와 같다.

1. 채권자가 채무자를 대위하여 경료한 등기가 채무자의 신청에 의하여
   말소된 경우에는 그 말소처분에 대하여 채권자는 등기상 이해관계인으
   로서 이의신청을 할 수 있다.
2. 상속인이 아닌 자는 상속등기가 위법하다 하여 이의신청을 할 수 없다.
3. 저당권설정자는 저당권의 양수인과 양도인 사이의 저당권이전의 부기
   등기에 대하여 이의신청을 할 수 없다.
4. 등기의 말소신청에 있어 「부동산등기법」 제57조 소정의 이해관계 있는
   제3자의 승낙서 등 서면이 첨부되어 있지 아니하였다는 사유는 제3자
   의 이해에 관련된 것이므로, 말소등기의무자는 말소처분에 대하여 이
   의신청을 할 수 있는 등기상 이해관계인에 해당되지 아니하여 이의신
   청을 할 수 없다.

제3조 (이의사유)

① 등기신청의 각하결정에 대한 이의신청의 경우

등기관의 각하결정이 부당하다는 사유면 족하고 그 이의사유에 특   별한
제한은 없다.

② 등기신청을 수리하여 완료된 등기에 대한 이의신청의 경우

등기신청이 「부동산등기법」 제29조 각호에 해당되어 이를 각하하여야 함
에도 등기관이 각하하지 아니하고 등기를 실행한 경우에는 그 등기가 「부동
산등기법」 제29조제1호, 제2호에 해당하는 경우에 한하여 이의신청을 할 수
있고, 동법 제29조제3호 이하의 사유로는 이의신청의 방법으로 그 등기의 말
소를 구할 수 없다.

제4조 (이의신청이 있는 경우 등기관의 조치)

① 등기신청의 각하결정에 대한 이의신청이 있는 경우

1. 이의가 이유 없다고 인정한 경우

이의신청서가 접수된 날로부터 3일 이내에 의견서를 첨부하여 사건을 관할지방법원에 송부하여야 한다.

2. 이의가 이유 있다고 인정한 경우

등기신청을 각하한 결정이 부당하다고 인정한 때에는 그 등기신청에 의한 등기를 실행한다.

② 등기신청을 수리하여 완료된 등기에 대한 이의신청이 있는 경우

1. 이의가 이유 없다고 인정한 경우

그 등기에 대하여 이의신청이 있다는 사실을 등기상 이해관계인에게 통지하고, 이의신청서가 접수된 날로부터 3일 이내에 의견서를 첨부하여 사건을 관할지방법원에 송부하여야 한다.

2. 이의가 이유 있다고 인정한 경우

이의신청의 대상이 되는 등기가 「부동산등기법」 제29조제1호 또는 제2호에 해당하여 이의가 이유 있다고 인정한 경우에는 동법 제58조의 절차를 거쳐 그 등기를 직권말소한다.

다만, 완료된 등기에 대하여는 「부동산등기법」 제29조제3호 이하의 사유를 이의사유로 삼을 수는 없는 것이어서, 동법 제29조제3호 이하의 사유에 기한 이의신청은 그 사유가 인정된다 하더라도 결국 그 이의가 이유가 없는 경우에 해당하므로, 이 경우에는 위 제1호의 예에 따라 사건을 관할법원에 송부하여야 한다.

제5조 (관할지방법원의 재판의 고지 등)

① 이의신청을 인용한 경우

관할지방법원은 이의가 이유 있다고 인정하여 등기관에게 그에 해당하는 처분을 명하였을 때에는 그 결정등본을 등기관과 이의신청인 및 등기상 이해관계인에게 송달한다.

② 이의신청을 기각(각하 포함)한 경우

관할지방법원은 이의신청을 기각(각하 포함)하였을 때에는 그 결정등본을 등기관과 이의신청인에게 송달한다.

③ 이의신청이 취하된 경우
이의신청이 취하된 경우에는 취하서 부본을 등기관에게 송달한다.

제6조 (관할지방법원의 기록명령이나 가등기 또는 부기등기명령에 의한 등기)
① 등기절차
 1. 등기관의 처분에 대한 이의신청에 대하여 관할지방법원(항고법원 포함, 이하 관할지방법원이라 한다)이 결정전에 가등기 또는 이의가 있다는 취지의 부기등기를 명하거나 이의신청을 인용하여 일정한 등기를 명한 경우 등기관은 그 명령에 따른 등기를 하여야 한다.
 2. 이 경우 관할지방법원의 등기명령의 결정등본은 접수연월일과 접수번호를 부여하여 등기사건접수장에 기재하고, 위 결정등본을 신청서 기타부속서류편철장에 편철한다.
 3. 관할지방법원의 (가)등기기록명령에 의한 등기를 하는 때에는 「○년 ○월 ○일 ○○지방법원의 명에 의하여 (가)등기」라고 기록하여 명령을 한 법원, 명령의 연월일, 명령에 의하여 등기를 한다는 뜻을 기록하여야 한다.
 4. 관할지방법원의 부기등기 기록명령에 의한 등기를 하는 때에는 등기원인을 「○년 ○월 ○일 ○○지방법원의 명령」으로 하고 이의신청인의 성명과 주소를 기록하여야 하며 기록례는 별지1과 같다.
② 기록명령에 따른 등기를 할 수 없는 경우
 1. 등기신청의 각하결정에 대한 이의신청에 따라 관할 지방법원이 그 등기의 기록명령을 하였더라도 다음 각 호의 어느 하나에 해당하는 경우에는 그 기록명령에 따른 등기를 할 수 없다.
 가. 권리이전등기의 기록명령이 있었으나, 그 기록명령에 따른 등기전에 제3자 명의로 권리이전등기가 되어 있는 경우
 나. 지상권·지역권·전세권·임차권설정등기의 기록명령이 있었으나, 그 기록명령에 따른 등기전에 동일한 부분에 지상권·전세권·임차권설정등기가 되어 있는 경우
 다. 말소등기의 기록명령이 있었으나 그 기록명령에 따른 등기전에 등기상 이해관계인이 발생한 경우
 라. 등기관이 기록명령에 따른 등기를 하기 위하여 신청인에게 첨부정보

를 다시 등기소에 제공할 것을 명령하였으나 신청인이 이에 응하지 아니한 경우

2. 위 제1호와 같이 기록명령에 따른 등기를 할 수 없는 경우에는 그 뜻을 관할 지방법원과 이의신청인에게 통지하여야 한다.

③ 기재명령에 따른 등기를 함에 장애가 되지 아니하는 경우

소유권이전등기신청의 각하결정에 대한 이의신청에 기하여 관할지방법원의 소유권이전등기 기록명령이 있기 전에 제3자 명의의 근저당권설정등기가 경료된 때와 같은 경우에는 기록명령에 따른 등기를 함에 장애가 되지 아니하므로, 기록명령에 따른 등기를 하여야 한다.

제7조 (이의신청이 기각된 경우의 부기등기 및 가등기의 말소)

이의신청에 대한 기각결정(각하, 취하를 포함한다)의 통지를 받은 등기관은 그 통지서에 접수인을 찍고 접수연원일과 접수번호를 기재한 후 해당 가등기나 부기등기를 말소하고(기록례는 별지2와 같다), 등기상 이해관계인에게 그 취지를 통지하며, 그 통지서는 신청서 기타 부속서류편철장에 편철한다.

부 칙

제1조(시행일) 이 예규는 2011년 10월 13일부터 시행한다.

제2조(다른 예규의 폐지) 등기공무원의 처분에 대한 이의신청절차 등에 관한 예규(등기예규 제884호) 및 등기관의 처분에 대한 이의신청이 있는 경우의 업무처리 등에 관한 예규(등기예규 제1139호)는 이를 각 폐지한다.

부 칙(2020.07.21 제1689호)

①(시행일) 이 예규는 2020년 8월 5일부터 시행한다.

②(적용례) 개정규정은 이 예규 시행 이후 접수되는 명령부터 적용한다.

[별지] 생략

제2절
동산담보등기

1 동산(근)담보권 설정등기

가. 의의

담보약정에 따라 동산(여러 개의 동산 또는 장래에 취득할 동산을 포함한다)을 목적으로 하는 담보권을 설정하는 등기를 말한다. 등기관은 담보권설정등기를 하는 때에는 해당 담보권설정자에 대한 등기기록이 개설되어 있는지를 직권으로 조사하여 등기기록이 개설되어 있는데도 새로이 등기기록을 개설하지 않도록 주의하여야 하고, 해당 담보권설정자에 대한 등기기록이 폐쇄되어 있는 경우에는 등기기록을 부활한 후 담보권설정등기를 하여야 한다(등기예규 1741호, 7조 1항).

최초 설정의 경우 등기기록을 개설하여 고유번호를 부여하고, 담보권설정자부, 담보권부, 담보목적물부에 법 제47조제2항의 등기사항을 기록한다. 동산근담보권의 경우 법 제47조제2항제7호의 피담보채권의 채권최고액을 기재하여야 하는 점이 동산담보권과의 차이점이다.

나. 등기절차

1) 신청인

담보등기는 법률에 다른 규정이 없으면 등기권리자와 등기의무자가 공동으로 신청한다(법 41조 1항) 따라서 동산(근)담보권설정등기에 있어서 등기의무자는 담보권설정자이고, 등기권리자는 담보권자이다. 다만, 이 법에 따른 담보권을 설정할 수 있는 자는 법인(외국법인 포함) 또는 사업자등록을 한 사람으로 제한되어 있으나 담보권자는 법인, 자연인, 법인 아닌 사단 등 주체에 관해 제한이 없다.

2) 신청정보

가) 일반적 기재사항

일반적인 기재사항으로 법 제43조제2항, 제47조제2항, 등기예규 1742호 제5조, 제6조에 기재된 사항을 적어야 한다. 필수적 기재사항은 동산담보권을 설정하기 위해 반드시 신청서에 기재하여야 할 사항을 말하고, 임의적 기재사항은 없어도 동산담보권을 설정하는데 지장은 없으나 등기할 수 있는 사항을 말한다. 임의적 기재사항이 등기원인서면과 달리 기재된 경우에는 신청서에 기재된 임의적 기재사항을 없는 것으로 취급하여 등기할 것이 아니라, 신청서에 기재된 사항이 첨부서면과 맞지 아니한 경우에 해당한 것으로 보아 각하하여야 한다. 원칙적으로 일반적 기재사항 중 필수적 기재사항과 임의적 기재사항을 구별하여 살펴본다.

나) 필수적 기재사항

(1) 담보권설정자에 관한 사항

이 법에 따른 담보등기부는 담보권설정자별로 편제한 이른바 '인적 편성주의'를 취하고 있다. 담보권설정자에 관한 사항은 담보등기부를 특정하는 기준이 되므로 부동산등기부의 표제부에 대응되는 개념이자 등기의무자에 관한 신청정보이기도 하다.

담보권설정자는 앞에서도 살펴봤듯이 법인 또는 「부가가치세법」에 따라 사업자등록을 한 사람으로 제한된다. 이 때 사업자등록번호는 등기사항이 아니므로 신청정보로 제공되지 아니하고, 사업자등록은 등기기록을 개설하기 위한 담보권설정자에 관한 요건일 뿐 존속요건은 아니므로 담보권설정자로서 담보등기부에 기재되었다고 하여 항상 현재 사업자등록이 된 사람이라고 볼 수는 없다. 사업자등록은 외국인 또는 재외국민도 할 수 있지만, 주민등록번호가 없는 경우 「부동산등기법」 제49조에 따라 부여받은 부동산등기용등록번호를 기재하여야 한다.

개정 전 법은 담보권설정자의 자격은 법인 또는 상호등기를 한 사람으로 제한했다. 상인으로 볼 수 없는 변호사[1]나 법무사[2] 등 전문자격자는 상호등기를 할 수 없으므로 이 법에 따른 담보권설정자가 될 수 없었다. 이제는 「부가가치세법」에 따른 사업자등록을 한 자이기만 하면 담보권설정자가 될 수 있으므로 상인성이 문제되었던 의사, 변호사, 변리사, 작가, 예술인 등 전문직업인 또는 자유직업인도 이 법에 따른 담보권설정이 가능하다. 이는 기존에 의사나 약사들의 요양급여비용채권을 담보로 대출해주던 거래실정을 반영할 수 있다는 점에서 그 의의가 크다.

(2) 등기원인 및 그 연월일

등기원인은 담보권설정의 원인이 되는 법률요건을 말한다. 동산(근)담보권설정의 등기원인과 그 연월일은 '설정계약'과 이를 체결한 날짜를 기재하면된다.

(3) 등기의 목적

담보등기부는 물건의 소유여부에 대해서는 공시하지 않는다. 따라서 담보목적물의 소유를 공시하는 등기부가 없으므로 일부 지분 또는 권리에 대해서 동산담보권을 설정하는 내용으로 등기의 목적을 정할 수 없다. 등기의 목적은 '담보권설정' 또는 '근담보권설정'으로 기재하면 된다.

(4) 피담보채권액 또는 그 최고액

동산담보권의 경우 채권액을 기재하여야 하고, 동산근담보권의 경우 채권최고액을 기재하여야 한다. 일정한 금액을 목적으로 하지 않는 채권을 담보하기 위한 경우에는 그 채권의 평가액을 기록하여야 한다.[3] 평가액을 기재하는 방

---

1 대법원 2007. 7. 26.자 2006마334 결정
2 대법원 2008. 6. 26.자 2007마996 결정
3 「동산·채권의 담보등기에 관한 사무처리지침」 제7조제5항. 저당권설정등기의 경우 동일한 내용이 「부동산등기규칙」 제131조제3항에 규정되어 있다. 동산·채권담보등기는 담보물권면에서는 질권과 유사한 듯 하나, 등기의 방식은 저당권의 등기방식과 유사한 점이 많다. @녀ㅓㅋ 훃522

법은 채권액 옆에 괄호를 하여 평가액을 기재하는 방식(예를 들어 「채권액 백미 500가마(가마당 50킬로그램 채권가액 금30,000,000원)」)으로 표시한다.

채권최고액을 외국통화로 표시하여 신청정보로 제공한 경우에는 외화표시 금액을 채권최고액으로 기록하는 근거는 「동산·채권의 담보등기에 관한 사무 처리지침」(등기예규 1741호) 제18조에서 이 예규에 특별한 규정이 있는 경우를 제외하고는 그 성질에 반하지 아니하는 범위에서 부동산등기에 관한 예규를 준용하고 있다. 따라서 「근저당권에 관한 등기사무처리지침」 제2조제2항4에 의해 외화표시금액을 채권최고액으로 표시할 수 있다.

동산근담보권의 경우 피담보채권이 확정되기 전에는 각 근저당권자별로 채권 액이 유동적이어서 저당권과 같은 지분개념을 상정할 수 없으므로 동산근담보 권을 준공유하고 있더라도 그 지분을 기재할 수 없다. 또한 동산근담보권의 채 권자나 채무자가 수인일지라도 채권최고액은 단일한 채권최고액만을 기재하여 야 하는 것은 근저당권설정등기와 마찬가지로 그 법적 근거가 없기 때문이다.

동산담보권 설정에 있어서 1인의 담보권자가 2인 이상의 채무자에 대하여 각각 다른 분할채권을 갖고 있는 경우 동산담보권 설정에 있어서 채무자별로 채권액을 기재하고, 채권액으로 그 합계액을 기재한다. 근담보권인 경우에는 채권최고액을 분리하여 표시할 수 없다.

(5) 존속기간

존속기간은 5년을 초과할 수 없으므로(법 49조), 담보권설정일로부터 5년 내 의 범위로 존속기간을 정해야 한다. 시작일부터 종료일을 기재하는 방식으로 기재하므로 '○○○○년 ○○월 ○○일부터 ○○○○년 ○○월 ○○일까지'

---

4 「근저당권에 관한 등기사무처리지침」(등기예규 1656호)
　제2조 (근저당권설정등기)
　① 근저당설정등기를 함에 있어 그 근저당권의 채권자 또는 채무자가 수인일지라도 단일한 채권최 고액만을 기록하여야 하고, 각 채권자 또는 채무자별로 채권최고액을 구분하여(예, '채권최고액 채 무자 갑에 대하여 1억원, 채무자 을에 대하여 2억원, 또는 채권최고액 3억원 최고액의 내역 채무자 갑에 대하여 1억원, 채무자 을에 대하여 2억원'등) 기록할 수 없다.
　② 채권최고액을 외국통화로 표시하여 신청정보로 제공한 경우에는 외화표시금액을 채권최고액으 로 기록한다(예, "미화 금 ○○달러").
　③ 채무자가 수인인 경우 그 수인의 채무자가 연대채무자라 하더라도 등기기록에는 단순히 "채무 자"로 기록한다.
　④ '어음할인, 대부, 보증 기타의 원인에 의하여 부담되는 일체의 채무'를 피담보채무로 하는 내용 의 근저당권설정계약을 원인으로 한 근저당권설정등기도 신청할 수 있다.

로 기재한다.

　존속기간의 시작일이 등기신청 접수일보다 이전이거나 이후라도 이 법에 따른 담보권설정등기를 할 수 있는지가 문제된다. 이에 관하여 동산담보권은 아니지만 존속기간을 임의적 기재사항으로 두고 있는 전세권과 관련하여 존속기간은 전세권설정계약서의 내용에 따라야 하는 것이므로 존속기간의 시작일이 등기신청접수일자 이전(등기선례 제6－319호)이거나 이후(등기선례 제200304－19호)인지 여부와 무관하게 등기신청은 수리되어야 한다는 선례가 있다. 전세권의 시작일이 전세권설정등기보다 이후인 전세권설정등기의 효력과 관련하여 판례[5]는 "전세권의 전세권자는 전세금을 지급하고 타인의 부동산을 점유하여 그 부동산의 용도에 좇아 사용·수익하며, 그 부동산 전부에 대하여 후순위권리자 기타 채권자보다 전세금의 우선변제를 받을 권리가 있다(민법 303조 1항). 이처럼 전세권이 용익물권적인 성격과 담보물권적인 성격을 모두 갖추고 있는 점에 비추어 전세권 존속기간이 시작되기 전에 마친 전세권설정등기도 특별한 사정이 없는 한 유효한 것으로 추정된다. 한편 「부동산등기법」 제4조 제1항은 '같은 부동산에 관하여 등기한 권리의 순위는 법률에 다른 규정이 없으면 등기한 순서에 따른다.'라고 정하고 있으므로, 전세권은 등기부상 기록된 전세권설정등기의 존속기간과 상관없이 등기된 순서에 따라 순위가 정해진다"고 하여 그 유효성을 원칙적으로 인정하고 있다.

　생각건대, 존속기간을 담보등기의 존속기간이 아닌 담보권의 존속기간으로 둔 현행 법제하에서는 존속기간의 시작일을 동산·채권담보등기의 신청접수일 이후의 어느 날로 하는 것은 허용되지 않는다(선례 없음). 이에 대해 동산·채권담보등기에도 사적자치의 원칙상 존속기간의 시작일을 등기신청접수일과 달리하여 등기할 수 있다고 보는 견해가 있을 수 있다. 그러나 당사자의 사적자치를 존중하여 등기신청접수일 이후의 날을 담보권의 존속기간 시작일로 등기한다면 무효의 담보권이 공시된다는 문제가 발생한다. 즉 담보권을 설정하기 위하여는 물권적 합의와 공시방법이 갖춰져야 하는데 존속기간 시작일 전에는 담보권을 설정하려는 물권적 합의가 없기 때문이다. 위 판례는 전세권의 존속기간은 그 부동산의 용도에 좇아 사용·수익할 수 있는 기간임을 전제로 존속기간 시작일 이전이라도 담보물권성은 있는 유효한 전세권의 등기로 추정

---

5 대법원 2018. 1. 25.자 2017마1093 결정

된다고 한다. 전세권의 효력은 그 설정과 동시에 목적물을 인도하지 아니한 경우라 하더라도, 장차 전세권자가 목적물을 사용 · 수익하는 것을 완전히 배제하는 것이 아니라면, 그 전세권의 효력을 부인할 수는 없다 할 것이므로,6 비록 임의적 기재사항인 존속기간의 시작일이 도달하지 않아 등기신청접수일에 사용 · 수익할 수 없는 전세권이라도 담보물권적 성격은 유효하므로 무효의 등기가 아니라는 취지이다.7 반면 동산 · 채권담보권은 용익물권의 성격이 없고, 존속기간은 담보권 자체의 존속기간으로서 그 효력 발생일을 뜻하므로, 전세권과 달리 필수적 기재사항이므로 위 전세권의 존속기간에 관한 판례나 선례를 그대로 적용하여 등기신청접수일과 달리 하는 것은 허용되지 않는다. 만약 이를 허용한다면 담보권의 효력이 발생하지 않는 일정 기간 무효의 담보권임에도 불구하고, 권리순위의 확보만을 위해 등기를 이용하게 될 수 있어 담보목적물에 대한 권리관계가 불안정한 상황에 놓여지며,8 존속기간을 5년으로 제한한 규정을 잠탈하게 될 수도 있다.9 예를 들어 등기신청접수일은 '2015.1.1.'인데 설정계약상 존속기간을 '2016.1.1.부터 2020.12.31.까지'로 하여 등기가 된 경우, 동산담보권은 2015.1.1.부터 2016.12.31.까지는 효력이 없는 무효의 담보권이므로 '사건이 등기할 것이 아닌 경우(법 46조 2호)'에 해당하여10 각하의 대상이 되고, 등기되었다면 직권말소 되어야 할 사안이다(법 57조, 부등법 58조 1항, 규칙 57조, 등기예규 1741호 12조 1항).

    이와 달리 이미 존속기간의 시작일이 등기신청접수일 이전인 담보계약서를 첨부하여 담보등기가 완료되었다면 동산 · 채권담보권은 물권적 합의와 공시방

---

6 대법원 2009. 1. 30. 선고 2008다67217 판결
7 전세권의 담보물권적 성격만 봤을 때는 전세권의 존속기간 도달전까지는 변제기가 도래하기 전의 담보권과 유사한 지위에 놓인다고 볼 수 있다.
8 전세권에 관한 위 판례(대법원 2018. 1. 25.자 2017마1093 결정)의 논리를 그대로 적용하여 등기부상 기록된 등기의 존속기간과 상관없이 등기된 순서에 따라 순위가 정해진다고 한다면, 등기접수일은 2015.1.1.인데 등기부에는 존속기간을 '2016.1.1.부터 2020.12.31.까지'로 하여 등기가 된 후 2015.3.1.에 질권 또는 양도담보를 설정한 경우, 해당 담보목적물에 대한 권리의 순위는 등기와 인도의 선후에 따르므로(법 7조 3항) 2015.1.1.부터 2015.12.31.까지는 효력이 없는 담보등기가 질권이나 양도담보 등 인도를 공시방법으로 행한 담보권에 비해 우선하게 된다는 문제가 발생한다.
9 담보권자는 피담보채권이 변제기에 도달하기 전에는 담보권 실행에 관심이 없으므로 대출을 하면서 존속기간을 피담보채권의 변제기로부터 5년으로 정한 경우에는 담보권의 순위를 연장등기 없이 5년 이상 확보하게 되는 문제점이 발생한다.
10 법은 '사건이 등기할 것이 아닌 경우'를 명확히 규정하고 있지는 않지만, 부동산등기규칙을 준용하므로 제52조 제10호 '그 밖에 신청취지 자체에 의하여 법률상 허용될 수 없음이 명백한 등기를 신청한 경우'에 해당한다(법 57조, 63조, 규칙 56조, 부등규 52조 10호).

법을 갖추었을 때 그 효력이 발생하므로 그 담보등기를 무효의 등기라고 할 수 없고(법 46조 2호), 등기신청접수일부터 담보권으로서 효력이 발생한다.

(6) 채무자

채무자의 성명과 주소(법인인 경우에는 상호 또는 명칭 및 본점 또는 주된 사무소를 말한다)를 기재하여야 한다. 주민등록번호(또는 부동산등기용등록번호)는 기재할 필요가 없다. 하나의 채권에 대하여 채무자가 수인인 경우에 연대채무자라고 하더라고 '채무자'로 표시하여야 한다.

(7) (근)담보권자

담보권자는 별도의 제한이 없으므로 권리·의무의 주체가 될 수 있다면 누구든지 가능하다. (근)담보권설정등기의 등기권리자이자 등기명의인이다. (근)담보권의 경우 수인의 담보권자라도 피담보채권이 확정되기 전에는 각 근저당권자별로 채권액이 유동적이어서 저당권과 같은 지분개념을 상정할 수 없기 때문이다.[11]

담보권자가 법인인 경우 취급지점을 표시할 수 있는지 문제된다. 지상권설정등기신청서에 법인인 등기권리자의 취급지점을 표시한 등기신청이 있는 경우 등기부에 이를 기재할 수 있는지 여부에 대해 선례는 "법인이 권리에 관한 등기를 신청하는 경우 등기부에 그 명칭과 사무소 소재지를 기재하는바, 법령 등에서 특별히 정한 경우를 제외하고는 이와 달리 기재할 수 없다(등기선례 제9-283호[12])"고 한다. 저당권의 경우 「부동산등기법」이나 「부동산등기규칙」에 명시적인 등기사항으로 규정하고 있지 않지만, 업무의 필요성으로 인하여 포괄적인 위임규정[13]을 근거로 등기예규 1188호[14]를 두어 취급지점을 표시할 수 있도록 하고 있다. 저당권 및 근저당권등기의 취급지점은 금융기관의 요청

---

11 대법원 2008. 3. 13. 선고 2006다31887 판결
12 지상권설정등기신청서에 법인인 등기권리자의 취급지점을 표시한 등기신청이 있는 경우 등기부에 이를 기재할 수 있는지 여부(소극)(등기선례 제9-283호) 법인이 권리에 관한 등기를 신청하는 경우 등기부에 그 명칭과 사무소 소재지를 기재하는바, 법령 등에서 특별히 정한 경우를 제외하고는 이와 달리 기재할 수 없다. 따라서 법인이 (근)저당권자, 가압류권자, 가처분권자 등인 경우와 공공기관이 압류권자인 경우에는 업무상 필요에 의하여 취급지점 등의 표시규정을 두고 있으나 지상권자에 대하여는 이러한 규정이 없으므로 지상권설정등기신청서에 취급지점 등의 표시가 있다 하더라도 등기부에 이를 기재할 수 없다.
13 「부동산등기법」 제113조, 「부동산등기규칙」 제166조
14 「법인이 저당권자 등인 경우의 취급지점 표시에 관한 업무처리지침」(등기예규 1188호) 2.가.

에 따라 근저당권과 압류의 실행 등에 있어서 등기권리자인 법인의 본점에서 소관부서를 찾기 용이하도록 특별히 예규를 마련하여 인정해 준 것이다. 우선변제청구권이 없는 지상권과 같은 용익물권은 배당절차에 참가할 대상이 아니므로 취급지점을 표시할 필요성이 없는 반면 우선변제청구권이 있는 동산·채권담보권은 이를 저당권과 이를 달리 취급할 필요가 없기 때문에 동산·채권담보권자가 법인인 경우에도 이 예규를 준용하여 취급지점을 표시하는 것은 가능하다(등기예규 1741호 18조). 실무적으로 현재 취급지점을 표시하고 있다.

(8) 동산을 특정하기 위한 사항

담보목적물이 동산인 경우 특성과 보관장소에 따라 특정하는 사항을 나누고 있다. ① 개별동산은 특성에 따라 특정하는 경우에 해당한다. 동산의 종류 및 동산의 제조번호, 제품번호 등 개별 동산에 부여된 표시하여야 한다. ② 집합동산은 보관장소에 따라 특정하는 경우에 해당한다. 동산의 종류 및 동산의 보관장소의 구체적인 소재지(토지의 경우에는 지번, 건물의 경우 동·호수가 있는 경우에는 이를 포함한다)를 기재하여야 한다. 다만, 같은 보관장소에 있는 같은 종류의 동산 전체를 담보목적물로 하는 경우에 한정한다(규칙 35조 1항 1호 나목 단서). 왜냐하면 동산이 특정되지 않으면 담보권성립이 되지 않을 수 있기 때문이다.

30개 이상의 동산 또는 채권을 담보목적물로 하는 담보권설정등기의 방문신청은 전자표준양식에 의한 신청에 의하여야 하고, 담보목적물에 관한 신청정보 및 첨부서면은 인터넷등기소에 미리 마련한 양식에 안내하는 절차에 따라 작성한 목록을 저장하는 방법으로 제출하여야 하며, 따로 서면으로 출력하여 등기소에 제출하지 아니한다(규칙 48조 2항, 등기예규 1742호 9조).

(9) 등기필정보 또는 확인서면

최초로 동산(근)담보권설정하는 경우를 제외하고 등기의무자인 담보권설정자의 등기필정보를 제공하여야 한다. 이는 부동산등기의 소유권자의 등기필정보를 제공하는 경우에 대응되는 개념이다. 따라서 최초로 담보권을 설정하는 경우에는 등기의무자인 담보권설정자는 등기필정보가 생성되지 않기 때문에 제공할 수 없다. 이미 담보등기부가 개설된 담보권설정자가 등기필정보를 제공하여야 함에도 불구하고 제공할 수 없는 경우 확인서면을 제출하여야 한다(규칙 42조).

다) 임의적 기재사항

(1) 제10조 단서 또는 제12조 단서의 약정이 있는 경우 그 약정

'담보권의 효력은 종물에 미치지 아니한다' 또는 '담보권은 원본과 이자, 위약금을 담보한다'고 법 제10조 단서 또는 제12조 단서의 약정내용을 기재하면 된다.

(2) 동산을 특정하는 데 유익한 사항

동산을 특정하는 데 유익한 사항으로서 동산의 명칭, 크기, 중량, 재질, 제조일, 색상, 형태, 제조자, 보관장소의 명칭, 점유자 등을 적을 수 있지만, 주관적 감정이나 가치판단, 기타 동산의 특정과 무관한 사항은 적을 수 없다(규칙 35조 2항, 등기예규 1742호 6조 3항).

동산을 특정하기 위해 유익한 사항으로 기재한 내용이 오히려 동산의 특정을 불분명하게 하여 동산담보권의 효력에 영향을 미치는 경우가 발생할 수 있다. 예를 들어 집합동산의 담보권설정을 위해 보관장소에 있는 같은 종류의 전체의 수량이 아닌 일부 수량만 기재하는 경우 집행단계에서 동산담보등기가 무효의 등기가 되는 경우가 발생할 수 있다. '특정 창고에 보관된 백미 중 3분의1'이라고 지분적 비율 또는 '특정 창고의 통조림 100개'라는 식으로 특정하는 경우, 해당 보관장소에 같은 종류의 동산 전체를 담보목적물로 하지 않는 경우에는 특정성을 결하여 무효의 등기가 될 수 있다는 견해가 있다.[15] 반면 무익적 기재사항으로 보아 전체에 대해 동산담보권을 허용하는 견해가 있다.[16] 이에 관해 여러 개의 동산을 종류와 보관장소로 특정하여 집합동산에 관한 담보권을 설정한 경우, 같은 보관장소에 있는 같은 종류의 동산 전부가 동산담보권의 목적물인지 여부 및 등기기록에 종류와 보관장소 외에 중량이 기록된 경우, 목적물이 그 중량으로 한정되는지 여부가 문제된 사안에서, 등기기록에 종류와 보관장소 외에 중량이 기록되었다고 하더라도 당사자가 중량을 지정하여 목적물을 제한하기로 약정하였다는 등 특별한 사정이 없는 한 목적물이 그

---

15 김재형, "동산담보권의 법률관계", 46면; 하순원, "동산담보등기를 이용한 담보권설정 및 그 효력에 관한 제문제: 집합동산을 담보로 제공하는 경우를 중심으로", 575면

16 등기사항증명서에 집합동산의 보관장소 '서울특별시 용산구 한강로3가 500 용산전자상가 5001호', 종류는 '노트북컴퓨터', '수량100대'라고 기록된 사안에서 실제현황이 120대인 경우 1대도 압류할 수 없다는 견해(유해적 기재사항설), 100대만 압류할 수 있다는 견해(유익적 기재사항설), 120대 전체를 압류할 수 없다는 견해(무익적 기재사항설)가 있을 수 있다고 하면서 결론은 수량의 기재를 무익적 기재사항으로 보아 120대 전체를 압류할 수 있다고 보고 있다(법원행정처, 동산·채권담보 집행절차 해설, 21면).

중량으로 한정된다고 볼 수 없고 중량은 목적물을 표시하는 데 참고사항으로 기록된 것에 불과하다고 보아야 한다는 판례가 있다.[17]

생각건대 유동집합물에 대한 양도담보설정계약에서 담보목적물은 다른 물건과 구별될 수 있도록 그 종류, 소재하는 장소 또는 수량의 지정 등의 방법에 의하여 외부적·객관적으로 특정되어야 하고,[18] 종류와 보관장소로 특정한 집합동산에 대해 담보목적물로 하고자 하는 당사자의 의사 합치가 있으면 유익적 기재사항에 기재된 것과 달리 집합동산 전부가 담보목적물로 보는 것이[19] 합리적 의사해석이므로 등기기록에 기재된 수량과 압류 당시 수량이 다르다고 하여 무효의 등기라고 할 수 없다. 결국 당사자의 의사가 보관장소의 동일한 담보목적물 전부를 담보로 제공하려고 하였는지, 일부만 담보로 제공하려고 하였는지에 따라 달리 판단되어야 한다. 일부만 담보로 제공하려는 의사였다면 집합동산의 담보물에 대한 특정성을 결하게 되어 무효가 될 수 있다. 참고로 일본에서는 구성부분이 변동하는 집합동산의 양도담보 목적물에 대해 양도담보가 설정된 사안에서 수량적 일부를 담보에 제공한 경우 특정성을 결하여 무효라고 한 판례가 있다.[20]

17 대법원 2021. 4. 8.자 2020그872 결정
18 대법원 2003. 3. 14. 선고 2002다72385 판결
19 대법원 2021. 4. 8.자 2020그872 결정
20 [最高裁判所第一小法廷 昭和53(オ)925 昭和54年2月15日] 상고기각
  1. 사실관계: 甲이 昭和46년(1971년) 8월 27일 丙과 계속적 창고기탁계약에 근거하여 피상고회사의 창고에 보관중인 그 소유의 식용 건조 파 플레이크 44톤 33킬로그램을 중 28톤을 을에 대한 1400만엔 채무의 양도담보로 제공하였다. 같은 날 甲은 乙에게 丙이 작성한 냉장화물예증(「품명 양파 플레이크 3000C/S」「수량 8kg 상자루4mm」「오른쪽 화물 틀림없이 이쪽 냉장고 제No.5 No.8 No.11 No.12호에 입고되었습니다. 출고시 반드시 본증을 제시하여 주시기 바랍니다.」)을 교부하였다.
  2. 재판요지: ① 구성부분의 변동하는 집합동산이라도 그 종류 소재지 및 양적범위를 지정하는 등의 방법에 의해 목적물의 범위가 특정되는 경우에는 1개의 집합물로서 양도담보의 목적이 된다. ② 甲이 지속적 창고기탁계약에 의하여 丙에게 기탁중인 식용 건조 파 플레이크 44톤여 중 28톤을 乙에 대한 채무의 양도담보로 제공하면서 乙이 이를 매각처분할 수 있도록 약정하고, 재고 증명의 취지로 병이 작성한 냉장화물예증을 乙에게 교부하였다. 이는 단순히 재고 확인을 위한 것으로, 목적물의 특정을 위한 것이 아니었다. 그 후 처분을 위해 乙에게 건조 파 플레이크의 대부분은 甲의 공장에서 乙에게로 직송되고, 나머지는 甲이 丙으로부터 받아 乙에게 송부한 사실관계 하에서는 甲이 乙에게 기탁중인 식용 건조 파 플레이크 중 28톤을 특정하여 양도담보로 제공한 것으로 인정할 수 없다고 한 원심의 판단은 정당으로서 시인할 수 있으며, 그 과정에 소론의 위법은 없다.

■ 사례정리(담보목적물의 특정과 담보권의 범위)

　　주식회사 우리은행(이하 '우리은행'이라 한다)은 2016. 8. 30. 주식회사 에이스지앤월드(이하 '에이스지앤월드'라 한다)와 에이스지앤월드의 대출금채무를 담보하기 위해 「동산·채권 등의 담보에 관한 법률」(이하 '동산채권담보법'이라 한다)에 따라 에이스지앤월드 소유의 동산인 강판에 관하여 채권최고액 564,000,000원, 존속기간 2021. 8. 30.까지로 정한 근담보권 설정계약을 체결하고, 같은 날 동산담보등기를 하였다(이하 '이 사건 동산담보권'이라 한다). 등기기록에는 담보목적물에 관하여 '동산의 종류'란에 '집합동산: 강판', '보관장소/특성'란에 '충청남도 당진시 (주소 생략) 주식회사 에이스지앤월드 공장 내'라고 기록하고 '기타사항'란에는 두께, 중량과 코팅방법이 기록되어 있다.

〈사안의 등기기록〉

등기고유번호 2012-000464   등기일련번호 000001

【 담 보 권 설 정 자 】 (담보권설정자에 관한 사항)

표시번호	상호 / 명칭	법인등록번호	본점 / 주사무소	등기원인 및 등기일자
1	주식회사 에이스지앤월드	176011-0006260	충청남도 당진시 합덕읍 면천로 1339	

【 담 보 권 】 (담보권에 관한 사항)

순위번호	등기 목적	접수	등기 원인	담보권자 및 기타사항
1	근담보권 설정	2016년8월30일 12시14분 제25호	2016년8월30일 근담보권설정 계약	채권최고액 금564,000,000원 존속기간 2016년 8월 30일부터 2021년 8월 29일까지 채무자 주식회사 에이스지앤월드 　　충청남도 당진시 합덕읍 면천로 1339 근담보권자 주식회사 우리은행 110111-0023393 　　서울특별시 중구 소공로 51(회현동1가)(당진지점)

【담 보 목 적 물】	(담보권설정자에 관한 사항)		
일련번호	동산의 종류	보관장소 / 특성	기타사항
1	집합동산 : 강판	충청남도 당진시 합덕읍 면천로 1339 주식회사 에이스지앤월드 공장내	0.40T 9.44TON
2	집합동산 : 강판	충청남도 당진시 합덕읍 면천로 1339 주식회사 에이스지앤월드 공장내	0.45T 114.78TON
⋮	⋮	⋮	⋮
9	집합동산 : 강판	충청남도 당진시 합덕읍 면천로 1339 주식회사 에이스지앤월드 공장내	0.75T(불소4코팅) 64.44TON

근담보권 설정계약서

...

제5조(목록과 실제의 불일치 등) ① 근담보물건의 실제가 이 계약서 끝부분 근담보물건 목록란의 기재와 맞지 않은 부분 또는 누락된 부분이 있어 채권자가 청구하는 때에는 설정자는 곧 변경등기나 경정등기 등 기타 필요한 절차를 밟는다.
② 설정자가 근담보물건의 전부 또는 일부를 추가 또는 교체시킨 경우 그 추가 또는 교체된 물건이 근담보물건과 동일한 종류의 동산일 때에는 별도의 계약 없이 이 계약에 의해 담보된다.

...

특 약

… 담보물의 변형 · 가공 시에도 담보권 효력이 미침…

  신청인은 2020. 5. 21. 에이스지앤월드 소유의 유체동산에 대하여 가압류결정을 받았다[대전지방법원 서산지원(이하 '서산지원'이라 한다) 2020카합5057호]. 서산지원 집행관은 2020. 5. 26. 위 에이스지앤월드 공장에 있는 강판 256개 항목에 대하여 가압류집행을 하였다. 우리은행은 이 사건 동산담보권을 실행하기 위한 경매를 신청하였다(서산지원 2020본484호, 이하 '이 사건 경매'라 한다). 서산지원 집행관은 2020. 7. 1. 위 강판 256개 항목에 대하여 압류집행을 하였고, 2020. 8. 10. 유체동산 매각공고를 하면서 평가액과 최저일괄매각가격을 합계 902,000,000원으로 정하였다.

신청인은 서산지원 집행관이 이 사건 경매절차에서 실시한 위 동산압류집행의 취소를 구하는 이의신청을 하였다. 이의신청은 인용될 수 있는가?

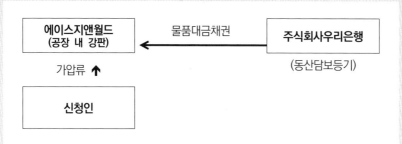

위 사안은 대법원 2021. 4. 8.자 2020그872 결정에 관한 것이다.

1. 쟁점

집행관이 압류한 강판 256개 항목이 등기기록에 기재된 담보목적물에 기재된 집합동산에 해당하는지 여부가 문제된다.

2. 판례의 태도(대법원 2021. 4. 8.자 2020그872 결정)

동산·채권 등의 담보에 관한 법률 제3조 제2항, 동산·채권의 담보등기 등에 관한 규칙 제35조 제1항 제1호 (가)목, (나)목, 제2항, 동산·채권의 담보등기 신청에 관한 업무처리지침(대법원 등기예규 제1710호) 제6조 제1항 제1호 (가)목, (나)목, 제3항의 규정 내용, 체계와 입법 취지를 종합하면, 여러 개의 동산을 종류와 보관장소로 특정하여 집합동산에 관한 담보권, 즉 집합동산 담보권을 설정한 경우 같은 보관장소에 있는 같은 종류의 동산 전부가 동산담보권의 목적물이다. 등기기록에 종류와 보관장소 외에 중량이 기록되었다고 하더라도 당사자가 중량을 지정하여 목적물을 제한하기로 약정하였다는 등 특별한 사정이 없는 한 목적물이 그 중량으로 한정된다고 볼 수 없고 중량은 목적물을 표시하는 데 참고사항으로 기록된 것에 불과하다고 보아야 한다.

3. 검토

판례는 근담보권의 담보목적물에 대해 임의적 기재사항으로 기재한 내용에 국한되는 것이 아니라 당사자의 의사합치에서 담보목적물을 판단하고 있다. 생각건대, 개별동산에 대한 수량, 중량의 기재와 집합동산에 대한 담보권을 설정하며 수량, 중량의 기재는 달리 판단하여야 한다. 집합동산은 증감 · 변동이 예정되어 있는 물건으로서 원칙적으로 보관장소와 종류 등으로 특정하되 추가적으로 확실히 하기 위하여 설정 당시의 중량, 수량 등을 기재한 것으로 해석하여 당사자의 의사를 존중하여야 한다. 집합동산에 대한 동산담보등기를 하면서 보관장소 외에 중량, 수량을 기재하였더라도 제3자는 같은 보관장소에 있는 같은 종류는 모두 담보목적물임을 확인할 수 있으므로(규칙 제35조제1항제1호(나)목단서는 같은 보관장소에 있는 같은 동산 전부를 담보목적물로 하는 경우로 한정하고 있음) 중량, 수량 등으로 제한되어 있다고 예상하기 어렵다. 근담보권설정계약서, 담보목적물의 보관장소, 중량 등을 종합적으로 고려하여 당사자의 의사 해석을 통해 판단하는 판례의 태도는 중량, 수량은 단지 집합동산에 대한 담보권 설정 당시의 물건의 성상을 특정했다고 해석함이 타당하다. 다만, 지분적 비율의 일부나 수량으로만 특정한 경우까지 확대해석하기는 어렵다.

4. 사안의 경우

신청인의 이의신청은 이유 없다.

3) 첨부서면

가) 등기원인을 증명하는 서면

동산(근)담보권을 설정하는 계약서를 제출한다. '담보약정'은 양도담보 등 명목을 묻지 아니하고 이 법에 따라 동산 · 채권 · 지식재산권을 담보로 제공하기로 하는 약정을 말하므로(법 2조 1호), 동산담보권설정계약서의 명칭이 양도담보설정계약서라고 하더라도 이 법에 따라 동산을 담보로 제공하기로 하는 내용이 있다면 (근)담보권설정계약서에 해당한다. 담보권설정자, 담보권자, 채무자의 표시가 있어야 한다. 이때 담보권설정자 및 담보권자의 기명날인 이나 서명은 필요하지만 채무자의 날인은 필요하다고 볼 수 없고(등기선례 제6-32호), 「인감증명법」상 인감을 날인할 필요도 없다(등기선례 제2-51호). 즉 (근)담보권설정계약서에 계약당사자, 채무자의 표시, 담보목적물, 채권(최고)액, 존속기간, 특약 등 등기사항에 관한 내용이 있어야 한다.

나) 당사자를 특정하기 위한 서면

(1) 담보권설정자나 등기권리자가 자연인인 경우

성명, 주소 및 주민등록번호(주민등록번호가 없는 재외국민과 외국인의 경우에는 「부동산등기법」 제49조제1항제2호 또는 제4호에 따라 부여받은 부동산등기용등록번호를 말한다)를 증명하는 서면등을 제출하여야 한다. 주민등록표등·초본 등이 이에 해당한다. 다만, 인감증명서는 주민등록번호 또는 주소를 증명하는 서면으로 보기 어렵다(상업등기선례 제1-94호). 담보권설정자의 경우 주소증명서면을 원칙적으로 최초 담보권설정시에, 등기권리자는 권리 취득의 등기를 하는 경우에만 제출하면 된다(규칙 29조 1항). 다만, 담보권설정자의 주소증명서면에 기재된 주소와 등기기록에 기재된 주소가 다른 경우, 주소증명서면에 기재된 주소를 관할하는 등기소에 등기를 신청하기 위하여는 최초 담보권설정등기가 아닌 경우라도 등기신청시에 주소증명서면을 제출하여야 한다.[21]

담보권설정자의 「부가가치세법」 제8조에 따른 사업자등록을 증명하는 서면을 제출하여야 한다. 이에는 사업자등록증이 해당할 수 있으나, 「부가가치세법」 제8조의 사업자등록증은 원칙적으로 훼손·분실을 이유로 하는 경우에만 재교부 받을 수 있으므로, 담보등기신청마다 사업자등록증 원본을 제출하기 어렵다(국세청훈령 53조[22]). 반면 사업자등록증명은 「부가가치세법」 제8조에 따라 사업자등록을 한 경우 이를 증명하는 민원증명서류이므로 이를 제출할 수 있다(국세청훈령 37조 1항).[23]

---

21 원칙적으로 최초 담보권설정시에 담보권설정자부가 개설되면 이후 다른 담보권자와 소비대차계약을 맺고 담보권을 설정해 주는 경우 기존의 담보권설정자부를 그대로 이용하므로 별도로 담보권설정자의 특정을 위한 첨부문서를 제출할 필요가 없다. 다만 담보권설정자가 주소를 이전한 경우 담보권설정자의 주소지를 관할하는 등기소가 관할 등기소가 되므로(법 39조) 현재 주소를 관할하는 등기소에 다른 약정에 기한 담보권설정등기 또는 기존 개설된 담보권설정등기를 말소하는 말소등기, 변경등기 등의 등기신청을 하는 경우 주소증명서면을 제출하여 현재 주소를 증명하여야 한다.
22 「국세청민원사무처리규정」 제53조(사업자등록증 재교부) 세무서 납세자보호담당관은 민원인이 사업자등록증의 훼손·분실을 이유로 사업자등록증 재교부를 신청한 경우에는 전산입력한 후 사업자등록증을 출력하여 재교부하여야 한다.
23 제37조(국세정보통신망에 의한 민원증명) ① 민원인은 홈택스(모바일 포함)를 통하여 「홈택스 이용에 관한 규정」 제32조에서 규정하고 있는 민원증명을 전자발급 받아 공문서로 사용할 수 있다. 「홈택스 이용에 관한 규정」 제32조(전자민원의 종류) ① 납세자 등이 홈택스를 이용하여 전자발급 받을 수 있는 민원증명의 종류는 다음 각 호와 같다.
   1. 사업자등록증명(국문/영문)

사업자등록은 재외국민 또는 외국인도 할 수 있으므로[24], 이에 관한 주소증명서면은 「재외국민 및 외국인의 부동산등기신청절차에 관한 예규」 제10조 및 제13조에 따른 서면이 해당한다.

(2) 담보권설정자나 등기권리자가 법인(외국법인 제외)인 경우

해당 법인의 상호 또는 명칭, 본점 또는 주된 사무소 및 법인등록번호를 증명하는 「상업등기법」 제15조에 따른 등기사항증명서면 등을 제출하여야 한다.

(3) 담보권설정자나 등기권리자가 외국법인인 경우

국내에 영업소나 사무소 설치등기를 한 경우에는 해당 법인의 상호 또는 명칭, 본점 또는 주된 사무소, 법인등록번호 및 국내의 영업소나 사무소를 증명하는 「상업등기법」 제15조에 따른 등기사항증명서면 등을 제출하여야 한다. 국내에 영업소나 사무소 설치등기를 하지 아니한 경우 ① 해당 법인의 상호 또는 명칭, 본점 또는 주된 사무소를 증명하는 서면 ② 「부동산등기법」 제49조제1항 제3호에 따라 부여받은 부동산등기용등록번호를 증명하는 서면 ③ 국내에서의 대표자와 그 주소를 증명하는 서면 등을 제출하여야 한다.

(4) 채무자

채무자는 등기신청당사자가 아니고 담보권의 내용에 불과하므로 이를 특정하기 위한 서면(주소증명서면 등)을 제출할 필요가 없다.

다) 등기의무자의 인감증명서

담보권설정자인 법인(국내에 영업소나 사무소 설치등기를 한 외국법인 포함)은 「상업등기법」 제16조에 따른 인감증명을 제출하여야 한다. 다만, 국내에 영업소나 사무소 설치등기를 하지 않은 외국법인의 경우에는 국내에서의 대표자의 「인감증명법」 제12조에 따른 인감증명을 제출하여야 한다.

담보권설정자인 사업자등록을 한 사람은 「인감증명법」 제12조에 따른 인감증명을 제출하여야 한다. 인감증명을 제출하여야 하는 자가 외국인인 경우에

2.~22. 생략

24 <국세청 질의회신> 해외로 이주한 재외국민이 국내에서 사업을 영위하고자 하는 경우에는 재외공관에서 발행하는 '재외국민등록번호 및 재외국민등록부등본' 을 사용하여 사업자등록을 할 수 있으며 외국인의 경우에는 출입국관리법에 의한 '외국인등록번호 및 외국인등록표등본' 을 사용하여 사업자등록을 할 수 있는 것임(부가, 서삼46015-12250,2002.12.27., 부가46015-1675, 1998.07.28. 참조).

는 「인감증명법」에 따른 인감증명 또는 본국의 관공서가 발행한 인감증명을 제출하여야 한다. 다만, 본국에 인감증명제도가 없고 또한「인감증명법」에 따른 인감증명을 받을 수 없는 자는 신청서나 위임장 또는 첨부서면에 한 서명에 관하여 본인이 직접 작성하였다는 뜻의 본국 관공서의 증명이나 이에 관한 공정증서를 제출하여야 하고, 재외국민인 경우에는 「부동산등기규칙」 제61조를 준용(규칙 56조)한다. 제출하는 인감증명서는 발행일로부터 3개월 이내의 것이어야 한다(규칙 46조).[25]

라) 위임장

위임에 의한 등기신청의 경우 위임장을 제출하여야 한다. 위임장에는 담보권설정자에 관한 사항, 담보목적물 등 등기사항에 관한 내용, 위임의 취지, 위임인 및 수임인의 표시가 명확하여 등기신청 대리 권한이 증명될 수 있어야 한다. 인감증명을 제출하여야 하는 자가 위임인인 경우 위임장에 그 인감을 날인하여야 한다(규칙 45조 1항).

마) 그 밖의 서면

일반적인 등기신청과 마찬가지로 등록면허세영수필확인서, 제출하여야 하는 서류가 외국어인 경우 번역문, 등기권리자가 법인 아닌 사단 또는 재단인 경우 정관 그 밖의 규약, 대표자나 관리인임을 증명하는 서면 및 그의 주민등록 등·초본 등을 제공하여야 한다.[26]

---

25 「부동산등기규칙」 제61조(법인 등의 인감증명의 제출)
　　③ 제60조에 따라 인감증명을 제출하여야 하는 자가 재외국민인 경우에는 위임장이나 첨부서면에 본인이 서명 또는 날인하였다는 뜻의 「재외공관 공증법」에 따른 인증을 받음으로써 인감증명의 제출을 갈음할 수 있다.
　　④ 제60조에 따라 인감증명을 제출하여야 하는 자가 외국인인 경우에는 「인감증명법」에 따른 인감증명 또는 본국의 관공서가 발행한 인감증명을 제출하여야 한다. 다만, 본국에 인감증명제도가 없고 또한 「인감증명법」에 따른 인감증명을 받을 수 없는 자는 신청서나 위임장 또는 첨부서면에 본인이 서명 또는 날인하였다는 뜻의 본국 관공서의 증명이나 본국 또는 대한민국 공증인의 인증(재외공관 공증법에 따른 인증을 포함한다)을 받음으로써 인감증명의 제출을 갈음할 수 있다.
26 동산담보권에서 법인 아닌 사단이나 재단이 담보권자인 경우 극히 이례적이어서 법 및 규칙에 이에 관해 명시적인 규정을 두고 있지 아니한 듯 하다. 제57조는 성질에 반하지 아니하는 범위에서 「부동산등기법」을 준용하도록 하고 있고, 「부동산등기규칙」 제48조에서 법인 아닌 사단이나 재단이 등기를 신청하는 경우 제공할 첨부서면을 열거하고 있으므로 이를 준용함이 타당하다.

4) 등기실행

담보등기부는 담보목적물인 동산의 등기사항에 관한 전산정보자료를 전산정보처리조직에 의하여 담보권설정자별로 구분하여 작성한다(법 47조 1항).

등기관은 담보권설정등기를 하는 때에는 등기일련번호를 기록한 다음 담보권부에 등기목적과 법 제47조제2항 각 호(1호 및 6호는 제외한다)의 사항을 기록하고, 담보목적물부에 담보목적물의 표시에 관한 사항을 기록하여야 한다. 다만, 해당 담보권설정자에 대한 등기기록이 개설되어 있지 아니한 경우에는 우선 등기기록을 개설한 후 담보권설정자부에 담보권설정자의 표시에 관한 법 제47조제2항제1호, 제3의2호 및 제4호의 사항도 기록하여야 한다(규칙 33조 1항). 제1항 본문에 따라 담보권부에 접수연월일을 기록할 때에는 그 접수시각도 함께 기록하여야 한다(규칙 33조 2항).

등기관이 (근)담보권설정등기를 마친 경우 등기필정보를 등기권리자 및 최초의 담보권설정자에게 통지하여야 한다(법 48조). 담보권설정등기를 마쳤다고 하여 해당 담보목적물에 대한 담보권설정자의 소유권을 인정한다는 의미는 아니다. 등기기록이 개설된 담보권설정자가 등기의무자로서 공동신청을 하는 경우(기존의 담보등기의 변경등기나 담보권자를 달리하는 새로운 담보권설정등기 등)에는 동일성 확인을 위해 등기의무자의 등기필정보를 제출하여야 하기 때문에 최초의 담보권설정자에게 등기필정보를 통지하는 것이다(등기예규 1742호 5조 3항 13호).

〈기록례〉 근담보권설정등기

등기고유번호 2012-000100   등기일련번호 000001

【 담 보 권 설 정 자 】 (담보권설정자에 관한 사항)				
표시번호	상호 / 명칭	법인등록번호	본점 / 주사무소	등기원인 및 등기일자
1	주식회사 담보실업	110111-0012345	서울특별시 서초구 서초대로 1(서초동)	

【 담 보 권 】 (담보권에 관한 사항)				
순위번호	등기목적	접수	등기원인	담보권자 및 기타사항

1	근담보권설정	2017년6월12일 16시25분 제100호	2017년6월11일 설정계약	채권최고액 금100,000,000원
				존속기간 2017년 6월 12일부터 2022년 6월 11일까지
				채무자 주식회사 담보실업
				  서울특별시 관악구 신사로 1(신림동)
				근담보권자 대출은행 주식회사 110111-0001234
				  서울특별시 종로구 세종대로 200(세종로)

【 담　보　목　적　물 】 (담보목적물에 관한 사항)			
일련번호	동산의 종류	보관장소 / 특성	기타사항
1	개별동산 : 유압식프레스기	제조번호 : S5402-A312	제조사 : 대한정밀 주식회사 모델명 : KOR-S450
2	집합동산 : 노트북 컴퓨터	서울특별시 서초구 서초대로 10, 303호(서초동, 제일빌딩)	

2　동산(근)담보권 이전등기

가. 의의

동산(근)담보권을 법률행위 또는 법률의 규정에 의해 이전하여 담보권자를 달리하는 등기를 말한다. 동산담보권은 피담보채권과 분리하여 양도할 수 없으므로(법 13조) 원칙적으로 피담보채권자와 동산담보권자가 동일하여야 한다. 동산의 공시방법은 점유이지만, 이 법에 따라 동산담보권을 법률행위에 의해 취득하기 위하여는 동산담보등기부에 등기를 하여야 그 효력이 생긴다(법 7조).

나. 동산(근)담보권의 양도

법 제13조는 "동산담보권은 피담보채권과 분리하여 타인에게 양도할 수 없다"고 규정하고 있다. 이 규정은 「민법」 제361조의 규정과 동일한 내용으로 강행규정이다. 따라서 피담보채권과 분리된 동산담보권만의 양도는 허용되지 않는다. 이 때 근담보권은 피담보채권이 확정되지 않으므로 양도가 가능한지 여부 등에 논의가 있다.

1) 특정승계

가) 근담보권의 피담보채권이 확정되기 전

피담보채권의 일부를 양도하거나 대위변제해도 근담보권은 이전되지 않고, 근저당권자의 기본계약상의 지위만 일부 또는 전부 양도할 수 있다. 따라서 계약양도, 계약일부양도, 계약가입의 형태로 근저당권자의 지위를 이전할 수 있다.

나) 근담보권의 피담보채권이 확정된 후

피담보채권이 확정된 후에는 근담보권은 채권최고액을 한도로 하여 확정채권액을 담보하는 보통의 담보권과 같은 성질을 가지므로 피담보채권과 함께 양도할 수 있다. 확정채권 (일부)양도, 확정채권 (일부)대위변제, 채권전부명령을 원인으로 근담보권을 이전할 수 있다.

이와 관련하여 "하나의 근저당권을 여럿이 준공유하는 경우에 근저당권자 중 1인이 확정채권의 전부 또는 일부 양도를 원인으로 근저당권이전등기를 하는 경우에는 근저당권의 피담보채권이 확정되었음을 증명하는 서면 또는 나머지 근저당권자 전원의 동의가 있음을 증명하는 서면(동의서와 인감증명서)을 첨부하여야 한다. 또한 근저당권의 확정 후에 피담보채권과 함께 복수의 양수인에게 이전하는 경우에는 각 양수인별로 양도액을 특정하여 신청하여야 한다"는 근저당권과 관련한 등기선례[27]의 논리가 그대로 적용될 수 있다.

2) 포괄승계

근저당권자에 대해 상속, 합병 등의 사유가 생긴 경우, 법률상 당연히 기본계약상의 지위와 함께 상속인, 합병 후의 법인에게 이전한다.

---

27 복수의 근저당권자 중 1인이 확정채권 양도를 원인으로 한 근저당권 일부이전 등기를 신청하는 방법(등기선례 제9-307호)

　　1. 근저당권의 피담보채권이 확정된 후에 그 피담보채권이 양도 또는 대위변제된 경우에는 근저당권자 및 그 채권양수인 또는 대위변제자는 근저당권이전등기를 신청할 수 있으며, 이 경우 등기원인은 "확정채권 양도" 또는 "확정채권 대위변제" 등으로 기록하게 되고, 채권의 일부에 대한 양도 또는 대위변제로 인한 근저당권 일부이전 등기를 할 때에는 양도액 또는 변제액을 기록하여야 한다.

　　2. 하나의 근저당권을 여럿이 준공유하는 경우에 근저당권자 중 1인이 확정채권의 전부 또는 일부 양도를 원인으로 근저당권이전등기를 하는 경우에는 근저당권의 피담보채권이 확정되었음을 증명하는 서면 또는 나머지 근저당권자 전원의 동의가 있음을 증명하는 서면(동의서와 인감증명서)을 첨부하여야 한다. 또한 근저당권의 확정 후에 피담보채권과 함께 복수의 양수인에게 이전하는 경우에는 각 양수인 별로 양도액을 특정하여 신청하여야 한다.

　　3. 예를 들면, 채권최고액이 1억원이고 근저당권자가 A, B인 근저당권에 관하여 A가 "확정채권 일부양도"를 원인으로(양도액 7천만원) 복수의 양수인 C, D에게 근저당권 이전등기를 하고자 할 때에는, 첨부서면으로 피담보채권 확정증명서면(확정된 피담보채권액 중 A의 채권액이 7천만원 이상이어야 함)이나 B의 동의서를 첨부하여야 하고, 근저당권을 이전받는 C, D에 대한 각각의 양도액을 기재하여야 한다. 만약 위 경우에 양도액을 각 채권자별로 기재하지 않은 채 C, D 앞으로 A지분의 이전등기가 마쳐졌다면 C와 D가 양도받은 금액은 각 균등한 것으로 추정된다. 이후 C가 양도받은 확정채권 전부를 다시 E에게 양도하고자 할 때 실제 그 양도액이 균등추정된 금액(위 예에서는 3,500만원)을 초과한다면 C와 D가 각각 양도받은 금액을 기록하는 경정등기 절차를 선행한 후에(다만, D의 동의서가 있다면 경정등기 생략가능) 근저당권 이전등기를 신청하여야 한다.

3) 담보권의 양도

보통의 담보권은 채권양도(대위변제)를 원인으로 양도할 수 있다. 수인이 준공유하는 담보권은 지분이 표시되므로 '채권지분양도'도 가능하다.

다. 등기절차

1) 신청인

원칙적으로 등기의무자와 등기권리자가 공동신청한다(법 41조 1항). 예외적으로 판결에 의한 등기는 승소한 등기권리자 또는 등기의무자 단독으로 신청할 수 있고, 상속이나 그 밖의 포괄승계로 인한 등기는 등기권리자 단독으로 신청할 수 있다(법 41조 3항). 등기의무자는 현재 등기부상 담보권자인 양도인, 등기권리자는 담보권을 이전받을 자로서 등기부에 새로 기재될 자이다.

2) 신청정보

이전등기신청서 양식에 맞춰 법 제43조제2항, 제47조제2항, 등기예규 1742호 제5조에 기재된 사항을 적어야 한다. 담보목적물에 관한 사항은 이전등기신청서에 기재할 사항이 아니다.

가) 등기원인과 그 연월일

근담보권의 피담보채권 확정 전 계약상의 지위가 이전되는 경우 '계약양도', '계약일부양도', '계약가입'으로 기재한다. 근담보권의 피담보채권이 확정 된 후 '확정채권양도', '확정채권일부양도', '확정채권대위변제', '확정채권일부대위변제', '채권전부명령' 등으로 기재한다. 포괄승계의 경우 '상속', '회사합병' 등으로 기재한다.

금융위원회의 계약이전결정에 의해서 동산·채권(근)담보권이 취득하는 근거규정이 없으므로, 저당권의 경우와 달리 「금융산업의 구조개선에 관한 법률에 의한 금융감독위원회의 계약이전결정에 따른 근저당권이전등기절차에 관한 예규」(등기예규 1365호)가 적용된다고 보기 어렵다.

그 연월일은 등기원인이 되는 법률행위 또는 법률사실이 있는 날을 기재한다.

나) 등기의 목적

'(근)담보권 이전'으로 기재한다. 담보권 중 지분의 일부를 이전하는 경우 '1번 담보권일부이전' 등으로 표시한다.

다) 이전할 (근)담보권

'○○○○년 ○월 ○일 접수 제○○○○호로 설정한 (근)담보권 단, (근)담보권은 채권과 함께 이전함'이라고 담보권이 채권과 같이 이전한다는 뜻을 적어야 한다.

라) 그 밖의 정보

공동신청 또는 승소한 등기의무자가 단독으로 (근)담보권이전등기를 신청하는 경우 등기의무자의 등기필정보를 기재한다. 담보권을 특정하는 정보로 담보목적물은 별도로 기재하지 아니한다.

3) 첨부서면

가) 등기원인을 증명하는 서면

근담보권이전등기를 위하여는 기본계약상의 지위가 이전됨을 알 수 있는 '근담보권부 채권양도계약서(계약양도, 계약가입)' 등의 원인서면이 제출되어야 한다.

담보권이전등기를 위하여는 '담보권부 (확정)채권양도계약서' 등의 원인서면이 제출되어 확정채권과 함께 담보권이 이전된다는 내용이 확인되면 족하다.

나) 제3자의 승낙서

근담보권설정자가 물상보증인이라 할지라도 승낙서를 첨부할 필요가 없고(등기선례 5-446), 피담보채권 양도의 대항요건인 통지서나 채무자의 승낙서 등도 불필요한 점(등기선례 5-104)은 근저당권이전등기신청의 경우와 동일하다. 뿐만 아니라 담보권부는 담보약정별로 담보권에 관한 사항을 기록하므로 개념상 등기상 이해관계 있는 제3자가 나올 수 없어[28] 문제되지 않는다.

---

28 저당권이 있는 채권을 압류하는 경우 채권압류사실을 등기부에 기입하도록 촉탁할 수 있고(민집법 228조), 광업권의 저당(광업법 43조), 항공기의 저당(항공기저당법 5조), 자동차의 저당(자동차 등 특정동산저당법 4조), 건설기계의 저당(건설기계저당법 5조), 댐사용권의 저당(댐건설및주변지역지원등에관한법률 32조) 등과 같이 등록에 의하여 저당권이 설정된 경우에도 위 촉탁등기규정이 준용된다고 한다(민사집행실무Ⅲ, 334면). 다만 저당권이 아닌 동산·채권담보권이 있는 채권에 대한

다) 등기의무자의 등기필정보와 인감증명

등기의무자의 등기필정보를 제공하여야 하나, 인감증명은 원칙적으로 제공할 필요가 없고 등기필정보를 제공할 수 없는 경우에만 제공하여야 한다.

라) 등기권리자(새로운 담보권자)의 특정을 위한 서면

규칙 제29조에 따라 등기권리자의 성명, 주소 및 주민등록번호(재외국민이나 외국인인 경우 부동산등기용등록번호)를 증명하는 서면인 주민등록표 등·초본, 법인등기사항증명서, 「부가가치세법」에 따라 사업자등록을 증명하는 서면 등을 제출하여야 한다.

국내에 영업소나 사무소 설치등기를 하지 아니한 외국법인의 경우 외국법인의 존재를 인정할 수 있는 서면(예를 들어, 일본국의 법인등기사항증명서) 등을 첨부하여야 한다.

4) 등기실행

동산(근)담보권이전등기는 부기로 하여야 한다. 종전 권리의 표시에 관한 사항을 말소하는 표시를 하여야하나, 이전되는 지분이 일부일 때에는 그러하지 아니하다. 채권일부의 양도나 대위변제로 인한 담보권이전등기의 경우에는 양도나 대위변제의 목적인 채권액을 기록하여야 한다(등기예규 1741호 8조). 근담보권은 그 담보할 채무의 최고액만을 정하고 채무의 확정을 장래에 보류한 담보권으로서 그 이전에 있어서 근저당권과 동일한 논리가 적용될 수 있다.

3 동산(근)담보권 변경등기

가. 의의

동산담보권의 설정등기 후 그 등기사항에 변경이 생긴 경우, 동일성의 범위 내에서 실체관계와 등기를 일치시키기 위해 변경사항을 공시하는 등기이다. (광의의)변경등기란 경정등기와 협의의 변경등기를 포함하는 개념이다. 경정등

채권압류사실을 기입할 수 있도록 한 촉탁규정 또는 등기사항 규정이 없으므로 동산·채권담보등기부에 채권압류사실을 기입할 수 없다. 따라서 담보권 자체에 (가)압류 등기 또는 질권의 설정등기를 할 수 없으므로 등기상 이해관계 있는 제3자는 개념상 등장할 수 없다.

기란 등기신청인의 신청착오 또는 등기관의 착오·유루로 인하여 등기사항의 일부가 등기 당시부터 실체관계에 부합하지 않는 경우에 바로 잡는 등기이다. 협의의 변경등기는 후발적 사유로 인하여 실체관계와 등기가 불일치하는 경우 이를 바로잡기 위하여 기존 등기의 일부를 변경하는 등기를 말한다. 통상 변경등기라고 하면 협의의 변경등기(이하 '변경등기')를 말하므로 이하에서는 변경등기를 중심으로 설명한다.

권리주체인 담보권자의 변경[29]이나, 담보목적물의 변경 및 담보권설정자의 변경은 동일성을 상실하여 동산담보권의 권리 내용에 관한 변경이 아니므로 변경등기를 할 수 없다. 이하에서는 특히 문제되는 채권최고액 변경, 일부 이전된 후 (근)담보권의 소멸로 인한 변경, 채무자 변경, 보관장소 변경, 존속기간의 변경 등에 관하여 살펴본다.

나. 채권최고액의 변경

채권최고액을 증액하거나 감액하는 변경계약을 한 경우 변경된 채권최고액을 등기하여야 제3자에게 대항할 수 있다. 원칙적으로 공동신청에 의한다.

1) 신청인

가) 채권최고액 증액

등기의무자는 채권최고액 증액으로 인해 등기상 불이익을 받는 담보권설정자이고, 등기권리자는 담보권자가 된다.

나) 채권최고액 감액

등기의무자는 채권최고액 감액으로 인해 등기상 불이익을 받는 담보권자이고, 등기권리자는 담보권설정자가 된다.

2) 신청정보

변경등기신청서 양식에 맞춰 법 제43조제2항, 제47조제2항, 등기예규 1742호 제5조에 기재된 사항을 적어야 한다. 담보목적물에 관한 사항은 이전등기신청서에 기재할 사항이 아니다.

---

29 이전등기라는 별도의 유형으로 하여야 한다.

가) 등기원인과 그 연월일

'변경계약' 등 변경의 원인이 되는 법률행위와 그 성립일을 기재한다.

나) 등기의 목적

'(근)담보권변경'으로 기재한다.

다) 변경할 사항

'○○○○년 ○월 ○일 접수 제○○○○호로 설정한 근담보권설정등기사항 중 채권최고액 ○원을 ○원으로 변경함' 형식으로 변경등기 대상과 변경할 사항을 간결하게 기재한다.

라) 그 밖의 정보

공동신청 또는 승소한 등기의무자가 단독으로 (근)담보권이전등기를 신청하는 경우 등기의무자의 등기필정보를 기재한다.

3) 첨부서면

등기원인을 증명하는 서면으로 채권최고액 증감에 관한 변경계약서를 제출한다. 대리인의 권한을 증명하는 서면인 위임장에 반드시 인감을 날인하여야 하는 것은 아니다. 다만, 등기의무자가 등기필정보를 제공하지 못하는 경우에는 인감증명서를 제출하고 신청서(위임장)에 인감이 날인되어야 한다.

4) 등기실행

채권최고액의 변경이나 경정은 담보권의 변경이나 경정에 해당하므로 원칙적으로 부기등기로 한다(등기예규 1741호 9조 3항). 다만 담보목적물에 관하여 권리를 가지는 자 또는 압류·가압류나 가처분의 채권자가 손해를 입을 우려가 있는 권리의 변경이나 경정의 등기(채권액 또는 채권최고액 증액, 담보권 효력이나 피담보채권의 범위를 확장하는 경우 등)는 주등기로 하여야 한다(등기예규 1741호 9조 4항 2호). 따라서 채권최고액을 증액하면 담보목적물에 관한 후순위 권리자나 담보목적물에 대해 압류·가압류나 가처분의 채권자가 손해를 입을 우려가 있는 경우에 해당하므로 주등기로 해야 한다. 반면, 채권최고액을 감액하는 경우에는 부기등기로 할 수 있다. 이 때 주등기로 채권최고액을 변경하는 경우에는 변경 전의 등기사항을 말소하는 표시는 하지 않는다(등기예규 1741호 9조 5항).

채권최고액 감액의 부기등기 허용여부에 관한 선례연구

1. 검토배경

동산·채권담보등기는 근저당권에 관한 등기와 그 등기사항 기록방법이 유사하다. 근저당권부 채권에 대해 질권의 부기등기를 하거나 (가)압류의 기입등기가 마쳐진 경우에 근저당권의 채권최고액을 감액하기 위하여는 등기상 이해관계 있는 제3자인 질권자 또는 (가)압류권자의 승낙이 필요하다. 등기상 이해관계 있는 제3자의 승낙이 없는 경우 채권최고액 감액의 등기를 주등기로 할 수 없다는 등기예규와 등기선례가 있는데 그 타당성에 관해 살펴본다.

2. 등기예규와 등기선례의 태도

가. 등기예규

「전세권변경등기 등의 기록방법에 관한 사무처리지침」(등기예규 1671호) 2.나.2)에서는 "전세권설정등기 후 그 전세권을 목적으로 하는 근저당권설정등기 또는 그 전세권에 대한 가압류등기 등이 있는 상태에서 전세금을 감액하는 변경등기를 하는 때에 그 근저당권자 또는 가압류권자 등은 등기상 이해관계 있는 제3자에 해당하므로 그의 승낙이 있으면 그 변경등기를 전세권설정등기에 부기로 하고[기록례 7 참조], 그의 승낙이 없으면 그 변경등기를 할 수 없다"고 규정하고 있다.

나. 등기선례

1) 「근저당권말소등기와 근저당권에 대한 가압류권자의 승낙서등의 첨부요부」 제정 1993. 11. 1. (등기선례 제4-136호, 시행)

등기의 말소를 신청하는 경우에 그 말소에 대하여 등기상 이해관계있는 제3자가 있는 때에는 신청서에 그 승낙서 또는 이에 대항할 수 있는 재판의 등본을 첨부하여야 하는 바(부등법 171조), 채무가 모두 변제되어 근저당권이 실질상 소멸되었으나 등기부상 말소되지 않은 근저당권에 대한 가압류권리자도 등기상 이해관계 있는 제3자에 해당하므로 가압류등기가 말소되지 않거나 가압류권리자의 승낙서 또는 이에 대항할 수 있는 재판의 등본을 첨부하지 않는 한 근저당권의 말소등기는 할 수 없다.

2) 「근저당권부 채권의 질권자가 해당 질권을 제3자에게 전질한 경우 질권의 이전등기가 가능한지 여부 등」 제정 2011. 5. 3. (등기선례 제9-328호, 시행)

① 근저당권부 채권의 질권자가 해당 질권을 제3자에게 전질한 경우 「부동
산등기법」 제2조에 의하여 질권의 이전등기를 할 수 있다.

② 근저당권부 채권에 질권이 설정된 경우 질권자의 동의 없이는 근저당권
의 채권최고액을 감액하는 근저당권변경등기를 할 수 없다.

3. 검토

가. 부동산등기의 경우

전세권이나 (근)저당권을 목적으로 하는 권리에 관한 등기나 처분제한 등
기가 있는 경우 해당 전세권이나 (근)저당권의 전세금 또는 채권(최고)액을
등기상 이해관계 있는 제3자의 동의 없이는 부기등기는 물론이고 주등기로도
할 수 없다. 그 이유는 변경등기로 인하여 등기기록상 권리가 축소·소멸되어
실체법상 권리자의 동의 없이는 그 처분이 제한되는 경우(민법 352조, 371조)
에 해당하기 때문이다. 목적 권리가 압류·가압류 또는 가처분된 경우에도 마
찬가지이다.

그러나, 이는 동의 없는 처분행위의 효력과 등기의 효력에 대해 오해한 것
으로 보인다. 우선 동의 없는 처분행위의 효력에 대해서는 저당권의 질권자
나 전세권자의 저당권자 등에 대해 동의 없이 목적된 권리를 소멸하게 하거
나 이익을 해하는 변경을 한 경우, 절대적인 무효가 아니라 대항하지 못할 뿐
이다.[30] 판례[31]도 "「민법」 제352조가 질권설정자는 질권자의 동의 없이 질권
의 목적된 권리를 소멸하게 하거나 질권자의 이익을 해하는 변경을 할 수 없
다고 규정한 것은 질권자가 질권의 목적인 채권의 교환가치에 대하여 가지는
배타적 지배권능을 보호하기 위한 것이므로, 질권설정자와 제3채무자가 질권
의 목적된 권리를 소멸하게 하는 행위를 하였다고 하더라도 이는 질권자에
대한 관계에 있어 무효일 뿐이어서 특별한 사정이 없는 한 질권자 아닌 제3
자가 그 무효의 주장을 할 수는 없다"고 한다. (가)압류의 경우에도 개별상대
효설이 다수설이자 판례[32]이므로 채무자의 압류물에 대한 처분행위는 집행채
권자 및 처분행위 이전에 그 집행절차에 참가한 채권자에 대한 관계에서만
무효로 되는 데에 그치고, 그 밖의 제3자에 대한 관계에서까지 무효로 되는
것은 아니다.[33] 다만, 목적인 권리를 발생시키는 기본적 계약관계를 해제하거
나 해지하는 것이 가능한 것과는 구별된다.[34] 이와 같이 목적인 권리를 처분
하는 것은 상대적으로 권리를 목적으로 한 권리자에게 대항할 수 없을 뿐이
므로 동의가 없다고 하여도 주등기로는 할 수 있다고 하여야 한다. 구체적인

대항가능 여부는 소송으로 다투어야 한다.

또한 등기는 효력발생요건에 불과하므로 등기상 이해관계 있는 제3자의 동의 없이 주등기로 채권최고액 감액의 변경등기가 완료되었어도 질권자나 저당권자 또는 (가)압류권자에 대해 권리소멸의 처분행위를 대항할 수 없다고 보기는 어렵다. 등기는 물권변동의 효력발생을 위한 기능과 실체와 공시를 일치시키기 위할 뿐 등기로 인하여 실체적인 권리관계가 확정된다고 볼 수 없다.

따라서 등기상 이해관계 있는 제3자의 동의가 없더라도 주등기로 채권최고액의 감액의 등기를 할 수 있고 다만, 집행단계에서 대항하지 못한다고 봄이 타당하다.

나. 동산·채권담보등기의 경우

동산·채권담보등기의 경우 동산·채권담보권으로 담보되는 금전채권을 입질한 경우라고 하더라도 질권의 부기등기를 할 수 없고, (가)압류된 경우라도 촉탁 및 등기사항에 관해 아무런 규정이 없어 등기부에 담보목적물에 관해 권리를 가지거나 (가)압류한 자를 알 수 없다. 등기실무상 형식적 심사권한 밖에 없는 등기관으로서는 실체관계를 고려하여 채권최고액 감액등기 허용여부를 심사함은 타당하지 아니하므로 채권최고액 감액의 변경등기를 권리에 관한 변경등기의 원칙적인 모습인 부기등기로 하고 있다. 정당하게도 실체적인 권리관계는 소송으로 다투어야 한다.

다. 일부 이전된 후 (근)담보권의 소멸로 인한 변경

확정채권양도 등으로 확정된 피담보채권의 이전에 따라 (근)담보권이 이전된 후, 잔존채권 또는 이전된 채권이 변제 등으로 인하여 소멸되었을 때는 일부 말소 의미의 변경등기를 하여야 한다. 이 때 이전된 채권이 변제되든, 잔존채권이 변제되든 그 대상은 주등기로 된 (근)담보권이다. 등기목적은 'ㅇ번(근)담보권변경'이다.

---

30 편집대표 김용덕, 주석 민법[물권4](제5판), 294면; 편집대표 김용덕, 주석 민법[물권3](제5판), 710면
31 대법원 1997. 11. 11. 선고 97다35375 판결
32 대법원 1992. 3. 27. 선고 91다44407 판결, 대법원 1998. 11. 13. 선고 97다57337 판결, 대법원 2008. 2. 28. 선고 2007다77446 판결 등
33 편집대표 민일영, 주석 민사집행법(Ⅴ)(제4판), 한국사법행정학회 (2018), 169면
34 대법원 2001. 6. 1. 선고 98다17930 판결

1) 신청인

등기의무자는 (근)담보권자이고, 등기권리자는 담보권설정자이다.

2) 신청정보

변경등기신청서 양식에 맞춰 법 제43조제2항, 제47조제2항, 등기예규 1742
호 제5조에 기재된 사항을 적어야 한다. 담보목적물에 관한 사항은 이전등기
신청서에 기재할 사항이 아니다.

가) 등기원인과 그 연월일

'○○○(담보권자)채권의 변제'등 변경의 원인을 기재한다.

나) 등기의 목적

'○번(근)담보권변경'으로 기재한다.

다) 변경할 사항

일부 이전등기 후 잔존채권의 변제로 인한 변경의 경우 '○○○○년 ○월 ○
일 접수 제○○○○호로 설정한 근담보권설정등기사항 중 채권최고액 ○원을
○으로 변경 및 근담보권자 말소'로 기재한다.

일부 이전등기된 (근)담보권의 소멸로 인한 변경의 경우 '○○○○년 ○월
○일 접수 제○○○○호로 설정한 근담보권설정등기사항 중 채권최고액 ○원
을 ○으로 변경 및 ○○○○년 ○월 ○일 접수 제○○○○호로 설정한 근담보
권설정등기사항 말소'로 변경등기 대상과 변경할 사항을 간결하게 기재한다.

라) 그 밖의 정보

공동신청 또는 승소한 등기의무자가 단독으로 (근)담보권변경등기를 신청하
는 경우 등기의무자의 등기필정보를 기재한다.

3) 첨부서면

등기원인을 증명하는 서면으로 일부 이전된 후 변제된 사실을 증명하는 변
제확인서 등이 첨부되어야 한다. 대리인의 권한을 증명하는 서면인 위임장에
반드시 인감을 날인하여야 하는 것은 아니다. 다만, 등기의무자가 등기필정보
를 제공하지 못하는 경우에는 인감증명서를 제출하고 신청서(위임장)에 인감이
날인되어야 한다.

4) 등기실행

일부말소 의미의 변경등기를 하는 경우이므로 담보목적물에 관하여 권리를 가지는 자 또는 압류·가압류나 가처분의 채권자가 손해를 입을 우려가 있는 경우에 해당하지 않는다(등기예규 1741호 9조 4항 2호). 따라서 부기등기로 채권 최고액을 변경하는 등기 및 말소하는 표시를 하여야 한다.

〈기록례〉 근담보권의 일부 이전등기 후 잔존채권의 변제로 인한 변경

【 담 보 권 】 (담보권에 관한 사항)				
순위번호	등기목적	접수	등기원인	담보권자 및 기타사항
1	근담보권설정	2017년6월12일 16시25분 제100호	2017년6월11일 설정계약	~~채권최고액 금50,000,000원~~ 존속기간 2017년 6월 12일부터 2022년 6월 11일까지 채무자 주식회사 담보건설 　　　서울특별시 관악구 신사로 1(신림동) ~~근담보권자 담보은행 주식회사 110111-0001234~~ ~~　　　서울특별시 종로구 세종대로 200(세종로)~~
1-1	1번근담보권 일부이전	2017년9월12일 09시42분 제900호	2017년9월11일 확정채권일부양도	양도액 금20,000,000원 근담보권자 오키저축은행 110171-0333444 　　　서울특별시 영등포구 여의서로 30(여의도동)
1-2	1번근담보권 변경	2018년3월12일 14시00분 제300호	2018년3월11일 담보은행 주식회사의 채권변제	채권최고액 금20,000,000원

〈기록례〉 일부 이전등기된 근담보권의 소멸로 인한 변경

【 담 보 권 】 (담보권에 관한 사항)				
순위번호	등기목적	접수	등기원인	담보권자 및 기타사항
1	근담보권설정	2017년6월12일 16시25분 제100호	2017년6월11일 설정계약	~~채권최고액 금50,000,000원~~ 존속기간 2017년 6월 12일부터 2022년 6월 11일까지 채무자 주식회사 담보건설 　　　서울특별시 관악구 신사로 1(신림동) 근담보권자 담보은행 주식회사 110111-0001234 　　　서울특별시 종로구 세종대로 200(세종로)
~~1-1~~	~~1번근담보권 일부이전~~	~~2017년9월12일 09시42분 제900호~~	~~2017년9월11일 확정채권일부양도~~	~~양도액 금20,000,000원~~ ~~근담보권자 오키저축은행 110171-0333444~~ ~~　　　서울특별시 영등포구 여의서로 30(여의도동)~~
1-2	1번근담보권 변경	2018년3월12일 14시00분 제300호	2018년3월11일 오키저축은행의 채권변제	채권최고액 금30,000,000원

라. 채무자 변경

경개, 확정채무의 면책적 인수 등 채무자가 변경되는 경우 채무자의 변경으로 인한 변경등기를 하여야 한다. 이에는 채무자의 표시에 변경이 생기는 경우를 포함한다.

1) 신청인

채무자변경을 원인으로 하는 (근)담보권변경등기의 등기의무자는 담보권설정자이고 등기권리자는 담보권자이다. 채무자가 변제기에 채무를 변제하지 못한다면 담보권자는 담보권을 실행하여 채권의 만족을 얻을 것이므로, 채무자의 자력이 낮을수록 담보목적물의 집행 위험은 커진다. 따라서 등기기록상 불이익을 입을 자인 등기의무자는 집행채무자가 될 위험이 있는 담보권설정자가 된다. 채무자는 등기신청의 당사자가 아니므로 채무자가 변경되거나 채무자의 표시에 관한 변경이 있어도 채무자는 등기신청을 할 수 없다.

2) 신청정보

변경등기신청서 양식에 맞춰 법 제43조제2항, 제47조제2항, 등기예규 1742호 제5조에 기재된 사항을 적어야 한다. 담보목적물에 관한 사항은 변경등기신청서에 기재할 사항이 아니다.

가) 등기원인과 그 연월일

근담보권의 피담보채권이 확정되기 전 '계약인수', '계약의 일부 인수', '중첩적 계약인수' 등으로, 근담보권의 피담보채권이 확정된 후에는 '확정채무의 면책적 인수', '확정채무의 중첩적 인수', '경개' 등으로 기재하고, 해당 법률행위 성립일을 그 연월일에 기재한다.

채무자의 표시가 변경된 경우 '채무자주소변경' 또는 '채무자 개명' 등으로 그 변경사항을 등기원인으로 기재한다.

나) 등기의 목적

'(근)담보권변경'으로 기재한다.

다) 변경할 사항

'○○○○년 ○월 ○일 접수 제○○○○호로 설정한 근담보권설정등기사항 중 구 채무자 ○○○ ○○시 ○○구 ○○번지를 신채무자 ○○○ ○○시 ○○ 구 ○○번지로 변경함' 형식으로 변경등기 대상과 변경할 사항을 간결하게 기 재한다.

라) 그 밖의 정보

공동신청 또는 승소한 등기의무자가 단독으로 (근)담보권변경등기를 신청하 는 경우 등기의무자의 등기필정보를 기재한다. 이에 관해 채무자 주소변경 등 채무자의 표시에 관하여 근저당권 변경등기를 신청하는 경우는 그 실질이 등 기명의인이 단독으로 등기명의인 표시변경등기를 신청하는 경우와 다를 바가 없기 때문에 등기의무자의 인감증명을 첨부할 필요가 없고, 또한 권리에 관한 등기가 아닌 표시변경등기에 불과하므로 등기필증도 첨부할 필요가 없다는 선 례(등기선례 제9-406호)가 있다. 그러나 이 선례의 논리가 동산담보권변경등기 에는 그대로 적용될 수 없다. 「부동산등기법」 제50조제2항은 등기권리자와 등 기의무자가 공동으로 권리에 관한 등기를 신청하는 경우에 등기의무자의 등기 필정보를 제공하도록 되어 있는 반면, 법 제43조제2항제3호는 등기권리자와 등 기의무자가 공동으로 신청하는 경우에 등기의무자의 등기필정보를 제공하도록 규정하고 있다.[35] 법 제41조제2항은 등기명의인 표시의 변경의 등기는 등기명 의인이 단독으로 신청할 수 있도록 규정하고 있다. 채무자의 표시에 관한 사항 은 등기명의인의 표시가 아니므로 그 실질이 등기명의인 표시변경등기로 보기 어렵다. 따라서 채무자 표시 변경의 경우에도 등기필정보를 제공하여야 한다.

3) 첨부서면

등기원인을 증명하는 서면으로 계약양도 또는 채무인수 계약서 등을 제출한 다. 채무인수와 관련하여 "채무인수가 면책적인가 중첩적인가 하는 것은 채무 인수계약에 나타난 당사자 의사의 해석에 관한 문제이고, 채무인수에 있어서 면책적 인수인지, 중첩적 인수인지가 분명하지 아니한 때에는 이를 중첩적으 로 인수한 것으로 볼 것이다"는 판례가 있다.[36]

대리인의 권한을 증명하는 서면인 위임장에 반드시 인감을 날인하여야 하는

---

35 부동산등기와 달리 권리의 등기로 제한하지 않고 공동신청인 경우라면 등기필정보를 제출하도록 규정되어 있다는 점에서 차이가 있다.
36 대법원 2002. 9. 24. 선고 2002다36228 판결 등

것은 아니다. 다만, 등기의무자가 등기필정보를 제공하지 못하는 경우에는 인감증명서를 제출하고 신청서(위임장)에 인감이 날인되어야 한다.

4) 등기실행

채무자 변경은 담보권의 내용을 변경하는 것이므로 권리의 변경에 해당한다. 다만, 담보목적물에 관하여 권리를 가지는 자 또는 압류·가압류나 가처분의 채권자가 손해를 입을 우려가 있는 경우에 해당하지 않는다(등기예규 1741호 9조 4항 2호). 따라서 담보권부에 부기로 변경한 사항을 등기한다.

마. 보관장소 변경

집합동산에 관하여 종류 및 보관장소를 특정하는 방법으로 동산담보등기를 한 후, 담보권설정자가 집합동산의 보관장소를 이동시킨 경우에 그 동산에 관한 특정성을 상실하여 동산담보등기의 효력이 미치지 않을 가능성이 높아진다는 문제점이 있었다.[37] 당사자 간의 합의로 보관장소를 변경한 경우 그 변경등기를 허용하여 당초의 동산담보등기를 구비한 시점을 기준으로 우선순위를 유지시킬 필요성이 있어 「동산·채권의 담보등기 신청에 관한 업무처리지침」을 개정하여 2018. 8. 1.부터 허용하였다. 집합동산이든 개별동산이든 보관장소로 특정된 경우[38] 보관장소 변경등기를 할 수 있다. 담보목적물의 동일성 등의 문제로 인하여 담보목적물부의 변경등기는 보관장소와 관련된 사항에 한하여 허용한다.

1) 신청인

담보권을 유지하는 것은 담보권자에게 이익이므로 등기의무자는 담보권설정자, 등기권리자는 담보권자이다.

2) 신청정보

변경등기신청서 양식에 맞춰 법 제43조제2항, 제47조제2항, 등기예규 1742호 제5조에 기재된 사항을 적어야 한다. 담보목적물에 관한 사항에 대해 해당 동산의 일련번호, 종류, 변경 후 보관장소를 기재한다.

---

37 동산·채권 등의 남보에 관한 법률 해설서(법무부, 107면 내지 108면)에서도 보관장소 변경등기가 허용되는 것으로 해설하고 있어서 보관장소를 허용하지 않는 실무와 배치되는 문제가 있었다.
38 개별동산은 동산의 특성에 따라 특정하지만, 기타사항란에 동산 을 특정하는데 유익한 사항으로 보관장소를 기재할 수 있다.

가) 등기원인과 그 연월일

'보관장소변경'을 등기원인으로 그 계약일자를 기재한다.

나) 등기의 목적

'(근)담보권변경(보관장소)'으로 기재한다.

다) 변경할 사항

'일련번호 ○번 동산의 등기사항 중 보관장소 ○○시 ○○구 ○○번지를 ○○시 ○○구○○번지로 변경함'이라는 식으로 간결하게 기재한다.

라) 그 밖의 정보

공동신청 또는 승소한 등기의무자가 단독으로 (근)담보권변경등기를 신청하는 경우 등기의무자의 등기필정보를 기재한다.

3) 첨부서면

등기원인을 증명하는 서면으로 보관장소변경계약서 등을 제출한다. 원칙적으로 인감증명은 제출할 필요가 없다. 다만, 등기의무자가 등기필정보를 제공하지 못하는 경우에는 인감증명서를 제출하고 신청서(위임장)에 인감이 날인되어야 한다.

4) 등기실행

담보목적물의 보관장소의 변경은 담보권의 내용을 변경하는 것이므로 권리의 변경에 해당한다. 다만, 담보목적물의 동일성을 유지한 채 그 특정의 방법을 변경한 것에 불과하므로 보관장소의 변경등기는 담보목적물에 관하여 권리를 가지는 자 또는 압류·가압류나 가처분의 채권자가 손해를 입을 우려가 있는 경우에 해당하지 않는다(등기예규 1741호 9조 4항 2호). 보관장소의 변경사항등기는 담보목적물부에 하되, 등기원인과 변경되는 뜻, 변경등기의 대상은 담보권부에 부기로 기록한다.

〈기록례〉 담보목적물의 보관장소 변경(집합동산)

【 담 보 권 】 (담보권에 관한 사항)				
순위번호	등기목적	접수	등기원인	담보권자 및 기타사항
1	근담보권설정	2016년6월12일 16시25분 제100호	2016년6월11일 설정계약	채권최고액 금50,000,000원 존속기간 2016년 6월 12일부터 2021년 6월 11일까지 채무자 주식회사 담보건설 　　서울특별시 관악구 신사로 1(신림동) 근담보권자 담보은행 주식회사 110111-0001234 　　서울특별시 종로구 세종대로 200(세종로)
1-1	1번근담보권 변경	2017년10월12일 11시00분 제900호	2017년10월1일 보관장소변경	일련번호 90번, 100번 동산 변경

【 담 보 목 적 물 】 (담보목적물에 관한 사항)			
일련번호	동산의 종류	보관장소 / 특성	기타사항
(생략)	(생략)	(생략)	(생략)
90	~~집합동산 : 노트북 컴퓨터~~	~~서울특별시 서초구 서초대로 10, 303호(서초동, 제일빌딩)~~	
90	집합동산 : 노트북 컴퓨터	경기도 용인시 처인구 모현면 독점로 31(모현물류제2창고)	
~~100~~	~~집합동산 : 정보처리용 저장장치~~	~~서울특별시 서초구 서초대로 10, 303호(서초동, 제일빌딩)~~	
100	집합동산 : 정보처리용 저장장치	경기도 용인시 처인구 모현면 독점로 31(모현물류제2창고)	
(생략)	(생략)	(생략)	(생략)

바. 존속기간 변경

　후발적 사유로 인하여 당사자가 합의를 하여 존속기간을 변경할 수 있다. 다만 존속기간의 연장등기는 법 제38조, 제49조에서 별도의 등기유형으로 허용하고 있으므로 존속기간을 단축하는 경우 변경등기로 하지만, 연장하는 경우에는 연장(후발적 사유) 또는 경정(원시적 사유)의 등기로 하여야 한다.[39]

1) 신청인

존속기간의 단축은 담보권설정자에게 유리한 사항이므로 등기의무자는 담보권자, 등기권리자는 담보권설정자이다.

2) 신청정보

변경등기신청서 양식에 맞춰 법 제43조제2항, 제47조제2항, 등기예규 1742호 제5조에 기재된 사항을 적어야 한다. 담보목적물에 관한 사항은 기재사항이 아니다.

가) 등기원인과 그 연월일

'변경계약'을 등기원인으로 그 계약일자를 기재한다.

나) 등기의 목적

'(근)담보권변경'으로 기재한다.

다) 변경할 사항

'○○○○년 ○월 ○일 접수 제○○○○호로 설정한 근담보권설정등기사항 중 존속기간 ○○○○년 ○월 ○일부터 ○○○○년 ○월 ○일까지를 ○○○○년 ○월 ○일부터 ○○○○년 ○월 ○일까지로 변경함'이라는 식으로 간결하게 기재한다.

라) 그 밖의 정보

공동신청 또는 승소한 등기의무자가 단독으로 (근)담보권변경등기를 신청하는 경우 등기의무자의 등기필정보를 기재한다.

3) 첨부서면

등기원인을 증명하는 서면으로 변경계약서 등을 제출한다. 원칙적으로 인감증명은 제출할 필요가 없다. 다만, 등기의무자가 등기필정보를 제공하지 못하는 경우에는 인감증명서를 제출하고 신청서(위임장)에 인감이 날인되어야 한다.

---

39 법원행정처, 동산 · 채권 담보등기 해설, (2012. 8), 203면

4) 등기실행

존속기간의 변경등기를 하는 경우는 존속기간을 단축하는 경우에 한정된다 (연장하는 경우에는 연장 또는 경정의 등기로 하여야 하므로). 따라서 담보목적물에 관하여 권리를 가지는 자 또는 압류·가압류나 가처분의 채권자가 손해를 입을 우려가 있는 경우에 해당하지 않으므로(등기예규 1741호 9조 4항) 존속기간을 단축하는 내용의 변경등기를 담보권부에 부기로 기록한다.

사. 그 밖의 변경사항

법 제10조 단서 또는 제12조 단서의 약정에 관한 사항 등의 변경사항에 관하여 위 변경등기 방식에 따라 변경등기를 신청할 수 있다. 다만 담보등기의 목적물인 동산에 관한 보관장소 외의 사항은 담보등기의 목적물인 동산에 관한 동일성을 상실하게 하므로 변경등기로 할 수 없다. 만약 이를 허용하는 경우 부기등기는 주등기의 순위에 따르는데(법 57조, 부등법 5조), 변경등기로 인하여 담보목적물인 동산에 관하여 이해관계를 가진 제3자에게 예측하지 못하는 손해를 입힐 수 있다(법 7조 3항).

4 동산(근)담보권 경정등기

가. 의의

경정등기란 등기신청인의 신청착오 또는 등기관의 착오·유루로 인하여 등기사항의 일부가 등기 당시부터 실체관계에 부합하지 않는 경우에 바로 잡는 등기이다. 담보등기신청사건의 처리에 관하여는 성질에 반하지 아니하는 범위에서 부동산등기에 관한 예규를 준용하고 있으므로(등기예규 1741호 18조) 「경정등기절차에 관한 업무처리지침」(등기예규 1564호)을 준용하여 처리한다.

권리의 내용 뿐만 아니라 담보목적물의 표시, 담보권설정자의 표시 등 등기사항에 관한 경정도 가능하지만 신청에 착오가 있는 경우 권리 자체의 경정(동산담보권을 채권담보권으로 경정하는 경우 등)이나 권리자 전체를 바꾸는 경정은 허용되지 않는다(경정등기절차에 관한 업무처리지침 2. 나. (1)).

나. 등기절차

1) 신청인

가) 신청에 의한 경정등기

단독신청에 의한 등기의 경정은 단독신청으로, 공동신청에 의한 등기의 경정은 공동신청으로 하여야 하므로 경정대상 등기의 종류에 따라 달라진다.

나) 직권에 의한 경정등기

오기나 누락이 등기관의 잘못으로 인한 경우에는 등기관이 직권으로 경정할 수 있다.

2) 신청정보

일반적인 기재사항으로 법 제43조제2항, 제47조제2항, 등기예규 1742호 제5조, 제6조에 기재된 사항을 적어야 한다.

가) 등기원인과 그 연월일

신청인의 잘못인 경우 '신청착오'로, 등기관의 잘못인 경우 '착오발견'로 등기원인으로 기재한다. 신청착오인 경우 등기신청일이 등기원인일자가 되므로 그 날을 기재하지만 착오발견의 경우 등기원인일자를 기록하지 아니한다.

나) 등기의 목적

'(근)담보권경정'으로 기재한다.

다) 경정할 사항

'○○○○년 ○월 ○일 접수 제○○○○호로 설정한 근담보권설정등기사항 중 ○○○○를 ○○○○로 경정함'이라는 식으로 경정 전의 표시와 경정 후의 표시를 간결하게 기재한다.

라) 그 밖의 정보

공동신청 또는 승소한 등기의무자가 단독으로 (근)담보권경정등기를 신청하는 경우 등기의무자의 등기필정보를 기재한다.

3) 첨부서면

착오 또는 유루를 증명하는 서면을 제출하여야 한다. 이는 경정사유마다 다르므로 구체적인 경우마다 제출하여야 하는 서면은 다르다. 이와 관련하여 채권최고액 등에 관해 경정등기를 하는 경우 설정계약서는 등기소에서 보존하고 있지 아니하므로 세심한 주의가 필요하다.

공동신청하는 경우 등기의무자의 등기필정보를 제공하여야 하나, 인감증명은 원칙적으로 제공할 필요가 없고 등기필정보를 제공할 수 없는 경우에만 제공하여야 한다.

4) 등기실행

권리의 변경이나 경정의 등기는 원칙적으로 부기등기로 한다. 다만 담보목적물부에 기록된 사항의 경정등기는 담보목적물부에 하되, 경정되는 뜻과 경정등기의 대상은 이를 담보권부에 주등기로 기록한다(등기예규 1741호 9조 4항 3호). 담보목적물에 기록된 사항의 경정등기는 당해 담보목적물의 동일성 상실로 인하여 담보목적물에 관하여 권리를 가지는 자 또는 압류·가압류나 가처분의 채권자에게 손해를 입힐 수 있기 때문이다. 경정 전의 등기사항을 말소하는 표시를 하여야 한다(등기예규 1741호 9조 5항).

5 등기명의인 표시변경(경정)등기

가. 의의

등기명의인의 성명 또는 상호, 주소 또는 본점소재지, 주민등록번호 또는 법인등록번호 등에 관해 변경사유가 발생한 경우에 이를 실체와 일치시키기 위한 등기이다. 등기명의인은 권리에 관한 등기의 현재의 명의인인 권리자를 말하므로 담보권자의 표시에 관하여 변경이 생긴 경우에 한정되고, 담보권설정자의 표시에 관하여 변경이 생긴 경우 이 유형의 등기신청을 할 수 없다.

나. 등기절차

1) 신청인

법 제41조 제2항에 따라 등기명의인인 담보권자가 단독으로 신청할 수 있다.

2) 신청정보

일반적인 기재사항으로 법 제43조제2항, 제47조제2항, 등기예규 1742호 제5조, 제6조에 기재된 사항을 적어야 한다.

3) 첨부서면

등기명의인의 표시변경(경정)을 증명하는 서면을 제출하여야 한다. 예를 들어 개명된 경우 '기본증명서', 주소가 변경된 경우 '주민등록표등·초본' 등이 이에 해당한다.

4) 등기실행

등기명의인 표시의 변경이나 경정의 등기는 변경이나 경정 전의 등기사항을 말소하는 표시를 하고, 부기로 변경이나 경정사항을 등기하여야 한다(등기예규 1741호 9조 3항).

6 담보권설정자 표시변경(경정)등기

가. 의의

담보등기부는 담보권설정자별로 편제하므로 담보권설정자에 관한 사항은 담보등기부를 특정하는 역할을 한다. 담보권설정자에 대한 제한에 대해 도입 당시 법인 이외에도 사업자등록을 한 사업자가 담보제도를 이용할 수 있도록 하는 의견이 제시되었다. 그러나 법무부와 법원행정처가 협의하는 과정에서 인적 적용범위가 수정되어 '법인 또는 「상업등기법」에 따라 상호등기를 한 사람'으로 한정되었다. 이후 2020. 10. 20. 일부개정으로 인하여 '법인 또는 「부가가치세법」에 따라 사업자등록을 한 사람'으로 확대되었다. 기존에는 담보등기부는 법인등기부 또는 상호등기부의 존재를 전제로 개설되는 것이었다. 담보권설정자부에 관한 등기사항 중 상호, 명칭, 본점 또는 주된 사무소나 영업소(이하 '상호 등')가 변경된 경우 법인등기 또는 상호등기를 담당하는 등기관이 상호 등에 대한 변경등기를 마친 후 지체 없이 담보등기를 담당하는 등기관에게 직권으로 통지(법 51조 3항)하도록 하여 법인등기부 또는 상호등기부와 담보등기의 담보권설정자부를 직권으로 일치시켰다.

그러나 담보권설정자가 '상호등기를 한 사람'에서 '사업자등록을 한 사람'으로 개정되었으므로, 사업자등록을 한 사람에 관한 사항은 법원행정처가 그 정보를 가지고 있지 아니하므로 변경사항이 발생하여도 직권으로 등기할 수 없는 문제점이 발생한다. 따라서 담보등기부를 특정하는 담보권설정자부 표시에 관하여 변경사유가 있는 경우 실체와 일치시키기 위해 담보권설정자의 표시에 관한 변경(경정) 등기를 하여야 한다.

〈담보권설정자부 변경 사항〉

담보권설정자				
법인	외국법인	미등기 외국법인	사업자등록을 한 사람	
			내국인	외국인, 재외국민 등
상호/명칭		상호/명칭	성명	
본점/주사무소 [외국 주소 포함]		본점/주사무소 [외국 주소]	주소 (직권변경되는 경우 있음)	
법인등록번호		부동산등기용 등록번호	주민등록번호	부동산등기용 등록번호
	국내 영업소/사무소 (추가/변경)	국내에서의 대표자 및 주소 (추가/변경)		
통지에 의한 직권변경사항		신청에 의한 변경사항		

나. 근거

담보권설정자부는 법인등기 또는 상호등기에 기반을 두었기 때문에 법 개정 전에는 변경사항이 발생한 경우, 그 변경사항을 해당 등기관이 통지를 받아 직권으로 변경등기를 하였다(법 51조, 규칙 36조).[40] 그러나 담보권설정자가 사업자등록을 한 사람으로 변경되었으나 담보권설정자의 개인에 관한 정보를 담당하고 있는 관할기관이 달라 통지절차 및 시스템 연계에 어려움이 있어 현재 담보권설정자에 관한 변경사항을 통지하는 경우는 담보권설정자가 법인인 경우로 제한되었다(법 51조 2항).

담보권설정자 표시의 변경등기는 ① 담보권설정자부는 물적 편성주의에 따른 부동산의 표제부와 같이 등기부 편성기준으로서 동일한 기능을 하고 있고 ② 표제부에 관한 표시변경등기를 허용하고 있는 「부동산등기법」 및 「부동산등기규칙」을 성질에 반하지 않는 한 준용하고 있으며(법 57조, 규칙 56조) ③ 담보권설정자의 실체 표시와 등기부상의 표시가 일치하지 않을 경우 정확한 공시를 위하여 일치시킬 필요가 있다는 점에서 그 근거를 찾을 수 있다. 국내에 영업소나 사무소를 설치하지 않은 외국법인이나, 사업자등록을 한 사람의 등기사항에 관하여 변경이 있는 경우에는 담보권설정자는 그 변경의 등기를 신청할 수 있다(등기예규 1741호 9조 1항 본문). 국내에 영업소 또는 사무소를 설치한 외국법인의 영업소 또는 사무소를 추가하는 경우도 포함한다(등기예규 1741호 9조 1항 후문).

다. 등기절차

1) 신청인

담보권설정자가 단독으로 신청한다. 법 제41조는 '법률에 다른 규정이 없으면 등기권리자와 등기의무자가 공동으로 신청하고, 등기명의인 표시의 변경 또는 경정의 등기는 등기명의인이 단독으로 신청할 수 있다'고 규정하여 담보권설정자의 표시변경에 관하여는 규정하고 있지 않다. 이에 대해 담보권변경등기로서 공동신청을 해야 한다는 견해가 있을 수 있으나, 등기명의인 표시의 변경에 준해서 단독신청으로 함이 타당하다. 그 이유는 ① 등기부의 편성기준

---

[40] 다만, 미등기 외국법인의 상호, 본점 소재지, 부동산등기용등록번호, 국내에서의 대표자 및 그 주소, 상호등기를 한 사람의 성명, 주소, 주민등록번호 등은 여전히 통지대상이 아니어서 변경사항이 발생한 경우 신청에 의해 변경등기가 이뤄졌다.

에 관한 사항으로서 담보권의 내용의 변경이라고 보기 어렵고 ②「부동산등기법」은 부동산표시 변경의 등기는 등기명의인이 단독으로 신청하도록 규정하고 있는데, 부동산표시는 등기부의 편성기준에 해당하는 표제부이므로 이와 동일한 기능을 하는 담보권설정자부의 표시 변경에 해당 규정을 준용(법 57조, 부등법 23조 5항)하는 것이 성질에 반하지 않기 때문이다. 현재 등기예규 1741호 제9조제1항은 "담보권설정자의 표시에 관하여 법 제47조제2항제1호, 제3의2호 및 제4호의 등기사항에 변경이 있는 경우에는 담보권설정자는 그 변경의 등기를 신청할 수 있다. 국내에 영업소 또는 사무소를 설치한 외국법인의 영업소 또는 사무소를 추가하는 경우를 포함한다"라고 규정하여 실무적으로 단독신청을 허용하고 있다.

2) 신청정보

일반적인 기재사항으로 법 제43조제2항, 제47조제2항, 등기예규 1742호 제5조, 제6조에 기재된 사항을 적어야 한다.

가) 등기원인과 그 연월일

개명, 주소변경, 주민등록번호 정정 등 등기원인과 그 연월일을 기재해야 한다.

나) 등기의 목적

담보권설정자 표시변경으로 하여야 한다.

다) 변경할 사항

'등기고유번호 : ○○○○-○○○○○○ 담보권설정자정보를 김○○ 111111-1111111 서울특별시 ○○○구로 변경함'의 형식으로 변경할 사항을 간결하게 기재한다.

3) 첨부서면

담보권설정자 표시변경(경정)을 증명하는 서면을 제출하여야 한다. 개명된 경우 기본증명서, 주소가 변경된 경우 주민등록표등·초본 등이 이에 해당한다.

4) 등기실행

주등기로 하되(등기예규 1741호 9조 4항 1호), 접수번호는 따로 기재하지 아니하고 등기원인 및 등기일자에 '2022년1월1일 주소변경 2022년1월1일 등기'의 형식으로 기록한다.

7 담보권 말소등기

가. 의의

동산담보권의 등기사항 전부가 원시적 또는 후발적으로 실체관계와 불일치하게 된 경우에 그 등기 전부 또는 일부를 법률적으로 소멸시킬 목적으로 행하여지는 등기이다. 담보약정의 취소, 해제 또는 그 밖의 원인으로 효력이 발생하지 아니하거나 효력을 상실하는 경우, 동산이 멸실된 경우, 그 밖에 담보권이 소멸한 경우에 말소등기를 신청할 수 있다.

말소등기는 ① 담보약정의 취소, 해제 또는 그 밖의 원인으로 효력이 발생하지 아니하거나 효력을 상실한 경우 ② 담보목적물인 동산이 모두 멸실된 경우 ③ 그 밖에 담보권이 소멸한 경우에 신청할 수 있다. 특히 주의할 점은 담보목적물인 동산이 일부 멸실되거나 포기하는 경우 변경이 아닌 말소등기를 한다는 점이다.

부동산등기는 해당 부동산이 멸실되거나 합필되는 등 실체가 더 이상 존재하지 않는 경우나 중복등기기록 정리절차로 인해 폐쇄하는 경우에는 해당 부동산등기기록을 폐쇄한다. 이와 달리 담보등기기록은 담보권설정자인 사업자등록을 한 사람이 사망하거나 담보권설정자인 법인이 합병, 청산종결 등으로 그 법인등기기록이 폐쇄되어도 이미 개설한 담보권설정등기를 폐쇄할 사유는 아니다. 다만, 담보권설정등기를 전부 말소하였을 때에는 해당 등기기록을 폐쇄하여야 한다(규칙 43조).

나. 등기절차

1) 신청인

원칙적으로 공동신청에 의한다(법 41조 1항). 따라서 일반적으로 담보권설정자가 등기권리자, 담보권자가 등기의무자가 된다.

2) 신청정보

일반적인 기재사항으로 법 제43조제2항, 제47조제2항, 등기예규 1742호 제5조, 제6조에 기재된 사항을 적어야 한다.

가) 등기원인과 그 연월일

변제[41], 해지, 담보목적물의 전부멸실, 존속기간 만료, 동산 (일부)멸실, 일부포기 등 그 등기원인과 연월일을 기재해야 한다.

나) 등기의 목적

해지나 전부멸실 등으로 인하여 근담보권이 전부 소멸한 경우에는 '근담보권(설정등기)말소'로 '근담보권일부소멸'으로 기재한다.

다) 말소할 사항

'ㅇㅇㅇㅇ년 ㅇ월 ㅇ일 접수 제ㅇㅇㅇㅇ호로 설정한 근담보권설정등기'로 간결하게 기재한다.

라) 그 밖의 정보

공동신청 또는 승소한 등기의무자가 단독으로 (근)담보권말소등기를 신청하는 경우 등기의무자의 등기필정보를 기재한다.

3) 첨부서면

등기원인을 증명하는 서면으로 변제증서, 해지증서, 해제계약서 등을 제출한다. 담보목적물인 동산의 멸실과 관련하여 부동산과 달리 그 존재를 증명하는 서면이 별도로 존재하지 않는다. 따라서 구체적인 사건에서 등기관이 판단하여야 하지만 일반적으로 담보권자의 확인서면이 이에 해당할 수 있다.

---

41 근담보권은 변제로 소멸하지 아니하지만, 담보권은 변제로 소멸할 수 있으므로 해지가 아닌 변제로 인하여 소멸한 경우 등기원인이 '변제'가 된다.

원칙적으로 인감증명은 제출할 필요가 없다. 다만, 등기의무자가 등기필정
보를 제공하지 못하는 경우에는 인감증명서를 제출하고 신청서(위임장)에 인감
이 날인되어야 한다.

4) 등기실행

등기를 말소할 때에는 말소등기를 한 후 해당 등기를 말소하는 표시를 하여
야 한다. 담보목적물의 일부를 말소하는 등기를 하는 경우에는 담보권부에 일부
말소의 뜻과 말소등기의 대상을 기록하고, 담보목적물부에 해당 담보목적물의
등기를 말소하는 표시를 하여야 한다.

해지나 변제 등으로 인하여 담보권이 전부 소멸되는 경우에는 주등기로 한다.
반면 담보목적물인 동산의 일부멸실이나 일부포기 등으로 인하여 담보권이 일
부 소멸되는 경우에는 실질적으로 권리의 변경에 해당하므로 부기등기로 한다.

〈기록례〉 일부포기 하는 경우

【 담 보 권 】 (담보권에 관한 사항)				
순위번호	등기목적	접수	등기원인	담보권자 및 기타사항
1	근담보권설정	2017년6월12일 16시25분 제100호	2017년6월11일 설정계약	채권최고액 금60,000,000원 존속기간 2017년 6월 12일부터 2021년 6월 11 일까지 채무자 주식회사 담보건설 서울특별시 관악구 신사로 1(신림동) 근담보권자 최고은행 주식회사 110111-0001234 서울특별시 종로구 세종대로 200(세종로)
1-1	1번근담보권 일부소멸	2017년9월12일 09시42분 제900호	2017년9월11일 일부포기	일련번호 1번 동산 말소

【 담 보 목 적 물 】 (담보목적물에 관한 사항)				
일련번호	채권의 종류	채권의 발생원인 및 발생연월일	목적채권의 채권자 및 채무자	기타사항
~~1~~	~~개별동산 : 유압식 프레스카~~	~~제조번호 : 2009AAB12-456~~	~~제조사 : 대한정밀 주식회사~~ ~~모델명 : KOP-2000SL~~	
2	집합동산 : 노트북 컴퓨터	서울특별시 서초구 서초대로 10, 303호(서초동, 제일빌딩)	보관장소의 명칭 : 수도권물류센터	

8 담보권 연장등기

가. 의의

동산담보권의 존속기간 만료 전에 5년을 초과하지 않는 기간으로 이를 갱신하는 등기를 말한다. 존속기간을 후발적인 사유로 연장하기 위하여는 변경등기가 아니라 연장등기를 하여야 한다. 동산담보권의 존속기간은 상사채권의 소멸시효인 5년을 초과할 수 없다. 동산담보권의 피담보채권 대부분이 상사채권이고, 피담보채권이 소멸되면 담보권도 소멸되는 점 등을 고려하여 한 것이다.[42] 다만, 갱신의 횟수에 대해서는 아무런 제한 규정이 없으므로 존속기간 만료 전 갱신을 통해 담보권을 계속 연장할 수 있다.[43]

나. 등기절차

1) 신청인

원칙적으로 공동신청에 의한다(법 41조 1항). 담보권자가 등기권리자가 되고 담보권설정자가 등기의무자가 된다.

2) 신청정보

일반적인 기재사항으로 법 제43조제2항, 제47조제2항, 등기예규 1742호 제5조, 제6조에 기재된 사항을 적어야 한다.

가) 등기원인과 그 연월일

'변경계약' 등 변경의 원인이 되는 법률행위와 그 성립일을 기재한다.

나) 등기의 목적

'(근)담보권연장' 등으로 기재한다.

다) 연장후의 존속기간

'○○○○년 ○월 ○일 접수 제○○○○호로 설정한 근담보권설정등기사항

---

42 안형준, 동산·채권 등의 담보에 관한 법률 해설서, 12면
43 안형준, 동산·채권 등의 담보에 관한 법률 해설서, 130면

중 존속기간 ○○○○년 ○월 ○일부터 ○○○○년 ○월 ○일까지를 ○○○
○년 ○월 ○일부터 ○○○○년 ○월 ○일까지로 변경함'이라고 간결하게 기
재하여 존속기간을 연장하는 취지와 연장 후의 존속기간을 기재한다.

라) 그 밖의 정보

공동신청 또는 승소한 등기의무자가 단독으로 (근)담보권연장등기를 신청하
는 경우 등기의무자의 등기필정보를 기재한다.

3) 첨부서면

등기원인을 증명하는 변경계약서 등을 제출한다. 원칙적으로 인감증명은 제
출할 필요가 없다. 다만, 등기의무자가 등기필정보를 제공하지 못하는 경우에
는 인감증명서를 제출하고 신청서(위임장)에 인감이 날인되어야 한다.

4) 등기실행

담보권의 존속기간을 갱신하기 위하여 연장등기를 하는 경우에는 담보권부
에 ① 존속기간을 연장하는 뜻 ② 연장 후의 존속기간 ③ 접수번호 및 접수연
월일을 부기로 기록한다. 이 경우 이전의 존속기간을 말소하는 표시를 하여야
한다. 이 경우 이전의 존속기간을 말소하는 표시를 하여야 한다(등기예규 1741
호, 15조 2항). 존속기간의 연장의 경우 등기상 이해관계인[44]의 승낙여부를 고
려하지 않고 부기등기로 둔 것은 5년의 범위 내에서 연장이 예정된 담보권이
므로 그 연장을 충분히 예측할 수 있는 사항이란 점이 고려된 걸로 보인다. 법
무부 해설서도 연장등기는 그 성질상 권리변경등기에 해당하지만, 등기상 이
해관계인의 승낙을 연장등기의 경우에도 요구하게 되면 존속기한 내 변제하지
못한 경우 담보권 실행으로 인한 사업이 지속되지 못하는 부당한 결과가 초래
될 수 있고, 후순위권리자의 입장에서도 채무자가 사업을 지속하는 편이 더
유리한 반면 순위 승진의 기대는 보호가치가 적다고 보고 있다.[45]

---

[44] 다만 이에 관해, 등기상 이해관계인은 등기기록의 특성상 현재 상정할 수 없고, 담보목적물에 관하
여 권리를 가지는 자 또는 압류·가압류나 가처분의 채권자가 문제될 뿐이다.
[45] 안형준, 동산·채권 등의 담보에 관한 법률 해설서, 131면

9 그 밖에 문제되는 등기유형

가. 총설

「동산·채권의 담보등기 신청에 관한 업무처리지침」(등기예규 1742호)은 등기
신청서의 양식을 규정하고 있다. 일반적으로 많이 사용되는 양식을 규정하고
있고 양식 제14호(기타의 등기)를 마련하여 열거하지 않은 다른 종류의 등기신
청도 신청서에 맞춰 가능케 하고 있다.

이와 관련하여 법 및 규칙에서 규정하고 있는 등기사항 중 말소회복등기,
등기기록 부활의 등기, 촉탁에 의한 등기, 권리질권에 관한 등기, 공동담보등
기, 가등기에 대해 살펴본다.

나. 말소회복등기

1) 의의

어떤 등기가 부적법하게 말소된 경우에 그 말소된 등기를 회복함으로써 말
소 당시에 소급하여 말소가 되지 않았던 것과 같은 효과를 생기게 하는 등기
를 말한다.[46] 법에는 명문으로 규정하고 있지 않으나, 「부동산등기법」을 성질
에 반하지 않는 한 준용하고 있으므로 동산담보등기에서도 말소회복등기는 허
용된다(법 57조, 부등법 59조).[47] ① 부적법하게 말소된 등기(등기사항)를 ② 그대
로 재현하여 회복하는 것으로서 ③ 제3자에게 예상하지 못한 손해를 줄 염려
가 없어야 한다.[48]

2) 등기신청

부적법하게 말소된 등기에는 말소등기의 등기원인의 무효나 취소 등과 같은
실체적 이유에 기한 것도 포함되므로 신청착오나 확정판결을 이유로 회복등기
를 신청할 수 있다. 부적법하게 말소된 경우에만 말소회복등기가 가능하므로
당사자가 자발적으로 한 말소등기의 회복등기는 불가능하다.[49]

---

46 대법원 2013. 3. 14. 선고 2012다112350 판결
47 「동산·채권의 담보등기에 관한 사무처리지침」(등기예규 1741호) 제13조는 말소회복등기가 허용됨
  을 전제로 규정하고 있다.
48 법원행정처, 부동산등기실무[Ⅱ], 94-97면

3) 등기실행

말소된 등기의 회복은 담보목적물에 관하여 권리를 가지는 자 또는 압류·가압류나 가처분의 채권자에게 손해를 입힐 우려가 없는 경우에 할 수 있다(등기예규 1741호 13조 1항). 등기우선의 원칙을 채택하고 있지 않은 현행 법제에서 말소된 등기의 회복으로 인하여 담보목적물에 관하여 권리를 가지는 자 또는 압류·가압류나 가처분의 채권자에게 예측하지 못하는 손해를 입히지 않기 위해서이다.

말소된 등기의 회복은 회복등기를 한 후 다시 말소된 등기와 같은 등기를 하여야 한다. 다만, 등기 전체가 아닌 일부 등기사항만 말소된 것일 때에는 부기에 의하여 말소된 등기사항만 다시 등기한다(등기예규 1741호 13조 2항). 말소된 담보목적물의 등기를 회복할 때에는 담보권부에 말소회복의 뜻과 말소회복등기의 대상을 기록하고, 담보목적물부에 말소된 담보목적물의 등기와 같은 등기를 하여야 한다(등기예규 1741호 13조 3항).

〈기록례〉 말소회복등기하는 경우

【 담　　보　　권 】 (담보권에 관한 사항)				
순위번호	등기목적	접수	등기원인	담보권자 및 기타사항
1	근담보권설정	2015년6월12일 16시25분 제100호	2015년6월11일 설정계약	채권최고액　금50,000,000원 존속기간　2015년 6월 12일부터 2019년 6월 11일까지 채무자　주식회사 갑을건설 　　　서울특별시 관악구 신사로 1(신림동) ~~근담보권자　세종은행 주식회사　110111-0001234~~ ~~　　　서울특별시 종로구 세종대로 200(세종로)~~
1-1	~~1번근담보권이전~~	~~2016년9월12일 13시10분 제900호~~	~~2016년9월11일 계약양도~~	~~근담보권자　오키저축은행　110171-0333444~~ ~~　　　서울특별시 영등포구 여의서로 30(여의도동)~~
1-2	2번등기로 인하여 1번 등기명의인 회복			근담보권자　세종은행 주식회사　110111-0001234 　　　서울특별시 종로구 세종대로 200(세종로) 2016년12월12일 등기

---

49 대법원 1990. 6. 26. 선고 89다카5673 판결

다. 등기기록 부활의 등기

1) 의의

현재 유효한 권리관계를 공시할 필요가 없게 되거나 공시할 수 없게 된 때에 등기기록에 그 사유와 등기기록을 폐쇄한다는 뜻을 기록하고 담보권설정자의 표시를 말소하는 것을 등기기록의 폐쇄라고 한다. 반면 폐쇄된 등기기록을 다시 등기할 필요가 있어 그 등기기록의 상태를 폐쇄등기부에서 현행등기부로 돌리는 것을 등기기록의 부활이라고 한다.

담보권설정등기를 전부 말소하였을 때에는 해당 등기기록을 폐쇄한다(규칙 43조 1항). 저당권의 경우 을구에 해당 저당권을 말소하는 등기만 할 뿐 등기기록을 폐쇄하지 않는 점을 고려하면 담보등기만의 특유한 사항이다. 이는 동산·채권담보등기가 담보권만을 공시할 뿐 소유관계나 목적물의 유무를 공시하는 것은 아니기 때문이다.

2) 등기실행

담보권설정등기가 전부 말소되었다는 것은 한 약정별로 개설한 담보권이 전부 말소된 경우를 말한다. 전부 말소된 경우 등기기록을 직권으로 폐쇄한다. 이후 해당 담보권설정자에 대해 다시 동산·채권담보등기를 설정하는 경우에는 이를 부활하여야 한다. 담보권설정등기 신청만 하면 되고 별도로 부활에 대해 신청을 하지 않는다. 다만, 등기관이 착오에 의해 폐쇄된 경우에는 직권으로 부활한다. 등기기록의 부활을 하여야 할 경우에 법인등기의 담보권설정자의 표시에 관한 등기사항이 변경된 때에는 등기관은 부활한 후 직권으로 변경등기를 하여야 한다. 담보권설정자가 사업자등록을 한 사람인 경우 폐쇄된 이후 담보권설정등기를 하려면 신청에 의해 담보권설정자 표시변경등기를 선행해야 할 것이다.

라. 처분제한에 관한 등기

처분제한에 관한 등기란 담보권자가 가지는 처분권능을 제한하는 것으로서 압류, 가압류, 가처분 등이 있다. 법 제38조는 "담보등기는 동산담보권이나 채권담보권의 설정, 이전, 변경, 말소 또는 연장에 대하여 한다"고만 규정하고 있어 처분제한은 등기사항이 아니다.

동산에 대한 압류는 집행관이 그 물건을 점유함으로써 하고(민집법 189조 1항), 채권에 대한 압류는 제3채무자에게 압류명령의 송달(민집법 227조) 또는 증권의 점유(민집법 233조)에 의하여 한다. 동산담보등기에 의하여 공시되는 것은 담보권일 뿐이고, 목적물의 소유권이나 목적물의 존부를 공시하는 장부가 아니므로, 공시의 대상이 아닌 담보목적물인 동산의 집행에 대해 담보등기부에 공시할 수도 없고 공시하여서도 안 된다. 또한 담보권 있는 채권의 압류에 대해서도 저당권이 있는 채권의 압류처럼 저당권에 압류사실을 등기부에 기입할 수 없다. 처분제한이 등기사항이 아니고, 「민사집행법」 제228조는 저당권이 있는 채권의 압류에 관한 규정일 뿐 동산 · 채권담보권이 있는 채권의 압류에 대해서는 규정하고 있지 아니하기 때문이다.

마. 권리질권에 관한 등기

동산담보부 채권에 질권을 설정한 경우 담보등기부에 권리질권에 관한 등기를 할 수 있는지 문제된다. 동산담보부 채권에 대해 질권을 설정할 경우 그 허용여부 및 동산담보권에 질권의 효력이 미치는지에 대해 명시적인 규정이 없다. 「민법」 제361조는 "저당권은 그 담보한 채권과 분리하여 타인에게 양도하거나 다른 채권의 담보로 하지 못한다"고 하여 저당권에 관하여는 피담보채권과 함께라면 다른 채권의 담보로 할 수 있음을 명확히 하고 있다. 「부동산등기법」에서 저당권부채권에 대해 질권을 설정할 수 있도록 등기사항을 마련하고 있다(부등법 76조). 이와 달리 법 제13조는 전담보에 관해 아무런 규정을 두지 않았는데 이는 동산담보권의 전담보를 허용할 경우 전저당의 경우보다 복잡한 문제가 발생하기 때문에, 이를 허용하지 않기로 했다고 한다.[50] 법무부 해설서도 "저당권은 담보목적물이 특정되어 있기 때문에 저당권의 일부를 재담보로 제공하더라도 담보목적물의 가액비율에 따라 담보권자나 재담보권자 등의 권리행사가 가능하지만, 동산담보권은 다수의 동산에 대하여 1개의 담보권이 설정될 수 있는데 동산담보권의 일부를 재담보로 제공하는 것이 허용되면 담보목적물의 어느 범위까지 재담보에 제공되는 것인지 명확하지 아니한 점 등을 고려한 것이다"라고 하여 허용하지 않는 입장을 밝히고 있다.[51]

생각건대, 권리질권의 실징, 이전, 변경, 말소 등은 등기사항으로 규정하고

---

50 김재형, "『동산 · 채권 등의 담보에 관한 법률』 제정안의 구성과 내용", 29면
51 안형준, 동산 · 채권 등의 담보에 관한 법률 해설서, 55면

있지 아니하므로 이 법에 따라 동산담보등기부에 등기할 수 없다. 법 제38조
에서 등기사항에 관해 명시적으로 규정하고 있으므로 그 범위에서 「부동산등
기법」[52]을 준용할 수 없기 때문이다. 이 경우 질권설정의 부기등기를 하지 않
은 경우 질권의 효력이 동산담보권에 미치는 지 문제된다. 저당권으로 담보한
채권을 질권의 목적으로 한 때 부기등기가 없는 경우의 효력에 관해 다수설은
저당권에 의하여 담보되지 않는 채권에 대해서만 질권을 취득한다고 본다[53].
동산담보권의 경우도 질권의 부기등기를 할 수 없는 경우이므로 동산담보권부
채권을 질권의 목적으로 한 때에도 명문의 규정이 없는 한 그 효력이 동산담
보권에 미친다고 보기 어렵다.

바. 신탁등기

「신탁법」의 '신탁'이란 신탁을 설정하는 자(이하 '위탁자'라 한다)와 신탁을
인수하는 자(이하 '수탁자'라 한다) 간의 신임관계에 기하여 위탁자가 수탁자에
게 특정의 재산(영업이나 저작재산권의 일부를 포함한다)을 이전하거나 담보권의
설정 또는 그 밖의 처분을 하고 수탁자로 하여금 일정한 자(이하 '수익자'라 한
다)의 이익 또는 특정의 목적을 위하여 그 재산의 관리, 처분, 운용, 개발, 그
밖에 신탁 목적의 달성을 위하여 필요한 행위를 하게 하는 법률관계를 말한다
(신탁법 2조). 신탁재산에는 특정의 재산에 대한 소유권뿐만 아니라 담보권도
포함되므로 등기 또는 등록할 수 있는 재산권에 관하여는 신탁의 등기 또는
등록을 함으로써 그 재산이 신탁재산에 속한 것임을 제3자에게 대항할 수 있
으므로(신탁법 4조 1항) 동산을 담보목적물로 하는 담보권을 신탁하기 위하여는
동산담보등기부에 신탁의 등기를 하여야 한다.[54] 담보권을 신탁하는 방식에는
담보권을 그 피담보채권과 함께 신탁을 원인으로 담보권 이전등기를 신청하는
방식과 '위탁자가 채권자를 수익자로 하여 수탁자에게 담보권을 설정한 후, 채
무자의 채무불이행이 있을 경우 수탁자가 담보권의 실행을 통하여 수령한 금
전을 수익자에게 교부하여 주는 신탁'인 담보권신탁[55] 등기를 신청하는 방식
이 있다. 「신탁법」 제2조의 특정의 재산을 이전하는 방식이 전자이고, 담보권

---

52 「부동산등기법」 제3조 제6호는 권리질권을 등기할 수 있는 권리로 규정하고 있다.
53 편집대표 김용덕, 주석 민법[물권3](제5판), 348면
54 동산담보권에 관한 신탁등기는 현재 그 신청 건수가 거의 없어 등기실무가 정착되어 있지 아니하다.
55 양진섭, "담보권신탁의 도입에 따른 신탁실무의 변화", 사법논집 제57집(2013), 90-91면

을 설정하는 방식이 후자이다. 부동산의 경우 전자의 방식을 허용하는 등기선례(등기선례 제7-400호[56])가 있고, 후자의 방식에 관하여는 「부동산등기법」에 특례를 두어 등기사항을 규정하고 있다(부등법 87조의2[57]).

동산담보권도 신탁재산에 해당함에는 의문이 없으나 구체적인 등기사항에 관하여 법 또는 규칙에 아무런 규정이 없으므로 동산담보권의 신탁등기가 허용되는지가 문제가 된다. 법 제57조는 "담보등기에 관하여는 이 법에 특별한 규정이 있는 경우를 제외하고는 그 성질에 반하지 아니하는 범위에서 「부동산등기법」을 준용한다"고 하므로 「부동산등기법」의 신탁등기에 관한 등기사항을 준용할 수 있을지에 관한 해석의 문제이다. 이에 대해 법 제38조가 등기할 수 있는 권리와 권리 변동에 관한 등기사항을 규정하고 있으므로 「부동산등기법」에서 규정하고 있는 신탁등기에 관한 등기사항은 법 제57조가 규정한 담보등기에 관하여 법에 특별한 규정이 있는 경우에 해당하므로 등기할 수 없다는 견해가 있을 수 있다. 생각건대, 신탁등기는 「부동산등기법」을 준용하여 허용하여야 한다. 신탁등기에 관한 규정은 「부동산등기법」 제3절 권리에 관한 등기 제5관 신탁에 관한 등기에 위치하고 있으므로, 권리에 관한 등기에 해당하지만, 신탁등기 그 자체가 개별 권리는 아니고 그 재산이 신탁재산에 속한 것임을 제3자에게 대항하기 위해 필요한 등기(신탁법 4조 1항)에 불과하다. 뿐만 아니라, 동산담보권은 등기를 할 수 있는 재산권이므로 「신탁법」 제4조에 따라 신탁등기를 하여야 제3자에게 대항할 수 있는데, 이 법에 동산담보권의 신

---

56 저당권에 관하여 신탁을 원인으로 저당권이전등기를 신청할 수 있는지 여부(등기선례 제7-400호) 저당권도 신탁법상 신탁할 수 있는 재산권에 포함되므로 그 피담보채권과 함께 신탁하는 경우에는 신탁이 가능하며, 저당권자는 위탁자, 신탁업의 인가를 받은 신탁회사는 수탁자로 하여 신탁을 원인으로 저당권이전등기와 신탁의 등기를 신청할 수 있고, 이 경우 저당권이전등기에 대하여는 등록세를 부과하지 아니하며(지방세법 제128조 제1호의 가), 신탁의 등기에 대하여는 매 1건당 3,000원의 등록세를 납부(지방세법 제131조 제1항 제8호)하여야 한다.

57 제87조의2(담보권신탁에 관한 특례)
① 위탁자가 자기 또는 제3자 소유의 부동산에 채권자가 아닌 수탁자를 저당권자로 하여 설정한 저당권을 신탁재산으로 하고 채권자를 수익자로 지정한 신탁의 경우 등기관은 그 저당권에 의하여 담보되는 피담보채권이 여럿이고 각 피담보채권별로 제75조에 따른 등기사항이 다를 때에는 제75조에 따른 등기사항을 각 채권별로 구분하여 기록하여야 한다.
② 제1항에 따른 신탁의 신탁재산에 속하는 저당권에 의하여 담보되는 피담보채권이 이전되는 경우 수탁자는 신탁원부 기록의 변경등기를 신청하여야 한다.
③ 제1항에 따른 신탁의 신탁재산에 속하는 저당권의 이전등기를 하는 경우에는 제79조를 적용하지 아니한다.

탁등기에 관한 명시적이 규정이 없음을 이유로 등기할 수 없다면, 신탁대상 재산임에도 불구하고 신탁할 수 없는 문제가 발생한다. 따라서 등기할 수 있는 권리가 아니라 권리에 관한 등기에 불과한 신탁등기는 동산담보권 신탁의 경우에도 「부동산등기법」을 준용하여 허용함이 타당하다. 다만, 구체적인 등기신청 사건에서 등기시스템의 미비로 인하여 등기를 할 수 없거나, 텍스트 등기부로 전환하여 등기를 할 경우가 발생하여 실무상 혼란이 있을 수 있으므로[58] 명시적인 규정을 두거나 선례를 마련하여 등기의 허용여부에 관해 명확히 할 필요가 있다.

사. 공동담보

공동담보란 동일한 채권을 담보하기 위하여 여러 개의 담보목적물에 동산담보권을 설정하는 것을 말한다(법 29조 1항). 동산은 개별 가치가 부동산에 비해 대체적으로 적고, 감가상각으로 인해 시간이 지남에 따라 담보가치가 하락한다. 따라서 개별동산뿐만 아니라 집합동산의 경우에도 담보가치의 집적과 담보가치 하락의 위험 분산을 위하여 공동담보가 활용되고 있다. 동산담보권은 피담보채권을 담보하기 위하여 하나의 동산을 담보로 제공하는 경우보다 여러 개의 동산을 담보로 제공하는 경우가 일반적이다.

법은 공동저당과 달리 소유자를 달리하는 공동담보를 예정하고 있지 아니하고, 등기법상 이를 등기사항으로 두고 있지 아니하다(부등법 78조와 같은 공동담보에 관한 등기사항 규정이 없음). 또한 이종의 목적물에 대해서 공동담보를 허용하고 있지 않다. 따라서 동일한 담보권설정자 소유의 여러 개의 동산에 대해서만 공동담보를 설정할 수 있다. 각 동산에 대해 공동담보가 설정된 경우 하나의 등기기록의 담보목적물부를 다음과 같이 기록한다.

【 담 보 목 적 물 】 (담보목적물에 관한 사항)			
일련번호	동산의 종류	보관장소 / 특성	기타사항
1	개별동산 : 유압식프레스기	제조번호 : AWEG22022-ABC	제조사 : 한국기계 주식회사
2	개별동산 : 성형사출기	제조번호 : 2009AAB12-456	제조사 : 조선장비 주식회사
3	집합동산 : 철판 자재	서울특별시 서초구 양재대로 12길	보관장소의 명칭 : 양재물류센터
4	집합동산 : 서양화 2000년작	대구광역시 수성구 국채보상로 100	보관장소의 명칭 : 서양미술관

---

58 현재 등기시스템에서는 이런 유형의 등기신청을 대비한 시스템이 마련되어 있지 않다.

담보권자는 전부 또는 일부만 선택하여 실행할 수 있다. 일부만 실행하여 채권의 만족을 얻는 경우 담보목적물의 일부를 말소하는 등기를 한다. 담보목적물의 일부를 말소하는 등기를 하는 경우에는 담보권부에 일부말소의 뜻과 말소등기의 대상을 기록하고, 담보목적물부에 해당 담보목적물의 등기를 말소하는 표시를 하여야 한다(등기예규 1741호 7조 2항). 담보권부도 일부변제로 인한 담보권변경등기를 하여야 한다.

아. 동순위 담보등기

「민법」또는 「부동산등기법」에 명문으로 규정하고 있지 않지만 실무상 하나의 부동산에 대하여 동순위 (근)저당권을 설정하는 것을 허용하고 있다. 예를 들어 채무자A가 甲은행과 乙은행으로부터 각각 1억씩 금원을 차용하면서 甲과 乙에게 1순위의 저당권을 설정해주는 경우이다. 이 경우 등기부에는 순위번호를 모두 1번으로 하고 등기목적에 (1)근저당권설정, (2)근저당권설정으로 각 (근)저당권을 기록한다.

동산담보권의 경우 이를 허용하는 명문의 규정이 없다. 담보약정별로 담보권부와 담보목적물부가 구성되어 하나의 부동산에 관한 권리의 순위를 일목요연하게 확인할 수 있는 부동산등기와는 구조를 달리하고 있다. 그러나 동순위로 등기하고자 하는 당사자의 의사를 존중하여 순위번호가 아니라, 접수번호에 내서를 하여 표시를 하는 등 약정별로 발급되는 등기사항증명서에 동순위임을 표시하는 방안을 마련하여 등기를 할 수 있게 함이 바람직하다.[59]

자. 동산담보권의 가등기

법에는 가등기에 관한 규정을 두고 있지 아니하나, 「부동산등기법」제88조 이하를 준용하여 가등기가 허용되는지 여부가 문제된다. 이에 관해 명시적인 규정이나 판례, 선례 등은 아직 보이지 않는다. 결국 「부동산등기법」을 준용하는 범위에 관한 문제이다. 이에 대해 법 제38조가 등기할 수 있는 권리와 권리변동에 관한 등기사항을 규정하고 있으므로 「부동산등기법」에서 규정하고 있는 가등기에 관한 등기사항은 법 제57조가 규정한 담보등기에 관하여 법에 특별한 규정이 있는 경우에 해당하므로 등기할 수 없다는 견해가 있을 수 있다.

---

59 현재 등기시스템에서는 이런 유형의 등기신청을 대비한 시스템이 마련되어 있지 않다.

생각건대, 신탁등기에서의 논의와 마찬가지로, 동산담보등기부에 기재할 수 있
는 권리의 보전을 위한 등기로서 법이 그 허용여부에 대해 특별히 규정하고 있
지 아니한 사항이므로 「부동산등기법」 제88조 이하를 준용하여 담보권 설정의
가등기를 할 수 있다고 보는 것이 문리적·법체계적 해석에 비춰볼 때 타당하다.[60]
다만, 입법적으로 가등기에 관한 규정을 두어 논란을 방지함이 타당하다.[61]

---

60 동산담보권 설정의 가등기는 현재 그 신청건수가 거의 없어 등기실무가 정착되어 있지 아니하다.
61 현재 등기시스템에서는 이런 유형의 등기신청을 대비한 시스템이 마련되어 있지 않다.

제3절
채권담보등기

1 채권(근)담보권 설정등기

가. 의의

담보약정에 따라 금전의 지급을 목적으로 하는 지명채권(여러 개의 채권 또는 채무자가 특정되었는지 여부를 묻지 아니하고 장래에 발생할 채권을 포함한다)을 목적으로 하는 담보권을 설정하는 등기를 말한다. 등기관은 담보권설정등기를 하는 때에는 해당 담보권설정자에 대한 등기기록이 개설되어 있는지를 직권으로 조사하여 등기기록이 개설되어 있는데도 새로이 등기기록을 개설하지 않도록 주의하여야 하고, 해당 담보권설정자에 대한 등기기록이 폐쇄되어 있는 경우에는 등기기록을 부활한 후 담보권설정등기를 하여야 한다(등기예규 1741호, 7조 1항). 이 법에 따라 동산담보권설정등기를 하였다면, 채권담보등기를 위해 다시 담보권설정자를 새로이 하는 등기기록을 개설할 필요가 없다.

최초 설정의 경우 등기기록을 개설하여 고유번호를 부여하고, 담보권설정자부, 담보권부, 담보목적물부에 법 제47조제2항의 등기사항을 기록한다. 채권근담보권의 경우 법 제47조제2항제7호의 피담보채권의 채권최고액을 기재하여야 하는 점이 채권담보권과의 차이점이다. 법 제37조는 그 성질에 반하지 아니하는 범위에서 동산담보권에 관한 내용을 준용하고 있는데, 등기와 관련하여서는 목적물 외에는 대부분 동일하다.

나. 등기절차

1) 신청인

담보등기는 법률에 다른 규정이 없으면 등기권리자와 등기의무자가 공동으로 신청한다(법 41조 1항). 따라서 채권(근)담보권설정등기에 있어서 등기의무자란 담보권설정자이고, 등기권리자란 담보권자가 된다. 다만, 이 법에 따른 담보권을 설정할 수 있는 자는 법인(외국법인 포함) 또는 사업자등록을 한 사람으로 제한되어 있으나 담보권자는 법인, 자연인, 법인 아닌 사단 등 주체에 관해 제한이 없다.

2) 신청정보

일반적인 기재사항으로 법 제43조제2항, 제47조제2항, 등기예규 1742호 제5조, 제6조에 기재된 사항을 적어야 한다. 담보목적물에 관한 사항을 제외하고는 동산담보권 신청절차에 따르면 되므로, 이하에서는 채권담보의 목적물인 채권에 관하여 살펴본다.

가) 채권의 특정을 위해 필수적으로 기재할 사항

담보목적물이 채권인 경우 규칙 제35조제1항제2호, 등기예규 1742호 제6조제1항제2호,제2항에서 규정하고 있다. ① 대법원예규로 정하는 채권의 종류(등기예규 1742호 별표1) ② 채권의 발생원인 및 발생연월일 또는 그 시기와 종기 ③ 담보목적물인 채권의 채권자(담보목적물인 채권의 채권자가 2인 이상인 경우에는 담보권설정자인 채권자의 성명 및 주소와 나머지 인원수를 적어야 함)의 성명 및 주소(법인의 경우에는 상호 또는 명칭과 본점 또는 주된 사무소를 말한다) ④ 담보목적물인 채권의 채무자(다만 담보목적물인 채권의 채무자가 2인 이상인 경우에는 채무자 중 1인의 성명 및 주소와 나머지 인원수를 적어야 함, 상업등기선례 제201605-2호)의 성명 및 주소 ⑤ 채권의 일련번호를 기재하여야 한다. 다만 ④의 경우 장래에 발생할 채권으로 채무자가 담보권설정 당시 특정되지 않거나, 이미 발생한 채권과 채무자가 특정되어 있지 않은 장래에 발생할 채권을 함께 담보로

제공하는 경우로서 채권의 발생원인 및 발생연월일 또는 그 시기와 종기로 특
정할 수 있는 다수의 채권에 동시에 담보등기를 신청하는 경우에는 담보목적
물인 채권의 채무자의 성명 및 주소를 적지 않을 수 있다.

나) 채권의 특정을 위해 유익적으로 기재할 사항

규칙 제35조제2항, 등기예규 1742호 제6조제3항에서 채권의 변제기, 채권액,
증서번호 등을 적어 채권이 특정되는데 유익한 사항을 기재할 수 있다고 한다.

담보목적물에 관한 사항				
일련번호	채권의 종류	채권의 발생원인 및 발생연월일	목적채권의 채권자 및 채무자	기타사항

〈채권의 종류〉

연번	명 칭	비 고
1	부동산매매대금채권	
2	동산매매대금채권	
3	기타 매매대금채권	
4	부동산담보대출채권	
5	금융기관대출채권	
6	신용카드대금채권	
7	기타 대여금채권	
8	임대차보증금반환채권	
9	차임채권	
10	공사대금채권	
11	기타 수급인의 보수채권	
12	수임료채권	
13	보관료채권	
14	지료채권	
15	전세금반환채권	
16	보험금채권	

17	보험료채권	
18	중개료채권	
19	운송료(운임)채권	
20	리스료채권	
21	지식재산권이용료채권	
22	진료비채권	
23	서비스이용료채권	
24	기타 채권	

3) 첨부서면

등기원인을 증명하는 서면 등 법 제43조제1항 및 규칙 제29조에 따른 서면을 제출하여야 한다. 동산담보등기 신청에 따른 첨부서면과 동일하다. 등록면허세영수필확인서, 제출하여야 하는 서류가 외국어인 경우 번역문, 등기권리자가 법인 아닌 사단 또는 재단인 경우 정관 그 밖의 규약, 대표자나 관리인임을 증명하는 서면 및 그의 주민등록 등·초본 등을 제공하여야 한다.[1]

4) 등기실행

담보등기부는 담보목적물인 채권의 등기사항에 관한 전산정보자료를 전산정보처리조직에 의하여 담보권설정자별로 구분하여 작성한다(법 47조 1항).

등기관은 담보권설정등기를 하는 때에는 등기일련번호를 기록한 다음 담보권부에 등기목적과 법 제47조제2항 각 호(1호 및 6호는 제외한다)의 사항을 기록하고, 담보목적물부에 담보목적물의 표시에 관한 사항을 기록하여야 한다. 다만, 해당 담보권설정자에 대한 등기기록이 개설되어 있지 아니한 경우에는 우선 등기기록을 개설한 후 담보권설정자부에 담보권설정자의 표시에 관한 법 제47조제2항제1호, 제3의2호 및 제4호의 사항도 기록하여야 한다(규칙 33조 1항). 제1항 본문에 따라 담보권부에 접수연월일을 기록할 때에는 그 접수시각도 함께 기록하여야 한다(규칙 33조 2항).

---

1 채권담보권에서 법인 아닌 사단이나 재단이 담보권자인 경우 극히 이례적이어서 법 및 규칙에 이에 관해 명시적인 규정을 두고 있지 아니하다. 그러나 법 제57조는 성질에 반하지 아니하는 범위에서 「부동산등기법」을 준용하도록 하고 있고, 「부동산등기규칙」 제48조에서 법인 아닌 사단이나 재단이 등기를 신청하는 경우 제공할 첨부서면을 열거하고 있으므로 이를 준용함이 타당하다.

등기관이 (근)담보권설정등기를 마친 경우 등기필정보를 등기권리자 및 최초의 담보권설정자에게 통지하여야 한다(법 48조). 담보권설정등기를 마쳤다고 하여 해당 담보목적물에 대해 담보권설정자에게 소유권을 인정한다는 의미는 아니다. 등기기록이 개설된 담보권설정자가 등기의무자로서 공동신청을 하는 경우(기존의 담보등기의 변경등기나 담보권자를 달리하는 새로운 담보권설정등기 등)에는 동일성 확인을 위해 등기의무자의 등기필정보를 제출하여야 하기 때문에 최초의 담보권설정자에게 등기필정보를 통지하는 것이다(등기예규 1742호 5조 3항 13호).

〈기록례〉 근담보권설정등기

등기고유번호 2012-000100 등기일련번호 000001

【 담 보 권 설 정 자 】 (담보권설정자에 관한 사항)

표시번호	상호 / 명칭	법인등록번호	본점 / 주사무소	등기원인 및 등기일자
1	주식회사 담보실업	110111-0012345	서울특별시 서초구 서초대로 1(서초동)	

【 담 보 권 】 (담보권에 관한 사항)

순위번호	등기목적	접수	등기원인	담보권자 및 기타사항
1	근담보권설정	2017년6월12일 16시25분 제100호	2017년6월11일 설정계약	채권최고액 금50,000,000원 존속기간 2017년 6월 12일부터 2022년 6월 11일까지 채무자 주식회사 담보실업 　　서울특별시 관악구 신사로 1(신림동) 근담보권자 담보은행 주식회사 110111-0001234 　　서울특별시 종로구 세종대로 200(세종로)

【 담 보 목 적 물 】 (담보목적물에 관한 사항)

일련번호	채권의 종류	채권의 발생원인 및 발생연월일	목적채권의 채권자 및 채무자	기타사항
1	동산매매대금 채권	2012년5월30일 완구류 판매계약	목적채권의 채권자 주식회사 갑을실업 　　서울특별시 서초구 서초대로 1(서초동) 목적채권의 채무자 가나다유통 주식회사 　　서울특별시 강남구 양새대로 200(양재동)	

2 채권(근)담보권 이전등기

가. 의의

채권(근)담보권을 법률행위 또는 법률의 규정에 의해 이전하여 담보권자를 달리하는 등기를 말한다. 채권담보권은 피담보채권과 분리하여 양도할 수 없으므로(법 37조, 13조) 피담보채권자와 담보권자의 귀속주체가 동일하여야 한다. 채권양도의 채무자 이외의 제3자에 대한 대항요건은 확정일자 있는 증서에 의한 통지 또는 채무자의 승낙(민법 450조 1항)이지만, 이 법에 따라 채권담보권을 대항하기 위하여는 채권담보등기부에 등기를 하여야 한다(법 35조 1항).

나. 채권(근)담보권의 양도

법 제13조는 "동산담보권은 피담보채권과 분리하여 타인에게 양도할 수 없다"라고 규정하고 있다. 이 규정은 채권담보에 관한 법 제37조에 준용되므로 채권담보권은 피담보채권과 분리하여 타인에게 양도할 수 없다. 근담보권의 양도에 관한 논의는 동산(근)담보권의 양도 부분을 참고하면 된다.

다. 등기절차

1) 신청인

원칙적으로 등기의무자와 등기권리자가 공동신청한다(법 41조 1항). 예외적으로 판결에 의한 등기는 승소한 등기권리자 또는 등기의무자 단독으로 신청할 수 있고, 상속이나 그 밖의 포괄승계로 인한 등기는 등기권리자 단독으로 신청할 수 있다(법 41조 3항). 등기의무자는 현재 등기부상 담보권자인 양도인, 등기권리자는 담보권을 이전받을 자로서 등기부에 새로 기재될 자이다.

2) 신청정보

이전등기신청서 양식에 맞춰 법 제43조제2항, 제47조제2항, 등기예규 1742호 제5조에 기재된 사항을 적어야 한다. 담보목적물에 관한 사항은 이전등기신청서에 기재할 사항이 아니다.

가) 등기원인과 그 연월일

근담보권의 피담보채권 확정 전 계약상의 지위가 이전되는 경우 '계약양도', '계약일부양도', '계약가입'으로 기재한다. 근담보권의 피담보채권이 확정 된 후 '확정채권양도', '확정채권일부양도', '확정채권대위변제', '확정채권일부대위변제', '채권전부명령' 등으로 기재한다. 포괄승계의 경우 '상속', '회사합병' 등으로 기재한다.

금융위원회의 계약이전결정에 의해서 동산·채권(근)담보권이 취득하는 근 거규정이 없으므로, 저당권의 경우와 달리 「금융산업의 구조개선에 관한 법률에 의한 금융감독위원회의 계약이전결정에 따른 근저당권이전등기절차에 관한 예규」(등기예규 1365호)가 적용된다고 보기 어렵다.

그 연월일은 등기원인이 되는 법률행위 또는 법률사실이 있는 날을 기재한다.

나) 등기의 목적

'(근)담보권 이전'으로 기재한다. 담보권 중 지분의 일부를 이전하는 경우 '1번담보권일부이전' 등으로 표시한다.

다) 이전할 (근)담보권

'○○○○년 ○월 ○일 접수 제○○○○호로 설정한 근담보권 단, 근담보권은 채권과 함께 이전함'이라고 담보권이 채권과 같이 이전한다는 뜻을 적어야 한다.

라) 그 밖의 정보

공동신청 또는 승소한 등기의무자가 단독으로 (근)담보권이전등기를 신청하는 경우 등기의무자의 등기필정보를 기재한다. 담보권을 특정하는 정보로 담보목적물은 별도로 기재하지 아니한다.

3) 첨부서면

가) 등기원인을 증명하는 서면

근담보권이전등기를 위하여는 기본계약상의 지위가 이전됨을 알 수 있는 '근담보권부 채권양도계약서(계약양도, 계약가입)' 등의 원인서면이 제출되어야 한다.

담보권이전등기를 위하여는 '담보권부 (확정)채권양도계약서'등의 원인서면이 제출되어 확정채권과 함께 담보권이 이전됨에 물권적 합의가 확인되면 족하다.

나) 제3자의 승낙서

근담보권설정자가 물상보증인이라 할지라도 승낙서를 첨부할 필요가 없고 (등기선례 제5-446호), 피담보채권 양도의 대항요건인 통지서나 채무자의 승낙서 등도 불필요한 점(등기선례 제5-104호)은 근저당권이전등기신청의 경우와 동일하다.

다) 등기의무자의 등기필정보와 인감증명

등기의무자의 등기필정보를 제공하여야 하나, 인감증명은 원칙적으로 제공할 필요가 없고 등기필정보를 제공할 수 없는 경우에만 제공하여야 한다.

라) 등기권리자(새로운 담보권자)의 특정을 위한 서면

규칙 제29조에 따라 등기권리자의 성명, 주소 및 주민등록번호(재외국민이나 외국인인 경우 부동산등기용등록번호)를 증명하는 서면인 주민등록표 등 초본, 법인등기사항증명서, 「부가가치세법」에 따라 사업자등록을 증명하는 서면 등을 제출하여야 한다. 국내에 영업소나 사무소 설치등기를 하지 아니한 외국법인의 경우 외국법인의 존재를 인정할 수 있는 서면(예, 일본국 법인등기사항증명서) 등을 첨부하여야 한다.

4) 등기실행

채권(근)담보권이전등기는 부기로 하여야 한다. 종전 권리의 표시에 관한 사항을 말소하는 표시를 하여야하나, 이전되는 지분이 일부일 때에는 그러하지 아니하다. 채권일부의 양도나 대위변제로 인한 담보권이전등기의 경우에는 양도나 대위변제의 목적인 채권액을 기록하여야 한다(등기예규 1741호 8조). 근담보권은 그 담보할 채무의 최고액만을 정하고 채무의 확정을 장래에 보류한 담보권으로서 그 이전에 있어서 근저당권과 동일한 논리가 적용될 수 있다.

3   채권(근)담보권 변경등기

가. 의의

채권담보권의 설정등기 후 그 등기사항에 변경이 생긴 경우, 동일성의 범위 내에서 실체관계와 등기를 일치시키기 위하여 변경사항을 공시하는 등기이다. (광의의)변경등기란 경정등기와 협의의 변경등기를 포함하는 개념이다. 경정등 기란 등기신청인의 신청착오 또는 등기관의 착오·유루로 인하여 등기사항의 일부가 등기 당시부터 실체관계에 부합하지 않는 경우에 바로 잡는 등기이다. 협의의 변경등기는 후발적 사유로 인하여 실체관계와 등기가 불일치하는 경우 이를 바로잡기 위하여 기존 등기의 일부를 변경하는 등기를 말한다. 통상 변 경등기라고 하면 협의의 변경등기를 말하므로 이하에서는 변경등기를 중심으 로 설명한다.

권리주체인 담보권자의 변경[2]이나, 담보목적물의 변경 및 담보권설정자의 변경은 동일성을 상실하여 채권담보권의 권리 내용에 관한 변경이 아니므로 변경등기를 할 수 없다. 이하에서는 특히 문제되는 채권최고액 변경, 일부 이 전된 후 (근)담보권의 소멸로 인한 변경, 채무자 변경, 존속기간의 변경 등에 관하여 살펴본다.

나. 채권최고액의 변경

채권최고액을 증액하거나 감액하는 변경계약을 한 경우 변경된 채권최고액 을 등기하여야 제3자에게 대항할 수 있다. 원칙적으로 공동신청에 의한다.

1) 신청인

가) 채권최고액을 증액

등기의무자는 채권최고액 증액으로 인해 등기상 불이익을 받는 담보권설정 자이고, 등기권리자는 담보권자가 된다.

---

2 이전등기라는 별도의 유형으로 하여야 한다.

나) 채권최고액 감액

등기의무자는 채권최고액 감액으로 인해 등기상 불이익을 받는 담보권자이고, 등기권리자는 담보권설정자가 된다.

2) 신청정보

변경등기신청서 양식에 맞춰 법 제43조제2항, 제47조제2항, 등기예규 1742호 제5조에 기재된 사항을 적어야 한다. 담보목적물에 관한 사항은 이전등기신청서에 기재할 사항이 아니다.

가) 등기원인과 그 연월일

'변경계약' 등 변경의 원인이 되는 법률행위와 그 성립일을 기재한다.

나) 등기의 목적

'(근)담보권변경'으로 기재한다.

다) 변경할 사항

'○○○○년 ○월 ○일 접수 제○○○○호로 설정한 근담보권설정등기사항 중 채권최고액 ○원을 ○원으로 변경함' 형식으로 변경등기 대상과 변경할 사항을 간결하게 기재한다.

라) 그 밖의 정보

공동신청 또는 승소한 등기의무자가 단독으로 (근)담보권이전등기를 신청하는 경우 등기의무자의 등기필정보를 기재한다.

3) 첨부서면

등기원인을 증명하는 서면으로 채권최고액 증감에 관한 변경계약서를 제출한다. 대리인의 권한을 증명하는 서면인 위임장에 반드시 인감을 날인하여야 하는 것은 아니다. 다만, 등기의무자가 등기필정보를 제공하지 못하는 경우에는 인감증명서를 제출하고 신청서(위임장)에 인감이 날인되어야 한다.

4) 등기실행

채권최고액의 변경이나 경정은 담보권의 변경이나 경정에 해당하므로 원칙적으로 부기등기로 한다(등기예규 1741호 9조 3항). 다만 담보목적물에 관하여 권리를 가지는 자 또는 압류·가압류나 가처분의 채권자가 손해를 입을 우려가 있는 경우에는 주등기로 하여야 한다(등기예규 1741호 9조 4항 2호). 따라서 채권최고액을 증액하면 담보목적물에 관한 후순위 권리자나 담보목적물에 대해 압류·가압류나 가처분의 채권자가 손해를 입을 우려가 있는 경우에 해당하므로 주등기로 해야 한다. 반면, 채권최고액을 감액하는 경우에는 부기등기로 할 수 있다. 이 때 주등기로 채권최고액을 변경하는 경우에는 변경 전의 등기사항을 말소하는 표시는 하지 않는다(등기예규 1741호 9조 5항).

다. 일부 이전된 후 (근)담보권의 소멸로 인한 변경

확정채권양도 등으로 확정된 피담보채권의 이전에 따라 (근)담보권이 이전된 후, 잔존채권 또는 이전된 채권이 변제 등으로 인하여 소멸되었을 때는 일부 말소 의미의 변경등기를 하여야 한다. 이 때 이전된 채권이 변제되든, 잔존채권이 변제되든 그 대상은 주등기로 된 (근)담보권이다. 등기목적은 'ㅇ번(근)담보권변경'이다.

1) 신청인

등기의무자는 (근)담보권자이고, 등기권리자는 담보권설정자이다.

2) 신청정보

변경등기신청서 양식에 맞춰 법 제43조제2항, 제47조제2항, 등기예규 1742호 제5조에 기재된 사항을 적어야 한다. 담보목적물에 관한 사항은 이전등기신청서에 기재할 사항이 아니다.

가) 등기원인과 그 연월일

'ㅇㅇㅇ(담보권자)채권의 변제' 등 변경의 원인을 기재한다.

나) 등기의 목적

'ㅇ번(근)담보권변경'으로 기재한다.

다) 변경할 사항

일부 이전등기 후 잔존채권의 변제로 인한 변경의 경우 'ㅇㅇㅇㅇ년 ㅇ월 ㅇ일 접수 제ㅇㅇㅇㅇ호로 설정한 근담보권설정등기사항 중 채권최고액 ㅇ원을 ㅇ으로 변경 및 근담보권자 말소'로 기재한다.

일부 이전등기된 (근)담보권의 소멸로 인한 변경의 경우 'ㅇㅇㅇㅇ년 ㅇ월 ㅇ일 접수 제ㅇㅇㅇㅇ호로 설정한 근담보권설정등기사항 중 채권최고액 ㅇ원을 ㅇ으로 변경 및 ㅇㅇㅇㅇ년 ㅇ월 ㅇ일 접수 제ㅇㅇㅇㅇ호로 설정한 근담보권설정등기사항 말소'로 변경등기 대상과 변경할 사항을 간결하게 기재한다.

라) 그 밖의 정보

공동신청 또는 승소한 등기의무자가 단독으로 (근)담보권변경등기를 신청하는 경우 등기의무자의 등기필정보를 기재한다.

3) 첨부서면

등기원인을 증명하는 서면으로 일부 이전된 후 변제된 사실을 증명하는 변제확인서 등이 첨부되어야 한다. 대리인의 권한을 증명하는 서면인 위임장에 반드시 인감을 날인하여야 하는 것은 아니다. 다만, 등기의무자가 등기필정보를 제공하지 못하는 경우에는 인감증명서를 제출하고 신청서(위임장)에 인감이 날인되어야 한다.

4) 등기실행

일부말소 의미의 변경등기를 하는 경우이므로 담보목적물에 관하여 권리를 가지는 자 또는 압류·가압류나 가처분의 채권자가 손해를 입을 우려가 있는 경우에 해당하지 않는다(등기예규 1741호 9조 4항 2호). 따라서 부기등기로 채권최고액을 변경하는 등기 및 말소하는 표시를 하여야 한다.

〈기록례〉 근담보권의 일부 이전등기 후 잔존채권의 변제로 인한 변경

【 담 보 권 】 (담보권에 관한 사항)				
순위번호	등기목적	접수	등기원인	담보권자 및 기타사항
1	근담보권설정	2017년6월12일 16시25분 제100호	2017년6월11일 설정계약	~~채권최고액 금50,000,000원~~ 존속기간 2017년 6월 12일부터 2022년 6월 11일까지 채무자 주식회사 담보건설 서울특별시 관악구 신사로 1(신림동) 근담보권자 ~~담보은행 주식회사 110111-0001234~~ ~~서울특별시 종로구 세종대로 200(세종로)~~
1-1	1번근담보권 일부이전	2017년9월12일 09시42분 제900호	2017년9월11일 확정채권일부양도	양도액 금20,000,000원 근담보권자 오키저축은행 110171-0333444 서울특별시 영등포구 여의서로 30(여의도동)
1-2	1번근담보권 변경	2018년3월12일 14시00분 제300호	2018년3월11일 담보은행 주식 회사의 채권변제	채권최고액 금20,000,000원

〈기록례〉 일부 이전등기된 근담보권의 소멸로 인한 변경

【 담 보 권 】 (담보권에 관한 사항)				
순위번호	등기목적	접수	등기원인	담보권자 및 기타사항
1	근담보권설정	2017년6월12일 16시25분 제100호	2017년6월11일 설정계약	~~채권최고액 금50,000,000원~~ 존속기간 2017년 6월 12일부터 2022년 6월 11일까지 채무자 주식회사 담보건설 서울특별시 관악구 신사로 1(신림동) 근담보권자 담보은행 주식회사 110111-0001234 서울특별시 종로구 세종대로 200(세종로)
~~1-1~~	~~1번근담보권 일부이전~~	~~2017년9월12일 09시42분 제900호~~	~~2017년9월11일 확정채권일부양도~~	~~양도액 금20,000,000원~~ ~~근담보권자 오키저축은행 110171-0333444~~ ~~서울특별시 영등포구 여의서로 30(여의도동)~~
1-2	1번근담보권 변경	2018년3월12일 14시00분 제300호	2018년3월11일 오키저축은행의 채권변제	채권최고액 금30,000,000원

라. 채무자 변경

경개, 확정채무의 면책적 인수 등 채무자가 변경되는 경우 채무자의 변경으로 인한 변경등기를 하여야 한다. 이에는 채무자의 표시에 변경이 생기는 경우를 포함한다.

1) 신청인

채무자변경을 원인으로 하는 (근)담보권변경등기의 등기의무자는 담보권설정자이고 등기권리자는 담보권자이다. 채무자가 변제기에 채무를 변제하지 못한다면 담보권자는 담보권을 실행하여 채권의 만족을 얻을 것이므로, 채무자의 자력이 낮을수록 담보목적물의 집행 위험은 커진다. 따라서 등기기록상 불이익을 입을 자인 등기의무자는 집행채무자가 될 위험이 있는 담보권설정자가 된다. 채무자는 등기신청의 당사자가 아니므로 채무자가 변경되거나 채무자의 표시에 관한 변경이 있어도 채무자는 등기신청을 할 수 없다.

2) 신청정보

변경등기신청서 양식에 맞춰 법 제43조제2항, 제47조제2항, 등기예규 1742호 제5조에 기재된 사항을 적어야 한다. 담보목적물에 관한 사항은 변경등기신청서에 기재할 사항이 아니다.

가) 등기원인과 그 연월일

근담보권의 피담보채권이 확정되기 전 '계약인수', '계약의 일부 인수', '중첩적 계약인수' 등으로, 근담보권의 피담보채권이 확정된 후에는 '확정채무의 면책적 인수', '확정채무의 중첩적 인수', '경개' 등으로 기재하고, 해당 법률행위 성립일을 그 연월일에 기재한다.

채무자의 표시가 변경된 경우 '채무자주소변경' 또는 '채무자 개명' 등으로 그 변경사항을 등기원인으로 기재한다.

나) 등기의 목적

'(근)담보권변경'으로 기재한다.

다) 변경할 사항

'○○○○년 ○월 ○일 접수 제○○○○호로 설정한 근담보권설정등기사항

중 구 채무자 ○○○ ○○시 ○○구 ○○번지를 신채무자 ○○○ ○○시 ○
○구 ○○번지로 변경함' 형식으로 변경등기 대상과 변경할 사항을 간결하게
기재한다.

라) 그 밖의 정보

공동신청 또는 승소한 등기의무자가 단독으로 (근)담보권변경등기를 신청하
는 경우 등기의무자의 등기필정보를 기재한다.

이에 관해 채무자 주소변경 등 채무자의 표시에 관하여 근저당권 변경등기
를 신청하는 경우는 그 실질이 등기명의인이 단독으로 등기명의인 표시변경등
기를 신청하는 경우와 다를 바가 없기 때문에 등기의무자의 인감증명을 첨부
할 필요가 없고, 또한 권리에 관한 등기가 아닌 표시변경등기에 불과하므로
등기필증도 첨부할 필요가 없다는 선례(등기선례 제9-406호)가 있다. 그러나
이 선례의 논리가 채권담보권변경등기에는 그대로 적용될 수 없다. 「부동산등
기법」제50조제2항은 등기권리자와 등기의무자가 공동으로 권리에 관한 등기
를 신청하는 경우에 등기의무자의 등기필정보를 제공하도록 되어 있는 반면,
법 제43조제2항제3호는 등기권리자와 등기의무자가 공동으로 신청하는 경우
에 등기의무자의 등기필정보를 제공하도록 규정하고 있다.[3] 법 제41조제2항은
등기명의인 표시의 변경의 등기는 등기명의인이 단독으로 신청할 수 있도록
규정하고 있다. 채무자의 표시에 관한 사항은 등기명의인의 표시가 아니므로
그 실질이 등기명의인 표시변경등기로 보기 어렵다. 따라서 채무자 표시 변경
의 경우에도 등기필정보를 제공하여야 한다.

3) 첨부서면

등기원인을 증명하는 서면으로 계약양도 또는 채무인수 계약서 등을 제출한
다. 채무인수와 관련하여 판례[4]는 "채무인수가 면책적인가 중첩적인가 하는
것은 채무인수계약에 나타난 당사자 의사의 해석에 관한 문제이고, 채무인수
에 있어서 면책적 인수인지, 중첩적 인수인지가 분명하지 아니한 때에는 이를
중첩적으로 인수한 것으로 볼 것이다"라고 한다.

---

3 부동산등기와 달리 권리의 등기로 제한하지 않고 공동신청인 경우라면 등기필정보를 제출하도록
  규정되어 있다는 점에서 차이가 있다.
4 대법원 2002. 9. 24. 선고 2002다36228 판결 등

대리인의 권한을 증명하는 서면인 위임장에 반드시 인감을 날인하여야 하는 것은 아니다. 다만, 등기의무자가 등기필정보를 제공하지 못하는 경우에는 인감증명서를 제출하고 신청서(위임장)에 인감이 날인되어야 한다.

4) 등기실행

채무자 변경은 담보권의 내용을 변경하는 것이므로 권리의 변경에 해당한다. 다만, 담보목적물에 관하여 권리를 가지는 자 또는 압류 · 가압류나 가처분의 채권자가 손해를 입을 우려가 있는 경우에 해당하지 않는다(등기예규 1741호 9조 4항 2호). 따라서 담보권부에 부기로 변경한 사항을 등기한다.

마. 존속기간 변경

후발적 사유로 인하여 당사자가 합의를 하여 존속기간을 변경할 수 있다. 다만 존속기간의 연장등기는 법 제38조, 제49조에서 별도의 등기유형으로 허용하고 있으므로 존속기간을 단축하는 경우 변경등기로 하지만, 연장하는 경우에는 연장(후발적 사유) 또는 경정(원시적 사유)의 등기로 하여야 한다.5

1) 신청인

존속기간의 단축은 담보권설정자에게 유리한 사항이므로 등기의무자는 담보권자, 등기권리자는 담보권설정자이다.

2) 신청정보

변경등기신청서 양식에 맞춰 법 제43조제2항, 제47조제2항, 등기예규 1742호 제5조에 기재된 사항을 적어야 한다. 담보목적물에 관한 사항은 기재사항이 아니다.

가) 등기원인과 그 연월일

'변경계약'을 등기원인으로 그 계약일자를 기재한다.

나) 등기의 목적

'(근)담보권변경'으로 기재한다.

---

5 법원행정처, 동산 · 채권 담보등기 해설, (2012. 8), 203면

다) 변경할 사항

'○○○○년 ○월 ○일 접수 제○○○○호로 설정한 근담보권설정등기사항 중 존속기간 ○○○○년 ○월 ○일부터 ○○○○년 ○월 ○일까지를 ○○○○년 ○월 ○일부터 ○○○○년 ○월 ○일까지로 변경함'이라는 식으로 간결하게 기재한다.

라) 그 밖의 정보

공동신청 또는 승소한 등기의무자가 단독으로 (근)담보권변경등기를 신청하는 경우 등기의무자의 등기필정보를 기재한다.

3) 첨부서면

등기원인을 증명하는 서면으로 변경계약서 등을 제출한다. 원칙적으로 인감증명은 제출할 필요가 없다. 다만, 등기의무자가 등기필정보를 제공하지 못하는 경우에는 인감증명서를 제출하고 신청서(위임장)에 인감이 날인되어야 한다.

4) 등기실행

존속기간의 변경등기를 하는 경우는 존속기간을 단축하는 경우에 한정된다(연장하는 경우에는 연장 또는 경정의 등기로 하여야 하므로). 따라서 담보목적물에 관하여 권리를 가지는 자 또는 압류·가압류나 가처분의 채권자가 손해를 입을 우려가 있는 경우에 해당하지 않으므로(등기예규 1741호 9조 4항) 존속기간을 단축하는 내용의 변경등기를 담보권부에 부기로 기록한다.

바. 그 밖의 변경사항

법 제10조 단서 또는 제12조 단서의 약정에 관한 사항 등의 변경사항에 관하여 위 변경등기 방식에 따라 변경등기를 신청할 수 있다.

다만 담보등기의 목적물인 채권의 특정에 관한 사항을 변경하는 경우 이는 담보목적물의 동일성을 상실하게 되므로 변경등기로 할 수 없다. 만약 이를 허용하는 경우 부기등기는 주등기의 순위에 따르는데(법 57조, 부등법 5조), 변경등기로 인하여 담보목적물인 채권에 관하여 이해관계를 가진 제3자에게 예측하지 못하는 손해를 입힐 수 있기 때문이다(법 37조, 7조 3항).

4 채권(근)담보권 경정등기

가. 의의

경정등기란 등기신청인의 신청착오 또는 등기관의 착오·유루로 인하여 등기사항의 일부가 등기 당시부터 실체관계에 부합하지 않는 경우에 바로 잡는 등기이다. 담보등기신청사건의 처리에 관하여는 성질에 반하지 아니하는 범위에서 부동산등기에 관한 예규를 준용하고 있으므로(등기예규 1741호 18조) 「경정등기절차에 관한 업무처리지침」(등기예규 1564호)을 준용하여 처리한다.

권리의 내용 뿐만 아니라 담보목적물의 표시, 담보권설정자의 표시 등 등기사항에 관한 경정도 가능하지만 신청에 착오가 있는 경우 권리 자체의 경정(동산담보권을 채권담보권으로 경정하는 경우 등)이나 권리자 전체를 바꾸는 경정은 허용되지 않는다(경정등기절차에 관한 업무처리지침 2. 나. (1)).

나. 등기절차

1) 신청인

가) 신청에 의한 경정등기

단독신청에 의한 등기의 경정은 단독신청으로, 공동신청에 의한 등기의 경정은 공동신청으로 하여야 하므로 경정대상 등기의 종류에 따라 달라진다.

나) 직권에 의한 경정등기

오기나 누락이 등기관의 잘못으로 인한 경우에는 등기관이 직권으로 경정할 수 있다.

2) 신청정보

일반적인 기재사항으로 법 제43조제2항, 제47조제2항, 등기예규 1742호 제5조, 제6조에 기재된 사항을 적어야 한다.

가) 등기원인과 그 연월일

신청인의 잘못인 경우 '신청착오'로, 등기관의 잘못인 경우 '착오발견' 등을 등기원인으로 기재한다. 신청착오인 경우 등기신청일이 등기원인일자가 되므로 그 날을 기재하지만 착오발견의 경우 등기원인일자를 기록하지 아니한다.

나) 등기의 목적

'(근)담보권경정'으로 기재한다.

다) 경정할 사항

'○○○○년 ○월 ○일 접수 제○○○○호로 설정한 근담보권설정등기사항 중 ○○○○를 ○○○○로 경정함'이라는 식으로 경정 전의 표시와 경정 후의 표시를 간결하게 기재한다.

라) 그 밖의 정보

공동신청 또는 승소한 등기의무자가 단독으로 (근)담보권경정등기를 신청하는 경우 등기의무자의 등기필정보를 기재한다.

3) 첨부서면

착오 또는 유루를 증명하는 서면을 제출하여야 한다. 이는 경정사유마다 다르므로 구체적인 경우마다 제출하여야 하는 서면은 다르다. 이와 관련하여 채권최고액 등에 관해 경정등기를 하는 경우 설정계약서는 등기소에서 보존하고 있지 아니하므로 세심한 주의가 필요하다.

공동신청하는 경우 등기의무자의 등기필정보를 제공하여야 하나, 인감증명은 원칙적으로 제공할 필요가 없고 등기필정보를 제공할 수 없는 경우에만 제공하여야 한다.

4) 등기실행

권리의 변경이나 경정의 등기는 원칙적으로 부기등기로 한다. 다만 담보목적물부에 기록된 사항의 경정등기는 담보목적물부에 하되, 경정되는 뜻과 경정등기의 대상은 이를 담보권부에 주등기로 기록한다(등기예규 1741호 9조 4항 3호). 담보목적물에 기록된 사항의 경정등기는 당해 담보목적물의 동일성 상실로 인하여 담보목적물에 관하여 권리를 가지는 자 또는 압류·가압류나 가처분의 채권자에게 손해를 입힐 수 있기 때문이다. 경정 전의 등기사항을 말소하는 표시를 하여야 한다(등기예규 1741호 9조 5항).

5 등기명의인 표시변경(경정)등기

가. 의의

등기명의인의 성명 또는 상호, 주소 또는 본점소재지, 주민등록번호 또는 법인등록번호 등에 관해 변경사유가 발생한 경우에 이를 실체와 일치시키기 위한 등기이다. 등기명의인은 권리에 관한 등기의 현재의 명의인인 권리자를 말하므로 담보권자의 표시에 관하여 변경이 생긴 경우에 한정되고, 담보권설정자의 표시에 관하여 변경이 생긴 경우 이 유형의 등기신청을 할 수 없다.

나. 등기절차

1) 신청인

법 제41조 제2항에 따라 등기명의인인 담보권자가 단독으로 신청할 수 있다.

2) 신청정보

일반적인 기재사항으로 법 제43조제2항, 제47조제2항, 등기예규 1742호 제5조, 제6조에 기재된 사항을 적어야 한다.

3) 첨부서면

등기명의인의 표시변경(경정)을 증명하는 서면을 제출하여야 한다. 개명된 경우 기본증명서, 주소가 변경된 경우 주민등록표등·초본 등이 이에 해당한다.

4) 등기실행

등기명의인 표시의 변경이나 경정의 등기는 변경이나 경정 전의 등기사항을 말소하는 표시를 하고, 부기로 변경이나 경정사항을 등기하여야 한다(등기예규 1741호 9조 3항).

6 담보권설정자 표시변경(경정)등기

가. 의의

담보등기부는 담보권설정자별로 편제하므로 담보등기부를 특정하는 역할을 한다. 담보권설정자에 대한 제한에 대해 도입 당시 법인 이외에도 사업자등록을 한 사업자가 담보제도를 이용할 수 있도록 하는 의견이 제시되었다. 그러나 법무부와 법원행정처가 협의하는 과정에서 인적 적용범위가 수정되어 '법인 또는 「상업등기법」에 따라 상호등기를 한 사람'으로 한정되었다. 이후 2020. 10. 20. 일부개정으로 인하여 '법인 또는 「부가가치세법」에 따라 사업자등록을 한 사람'으로 확대되었다. 기존 담보등기부는 법인등기부 또는 상호등기부의 존재를 전제로 개설되는 것이었다. 담보권설정자부에 관한 등기사항 중 상호, 명칭, 본점 또는 주된 사무소나 영업소(이하 '상호 등')이 변경된 경우 법인등기 또는 상호등기를 담당하는 등기관이 상호 등에 대한 변경등기를 마친 후 지체 없이 담보등기를 담당하는 등기관에게 직권으로 통지(법 51조 3항)하도록 하여 법인등기부 또는 상호등기부와 담보등기의 담보권설정자부를 직권으로 일치시켰다.

그러나 담보권설정자가 '상호등기를 한 사람'에서 '사업자등록을 한 사람'으로 개정되었으므로, 사업자등록을 한 사람에 관한 사항은 법원행정처가 그 정보를 가지고 있지 아니하므로 변경사항이 발생하여도 직권으로 등기할 수 없는 문제점이 발생한다. 따라서 담보등기부를 특정하는 담보권설정자부 표시에 관하여 변경사유가 있는 경우 실체와 일치시키기 위해 담보권설정자의 표시에 관한 변경(경정) 등기를 하여야 한다.

나. 근거

동산담보등기의 내용과 동일하므로 해당 부분을 참조하기 바란다.

다. 등기절차

1) 신청인

담보권설정자가 단독으로 신청한다. 법 제41조는 '법률에 다른 규정이 없으면 등기권리자와 등기의무자가 공동으로 신청하고, 등기명의인 표시의 변경 또는 경정의 등기는 등기명의인이 단독으로 신청할 수 있다'고 규정하여 담보권설정자의 표시변경에 관하여는 규정하고 있지 않다. 이에 대해 담보권변경등기로서 공동신청을 해야 한다는 견해가 있을 수 있으나, 등기명의인 표시의 변경에 준해서 단독신청으로 함이 타당하다. 그 이유는 ① 등기부의 편성기준에 관한 사항으로서 담보권의 내용의 변경이라고 보기 어렵고 ② 「부동산등기법」은 부동산표시 변경의 등기는 등기명의인이 단독으로 신청하도록 규정하고 있는데, 부동산표시는 등기부의 편성기준에 해당하는 표제부이므로 이와 동일한 기능을 하는 담보권설정자부의 표시 변경에 해당 규정을 준용(법 57조, 부등법 23조 5항)하는 것이 성질에 반하지 않기 때문이다. 현재 등기예규 1741호 제9조제1항은 "담보권설정자의 표시에 관하여 법 제47조제2항제1호, 제3의2호 및 제4호의 등기사항에 변경이 있는 경우에는 담보권설정자는 그 변경의 등기를 신청할 수 있다. 국내에 영업소 또는 사무소를 설치한 외국법인의 영업소 또는 사무소를 추가하는 경우를 포함한다"라고 규정하여 실무적으로 단독신청을 허용하고 있다.

2) 신청정보

일반적인 기재사항으로 법 제43조제2항, 제47조제2항, 등기예규 1742호 제5조, 제6조에 기재된 사항을 적어야 한다.

가) 등기원인과 그 연월일

개명, 주소변경, 주민등록번호 정정 등 등기원인과 그 연월일을 기재해야 한다.

나) 등기의 목적

담보권설정자 표시변경으로 하여야 한다.

다) 변경할 사항

'등기고유번호 : ○○○○-○○○○○○ 담보권설정자정보를 김○○ 111111-1111111 서울특별시 ○○○구로 변경함'의 형식으로 변경할 사항을 간결하게 기재한다.

3) 첨부서면

담보권설정자 표시변경(경정)을 증명하는 서면을 제출하여야 한다. 개명된 경우 기본증명서, 주소가 변경된 경우 주민등록표등·초본 등이 이에 해당한다.

4) 등기실행

주등기로 하되(등기예규 1741호 9조 4항 1호), 접수번호는 따로 기재하지 아니하고 등기원인 및 등기일자에 '2022년1월1일 주소변경 2022년1월1일 등기'의 형식으로 기록한다.

7 담보권 말소등기

가. 의의

채권담보권의 등기사항 전부가 원시적 또는 후발적으로 실체관계와 불일치하게 된 경우에 그 등기 전부 또는 일부를 법률적으로 소멸시킬 목적으로 행하여지는 등기이다. 담보약정의 취소, 해제 또는 그 밖의 원인으로 효력이 발생하지 아니하거나 효력을 상실하는 경우, 목적채권이 소멸시효완성 등으로 소멸한 경우, 그 밖에 담보권이 소멸한 경우에 말소등기를 신청할 수 있다.

말소등기는 ① 담보약정의 취소, 해제 또는 그 밖의 원인으로 효력이 발생하지 아니하거나 효력을 상실한 경우 ② 담보목적물인 채권이 모두 소멸한 경우 ③ 그 밖에 담보권이 소멸한 경우에 신청할 수 있다.

나. 등기절차

1) 신청인

원칙적으로 공동신청에 의한다(법 41조 1항). 따라서 일반적으로 담보권설정자가 등기권리자, 담보권자가 등기의무자가 된다.

2) 신청정보

일반적인 기재사항으로 법 제43조제2항, 제47조제2항, 등기예규 1742호 제5조, 제6조에 기재된 사항을 적어야 한다.

가) 등기원인과 그 연월일

변제,[6] 해지, 목적채권의 소멸시효완성, 존속기간 만료, 일부포기 등 그 등기원인과 연월일을 기재해야 한다.

나) 등기의 목적

해지나 전부멸실 등으로 인하여 근담보권이 전부 소멸한 경우에는 '근담보권(설정등기)말소'로 '근담보권일부소멸'으로 기재한다.

다) 말소할 사항

'○○○○년 ○월 ○일 접수 제○○○○호로 설정한 근담보권설정등기'로 간결하게 기재한다.

라) 그 밖의 정보

공동신청 또는 승소한 등기의무자가 단독으로 (근)담보권말소등기를 신청하는 경우 등기의무자의 등기필정보를 기재한다.

3) 첨부서면

등기원인을 증명하는 서면으로 변제증서, 해지증서, 해제계약서 등을 제출한다. 담보목적물인 채권의 소멸(소멸시효 완성 등)과 관련하여 그 존재를 증명하는 서면이 별도로 존재하지 않는다. 따라서 구체적인 사건에서 등기관이 판단하여야 하지만 일반적으로 담보권자의 확인서면이 이에 해당할 수 있다.

원칙적으로 인감증명은 제출할 필요가 없다. 다만, 등기의무자가 등기필정보를 제공하지 못하는 경우에는 인감증명서를 제출하고 신청서(위임장)에 인감이 날인되어야 한다.

4) 등기실행

등기를 말소할 때에는 말소등기를 한 후 해당 등기를 말소하는 표시를 하여야 한다. 담보목적물의 일부를 말소하는 등기를 하는 경우에는 담보권부에 일부말소의 뜻과 말소등기의 대상을 기록하고, 담보목적물부에 해당 담보목적물의 등기를 말소하는 표시를 하여야 한다.

해지나 변제 등으로 인하여 담보권이 전부 소멸되는 경우에는 주등기로 한다. 반면 담보목적물인 채권의 일부소멸이나 일부포기 등으로 인하여 담보권이 일부 소멸되는 경우에는 실질적으로 권리의 변경에 해당하므로 부기등기로 한다.

---

6 근담보권은 변제로 소멸하지 아니하지만, 담보권은 변제로 소멸할 수 있으므로 해지가 아닌 변제로 인하여 소멸한 경우 등기원인이 '변제'가 된다.

〈기록례〉 일부포기 하는 경우

순위번호	등기목적	접수	등기원인	담보권자 및 기타사항
【 담 보 권 】 (담보권에 관한 사항)				
1	근담보권설정	2017년6월12일 16시25분 제100호	2017년6월11일 설정계약	채권최고액 금60,000,000원 존속기간 2017년 6월 12일부터 2021년 6월 11일까지 채무자 주식회사 담보건설 　서울특별시 관악구 신사로 1(신림동) 근담보권자 최고은행 주식회사 110111-0001234 　서울특별시 종로구 세종대로 200(세종로)
1-1	1번근담보권 일부소멸	2017년9월12일 09시42분 제900호	2017년9월11일 일부포기	일련번호 1번 채권 말소

일련번호	채권의 종류	채권의 발생원인 및 발생연월일	목적채권의 채권자 및 채무자	기타사항
【 담 보 목 적 물 】 (담보목적물에 관한 사항)				
~~1~~	~~차임채권~~	~~시기: 2016년1월1일~~ ~~종기: 2016년12월31일~~ ~~서울특별시 서초구 서초대로 219 법원빌딩 101호 상가건물 임대차계약~~	~~목적채권의 채권자 주식회사 담보건설~~ ~~서울특별시 서초구 서초대로 1(서초동)~~ ~~목적채권의 채무자 김담보~~ ~~서울특별시 강남구 진달래11길 3(양재동)~~	
2	차임채권	시기: 2017년1월1일 종기: 2017년12월31일 서울특별시 서초구 서초대로 10, 303호(서초동, 제일빌딩) 임대차계약	목적채권의 채권자 주식회사 담보건설 　서울특별시 서초구 서초대로 1(서초동) 목적채권의 채무자 이동산 　서울특별시 강남구 진달래14길 23(양재동)	

8 담보권 연장등기

가. 의의

채권담보권의 존속기간 만료 전에 5년을 초과하지 않는 기간으로 이를 갱신하는 등기를 말한다. 존속기간을 후발적인 사유로 연장하기 위하여는 변경등기가 아니라 연장등기를 하여야 한다. 채권담보권의 존속기간은 상사채권의 소멸시효인 5년을 초과할 수 없다. 채권담보권의 피담보채권 대부분이 상사채권이고, 피담보채권이 소멸되면 담보권도 소멸되는 점 등을 고려하여 한 것이다.7

나. 등기절차

1) 신청인

원칙적으로 공동신청에 의한다(법 41조 1항). 담보권자가 등기권리자가 되고 담보권설정자가 등기의무자가 된다.

2) 신청정보

일반적인 기재사항으로 법 제43조제2항, 제47조제2항, 등기예규 1742호 제5조, 제6조에 기재된 사항을 적어야 한다.

가) 등기원인과 그 연월일

'변경계약' 등 변경의 원인이 되는 법률행위와 그 성립일을 기재한다.

나) 등기의 목적

'(근)담보권연장' 등으로 기재한다.

다) 연장후의 존속기간

'○○○○년 ○월 ○일 접수 제○○○○호로 설정한 근담보권설정등기사항 중 존속기간 ○○○○년 ○월 ○일부터 ○○○○년 ○월 ○일까지를 ○○○○년 ○월 ○일부터 ○○○○년 ○월 ○일까지로 변경함'이라고 간결하게 기재하여 존속기간을 연장하는 취지와 연장 후의 존속기간을 기재한다.

라) 그 밖의 정보

공동신청 또는 승소한 등기의무자가 단독으로 (근)담보권연장등기를 신청하는 경우 등기의무자의 등기필정보를 기재한다.

3) 첨부서면

등기원인을 증명하는 변경계약서 등을 제출한다. 원칙적으로 인감증명은 제출할 필요가 없다. 다만, 등기의무자가 등기필정보를 제공하지 못하는 경우에는 인감증명서를 제출하고 신청서(위임장)에 인감이 날인되어야 한다.

---

7 안형준, 동산·채권 등의 담보에 관한 법률 해설서, 12면

4) 등기실행

담보권의 존속기간을 갱신하기 위하여 연장등기를 하는 경우에는 담보권부에 ① 존속기간을 연장하는 뜻 ② 연장 후의 존속기간 ③ 접수번호 및 접수연월일을 부기로 기록한다. 이 경우 이전의 존속기간을 말소하는 표시를 하여야 한다. 이 경우 이전의 존속기간을 말소하는 표시를 하여야 한다(등기예규 1741호, 15조 2항). 존속기간의 연장의 경우 등기상 이해관계인[8]의 승낙여부를 고려하지 않고 부기등기로 둔 것은 5년의 범위 내에서 연장이 예정된 담보권이므로 그 연장을 충분히 예측할 수 있는 사항이란 점이 고려된 걸로 보인다. 법무부 해설서도 연장등기는 그 성질상 권리변경등기에 해당하지만, 등기상 이해관계인의 승낙을 연장등기의 경우에도 요구하게 되면 존속기한 내 변제하지 못한 경우 담보권 실행으로 인한 사업이 지속되지 못하는 부당한 결과가 초래될 수 있고, 후순위권리자의 입장에서도 채무자가 사업을 지속하는 편이 더 유리한 반면 순위 승진의 기대는 보호가치가 적다고 보고 있다.[9]

9 그 밖에 문제되는 등기유형

가. 총설

「동산·채권의 담보등기 신청에 관한 업무처리지침」(등기예규 1742호)은 등기신청서의 양식을 규정하고 있다. 일반적으로 많이 사용되는 양식을 규정하고 있고 양식 제14호(기타의 등기)를 마련하여 열거하지 않은 다른 종류의 등기신청도 신청서에 맞춰 가능케 하고 있다.

이와 관련하여 법 및 규칙에서 규정하고 있는 등기사항 중 말소회복등기, 등기기록 부활의 등기에 대해서는 동산담보등기절차에 따른다. 다만 특히 문제되는 유형인 처분제한에 관한 등기, 권리질권에 관한 등기, 저당권에 대한 채권담보권의 등기(부등법 132조 2항), 신탁등기, 공동담보, 동순위 담보등기, 가등기에 대해 살펴본다.

---

8 다만 이에 관해, 등기상 이해관계인은 등기기록의 특성상 현재 상성할 수 없고, 담보목적물에 관하여 권리를 가지는 자 또는 압류·가압류나 가처분의 채권자가 문제될 뿐이다.

9 안형준, 동산·채권 등의 담보에 관한 법률 해설서, 131면

나. 처분제한에 관한 등기

처분제한에 관한 등기란 담보권자가 가지는 처분권능을 제한하는 것으로서 압류, 가압류, 가처분 등이 있다. 법 제38조는 "담보등기는 동산담보권이나 채권담보권의 설정, 이전, 변경, 말소 또는 연장에 대하여 한다"고만 규정하고 있어 처분제한은 등기사항이 아니다.

채권담보등기에 의하여 공시되는 것은 담보권일 뿐이고, 목적물의 소유권이나 목적물의 존부를 공시하는 장부가 아니므로, 공시의 대상이 아닌 담보목적물인 채권의 집행에 대해 담보등기부에 공시할 수도 없고 공시하여서도 안 된다. 또한 담보권 있는 채권의 압류에 대해서도 저당권이 있는 채권의 압류처럼 저당권에 압류사실을 등기부에 기입할 수 없다. 처분제한이 등기사항이 아니고, 「민사집행법」 제228조는 저당권이 있는 채권의 압류일 뿐 동산·채권담보권이 있는 채권의 압류에 대해서는 규정하고 있지 아니하기 때문이다.

다. 권리질권에 관한 등기

채권담보부 채권에 질권을 설정한 경우 담보등기부에 권리질권에 관한 등기를 할 수 있는지 문제된다. 법 제37조는 채권담보권에 관하여는 그 성질에 반하지 아니하는 범위에서 「민법」 제348조[10]를 준용하고 있는데 그 해석에 관하여 실무상 논의가 있다. 「민법」 제348조를 준용하는 경우 채권담보권을 무엇에 대응하여 해석하여야 하는지에 관해 ① 채권담보권을 '저당권'에 대응하여 '담보한 채권을 질권의 목적으로 한 때에는 그 채권담보등기에 질권의 부기등기를 하여야 그 효력이 저당권에 미친다.'고 보는 견해와 ② 채권담보권을 '질권'에 대응하여 '저당권으로 담보한 채권을 채권담보권의 목적으로 한 때에는 그 저당권등기에 채권담보권의 부기등기를 하여야 그 효력이 저당권에 미친다.'고 보는 견해가 있을 수 있다. 이에 관해 법무부 해설서는 "저당권으로 담보한 채권을 채권담보권의 목적으로 한 때에는 그 저당권등기에 채권담보권의 부기등기를 하여야 그 효력이 저당권에 미친다"고 하였다.[11] 「부동산등기법」 제76조제2항, 「부동산등기규칙」 제132조제2항 및 「저당권부채권에 대한 채권

---

10 민법 제348조(저당채권에 대한 질권과 부기등기) 저당권으로 담보한 채권을 질권의 목적으로 한 때에는 그 저당권등기에 질권의 부기등기를 하여야 그 효력이 저당권에 미친다.
11 안형준, 동산·채권 등의 담보에 관한 법률 해설서, 106면

담보권의 부기등기에 관한 업무처리지침」(등기예규 1741-1호)은 저당권부채권에 대한 채권담보권의 부기등기에 관한 사항을 부동산등기부에 기록하도록 규정하고 있다. 현재 실무상 ②의 경우만 등기를 허용하고 있다.

생각건대, 동산담보부 채권에 설정한 질권의 효력이 동산담보권에 미치는지에 관한 논의와 동일하게 채권담보부 채권에 질권을 설정하여도 그 효력이 채권담보권에 미치지 않고, 등기도 할 수 없다. 「민법」제361조와 달리 법 제13조는 전담보에 관해 아무런 규정을 두지 않고, 채권담보권은 동산담보권에 관한 제2장을 준용하고 있으므로 전담보를 할 수 없다는 점에서는 동산담보권과 동일하다. 또한 권리질권의 설정, 이전, 변경, 말소 등은 등기사항으로 규정하고 있지 아니하므로 이 법에 따라 채권담보등기부에 등기할 수 없다. 법 제38조에서 등기사항에 관해 명시적으로 규정하고 있으므로 그 범위에서 「부동산등기법」[12]을 준용할 수 없기 때문이다.

라. 저당권에 대한 채권담보권의 등기

1) 의의

저당권에 의해 담보되는 채권(이하 저당권부 채권)을 채권담보권의 목적으로 하는 경우 채권담보권의 효력이 저당권에 미치게 하기 위한 부기등기를 말한다. 법 제37조가 「민법」제348조를 준용하고 있으므로 채권담보권의 효력을 미치기 위하여는 그 저당권등기에 부기등기를 하여야 한다.

명문의 규정은 없으나 저당권부 채권뿐만 아니라 근저당권부 채권도 질권의 목적으로 할 수 있는 것(등기선례 제7-278호)과 마찬가지로 채권담보권의 목적으로도 할 수 있다고 본다. 이에 대해 근저당권부 채권에 대해 근담보등기가 가능한지 문제가 제기된다. 「부동산등기법」은 등기사항에 담보되는 질권의 채권최고액을 규정함으로써(부등법 76조 1항 1호) 허용하고 있다. 근저당권부 채권에 대한 채권근담보권설정등기를 달리 볼 이유가 없으므로 허용된다고 보아야 한다.

---

12 「부동산등기법」제3조 제6호는 권리질권을 등기할 수 있는 권리로 규정하고 있다.

2) 등기절차

가) 신청절차

(1) 저당권부 채권을 담보목적물로 한 채권담보등기 설정

저당권부 채권도 금전채권이라면 채권담보권의 담보목적물이 될 수 있다. 따라서 채권담보권설정의 등기절차에 따라 채권담보등기를 신청한다.

(2) 저당권등기에 하는 채권담보권의 부기등기

(근)저당권자가 등기의무자가 되고 채권담보권자가 등기권리자가 되어 공동으로 신청한다. 신청서에는 일반적인 기재사항(부등규 43조) 외에 채권담보권의 목적인 채권을 담보하는 (근)저당권을 표시하고 채권액 또는 채권최고액, 채무자의 표시 및 변제기와 이자의 약정이 있는 경우에는 그 내용을 신청정보의 내용으로 등기소에 제공하여야 한다. 변제기와 이자의 약정(이율)이 등기사항(부등법 76조 2항)인 점이 채권담보등기의 등기사항과 차이점이다. 등기의 목적은 '저당권부 채권담보권의 설정'이라 하고, 채권담보권의 목적이 되는 저당권의 표시는 '접수 ○○년 ○○월 ○○일 제○○○호 순위 제○번의 저당권'과 같이 한다. 등기의무자인 (근)저당권자의 등기필정보를 제공한다.

첨부정보로는 채권담보등기설정계약서와 「동산·채권 등의 담보에 관한 법률」에 따라 채권담보등기가 되었음을 증명하는 등기사항증명서를 제공하여야 한다. 이 때 (근)저당권자의 인감증명서는 첨부할 필요가 없다.

채권담보권의 부기등기를 신청하는 경우에는 매 1건당 3천 원에 해당하는 등록면허세를 납부하고, 매 부동산별로 3,000원에 해당하는 등기신청수수료를 납부하여야 한다. 채권담보권의 부기등기를 신청하는 경우에 국민주택채권은 매입하지 아니한다.

나) 등기실행

(1) 저당권부 채권을 담보목적물로 한 채권담보등기

(근)저당권의 채권자를 담보권설정자로 한 채권담보등기부를 개설하여 채권담보설정등기를 한다.

(2) 저당권등기에 하는 채권담보권의 부기등기

채권담보권의 부기등기는 채권담보권의 목적이 된 저당권등기에 부기등기로 한다. 등기관이 채권담보권의 부기등기를 할 때에는 법 제48조 의 일반적인 등기사항 외에 채권액 또는 채권최고액, 채무자의 표시, 변제기와 이자의 약정이 있는 경우에는 그 내용 및 저당권이 공동저당인 경우에는 공동담보인 뜻을 기록하여야 한다.

저당권부채권에 대한 채권담보권의 부기등기에 관한 업무처리지침

제1조 (목적)

이 예규는 부동산등기법 제76조제2항(이하 "법"이라 한다)및 부동산등기규칙(이하 "규칙"이라 한다) 제132조제2항에 따라 저당권부채권에 대한 채권담보권의 부기등기(이하 "채권담보권의 부기등기"라 한다)에 관한 사항을 규정함을 목적으로 한다.

제2조 (신청인)

채권담보권의 부기등기는 저당권자가 등기의무자가 되고 채권담보권자가 등기권리자가 되어 공동으로 신청한다. 이 경우 저당권자는 법인 또는 「부가가치세법」에 따라 사업자등록을 한 사람이어야 한다.

제3조 (신청정보)

① 채권담보권의 부기등기를 신청하는 경우에는 규칙 제43조에서 정한 일반적인 신청정보 외에 담보권의 목적인 채권을 담보하는 저당권의 표시, 채권액 또는 채권최고액, 채무자의 표시 및 변제기와 이자의 약정이 있는 경우에는 그 내용을 신청정보의 내용으로 등기소에 제공하여야 한다.

② 등기의 목적은 "저당권부 채권담보권의 설정"이라 하고, 채권담보권의 목적이 되는 저당권의 표시는"접수 ○○년 ○○월 ○○일 제○○○호 순위 제○번의 저당권"과 같이 한다.

제4조 (첨부정보)

채권담보권의 부기등기를 신청하는 경우에는 규칙 제46조에서 정한 일반적인 첨부정보 외에 등기원인을 증명하는 정보로 채권담보권설정계약서와 「동산·채권 등의 담보에 관한 법률」에 따라 채권담보권등기가 되었음을 증명하는 등기사항증명서를 첨부정보로서 등기소에 제공하여야 한다.

제5조 (등록면허세 등)

① 채권담보권의 부기등기를 신청하는 경우에는 매 1건당 3천 원에 해당하는 등록면허세를 납부하고, 매 부동산별로 3,000원에 해당하는 등기신청수수료를 납부하여야 한다.

② 채권담보권의 부기등기를 신청하는 경우에 국민주택채권은 매입하지 아니한다.

제6조 (등기실행절차)

① 채권담보권의 부기등기는 채권담보권의 목적이 된 저당권등기에 부기등기로 한다.

② 등기관이 채권담보권의 부기등기를 할 때에는 법 제48조의 일반적인 등기사항 외에 채권액 또는 채권최고액, 채무자의 표시, 변제기와 이자의 약정이 있는 경우에는 그 내용 및 저당권이 공동저당인 경우에는 공동담보인 뜻을 기록하여야 한다.

제7조 (등기기록례)

채권담보권의 부기등기에 관한 등기기록례는 별지와 같다.

〈채권담보권의 부기등기에 따른 등기기록례〉

【을 구 】	(소유권 이외의 권리에 관한 사항)			
순위번호	등기목적	접수	등기원인	담보권자 및 기타사항

1	근저당권설정	2021년 9월 9일 제10000호	2021년 9월 9일 설정계약	채권최고액 금 100,000,000원
				채무자 ○○○
				    서울특별시 서초구 서초중앙로 157
				근저당권자 ◇◇◇ 700101-1234567
				    서울특별시 서초구 서초대로 123
				공동담보 토지
				    서울특별시 종로구 혜화동 1

1-1	1번 근저당권부 채권 담보권	2021년 11월 11일 제10421호	2011년 11월 9일 설정계약	채권최고액 금 100,000,000원
				변제기 2022년 12월 21일
				이 자 월 2푼
				채무자 ◇◇◇
				    서울특별시 서초구 서초대로 123
				채권자 ▽▽▽ 521212-1234567
				    서울시 송파구 송파대로 345
				공동담보 토지
				    서울특별시 종로구 혜화동 1 을구 제1번의 근저당권

마. 신탁등기

「신탁법」의 '신탁'이란 위탁자와 수탁자 간의 신임관계에 기하여 위탁자가 수탁자에게 특정의 재산(영업이나 저작재산권의 일부를 포함한다)을 이전하거나 담보권의 설정 또는 그 밖의 처분을 하고 수탁자로 하여금 일정한 자(이하 '수익자'라 한다)의 이익 또는 특정의 목적을 위하여 그 재산의 관리, 처분, 운용, 개발, 그 밖에 신탁 목적의 달성을 위하여 필요한 행위를 하게 하는 법률관계를 말한다(신탁법 2조). 신탁재산에는 특정의 재산에 대한 소유권뿐만 아니라 담보권도 포함되므로 등기 또는 등록할 수 있는 재산권에 관하여는 신탁의 등기 또는 등록을 함으로써 그 재산이 신탁재산에 속한 것임을 제3자에게 대항할 수 있으므로(신탁법 4조 1항) 채권을 담보목적물로 하는 담보권을 신탁하기 위하여는 채권담보등기부에 신탁의 등기를 하여야 한다.[13] 담보권을 신탁하는 방식에는 담보권을 그 피담보채권과 함께 신탁을 원인으로 담보권 이전등기를 신청하는 방식과 '위탁자가 채권자를 수익자로 하여 수탁자에게 담보권을 설정한 후, 채무자의 채무불이행이 있을 경우 수탁자가 담보권의 실행을 통하여 수령한 금전을 수익자에게 교부하여 주는 신탁'인 담보권신탁[14] 등기를 신청하는 방식이 있다. 「신탁법」 제2조의 특정의 재산을 이전하는 방식이 전자이고, 담보권을 설정하는 방식이 후자이다. 부동산의 경우 전자의 방식을 허용하는 등기선례(등기선례 제7-400호[15])가 있고, 후자의 방식에 관하여는 「부동산등기법」에 특례를 두어 등기사항을 규정하고 있다(부등법 87조의2[16]).

---

13 채권담보권에 관한 신탁등기는 현재 그 신청건수가 거의 없어 등기실무가 정착되어 있지 아니하다.
14 양진섭, "담보권신탁의 도입에 따른 신탁실무의 변화", 사법논집 제57집(2013), 90-91면
15 저당권에 관하여 신탁을 원인으로 저당권이전등기를 신청할 수 있는지 여부(등기선례 제7-400호) 저당권도 신탁법상 신탁할 수 있는 재산권에 포함되므로 그 피담보채권과 함께 신탁하는 경우에는 신탁이 가능하며, 저당권자는 위탁자, 신탁업의 인가를 받은 신탁회사는 수탁자로 하여 신탁을 원인으로 저당권이전등기와 신탁의 등기를 신청할 수 있고, 이 경우 저당권이전등기에 대하여는 등록세를 부과하지 아니하며(지방세법 제128조 제1호의 가), 신탁의 등기에 대하여는 매 1건당 3,000원의 등록세를 납부(지방세법 제131조 제1항 제8호)하여야 한다.
16 제87조의2(담보권신탁에 관한 특례)
① 위탁자가 자기 또는 제3자 소유의 부동산에 채권자가 아닌 수탁자를 저당권자로 하여 설정한 저당권을 신탁재산으로 하고 채권자를 수익자로 지정한 신탁의 경우 등기관은 그 저당권에 의하여 담보되는 피담보채권이 여럿이고 각 피담보채권별로 제75조에 따른 등기사항이 다를 때에는 제75조에 따른 등기사항을 각 채권별로 구분하여 기록하여야 한다.
② 제1항에 따른 신탁의 신탁재산에 속하는 저당권에 의하여 담보되는 피담보채권이 이전되는 경우 수탁자는 신탁원부 기록의 변경등기를 신청하여야 한다.
③ 제1항에 따른 신탁의 신탁재산에 속하는 저당권의 이전등기를 하는 경우에는 제79조를 적용하

채권담보권도 신탁재산에 해당함에는 의문이 없으나 구체적인 등기사항에 관하여 법 또는 규칙에 아무런 규정이 없으므로 채권담보권의 신탁등기가 허용되는지가 문제가 된다. 법 제57조는 "담보등기에 관하여는 이 법에 특별한 규정이 있는 경우를 제외하고는 그 성질에 반하지 아니하는 범위에서「부동산등기법」을 준용한다"고 하므로「부동산등기법」의 신탁등기에 관한 등기사항을 준용할 수 있을지에 관한 해석의 문제이다. 이에 대해 법 제38조가 등기할 수 있는 권리와 권리 변동에 관한 등기사항을 규정하고 있으므로「부동산등기법」에서 규정하고 있는 신탁등기에 관한 등기사항은 법 제57조가 규정한 담보등기에 관하여 법에 특별한 규정이 있는 경우에 해당하므로 등기할 수 없다는 견해가 있을 수 있다. 생각건대, 신탁등기는「부동산등기법」을 준용하여 허용하여야 한다. 신탁등기에 관한 규정은「부동산등기법」제3절 권리에 관한 등기 제5관 신탁에 관한 등기에 위치하고 있으므로, 권리에 관한 등기에 해당하지만, 신탁등기 그 자체가 개별 권리는 아니고 그 재산이 신탁재산에 속한 것임을 제3자에게 대항하기 위해 필요한 등기(신탁법 4조 1항)에 불과하다. 뿐만 아니라 채권담보권은 등기를 할 수 있는 재산권이므로 신탁법 제4조에 따라 신탁등기를 하여야 제3자에게 대항할 수 있는데, 이 법에 채권담보권의 신탁등기에 관한 명시적이 규정이 없음을 이유로 등기할 수 없다면, 신탁대상 재산임에도 불구하고 신탁할 수 없는 문제가 발생한다. 따라서 등기할 수 있는 권리가 아니라 권리에 관한 등기에 불과한 신탁등기는 채권담보권 신탁의 경우에도「부동산등기법」을 준용하여 허용함이 타당하다. 다만, 구체적인 등기신청 사건에서 등기시스템의 미비로 인하여 등기를 할 수 없거나, 텍스트 등기부로 전환하여 등기를 할 경우가 발생하여 실무상 혼란이 있을 수 있으므로[17] 명시적인 규정을 두거나 선례를 마련하여 등기의 허용여부에 관해 명확히 할 필요가 있다.

지 아니한다.
17 현재 등기시스템에서는 이런 유형의 등기신청을 대비한 시스템이 마련되어 있지 않다.

바. 공동담보

공동담보란 동일한 채권을 담보하기 위하여 여러 개의 담보목적물에 채권담보권을 설정하는 것을 말한다(법 37조, 29조 1항). 채권은 개별 가치가 부동산에 비해 대체적으로 적고, 채무자의 책임재산 여부에 따라 그 회수가 불투명하다. 따라서 현재의 채권 뿐만 아니라 장래의 채권까지 포함하여 담보가치를 집적하고 채권회수에 관한 위험의 분산을 위하여 공동담보가 활용되고 있다.

법은 공동저당과 달리 채권자를 달리하는 공동담보를 예정하고 있지 아니하고, 등기법상 이를 등기사항으로 두고 있지 아니하다(부등법 78조와 같은 공동담보에 관한 등기사항 규정이 없음). 또한 이종의 목적물에 대해서 공동담보를 허용하고 있지 않다. 따라서 동일한 담보권설정자 채권자인 채권들에 대해서만 공동담보를 설정할 수 있다. 담보권설정자가 자신이 가지는 여러 채권에 대해 공동담보를 설정한 경우 하나의 등기기록의 담보목적물부에 다음과 같이 기록한다.

【 담 보 목 적 물 】 (담보목적물에 관한 사항)				
일련번호	채권의 종류	채권의 발생원인 및 발생연월일	목적채권의 채권자 및 채무자	기타사항
1	차임채권	시기 : 2020년1월1일 종기 : 2020년12월31일 서울특별시 서초구 서초대로 123 ○○빌딩 상가 건물 임대차계약	목적채권의 채권자 주식회사 갑을실업 서울특별시 서초구 서초대로 1(서초동) 목적채권의 채무자 에이스유통 주식회사 서울특별시 강남구 양재대로 123(양재동)	
2	동산매매대금 채권	2020년3월12일 완구류 판매계약	목적채권의 채권자 주식회사 갑을실업 서울특별시 서초구 서초대로 1(서초동) 목적채권의 채무자 김담보 서울특별시 관악구 은천로 93, 101동 1201호(봉천동, 봉천빌딩)	

실행절차에 관하여는 담보권자는 전부 또는 일부만 선택하여 실행할 수 있다. 일부만 실행하여 채권의 만족을 얻는 경우 담보목적물의 일부를 말소하는 등기를 한다. 담보목적물의 일부를 말소하는 등기를 하는 경우에는 담보권부에 일부말소의 뜻과 말소등기의 대상을 기록하고, 담보목적물부에 해당 담보목적물의 등기를 말소하는 표시를 하여야 한다(등기예규 1741호 7조 2항). 담보권부도 일부변제로 인한 담보권변경등기를 하여야 한다.

사. 동순위 담보등기

「민법」 또는 「부동산등기법」에 명문으로 규정하고 있지 않지만 실무상 하나의 부동산에 대하여 동순위 (근)저당권을 설정하는 것을 허용하고 있다. 예를 들어 채무자A가 甲은행과 乙은행으로부터 각각 1억씩 금원을 차용하면서 甲과 乙에게 1순위의 저당권을 설정해주는 경우이다. 이 경우 등기부에는 순위번호를 모두 1번으로 하고 등기목적에 (1) 근저당권설정, (2) 근저당권설정으로 각 (근)저당권을 기록한다.

채권담보권의 경우 이를 허용하는 명문의 규정이 없다. 담보약정별로 담보권부와 담보목적물부가 구성되어 하나의 부동산에 관한 권리의 순위를 일목요연하게 확인할 수 있는 부동산등기와는 구조를 달리하고 있다. 그러나 동순위로 등기하고자 하는 당사자의 의사를 존중하여 순위번호가 아니라, 접수번호에 내서를 하여 표시를 하는 등 약정별로 발급되는 등기사항증명서에 동순위임을 표시하는 방안을 마련하여 등기를 할 수 있게 함이 바람직하다.[18]

아. 채권담보권의 가등기

법에는 가등기에 관한 규정을 두고 있지 아니하나, 「부동산등기법」 제88조 이하를 준용하여 가등기가 허용되는지 여부가 문제된다. 이에 관해 명시적인 규정이나 판례, 선례 등은 아직 보이지 않는다. 결국 「부동산등기법」을 준용하는 범위에 관한 문제이다. 이에 대해 법 제38조가 등기할 수 있는 권리와 권리변동에 관한 등기사항을 규정하고 있으므로 「부동산등기법」에서 규정하고 있는 가등기에 관한 등기사항은 법 제57조가 규정한 담보등기에 관하여 법에 특별한 규정이 있는 경우에 해당하므로 등기할 수 없다는 견해가 있을 수 있다. 생각건대, 신탁등기에서의 논의와 마찬가지로, 채권담보등기부에 기재할 수 있는 권리의 보전을 위한 등기로서 법이 그 허용여부에 대해 특별히 규정하고 있지 아니한 사항이므로 「부동산등기법」 제88조 이하를 준용하여 담보권 설정의 가등기를 할 수 있다고 보는 것이 문리적·법체계적 해석에 비춰볼 때 타당하다.[19] 다만, 입법적으로 가등기에 관한 규정을 두어 논란을 방지함이 타당하다.[20]

---

18 현재 등기시스템에서는 이런 유형의 등기신청을 대비한 시스템이 마련되어 있지 않다.
19 채권담보권 설정의 가등기는 현재 그 신청건수가 거의 없어 등기실무가 정착되어 있지 아니하다.
20 현재 등기시스템에서는 이런 유형의 등기신청을 대비한 시스템이 마련되어 있지 않다.

제4절

지식재산권담보등록

1 지식재산권담보권 등록제도

가. 의의

「지식재산 기본법」이 2011. 5. 19. 제정됨에 따라 이 법 제정 당시의 '지적재산권'을 '지식재산권'으로 법률 용어를 통일하였다. '지식재산'이란 인간의 창조적 활동 또는 경험 등에 의하여 창출되거나 발견된 지식·정보·기술, 사상이나 감정의 표현, 영업이나 물건의 표시, 생물의 품종이나 유전자원, 그 밖에 무형적인 것으로서 재산적 가치가 실현될 수 있는 것을 말한다(지식재산 기본법 3조 1호). '지식재산권'이란 법령 또는 조약 등에 따라 인정되거나 보호되는 지식재산에 관한 권리를 말한다(지식재산 기본법 3조 3호). '지식재산권담보권'은 담보약정에 따라 특허권, 실용신안권, 디자인권, 상표권, 저작권, 반도체집적회로의 배치설계권 등 지식재산권을 목적으로 그 지식재산권을 규율하는 개별 법률에 따라 등록한 담보권을 말한다(법 2조 4호).

원칙적으로 지식재산권은 개별 법률이 정하는 절차에 따라 해당 지식재산권을 담보로 등록할 수 있다. 예를 들어 특허권 또는 전용실시권을 목적으로 하는 질권의 설정 등은 특허원부에 등록하여야 효력이 발생한다(특허법 101조). 지식재산권은 그 종류가 다양하고 관리하는 관리청이 다양하므로, 개별 법률에서 별도로 등록절차를 규정하고, 등록의 효과도 상이하게 두고 있다. 따라서 이 법에 의해서는 그 등록부를 관장하는 기관이 동일한 지식재산권을 공동담보로 제공하는 경우에만 담보등록이 가능하도록 하였다(법 58조). 즉 공동담보에 관한 설권효를 이 법에서 부여하고 있다. 지식재산권담보권은 개별 법률의 등록절차에 의하고 이 법은 특례만을 규정하고 있으므로 자세한 등록절차는 개별 지식재산권을 규율하는 법률에 의한다. 이 법에 따른 등기부는 인적 편성주의에 의해 편성되어 있으나, 지식재산권에 관한 등록부는 대부분은 물적 편성주의에 의해 해당 지식재산권별로 편성되어 있으므로 이 법에 따라 등기부를 편성할 경우 공시의 이원화가 될 우려가 있고 성질이 다른 등록부를 조화시키기 어려운 문제가 있다.

나. 요건

이 법에 따른 지식재산권담보권은 ① 약정에 따라 동일한 채권 담보를 위해 ② 2개 이상의 동일한 지식재산권을 ③ 동일한 등록부 관장 기관에 등록하여야 한다.

지식재산권담보에 대하여는 담보권설정자에 대한 제한을 두지 않았다. 개별 법령에서 달리 제한하지 않는 한, 이 법에 따른 담보권설정자는 법인 또는 사업자등록을 한 사람이 아닌 경우에도 지식재산권에 관한 등록부가 있다면 해당 개별 법률의 등록 절차에 따라 지식재산담보권을 등록할 수 있다. 지식재산권의 경우에는 그 권리자만이 담보권을 설정할 수 있고, 담보권설정자의 자격에 대한 제한이 없더라도 담보로 제공할 수 있는 대상이 한정되어 대부업자 등의 제도악용 가능성이 희박하기 때문이다.[1]

다. 효력

등록을 한 때에 그 지식재산권에 대한 질권의 득실변경을 등록한 것과 동일한 효력이 생긴다(법 59조 1항). 해당 지식재산권을 규율하는 개별 법률에 따른 질권 등록 제도를 병존하고 있으므로 법률에 다른 규정이 없으면 이 법 또는

---

1 안형준, 동산 · 채권 등의 담보에 관한 법률 해설서, 144면

개별 법률에 따른 등록 선후에 따른다(법 59조 2항).

라. 행사

지식재산권을 규율하는 개별 법률에 따라 담보권을 행사할 수 있다(법 60조).

2 지식재산권 등록제도 비교

지식재산권 등록제도 비교						
종 류	근 거 법 령	등록효과	등록원부	관리청	처 분 제 한	존 속 기 간
특허권 -전용실시권 -통상실시권	「특허법」87조1항 -101조1항3호 -118조3항	효력요건 (통상실시권 에대한담보권 등록은 대항요건)	특허원부	특허청	-공유인 경우 다른 공유자 모두의 의필요(99조2항등)	등록일부터 출원일 후 20년까지
실용신안권	「실용신안법」 -21조1항 -28조(특허법준용)	효력요건	실용신안 등록원부	특허청	-공유인 경우 다른 공유자 모두의 동의 필요(28조)	설정등록한 날부터 실용신안등 록출원일 후 10년
디자인권	「디자인보호법」 90조1항 -98조1항3호 -104조3항	효력요건 (통상실시권의 담보권등록은 대항요건)	디자인 등록원부	특허청	-기본디자인의 디자인권과 관련디자인의 디자인권은 같은 자에게 이전 강제 -공유인 경우 처분시 다른공유자의 동의 필요(96조)	설정등록일 로부터, 출원일 후 20년까지
상표권 -전용사용권 -통상사용권	「상표법」 96조1항 -100조1항	효력요건 (전용,통상 사용권은 대항요건)	상표원부	특허청	-공유인 경우 다른 공유자 모두의 동의필요(93조)	설정등록일 로부터 10년
저작권 -저작인접권 -데이터 베이스권	「저작권법」 53조, 54조 -제3장 -제4장	대항요건	저작권 등록부 -저작인접권 등록부 -데이터베이 스등록부	문화체육 관광부 (한국저작 권위원회)	-공동저작물의저작재산권은 전원의 합의 필요(48조1항)	저작자 생존동안과 사망 후 70년

반도체 집적회로 배치설계권	「반도체집적회로의 배치설계에관한 법률」 8조	효력요건	배치설계등록 원부	특허청	−공유인 경우 이용, 공유자의 동의 요함(10조)	설정등록일 로부터 10년
품종보호권	「식물신품종보호법」 54조	효력요건	종자 종류별 등록부	농림부 해수부	−공유인 경우 다른 공유자의 동의 필요(60조2항)	설정등록된 날로부터 20년
영업비밀	「부정경쟁방지 및 영업비밀보호에 관한 법률」 9조의2 이하	증명제도	전자문서 고유값등록	특허청	규정 없음	규정 없음

제5절

등기사례연구

1 담보권설정자의 주소와 관할

■ 사례

1. 본점 소재지를 서울에 두고 있는 '주식회사 甲'은 A은행을 담보권자로 한 동산담보권을 설정하였다. 이후 이사회 결의를 통해 본점 소재지를 대구로 이전한 후 A은행에 차입금을 변제하여 동산담보권을 말소등기를 신청하는 경우 어느 등기소에 신청하여야 하는가?

2. 사업자등록을 한 사람인 乙은 서울에 주소를 두고 있을 때 담보권설정등기를 A은행을 담보권자로 하여 마쳤다. 이 후 대구로 전입신고를 마쳐 주소를 이전하였으나 주소변경으로 인한 담보권설정자 표시변경등기는 신청하지 않고 있다. 乙이 차입금 변제로 인해 동산담보권을 말소하기 위하여 등기를 신청할 수 있는 등기소는 어디인가?

3. 고양시에 사는 상호등기를 한 사람인 丙은 영업소 소재지를 서울에 두고 A은행을 담보권자로 하여 동산담보권을 설정하였다. 이후 「동산·채권 등의 담보에 관한 법률」이 개정되어 관할등기소가 담보권설정자의 주소를

관할하는 등기소로 개정되었다(법 39조). 대구로 이사한 후 전입신고한 丙
이 채권최고액을 증액하기 위해 변경등기를 신청하려고 할 때 등기를 신
청할 수 있는 등기소는 어디인가?

4. 위 각 경우에 A은행이 상호를 'AA은행'으로 변경하여 표시변경등기 또는
담보권을 B은행에게 이전하는 이전등기를 신청하는 경우 등기를 신청할
수 있는 등기소는 어디인가?

(각 사안은 독립적임)

가. 관할 등기소

등기신청은 관할등기소에 하여야 한다. 등기사무에 관하여는 대법원장이 지
정·고시한 지방법원, 그 지원 또는 등기소 중 담보권설정자의 주소(본점 또는
주된 사무소를 포함)를 관할하는 지방법원, 그 지원 또는 등기소를 관할 등기소
로 한다(법 39조 2항). 다만, 개정법(법률 제17502호, 시행 2022. 4. 21.) 이전에 상
호등기를 한 사람으로서 담보등기부를 개설한 사람인 경우 영업소 소재지를
기준으로 한 종전 관할이 유지된다(규칙 부칙 3조 1항).

나. 담보권설정자 표시변경등기의 직권등기 여부

국내법인이거나 국내에 영업소나 사무소를 개설한 외국법인의 경우 법인등
기부에 본점 또는 주된 사무소, 영업소의 변경등기가 완료되면 법인등기를 담
당하는 등기관은 담보등기부를 담당하는 등기관에게 변경사실을 통지하고(법
51조 3항), 담도등기부를 담당하는 등기관은 변경사항을 직권으로 담보등기부
에 변경등기한다(규칙 5조).

사업자등록을 한 사람인 경우 전입신고한 사실에 대해 실시간으로 등기시스템에
서 확인할 수 없으므로 담보권설정자의 현재 주소지를 관할하는 등기소에 주소증명
서면을 첨부하여 담보권설정자 표시변경[1] 외의 등기를 신청(규칙 5조의2 2항)하면 등
기관이 심사 후 직권으로 담보권설정자부의 주소를 변경한다(규칙 5조의2 3항).

---

[1] 당연히 담보권설정자 표시변경등기를 신청할 수도 있다.

다. 사안의 경우

1) 담보권설정자가 법인인 경우(사안1)

'주식회사 甲'은 법인등기부의 본점 소재지를 '서울'로 두고 있는 법인이다. 이사회 결의로 '대구'로 본점 소재지를 옮겼으나 법인등기부에 이에 관한 사항을 변경등기 하지 않으면 이를 대항할 수 없다(상법 37조 1항). 따라서 법인등기부의 본점 소재지인 서울중앙지방법원 등기국에 동산담보권말소등기 신청을 하여야 한다. 만약 법인 본점 소재지를 변경등기하였다면 법인등기부 담당 등기관의 통지절차에 따라 직권으로 담보등기부의 '주식회사 甲'의 본점 소재지 주소를 변경한다.

∎ 직권등기(예) ∎

【 담　보　권　설　정　자 】 (담보권설정자에 관한 사항)				
표시번호	상호 / 명칭	법인등록번호	본점 / 주사무소	등기원인 및 등기일자
1	주식회사 甲	110111-0012345	서울특별시 서초구 서초대로 1(서초동)	
2	주식회사 甲	110111-0012345	대구광역시 수성구 범어로 364(범어동)	동산·채권 등의 담보에 관한 법률 제51조 제2항에 의하여 2022년4월27일 등기

2) 담보권설정자가 사업자등록을 한 사람인 경우(사안2)

등기사무의 관할은 등기부의 관리 장소를 기준으로 관할이 운영된다는 특징이 있다. 따라서 담보권설정자의 주소는 등기기록에 기재된 담보권설정자의 주소를 기준으로 편제되어 운영되고 있으므로 원칙적으로 서울중앙지방법원 등기국에 등기를 신청하여야 한다. 그러나 담보권설정자의 주소증명서면에 기재된 현재의 주소를 관할하는 등기소에도 등기를 신청할 수 있다(규칙 5조의2). 따라서 乙은 현재 주소를 관할하는 대구지방법원 등기국에 말소등기를 신청할 수 있다. 이 때 담보권설정자 표시변경등기를 선행하지 않고 막바로 말소등기를 신청하면 등기관이 첨부된 주소증명서면을 심사 후 직권으로 담보권설정자부 표시변경등기를 하여야 한다.

■ 직권등기(예) ■

【 담 보 권 설 정 자 】 (담보권설정자에 관한 사항)				
표시번호	상호 / 명칭	법인등록번호	본점 / 주사무소	등기원인 및 등기일자
~~1~~	乙	~~800606-1011119~~	~~서울특별시 서초구 서초대로1(서초동)~~	
2	乙	800606-1011119	대구광역시 수성구 동대구로 364 (범어동)	동산 · 채권의 담보등기 등에 관한 규칙 제5조의2제3항에 의하여 2022년 4월 25일 등기

3) 개정법 전에 설정등기한 상호등기한 사람인 경우(사안3)

담보권설정자가 상호등기를 한 사람인 경우 관할 및 등기기록에 관한 경과조치에 의해 종전 영업소 소재지 관할이 유지된다(규칙 부칙 3조 1항). 다만, 법제39조제2항의 현재 주소를 관할하는 등기소에 등기를 신청할 수 있다(규칙 부칙 3조 2항). 따라서 丙은 서울중앙지방법원 등기국에 담보권 변경등기를 신청할 수 있다. 또한 담보권설정자 표시변경등기를 선행하지 않고 현재 주소를 관할하는 대구지방법원 등기국에 담보권 변경등기를 신청할 수 있다.

■ 직권등기(예) ■

【 담 보 권 설 정 자 】 (담보권설정자에 관한 사항)				
표시번호	상호 / 명칭	법인등록번호	본점 / 주사무소	등기원인 및 등기일자
~~1~~	丙	~~800606-1011119~~	~~고양시 일산동구 호수로 550(장항동) 일등상사~~ ~~서울특별시 강남구 남부순환로 1250-3, 1104호(대치동, 대치제일빌딩)(강남점)~~	
2	丙	800606-1011119	대구광역시 수성구 동대구로 364 (범어동)	동산 · 채권의 담보등기 등에 관한 규칙 부칙 제3조제4항에 의하여 2022년 4월 25일 등기

4) 담보권설정자가 신청하지 아니한 경우(사안4)

담보권설정자가 공동신청인이 아닌 신청의 경우 관할의 표준은 원칙적으로 등기부에 기재된 담보권설정자의 주소를 기준으로 결정된다. 따라서 담보권자는 등기명의인 표시변경등기를 담보등기기록상 담보권설정자의 주소를 관할하는 등기소에 단독신청하여야 한다. 담보권 이전등기도 마찬가지이다.

2 담보권설정자가 합병·사망한 경우

■ 사례

'주식회사 에이'는 A은행과 소비대차 계약을 체결하고 회사 소유의 기계·기구를 담보로 제공하여 동산담보권설정등기를 마쳤다. 이후 '주식회사 에이'의 법인등기사항증명서의 '기타사항'에는 다음과 같이 기재되어 있는 경우 A은행은 동산담보등기에 대해 취할 수 있는 조치는 무엇인가?

> **기타사항**
>
> 1. 흡수합병 해산
>
> 2022년 4월 12일 서울특별시 중구 명동9길 16(명동1가) 하나 주식회사와 합병하고 해산
>
> 2022년 04월 15일 등기 동일폐쇄

가. 문제의 소재

'주식회사 에이'는 동산담보권 설정등기를 마친 후 '하나 주식회사'에 흡수합병된 경우이다. 합병의 효과와 이로 인한 동산담보등기기록의 변경사항을 기재할 수 있는지가 문제된다.

나. 합병의 효과

합병으로 인해 소멸하는 회사의 권리·의무를 합병 후 존속하는 회사 또는 합병으로 인하여 설립되는 회사는 포괄적으로 승계하고, 소멸회사는 청산절차를 거치지 않고 합병의 효력 발생시에 당연히 소멸한다. 합병등기는 단순한 대항요건이 아니고 효력발생요건이다(상법 530조 2항, 234조). 합병등기는 합병으로 인한 변경 또는 설립등기와 소멸회사의 해산등기를 동시에 하여야 한다(상등법 63조 3항). 합병으로 인한 해산등기를 한 때에는 그 등기기록은 폐쇄된다(상등규 154조 1항, 116조).

다. 담보권설정자부의 변경등기 가부

동산담보등기부는 담보권설정자별로 편성되어 있다(법 2조 8호, 47조 1항). 담보권설정자부는 부동산등기부의 표제부에 대응되는 개념으로서 등기부를 편성하는 기준이 되고 있다. 따라서 법인 또는 사업자등록을 한 사람별로 편성되어 관리된다. 부동산의 경우 미등기 부동산이 거의 없으나, 담보등기는 담보권을 설정하지 않는 한 법인 또는 사업자등록을 한 사람이라 하더라도 담보등기부를 개설하지 않은 경우가 많다. 따라서 부동산의 표시변경과 달리 포괄승계인인 법인 또는 사업자등록을 한 사람에 대한 등기기록을 새롭게 개설하여야 한다. 이 경우 포괄승계인인 담보권설정자의 지위를 승계한 자가 협조를 하지 않으면 담보권설정자의 등기사항을 알 수 없다는 문제점이 있다. 또한 동산담보등기부는 담보목적물의 소유권 및 담보권설정자의 자격을 공시하는 것은 아니므로 포괄승계인을 담보등기부에 반영하는 것이 타당한지에 관한 의문이 있을 수 있다.

이와 같은 사정들을 고려하여 현재 합병이나 상속 등 담보권설정자에 대해 포괄승계사유가 발생한 경우 이를 등기부에 반영할 방법을 별도로 마련해두고 있지 아니하다. 따라서 담보권자는 집행절차에서 포괄승계를 주장하여 담보권을 행사할 수밖에 없다.

라. 사안의 경우

동산담보권설정자인 '주식회사 에이'는 '하나 주식회사'에 흡수합병되어 폐쇄되고, '하나 주식회사'가 '주식회사 에이'의 권리·의무를 포괄승계하였다. A은행은 '주식회사 에이'를 담보권설정자로 하는 담보등기부의 담보권설정자부를 '하나 주식회사'로 변경등기할 수 있도록 절차가 마련되어 있지 않으므로 담보권설정자가 '주식회사 에이'로 되어 있는 동산담보등기부를 '하나 주식회사'로 변경등기할 수는 없다. 다만, 이 경우 해당동산에 대해 담보권실행경매를 신청하면서 법인등기부를 제시하여 합병된 사실을 주장하여야 한다. 이는 상속의 경우도 마찬가지이다.

▌인정되지 않는 기록례(주의)▐

【 담 보 권 설 정 자 】			(담보권설정자에 관한 사항)	
표시번호	상호 / 명칭	법인등록번호	본점 / 주사무소	등기원인 및 등기일자
~~1~~	~~주식회사 에아~~	~~110111-0012345~~	~~서울특별시 서초구 서초대로 1(서초동)~~	
2	하나 주식회사	110111-3222121	대구광역시 수성구 범어로 364(범어동)	회사합병(또는 상속) 2022년4월15일 등기

※ 이런 등기례를 상정해볼 수 있으나, 현재 포괄승계 사유가 있는 경우의 등기사항 및 등기절차를 규정하고 있지 아니하므로 위와 같이 등기할 수 없다.

마. 보론

담보권설정자의 합병·상속 등 포괄승계사유가 발생하였음에도 불구하고 이를 표시변경등기할 수 없게 됨으로써 집행단계에서 문제가 있을 수 있다. 예를 들어 합병 후 존속회사 또는 상속인 소유로 해당 동산의 소유자가 변경되어 변경된 소유자를 채무자로 하여 후순위 질권자가 담보권실행경매를 진행하였다고 가정한다. 이 때 집행관은 유체동산의 압류를 위해 집행관은 「민사집행규칙」 제132조의2 제1항에 따라 담보등기가 있는지 여부를 조사하여야 한다. 변경된 소유자는 동산담보권설정자의 지위를 포괄승계한 자이지만, 자신은 등기부에 기재되지 않았으므로 등기기록미개설증명서가 발급될 수 있다. 따라서 담보목적물인 동산에 대한 압류시에 합병 후 존속회사 또는 상속인 명의의 등기기록미개설증명서를 첨부하여 집행절차가 진행된다면 동산담보권자가 압류의 표시를 확인하지 않는 한 집행절차가 진행되는지를 알 수 없어 배당요구를 하여 배당절차에 참여할 수 없는 경우가 발생할 수 도 있다.[2] 최근 판례[3]는 "집행채무자가 이미 동산담보권이 설정된 동산을 취득한 경우와 같이 담보권설정자가 아닌 경우에는 집행채무자의 담보등기부만 보아서는 동산담보권의 존재를 알 수 없어 집행채무자가 담보에 관한 진술을 하지 않아 집행기관에서 동산담보권의 존재를 알지 못하여 동산담보권자가 배당에 참여할 기

---

2 「민사집행규칙」 제132조의2 제2항은 "집행관은 제1항에 따라 담보권의 존재를 확인한 경우에 그 담보권자에게 매각기일에 이르기까지 집행을 신청하거나, 법 제220조에서 정한 시기까지 배당요구를 하여 매각대금의 배당절차에 참여할 수 있음을 고지하여야 한다"라고 규정하고 있는데, 등기기록미개설증명서가 발급되어 실체법상으로는 담보권이 있으나 등기부에 기재되지 않은 동산·채권담보권자에게 통지할 수 없는 경우가 발생할 수 있다.

3 대법원 2022. 3. 31. 선고 2017다263901 판결

회가 없었던 경우에 동산담보권자를 배당요구 없이도 배당받을 채권자로 보아 적어도 후순위 채권자를 상대로 부당이득반환청구를 할 수 있다"고 하여 배당 에서 누락되는 문제를 보완하려고 한다.

3 공유동산인 담보목적물

■ 사례

의사A는 의사B와 공동으로 사업자등록을 하고, 자기공명영상진단기를 11억원에 공동으로 구매하였다. A와 B는 병원운영비를 조달하기 위하여 'H은행'과 동산담보대출을 받으며 자기공명영상진단기를 담보로 제공하고자 한다. A와 B의 공유 동산인 자기공명영상진단기에 대해 담보권설정등기를 하고자 하는 경우 담보권설정등기신청을 어떻게 하여야 하는가?

가. 문제의 소재

의사는 담보권설정자가 될 수 있는지, 담보목적물의 공유자인 경우 동산담보등기부의 기재방식 및 담보목적물에 공유지분을 표시할 수 있는지가 문제된다.

나. 동산담보권설정등기 신청절차

1) 의사가 담보권설정자에 해당하는지 여부

개정 전 법은 담보권설정자의 자격은 법인 또는 상호등기를 한 사람으로 제한했다. 상인으로 볼 수 없는 변호사[4]나 법무사[5] 등 전문자격자는 상호등기를 할 수 없으므로 이 법에 따른 담보권설정자가 될 수 없었다. 이제는 「부가가치세법」에 따른 사업자등록을 한 자이기만 하면 담보권설정자가 될 수 있으므로 상인성이 문제되었던 의사, 변호사, 변리사, 작가, 예술인 등 전문직업인 또는 자유직업인도 이 법에 따른 담보권설정이 가능하다.

2) 담보권설정자부에 공동사업자 전부 표시 가능 여부

동산담보등기부는 담보권설정자별로 편성되어 있다(법 2조 8호, 47조 1항). 사업자등록증에 공동사업자로 기재된 사람과 함께 담보권설정계약을 하였어도

---

4 대법원 2007. 7. 26.자 2006마334 결정
5 대법원 2008. 6. 26.자 2007마996 결정

동산담보등기부의 개설은 담보권자별로 설정된다. 따라서 의사A와 의사B는 각별로 동산담보등기부를 개설하여야 한다.

3) 담보목적물부에 공유지분을 표시할 수 있는지 여부

동산담보등기는 동산 소유권을 공시하고 있지 아니하다. 따라서 동산이 공유물인 경우 공유지분만에 대해 동산담보권을 설정할 수 있는지가 문제된다. 이에 관해 귀일된 논의 또는 판례가 없다. 다만 현재 등기시스템 및 실무는 공유 동산의 지분 표시기능을 두고 있지 아니하다. 생각건대 담보목적물부는 담보목적물을 특정하기 위하여 필요한 사항을 기록하는 곳일 뿐 권리에 관한 사항을 기록하는 곳이 아니다. 공유지분은 목적물에 대한 소유관계의 형태를 나타내는 것이지 목적물의 성상에 대한 사항이 아니므로 기록할 수 없다. 담보목적물의 특성란에 '담보권설정자 A소유 지분 1/2'라고 표시할 수 없다.

다. 사안의 경우

H은행은 공유 동산인 자기공명영상진단기에 대해 동산담보권을 설정하기 위하여는 의사A와 의사B를 각 담보권설정자로 하는 담보권설정등기를 신청하여야 한다. 동일한 자기공명영상진단기를 담보로 한 의사A, 의사B를 각 담보권설정자로 한 담보권설정등기를 신청하여야 한다. 실무적으로 신청서를 연건으로 접수한다.

4 존속기간의 연장 및 변경

■ 사례

자동차부품제조공장을 운영하는 甲은 'H은행'에게 1억원을 대여(변제기: 대여일로 3년이 지난 날)하고 자신의 공장에 있는 원재료를 담보목적물로 하는 존속기간을 4년으로 하는 동산담보등기를 설정하여주었다.
1. 甲과 'H은행'은 대여금의 변제기를 대여일로 2년이 지난 날, 동산담보권의 존속기간을 3년으로 고치려고 한다. 이 때 신청하여야 하는 등기유형은?
2. 'H은행'은 동산담보권설정등기를 신청할 당시 계약서에 존속기간이 5년으로 기재되어 있으므로 등기부의 존속기간을 5년으로 고치려고 한다. 이 때 신청하여야 하는 등기유형은?
(각 사안은 독립적임)

가. 존속기간 변경

후발적 사유로 인하여 당사자가 합의를 하여 존속기간을 변경할 수 있다. 다만 존속기간의 연장등기는 법 제38조, 제49조에서 별도의 등기유형으로 허용하고 있으므로 존속기간을 단축하는 경우 변경등기로 하지만, 연장하는 경우에는 연장(후발적 사유) 또는 경정(원시적 사유)의 등기로 하여야 한다.[6]

나. 사안의 경우

1) 존속기간을 단축하는 경우(사안1)

존속기간을 단축하는 경우 '동산담보권 변경등기'를 신청하여야 한다.

2) 존속기간을 연장하는 경우(사안2)

신청착오에 의한 경우이므로 '동산담보권 경정등기'를 신청하여야 한다.

---

6 법원행정처, 동산·채권 담보등기 해설, (2012. 8), 203면

5 등기기록의 말소와 부활

■ 사례

담보권설정자 甲은 A에게 1억원을 대여하면서 자신의 동산에 대해 동산담보권을 설정하고 동산담보등기(존속기간 3년)를 마쳐주었다. 이후 'B은행'에게 2억원을 대여하면서 乙에 대한 매매대금채권을 담보로 제공하고 채권담보등기(존속기간 4년)를 마쳐주었다.

1. A는 동산담보등기를 존속기간 연장등기를 하지 않은 채 방치하고 있는 와중에 甲은 'B은행'에게 대여금을 전부 변제하고 말소등기를 완료하였다. 이 때 등기관의 조치는?
2. 甲은 A와 'B은행'에게 전부 변제하고 말소등기를 한 후 C에 대해 다시 3억원을 대여하고 자신의 '✳상표권'과 '✈상표권'을 담보로 제공하는 경우 등기관의 조치는?

(각 사안은 독립적임)

가. 등기기록의 말소

현재 유효한 권리관계를 공시할 필요가 없게 되거나 공시할 수 없게 된 때에 등기기록에 그 사유와 등기기록을 폐쇄한다는 뜻을 기록하고 담보권설정자의 표시를 말소하는 것을 등기기록의 폐쇄라고 한다. 담보권설정등기를 전부 말소하였을 때에는 해당 등기기록을 폐쇄한다(규칙 43조 1항). 담보권설정등기가 전부 말소되었다는 것은 한 약정별로 개설한 담보권이 전부 말소된 경우를 말한다. 전부 말소된 경우 등기기록을 직권으로 폐쇄한다.

【 담 보 권 설 정 자 】	(담보권설정자에 관한 사항)		
표시번호	상호 / 명칭	법인등록번호	본점 / 주사무소	등기원인 및 등기일자
1	甲	110111-0012345	서울특별시 서초구 서초대로 1(서초동)	
				동산·채권의 담보등기 등에 관한 규칙 제43조 제1항 규정에 의해 본 등기기록 폐쇄 2021년12월26일

나. 등기기록의 부활

폐쇄된 등기기록을 다시 등기할 필요가 있어 그 등기기록을 부활하는 것을 등기기록의 부활이라고 한다(규칙 43조 3항). 폐쇄한 등기기록에 다시 등기할 필요가 있는 때란 등기기록을 개설한 적이 있는 담보권설정자에 대해 당시 담보등기를 설정하는 경우 등 담보등기기록에 등기하여야 하는 사항이 발생한 경우를 말한다. 폐쇄한 등기기록을 부활하는 때에는 담보권설정자부에 그 뜻과 연월일을 기록하고, 등기기록을 폐쇄한 뜻과 그 연월일을 말소하는 표시를 하여야 한다(규칙 43조 4항).

【담 보 권 설 정 자】 (담보권설정자에 관한 사항)				
표시번호	상호 / 명칭	법인등록번호	본점 / 주사무소	등기원인 및 등기일자
1	甲	110111-0012345	서울특별시 서초구 서초대로 1(서초동)	
				~~동산 · 채권의 담보등기 등에 관한 규칙 제43조 제1항 규정에 의해 본 등기기록 폐쇄~~ ~~2021년12월26일~~
				동산 · 채권의 담보등기 등에 관한 규칙 제43조 제3항 규정에 의해 본 등기기록 부활 2022년2월10일

다. 사안의 경우

1) 1번 사안

A의 담보등기는 존속기간이 경과하였으므 무효의 등기에 해당한다. 그러나 A담보권을 말소하는 말소등기가 되어 있지 않으므로 甲에 대한 담보등기가 전부 말소된 경우에 해당하지 않으므로 등기관은 甲의 등기기록을 직권으로 폐쇄할 수 없다.

2) 2번 사안

등기기록의 부활은 '다시 등기할 필요가 있는 때'에 하여야 한다(규칙 43조 3항). 이 법에 따라 2개 이상의 상표권을 담보로 제공하는 경우에 이 법에 따라 담보권을 등록할 수 있다. 다만, 등기부가 아닌 상표원부에 이 법에 따른 담보권을 등록하는 것이므로 이러한 경우는 '다시 등기할 필요가 있는 때'에 해당하지 않는다. 따라서 등기관은 부활의 등기를 할 수 없다.

6 등기상 이해관계인과 부기등기

> **■ 사례**
>
> 담보권설정자 '주식회사 甲'은 'A은행'에게 1억원을 대여하면서 자신의 공장에 있는 성형사출기를 담보목적물로 하는 동산담보권설정등기를 마쳐주었다. 이후 'B은행'에게 동산담보권설정등기를 마쳐주고 2억원을 대여하였다.
> 1. 이후 'A은행'으로부터 추가 자금을 대출받으면서 채권최고액을 증액하는 내용의 동산담보권변경등기를 신청하는 경우 부기등기로 할 수 있는가?
> 2. 만약 'B은행'이 동산담보권이 아니라 점유개정에 의한 양도담보권자라면 어떻게 되는가?
> 3. 만약 'A은행'의 담보권에 대해 부기등기로 채권최고액을 증액하는 변경등기가 마쳐졌다면 배당절차에서 배당금은 어떻게 되는가?
> ※ 담보목적물 가액 3억원

등기고유번호 2016-000464   등기일련번호 000001

【 담 보 권 설 정 자 】 (담보권설정자에 관한 사항)

표시번호	상호 / 명칭	법인등록번호	본점 / 주사무소	등기원인 및 등기일자
1	주식회사 甲	176011-0006260	서울특별시 서초구 서초대로1	

【 담 보 권 】 (담보권에 관한 사항)

순위번호	등기목적	접수	등기원인	담보권자 및 기타사항
1	근담보권설정	2016년8월30일 12시14분 제25호	2016년8월30일 근담보권설정계약	채권최고액 금100,000,000원 존속기간 2016년 8월 30일부터 2020년 8월 30일까지 채무자 주식회사 甲 서울특별시 서초구 서초대로1 근담보권자 A은행 110111-0023393 서울특별시 중구 소공로 51(회현동1가) (당진지점)

【 담 보 목 적 물 】 (담보목적물에 관한 사항)

일련번호	동산의 종류	보관장소 / 특성	기타사항
1	개별동산 : 성형사출기	제조번호: AGE000-123	제조사: 대한성밀

【 담 보 권 설 정 자 】 (담보권설정자에 관한 사항)

일련번호	동산의 종류	보관장소 / 특성	본점 / 주사무소	등기원인 및 등기일자
1	주식회사 甲	176011-0006260	서울특별시 서초구 서초대로1	

【 담 보 권 】 (담보권에 관한 사항)

순위번호	등기목적	접수	등기원인	담보권자 및 기타사항
1	근담보권설정	2017년8월30일 12시00분 제14호	2017년 8월30일 근담보권설정계약	채권최고액 금200,000,000원 존속기간 2017년 8월 30일부터 2020년 8월30일까지 채무자 주식회사 A 충청남도 당진시 합덕읍 면천로 1339 근담보권자 B은행 110111-0028156 서울특별시 중구 소공로 51 (회현동1가) (당진지점)

【 담 보 목 적 물 】 (담보목적물에 관한 사항)

일련번호	동산의 종류	보관장소 / 특성	기타사항
1	개별동산 : 성형 사출기	제조번호: AGE000-123	제조사: 대한정밀

가. 문제의 소재

채권최고액을 증액하는 변경등기는 근담보권인 권리를 변경하는 등기에 해당한다. 이 경우 그 근담보권변경등기를 주등기로 하여야 하는지, 부기등기로 하여야 하는지 그 등기기재형식이 문제된다.

나. 권리의 변경등기 방법(사안1,2)

1) 담보권변경등기의 방법

권리의 변경이나 경정의 등기는 부기로 하여야 한다(등기예규 1741호 9조 3항). 동산·채권담보등기부는 담보권만을 공시하는 등기부이므로 담보권설정자의 표시나 담보목적물의 경정도 권리의 변경이나 경정의 등기에 해당한다. 기존에는 등기명의인 표시의 변경이나 경정의 등기 및 권리의 변경이나 경정

의 등기는 부기로 하여야 하되, ① 담보권설정자 표시의 변경이나 경정의 등
기 ② 등기상 이해관계 있는 제3자의 승낙이 없는 경우에 하는 권리의 변경이
나 경정의 등기 ③ 제2항의 경정등기는 주등기로 하도록 하였다. 그러나 앞에
서 살펴보았듯이 동산·채권담보등기에선 등기상 이해관계 있는 제3자의 개념
을 상정하기 곤란하므로 권리의 변경이나 경정의 등기를 신청하는 경우 등기
상 이해관계 있는 제3자가 없는 경우로 보아 부기등기로 된 경우가 많았다.

　등기우선주의를 채택하지 않은 채 「민법」상 점유에 의한 물권변동과 병존하
고 있는 현행 제도에서는 채권최고액 증액의 변경등기를 부기등기로 하는 경
우 후순위 담보권자에게 불측의 손해를 입힐 수 있다. 부기등기는 주등기의
순위에 따르기 때문이다(법 57조, 부등법 5조). 따라서 담보목적물에 관하여 권
리를 가지는 자 또는 압류·가압류나 가처분의 채권자가 손해를 입을 우려가
있는 권리의 변경이나 경정의 등기는 주등기로 하도록 개정되었다(등기예규
1741호 9조 4항 2호). 채권최고액의 증액, 법 제10조 또는 제12조의 약정에 관한
변경, 일부 말소 의미의 변경등기 후 잔존 채권액 증액 경정하는 경우 등과 같
이 부기등기로 하는 경우 담보목적물에 대해 권리를 가지는 자 또는 압류·가
압류나 가처분의 채권자가 손해를 입을 우려가 있는 경우에는 주등기로 한다.
반면 채권최고액의 감액, 채무자 변경 등 담보권의 순위에 영향을 미치지 않
아 담보목적물에 관한 다른 권리자에게 손해를 입힐 우려가 없는 경우에는 부
기등기로 한다.

2) 사안의 경우

가) 1번 사안

　'주식회사 甲'은 'A은행'에게 추가 자금을 대출받으면서 채권최고액을 증액
하는 변경등기를 하려고 하나, 담보목적물에 대해 권리를 가지는 자가 손해를
입을 수 있으므로 부기등기가 아니라 주등기로 하여야 한다. 이 때 주의할 것
은 일련번호 00001번의 담보등기와 동일한 담보목적물인 일련번호 00002번의
담보등기(담보권자 'B은행')가 존재하기 때문에 일련번호 00001번의 담보등기의
채권최고액 변경등기를 부기등기로 할 수 없는 것이 아니다. 후순위 약정이
실존하는 것과 무관하게 후순위 권리자들에게 손해를 입힐 우려가 있기 때문
에 부기등기로 할 수 없는 것이다.

나) 2번 사안

1번 사안과 결론은 동일하다. 동일한 동산에 관하여 담보등기부의 등기와 인도(민법에 규정된 간이인도, 점유개정, 목적물반환청구권의 양도를 포함한다)가 행하여진 경우에 그에 따른 권리 사이의 순위는 법률에 다른 규정이 없으면 그 선후에 따른다(법 7조 3항). 따라서 'A은행'이 일련번호 00001번 담보등기의 채권최고액을 증액하는 변경등기를 하는 경우 점유개정에 의한 양도담보권자인 'B은행'은 등기부에 기재되어 있지 아니하지만 불측의 손해를 입을 우려가 있는 자에 해당한다. 따라서 그 변경등기는 주등기로 하여야 한다.

다. 등기방식과 담보권의 관계(사안3)

1) 부기등기와 담보권의 효력

기존 등기예규 1705호(현 등기예규 1741호) 제9조에 의해 채권최고액 증액의 변경등기를 하면서 만연히 등기상 이해관계 있는 제3자가 없다고 보아 부기등기가 된 경우 그 등기의 효력이 문제된다. 부기등기는 주등기의 순위에 따르므로 후순위 담보권자보다 뒤에 채권최고액 증액의 변경등기를 한 경우 주등기의 순위에 따르게 한다면 구체적 타당성을 결한 채 후순위 담보권자에게 예측할 수 없는 손해를 입히게 된다. 이에 관해 ① 이 경우 부기등기에도 불구하고 채권최고액 증액의 변경등기는 후순위 담보권자보다 후순위로 배당을 받는다고 해야 한다는 견해와 ② 등기의 효력에 따라 주등기에 따르되, 후순위 담보권자가 위 부기등기로 인하여 배당받지 못한 한도에서 국가배상을 청구할 수 있다고 보는 견해가 있을 수 있다. 아직 이런 경우에 관한 판례는 없으나, 권리관계의 효력은 실체관계에 따라 판단되고, 등기는 이를 공시하는 것에 불과하므로 등기부의 기재와 여부에 구속되지 않고 실체관계를 판단함이 타당하다. 생각건대, 부기등기로 할 수 없는 경우임에도 불구하고, 부기등기로 한 경우로서 ①의 견해에 따라 선순위 담보권자는 증액된 부분에 한하여 후순위 담보권자보다 후순위로 배당받아야 한다.

2) 사안의 경우

담보목적물 가액은 3억원이고 이에 대해 'A은행'이 1순위로 1억원에 대해서 우선 배당받는다. 이후 'B은행'이 2순위로 2억원을 배당받고 'A은행'의 채권최고액 증액한 1억원 부분에 대해서는 배당금액이 없다.

순 위	배당표
① A은행 1순위 담보권	1억원
② B은행 2순위 담보권	2억원
③ A은행 증액한 부분 1억원	0원

제3장

활성화 방안 논의

제1절
문제점과 활성화 방안

1   동산 · 채권 담보제도의 문제점

가. 동산 · 채권 담보제도 활성화 필요성

중소기업의 자산구성은 부동산이 25%에 불과하고 나머지는 동산 38%, 기타 37%로 부동산의 비중이 다른 자산에 비해 낮은 반면 동산 및 기타 자산의 비중은 높아 기존 부동산담보대출을 활용하기 어렵다.[1] 동산 · 채권은 여전히 신용도가 부족한 중소기업, 소상공인들에게 유용한 자금조달 수단이다. 대기업과 달리 중소기업, 소상공인들의 자산의 대부분을 차지하고 있으므로 신용보강수단으로 잠재력이 매우 높다. 코로나19의 영향으로 세계적인 경제가 위태로운 상황에서 새로운 자금조달수단의 활성화를 위한 제도개선 필요성은 날로 증가하고 있다.

반면 동산담보대출은 2012년 8월 출시이후 일시적으로 크게 증가하여 법 시행 후 1년간 2,400여개 업체의 6,000억원의 동산담보대출 자금이 공급되었으나, 2018년에는 초기 실적의 1/3 수준(잔액 2,051억원)으로 지속적으로 감소하

---

[1] 정부관계기관 합동 보도자료, "동산금융 활성화 추진전략", (2018.5.23.), 1면

는 추세에 있다.[2] 이에 금융감독원, 금융위원회, 법무부 등 관계기관은 동산금
융 활성화를 위한 제도개선 및 정책보완에 노력하였다. 금융위원회는 동산금
융 활성화 추진전략을 발표(2018.5.23.) 후 동산금융 활성화 계획을 발표하였
다.[3] ① 「동산·채권 등의 담보에 관한 법률」 개정안 마련 ② 동산금융정보시
스템(MoFIS) 구축 ③ 동산담보 회수지원 기구 마련을 주요내용으로 하고 있다.

나. 동산·채권 담보대출의 문제점

동산·채권 담보금융의 저조한 실적은 단순히 제도화된 공시방법이 없어서가
아니다. 부동산 담보와 공적보증에 의존하고 있는 은행 등 금융기관의 보수적
인 대출관행, 부족한 경험, 부동산에 비해 상대적으로 낮은 담보가치, 중요 부
품의 손실로 인한 담보가치의 저감의 우려, '평가−관리−회수'상의 낮은 용
이성으로 인한 담보안정성의 저하 등[4] 제도 및 운용상의 문제가 복합적으로
작용했기 때문이다.

제도적인 문제도 있다. 저당권이나 질권 등과 비교해 볼 때 여전히 개인의 경
우 사업자등록을 한 사람으로 담보권설정자가 제한되어 있고, 담보권의 존속기
간 제한으로 장기적인 자금지원이 곤란하다. 자산 종류별 개별 담보제도 운영으
로 제대로 된 가치를 평가받지 못하고 있으며 사적실행 요건인 '정당한 이유'의
불명확하여 사적 실행을 통한 신속한 환가가 어렵다. 담보물의 고의적 멸실·훼
손에 대한 처벌 규정도 부존재하고, 강제집행시 동산담보권자에 대한 당연배당
등 권리보호조치가 미흡하여[5] 담보권자가 제도의 이용을 꺼리고 있다.

---

2 정부관계기관 합동 보도자료, "동산금융 활성화 추진전략", 2면
3 금융위원회 보도자료, "최종구 금융위원장, 동산금융 활성화 1주년 계기 은행권 간담회 개최",
  (2019.7.17.), 5−6면
4 정부관계기관 합동 보도자료, "동산금융 활성화 추진전략", 3면
5 차상휘·김형수, "중소자영업자의 금융 접근성 강화를 위한 동산담보 개선방안에 관한 연구", 37−41면

2 입법정책적 방안에 대한 검토

가. 담보권설정자의 확대

전재수의원 등 11인이 발의한6「동산·채권 등의 담보에 관한 법률 일부개정법률안」이 2010.10.20. 통과되어 법에 따른 담보권을 설정할 수 있는 인적범위가 법인 또는 사업자등록을 한 사람으로 확대되었다. 사업자등록자 뿐만 아니라 점진적으로 제한을 두지 않는 방향으로 확대함이 타당하다.

나. 일괄담보제도의 도입

법무부는 지난 2020.3.20. 일괄담보제도, 존속기간 폐지 및 변경등기, 직접충당 요건 구체화, 담보목적인 동산에 대한 멸실·훼손·은닉 행위 등을 처벌하는 규정을 골자로 한「동산·채권 등의 담보에 관한 법률 일부개정법률안」을 발의하였으나 임기만료로 폐기되었다. 일괄담보제도의 타당성 및 수정의견은 다음 절에서 자세히 논의한다.

다. 존속기간의 폐지

입법적으로 존속기간을 폐지하거나, '담보권의 존속기간'을 '담보등기의 존속기간'으로 변경하는 것이 법체계상 바람직하다는 의견이 있다.7 존속기간으로 인해 자금조달이 단기적으로 운영되고, 동산담보권의 실체와 성립요건이 유효함에도 5년 경과로 소멸이 강제되는 것이 실체적 진실에 반한다는 이유에서다.8

생각건대 담보등기의 존속기간을 둔다면 실체는 유효한 담보권이지만 존속기간이 경과한 등기로 공시되어, 해당 담보권설정자에게 담보권이 부존재한다고 생각한 새로운 담보권자가 되려는 제3자에게 불측의 손해를 입힐 위험이 있다. 앞서 살펴봤듯이 존속기간을 두었다고 하여 담보권설정자에게 부당하게 불리하다고 볼 수 없다. 담보권의 존속기간을 유지할지 여부는 입법정책상의 문제이다.

---

6 의안번호 2100464

7 이현석, "동산담보제도 활성화를 위한 실무적 제언", 법과 정채연구 제19권제2호, (2019.6), 132면

8 김현진, 동산·채권담보권 연구, 244면; 차상휘·김형수, "중소자영업자의 금융 접근성 강화를 위한 동산담보 개선방안에 관한 연구", 38면

라. 직접 충당 요건 구체화

법 제21조 제2항의 '정당한 이유'가 있는 경우가 무엇인지 불문명하여 사실상 사적실행이 이루어지지 않고 있으므로 이를 구체화할 필요가 있다는 지적이 있다. 법무부는 「동산·채권 등의 담보에 관한 법률 일부개정법률안」(의안번호 24817호) 제21조제2항에서 각호를 두어 경매에 드는 제반 비용을 고려할 때 경매를 하는 것이 불합리한 경우, 속히 매각하지 아니하면 담보목적물 가액이 줄어들 우려가 있는 경우, 대통령령으로 정하는 공개시장에서 매각하는 경우, 그 밖에 정당한 사유가 있는 경우로 열거하였다. 이에 대해 사적실행의 공정성·객관성·투명성이 확보되지 않을 경우 담보권설정자인 중소기업이나 후순위 권리자는 심각한 피해를 입을 수 있어 시행 초기 제도의 안정적인 정착을 위한 가이드라인이 필요한 것으로 보인다는 법제사법위원회 검토의견이 있었다.[9]

생각건대 '정당한 이유'의 실질적인 구체화는 결국 구체적인 사건에서 유형화 하여 이뤄질 수밖에 없다. 다만, 구체적 사건의 충분한 집적 전까지 검토의견서처럼 제도의 안정적인 정착을 위한 가이드라인을 시행령 또는 법무부 유권해석을 통하여 상세히 규정하여 실무에서 즉각적으로 적용될 수 있도록 하여야 한다.

마. 처벌규정의 도입

법무부는 「동산·채권 등의 담보에 관한 법률 일부개정법률안」(의안번호 24817호) 제69조 내지 제70조에서 담보권설정자가 담보권의 목적인 동산을 고의로 멸실·훼손 또는 은닉하여 가치를 하락시키거나 담보권자의 동의 없이 제3자에게 매각한 경우 처벌 및 양벌규정을 두도록 하였다. 그러나 다른 민사관계법상 담보가치유지 의무 위반에 대해 별도의 처벌규정을 두고 있지 않고 「형법」상의 죄에 해당하는 경우에만 처벌되고 있으므로 기존 담보권 체계와의 정합성을 고려하고 동산양도담보에 관한 대법원 판례 변경으로 배임죄로 처벌할 수 없고,[10] 횡령죄도 성립하지 아니하므로[11] 민사관관계법상 담보권제도와

---

9 법제사법위원회, "동산·채권 등의 담보에 관한 법률 일부개정법률안(의안번호 2024817) 검토보고서", 31면

10 대법원 2020. 2. 20. 선고 2019도9756 전원합의체 판결

11 대법원 1980. 11. 11. 선고 80도2097 판결

의 체계정합성, 처벌의 형평성 등을 종합적으로 고려하여 입법정책적으로 판단할 사안으로 보인다는 검토의견이 있었다.[12]

생각건대, 행정편의주의적 시각에서 벗어나고 기존의 법체계의 정합성을 고려하여 신중하게 검토할 필요가 있다. 처벌 규정의 도입은 담보목적물의 가치의 보존을 위한 하나의 방안이 될 수는 있다. 그러나 담보목적물의 가치저감은 처벌 규정의 문제라기보다 담보목적물의 유효 적절한 관리 수단이 부재에 기인한 경우가 크다. 추급력이 인정되고, 매각의 경우까지 물상대위를 인정하고 있는 현행 제도하에서 처벌규정을 신설하여 담보권자의 동의 없이 제3자에게 매각을 금지한다면, 담보권설정자는 동산·채권담보등기 이용을 꺼리게 될 것이고, 금융기관 등 대주는 담보등기를 강요하여 처벌의 위험이 상존한 담보등기로 담보권설정자를 압박하게 될 수 있다.

바. 강제집행절차 규정의 개선

2013년 10월 이른바 '담보물 실종사고'는 동산담보금융의 취급액을 감소시키는 도화선이 되었다. '담보물 실종사고'란 담보목적물에 대한 제3자의 경매신청으로 인해 은행이 당해 경매목적물에 대해 동산·채권담보권이 있음에도 불구하고 인지하지 못한 상태에서 처분되어 경매배당금을 수령하지 못했던 사건이다. 이는 당연히 배당받을 자로 배당받을 채권자의 범위에 관한 규정 「민사집행법」 제148조[13]와 경매절차상 이해관계인에 관한 「민사집행법」 제90조[14]를 준용하고 있지 아니하므로 발생한 문제이다.[15]

---

12 법제사법위원회, "동산·채권 등의 담보에 관한 법률 일부개정법률안(의안번호 2024817) 검토보고서", 43-46면
13 제148조(배당받을 채권자의 범위) 제147조제1항에 규정한 금액을 배당받을 채권자는 다음 각호에 규정된 사람으로 한다.
　　1. 배당요구의 종기까지 경매신청을 한 압류채권자
　　2. 배당요구의 종기까지 배당요구를 한 채권자
　　3. 첫 경매개시결정등기전에 등기된 가압류채권자
　　4. 저당권·전세권, 그 밖의 우선변제청구권으로서 첫 경매개시결정등기전에 등기되었고 매각으로 소멸하는 것을 가진 채권자
14 제90조(경매절차의 이해관계인) 경매절차의 이해관계인은 다음 각호의 사람으로한다.
　　1. 압류채권자와 집행력 있는 정본에 의하여 배당을 요구한 채권자
　　2. 채무자 및 소유자
　　3. 등기부에 기입된 부동산 위의 권리자
　　4. 부동산 위의 권리자로서 그 권리를 증명한 사람
15 차상휘·김형수, "중소자영업자의 금융 접근성 강화를 위한 동산담보 개선방안에 관한 연구", 40면

기존에 담보권자는 동산담보목적물에 대해 경매가 진행되어 매각기일에 이르기까지 집행을 신청하거나 집행관이 매각대금을 영수할 때까지 배당요구를 하여 배당절차에 참여할 수 있다는 취지의 고지서를 송달받았으나, 경매절차의 경매기일 통지서는 송달받지 못하여 배당요구의 종기까지 배당요구를 하지 못하게 되어 배당표에 누락될 수 있는 위험이 있었다. 「민사집행규칙」 제146조제2항[16]에서 집행관이 경매의 일시와 장소를 통지하여야 할 대상은 각 채권자·채무자 및 압류물 보관자로 규정되어 있기 때문이다. 동산담보권자는 「민사집행규칙」 제132조의2[17]에 의해 절차적 권리를 보장받고 있을 뿐이었다. 최근 대법원[18]은 동산담보권이 설정된 유체동산에 대하여 다른 채권자의 신청에 의한 강제집행절차가 진행되는 경우 「민사집행법」 제148조제4호를 유추적용하여 집행관의 압류 전에 등기된 동산담보권을 가진 채권자가 배당요구를 하지 않아도 당연히 배당에 참가할 수 있다고 하여 동산채권담보권자를 보호하고 있다.

3 운용상 개선방안

가. 동산금융정보시스템(MoFIS)[19]

은행이 체계적으로 담보자산을 관리하여 여신운용에 활용할 수 있도록 2019년 한국신용정보원에 동산금융정보시스템을 구축하였다.[20] 기계기구·재고·지식재산권 등에 대한 통일된 분류코드를 마련하고, 중복담보여부, 감정평가액, 실거래가액 등의 정보를 제공한다. 현재 동산금융정보시스템은 은행권에 한정

---

16 제146조(호가경매공고의 방법 등)
　② 집행관은 경매의 일시와 장소를 각 채권자·채무자 및 압류물 보관자에게 통지하여야 한다. 법 제190조의 규정에 따라 압류한 재산을 경매하는 경우에는 집행기록상 주소를 알 수 있는 배우자에게도 같은 사항을 통지하여야 한다.
17 제132조의2(압류할 유체동산의 담보권 확인 등)
　② 집행관은 제1항에 따라 담보권의 존재를 확인한 경우에 그 담보권자에게 매각기일에 이르기까지 집행을 신청하거나, 법 제220조에서 정한 시기까지 배당요구를 하여 매각대금의 배당절차에 참여할 수 있음을 고지하여야 한다.
18 대법원 2022. 3. 31. 선고 2017다263901 판결
19 MoFIS : Movables Finance Information System
20 금융위원회 보도자료, "최종구 금융위원장, 동산금융 활성화 1주년 계기 은행권 간담회 개최", 6면

되어 서비스를 제공하고 있다. 그러나 동산을 담보로 대출을 해주는 경우가 제도화된 은행권 뿐만 아니라 다양해질 수 있으므로 동산금융정보시스템을 확대할 필요가 있다.

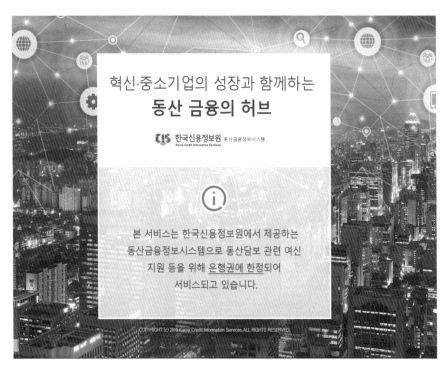

홈페이지 http://www.mfis.or.kr

나. 동산담보 회수지원 프로그램 마련[21]

동산금융 활성화 추진전략에 따라 회수지원기구(캠코동산금융지원(주))를 설립하여 동산담보 회수지원을 돕고 있다. 약정대상 채권은 법에 따라 기계·기구를 담보로 한 대출채권에 한정되고, 약정이 체결된 채권 중 부실화된 채권을 매입대상으로 한다. 중소기업에 법에 따른 기계·기구를 담보로 대출한 금융회사의 채권을 캠코동산금융지원(주)가 매입하여 부실채권의 회수를 지원하고 있다.

---

21 https://oncorp.kamco.or.kr:9449/program/program_10.jsp (방문 22.2.9.)

다. 디지털 기술을 활용한 동산담보물 관리 방안

동산담보목적물을 효율적으로 관리하는 방안으로 바코드, QR코드, RFID, 사물인터넷(IoT)활용 등이 논의되고 있다.[22] 바코드나 QR코드는 리더기를 통해 상품의 정보를 확인할 수 있는 코드이다. RFID는 무선 주파수 인식 시스템을 이용하여 제품 정보를 담은 전자칩이다. 이들의 디지털 기술을 위치추적장치와 함께 부착하여 담보목적물의 관리를 할 수 있다. 다만 이런 담보권설정 비용이 많이 들고 대중적으로 활용되고 있지 않다는 점이 문제점이다.

최근 신한 DS는 글로벌 표준 IOT플랫폼인 '신한 DS IoT'를 마련하였다. IoT 단말기를 담보물에 부착하여 담보물의 정보를 플랫폼에서 실시간으로 파악이 가능하도록 한 담보물 관리 시스템이다.[23]

---

22 김정환, 동산공시제도 및 동산담보제도의 개선 방안에 관한 연구, 108면
23 https://www.shinhands.co.kr/business/solution/iot-platform/ (방문 2022.2.9.)

일괄담보제도

1 법안의 주요내용

개정안은 동일한 채권을 담보하기 위하여 동산·채권·지식재산권 중 두 종류 이상의 담보목적물에 대하여 담보권을 설정할 수 있도록 하는 일괄담보제도의 도입을 담고 있다. 현행 동산·채권 담보제도는 동산자산 종류별, 개별 담보제도 운영으로 인해 개별적 평가할 경우 제대로 된 가치를 평가받지 못하거나, 담보설정의 부대비용이 중복적으로 발생하여 불편하다는 지적을 받아왔다.[1] 일괄담보제를 도입하는 주된 취지는 ① 동태적 자산의 담보활용 확대 ② 자산가치가 소액 또는 다른 자산과 분리 시 독립가치가 미흡한 자산의 담보활용을 통해 담보여력이 부족한 중소기업 및 영세 자영업자에게 유용한 자금조달 수단을 마련하는데 있다.

---

1 차상휘·김형수, "중소자영업자의 금융 접근성 강화를 위한 동산담보 개선방안에 관한 연구", 38면

〈일괄담보제 주요내용 요약〉[2]

구 분	주 요 내 용
정의규정 (안 제2조제4호의2)	− 담보약정에 따라 동일한 채권을 담보하기 위하여 동산·채권·지식재산권 중 두 종류 이상을 목적으로 등기한 담보권을 일괄담보권으로 정의
등기부 작성 및 기록 (안 제47조제2항제6호)	− 담보등기의 목적에 일괄담보를 추가하고, 담보등기 목적의 특정사항으로 일괄담보권의 목적인 지식재산권을 추가
지식재산권 등록기관 통지 (안 제48조의2)	− 일괄담보제도 도입에 따라 일괄담보등기와 지식재산권에 대한 공적 장부의 충돌을 피하기 위하여 등기관의 통지의무를 신설하고, 지식재산권 등록부에 해당 사실을 기재
일괄담보권의 목적 (안 제62조)	− 법인 등이 담보약정에 따라 동일한 채권을 담보하기 위하여 동산, 지명채권 또는 지식재산권 중 두 종류 이상을 담보로 제공하는 경우 담보등기를 할 수 있다고 명시
일괄담보등기의 효력 (안 제63조)	− 개별 담보권의 규정을 준용하여 개별 재산에 대하여 기존 법령에 따라 설정된 담보권과의 우열관계에 따름 − 지식재산권에 대한 일괄담보 등기와 개별 법률에 따른 등록 등이 있는 경우 등기와 등록의 선후에 따라 우열을 정함
사적실행 절차 (안 제64조)	− 일괄담보권자는 일괄담보의 전부 또는 일부를 선택하여 사적실행 가능 − 일괄담보권의 목적에 따라 각 목적에 대한 담보권의 사적 실행 규정들을 준용 − 일괄담보에 대한 사적실행에 따른 변제충당 시 채권액의 분담 및 후순위 담보권자의 대위 규정 마련
준용 (안 제65조)	− 일괄담보권에 관하여 그 성질에 반하지 않는 한 개별 동산·채권·지식재산권에 관한 담보권에 관한 규정을 준용 − 경매에 의해 이시배당이 개시된 경우 배당액과 후순위권자의 대위에 관하여는 사적실행 절차(제64조)를 준용

---

2 법제사법위원회, "동산·채권 등의 담보에 관한 법률 일부개정법률안(의안번호 2024817) 검토보고서, 6면

2 문제점

가. 일괄담보권의 법적 성질의 문제

일괄담보권의 법적 성질에 대해 「공장저당법」의 공장저당과 같이 동산, 채권, 지식재산권 간에 담보권의 일괄 설정을 가능하게 하여 개별 자산의 합을 유기적 일체로서 하나의 물건으로 취급하여 집행의 대상으로 보는 견해(강한 견련성 인정)인 1개의 담보권설과 일괄담보권이라는 명칭에도 불구하고 1개의 피담보채권을 담보하기 위한 특수한 형태의 공동담보로 보는 견해(약한 견련성 인정)인 공동담보설이 있을 수 있으나 법무부 개정안은 일괄담보권자가 사적 실행 또는 분리 집행을 선택할 수 있도록 규정하고 있으므로 특수한 '공동담보'로 보고 논의를 진행하고 있다.[3]

생각건대, 원재료에서 완제품으로 변하는 동태적 자산의 경우 법 제3조제2항은 장래에 취득할 자산도 담보목적물로 할 수 있으므로 기존 제도를 통해서도 충분히 담보할 수 있으므로 무리하게 별도로 일괄담보권의 개념을 도입하지 않더라도 담보권설정이 가능하다.[4] 자산가치가 소액 또는 다른 자산과 분리 시 독립가치가 미흡한 자산의 담보활용을 통해 담보여력이 부족한 담보권설정자에게 자금조달 수단을 마련하기 위한 취지는 개별 자산에 대한 집행을 허용함으로써 그 취지가 몰각될 우려가 있다. 즉 담보권자는 동산·채권·지식재산권을 전체로 평가하여 대출을 하였는데, 특수한 공동담보로 봄으로 인해 개별 담보목적물의 후순위 권리자의 경매실행으로 인해 개별집행이 허용되어 제3자가 위 일괄담보 목적물의 일부를 취득한 경우 담보가치는 현저히 낮아지게 된다. 따라서 개별집행을 허용하지 않고, 특정한 방법으로만 집행할 수 있는 1개의 담보권으로 보아야 일괄담보 제도의 도입취지를 관철할 수 있다.

---

3 법무법인(유한) 지평, "일괄담보 도입에 따른 집행절차 연구", 법무부 연구용역 보고서, (2019.8), 3 면; 사단법인 한국민사집행법학회, "일괄담보권 집행방법에 대한 해외 법제도 연구", 법무부 연구용역 보고서 (2020.12), 110면

4 예를 들어, 원재료인 철판과 이를 가공하여 만든 완제품인 자동차 부품인 경우 담보권설정시에 원재료인 철판과, 장래에 취득할 동산인 완제품인 자동차 부품을 담보목적물로 하여 담보등기를 할 수 있다.

나. 공시의 불완전성 및 혼란 초래

일괄담보제는 하나의 등기부에 여러 종류의 재산을 일괄하여 기재하되, 각 종류별 재산에 대하여 담보권과 관련한 각각의 성립요건 또는 대항요건을 갖춘 후 개별 담보실행을 하는 것까지 허용하는 이른바 일괄담보등기부를 도입하는 것을 예정하고 있다. 동산·채권담보등기는 인적 편성주의, 지식재산권 등록부는 물적 편성주의를 취하고 있다. 반면, 지식재산권은 관리청이 다양하고, 그 등록부의 효과도 상이하며, 등록원부는 물적 편성주의에 따라 권리자 및 질권을 등록하고 있다. 인적 편성주의에 따른 일괄담보등기부는 물적 편성주의에 따른 지식재산권이 등록부에 이전이 있는 경우5 필연적으로 지식재산권 등록원부와 공시에 있어서 혼란을 초래한다.

공시의 이원화로 인해 거래의 안전을 저해할 수 있고, 지식재산권은 공적장부를 관장하는 기관이 분산되어 있는 점을 고려한 결과로6 「동산·채권 등의 담보에 관한 법률」이 개별 법령에 의하여 등기·등록 대상인 동산을 제외하고, 지식재산담보권을 해당 등록원부에 담보등기를 할 수 있게 하였다. 일괄담보등기부 도입시 기존의 법 제정 취지에 반한 공시의 이원화를 초래하고, 일괄담보등기부를 별도로 신설하여 지식재산권에 관한 사항이 기재되는 경우, 다른 법률에 따라 등기되거나 등록된 동산을 담보등기 대상에서 제외하고, 지식재산권을 해당 등록원부에 담보권을 기재한 이 법 체계와 모순된다. 또한 지식재산권이 소멸되는 경우, 지식재산권 관리청의 등기소에 대한 별도의 통지절차가 존재하지 아니하여 일괄담보등기부가 실체의 권리관계와 일치하지 아니한 부실등기 양산 우려가 존재한다. 따라서 일괄담보를 공시하기 위하여는 각 기관별로분산된 지식재산권에 관한 등록부를 통일화하는 작업이 선행되어야 하고, 공시의 이원화를 막을 방법이 강구되어야 한다.

다. 집행절차의 정합성·안정성 해할 우려

「민사집행법」은 집행대상의 종류에 따라 집행기관(유체동산에 대한 집행기관은 집행관인 반면, 개정안의 일괄집행기관은 집행법원으로 하고 있음), 집행절차 등

---

5 기존의 동산·채권담보등기는 담보권설정자 및 담보목적물의 변경에 대한 공시하고 있지 아니하고, 일괄담보등기부도 마찬가지로 담보권설정자의 권리에 대한 공시를 예정하고 있지 않다.
6 안형준, 동산·채권 등의 담보에 관한 법률 해설서, 27, 32, 144면

에 여러 가지 차이를 두고 있다. 개별집행을 허용할 경우에는 각 목적물 단위
로 이해관계인을 파악할 수 있으나 일괄담보권에 기한 일괄매각의 집행을 하
는 경우 이해관계인을 파악하는데 어려움이 발생한다. 즉 개별매각 중 일괄매
각절차가 진행되는 경우 일괄집행 절차로 흡수되는 것인지, 이송의 문제로 해
결할 때 구체적으로 어떤 방식으로 해결할지에 대해 대안이 제시되고 있지 않
다. 또한 채권의 가치에 대한 감정평가가 어려워 분리 매각하게 되는 경우 복
잡하고 장기간 진행됨으로 인해 일괄담보권자의 불이익이 초래될 수 있다.

3 결 론

일괄담보제도의 도입 취지 및 필요성에는 공감한다. 자본력이 부족한 중소
기업이나 영세사업자의 담보력 확보를 위해 필요한 제도이다. 그러나 철저히
준비되고 논의된 제도가 도입되어야 기존의 체계와 조화를 이루며 활성화될
수 있다. 따라서 일괄담보제도의 도입을 1개의 담보권설에 입각하여 공장저당
과 마찬가지로 분리 처분이 될 수 없고, 집행방법을 하나로 특정하고, 이해관
계인의 권리를 조화규정을 두는 것을 생각해볼 수 있다. 반대로 공동담보권설
에 입각하되 기존의 부동산 공동저당과 마찬가지로 하나의 담보물이 아닌 단
순한 담보물의 합으로 보고 분리매각을 하도록 하는 방법도 생각해 볼 수 있
다. 어느 방안이나 문제점은 있을 수 있으나 기존 체계와 조화를 이루는 선에
서 점진적으로 제도를 개선해야 의도한 도입 취지를 달성할 수 있으리라 생각
한다.

일본은 기존의 기업담보 외에 이른바 '사업담보' 도입을 검토하고 있다. 동산
등의 유형자산이나 채권뿐만 아니라, 계약상의 지위, 상점의 신용 등의 무형자
산도 포함한 자산 전체가 유기적 일체로서 기능하는 사업을 대상으로 하는 담보
를 말한다. 일본의 사업담보는 기업의 자금조달력 향상과 사업의 유지·재생에
목적을 둔 제도이다. 일본의 사업담보 도입에 관한 관계당국의 「사업자를 지지
하는 융자·재생 실무의 본연의 자세에 관한 연구회 논점 정리 2.0」[7], 「2019년(令
和元年)도 중소기업 계약실태조사 등 사업에서의 '거래법제연구회'에서의 논의를

---

7 https://www.fsa.go.jp/singi/arikataken/index.html 금융청(일본)

바탕으로 한 중소기업이 사용하기 쉬운 양도 담보 제도 실현을 위한 제안」8, 「법제심의회 담보법제부회 제10회 회의」(영화 3년 12월 7일 개최) 등의 자료를 통해 그 구상을 확인해 볼 수 있다. 단순히 기업의 물적 재산뿐만 아니라, 영업권이나 노하우 등이 중소기업이나 영세사업자들의 주요한 재산가치이므로 이를 담보로 활용할 수 있는 방안을 마련함이 실질적으로 효용가치가 있을 것이다. 따라서 동산·채권·지식재산권의 공시방법과 집행방법의 틀에 국한된 것이 아니라 일본의 이른바 사업담보를 참조하여 유기적 일체로서 기능하는 사업 자체를 담보로 할 수 있는 제도를 구상해야 한다.

---

8 https://www.chusho.meti.go.jp/keiei/torihiki/jyouto_tanpo.html 중소기업청(일본)

참 고 문 헌

[단행본]

곽윤직 · 김재형, 물권법(제8판), 박영사, (2014)

김정환, 동산공시제도 및 동산담보제도의 개선 방안에 관한 연구, 사법정책연구원
　　(2016)

김준호, 민법강의(제25판), 법문사, (2019)

김현선, 동산 · 채권 · 지적재산권 담보제도 실무, 백영사, (2012)

김현진, 동산 · 채권담보권 연구, 경인문화사, (2013)

김효석, 동산 · 채권 담보권과 등기실무, 동산 · 채권 담보연구소, (2012)

법원행정처, 동산 및 채권의 양도등기제도 도입을 위한 입법자료, (2007)

＿＿＿＿＿＿, 동산 · 채권 담보등기 해설, (2012. 8.)

＿＿＿＿＿＿, 동산 · 채권담보 집행절차 해설, (2013. 12.)

＿＿＿＿＿＿, 법원실무제요 민사집행[Ⅲ]

＿＿＿＿＿＿, 부동산등기실무[Ⅰ], (2015)

＿＿＿＿＿＿, 부동산등기실무[Ⅱ], (2015)

＿＿＿＿＿＿, 부동산등기실무[Ⅲ], (2015)

＿＿＿＿＿＿, 상업등기실무[Ⅰ], (2017)

법제처 법제지원총괄과, 법령 입안 · 심사 기준, 법제처, (2021)

안형준, 동산 · 채권 등의 담보에 관한 법률 해설서, 법무부, (2010)

양창수 · 김재형, 계약법(제2판), 박영사, (2015)

정호경 외 공저, 등기관 처분에 대한 이의절차 개선 연구, 사법정책연구원, (2012)

지원림, 민법강의(제14판), 홍문사, (2016)

최돈호, 동산 · 채권담보권등기 지적재산권담보권등록, 법률정보센터, (2012)

편집대표 김용덕, 주석 민법[물권1](제5판), 한국사법행정학회, (2019)

＿＿＿＿＿＿＿＿＿, 주석 민법[물권3](제5판), 한국사법행정학회, (2019)

편집대표 민일영, 주석 민사집행법(Ⅴ)(제4판), 한국사법행정학회, (2018)

植垣 勝裕·小川 秀樹, 一問一答 動産·債権讓渡特例法(三訂版), 商事法務 (2007)

[논문]

강태성, "소유권유보부 매매의 법적 구성과 효력", 법학논고 9집(1993)

국회법제실, "공장저당법의 적용범위 확대에 관한 연구", 법제현안 제2007-33호 (2007)

권영준, "국제 동향에 비추어 본 한국 동산채권담보법제", 법조 제69권 제5호 통 (2020)

김광수, "등기에 의한 동산담보제도에 관한 연구", 박사학위 논문, 한남대학교(2015)

김용길, "코먼로상 부동담보에 관한 고찰 – 영국, 미국 및 캐나다를 중심으로", 중앙 법학(2004)

김인유, "「동산·채권 등의 담보에 관한 법률」에 관한 소고 : 동산담보를 중심으로", 원광법학 제27권 제4호(2011)

김재형, "「동산·채권 등의 담보에 관한 법률」 제정안의 구성과 내용", 민법론.Ⅳ (2011)

_____, "동산담보권의 법률관계", 민법론Ⅴ, 박영사(2015)

김태관, "동산담보권의 물상대위–유동집합동산을 중심으로–", 저스티스 통권·제 160호(2017. 6.)

김형석, "동산·채권 등의 담보에 관한 법률에 따른 동산담보권과 채권담보권", 서울 대학교 법학 제52권 제3호(2011. 9.)

_____, "양도담보 목적물 사이의 부합과 부당이득", 서울대학교 법학 제60권 제3호 (2019)

김효석, "채권을 활용한 새로운 담보제도에 관한 소고 –「동산·채권 등의 담보에 관한 법률」을 중심으로–", 민사집행법연구(2012)

김희동, "동산담보등기의 효력과 선의취득", 법학논총 제29집(2013)

박훤일, "새 법제 하에서 동산담보관리의 효율화 방안", 국제법무연구 제16권 1호 (2012)

석광현, "UNCITRAL이 한국법에 미친 영향과 우리의 과제", 비교사법 제25권 제4호 (2018)

양재모, "온라인아이템의 물건성과 법률관계", 법과 정책연구 제1집(2001)

양진섭, "담보권신탁의 도입에 따른 신탁실무의 변화", 사법논집 제57집(2013)

이현석, "동산담보제도 활성화를 위한 실무적 제언", 법과 정책연구 제19권제2호, (2019. 6.)

장병주, "동산담보권이 설정된 동산의 선의취득과 동산담보권 보호", 동아법학 제70호(2016)

장우현, "아이템 거래 규제, 과잉규제의 위험성은 없는가?", KDI FOCUS 통권제12호(2011)

전우정, "동산·채권 담보등기제도와 선의취득에 관한 비교법적 고찰 ― 영미법을 중심으로", 민사법학 제73호(2015. 12.)

정소민, "도산법상 채권담보권자의 지위에 관한 연구: 회생절차에서 담보목적물의 범위 확정을 중심으로", 법학논총 제3권 제1호(2016)

제철웅, "선의취득제도의 해석론상의 문제점과 그 개선방향", 민사법학 제16호(1998)

차상휘·김형수, "중소자영업자의 금융 접근성 강화를 위한 동산담보 개선방안에 관한 연구", 소비자문제연구 제51권 제3호(2020)

하순원, "동산담보등기를 이용한 담보권설정 및 그 효력에 관한 제문제 : 집합동산을 담보로 제공하는 경우를 중심으로", 사법논집 제59집(2014)

허명국, "장래채권의 본질에 관한 고찰―독일에서의 논의를 중심으로", 한국비교사법학회, 비교사법 제24권 제2호(2017)

[보고서]

금융위원회 보도자료, "최종구 금융위원장, 동산금융 활성화 1주년 계기 은행권 간담회 개최", (2019. 7. 17.)

법무법인(유한) 지평, "일괄담보 도입에 따른 집행절차 연구", 법무부 연구용역 보고서, (2019. 8.)

법제사법위원회, "동산·채권 등의 담보에 관한 법률 일부개정법률안(의안번호 2024817) 검토보고서", (2020)

법제사법위원회, "동산·채권 등의 담보에 관한 법률 일부개정법률안(의안번호 2100464) 심사보고서", (2020)

사단법인 한국민사집행법학회, "일괄담보권 집행방법에 대한 해외 법제도 연구", 법무부 연구용역 보고서 (2020. 12.)

정부관계기관 합동 보도자료, "동산금융 활성화 추진전략", (2018. 5. 23.)

[전자문헌]

대한민국 법원 등기정보광장 https://data.iros.go.kr

금융감독원 금융통계정보시스템 https://fisis.fss.or.kr/fss/fsiview/indexw.html

손지현, "동산금융, 올해 150% 증가…새로운 먹거리 될까", 연합인포맥스,
    https://news.einfomax.co.kr/news/articleView.html?idxno=4057070,

기업구조혁신지원센터 온기업
    https://oncorp.kamco.or.kr:9449/program/program_10.jsp

신한DS https://www.shinhands.co.kr/business/solution/iot-platform/

이상훈, "계정 판매 없이 캐릭터만 거래..위메이드, '미르4' 글로벌서 캐릭터 NFT 도입",
    한국정경신문, http://kpenews.com/View.aspx?No=2155264

사 항 색 인

판 례 색 인

등 기 선 례

권 병 철

제58회 사법시험 합격
제48회 사법연수원 수료
제36회 법원행정고등고시 합격
대구지방법원 등기사무관(등기관)
대구지방법원 서부지원 등기사무관(공유토지분할위원회 위원)
법원행정처 사법등기국 공탁법인심의담당실(제도담당)
사법등기심의위원회 서기
서울고등법원 국가소송수행전담팀

동산 · 채권 담보권실무

초판발행   2022년 9월 5일

지은이   권병철
펴낸이   안종만 · 안상준

편 집   양수정
기획/마케팅   손준호
표지디자인   BEN STORY
제 작   고철민 · 조영환

펴낸곳   (주) 박영사
                서울특별시 금천구 가산디지털2로 53, 210호(가산동, 한라시그마밸리)
                등록 1959. 3. 11. 제300-1959-1호(倫)
전 화   02)733-6771
f a x   02)736-4818
e-mail   pys@pybook.co.kr
homepage   www.pybook.co.kr
ISBN   979-11-303-4232-0   93360

정 가   23,000원

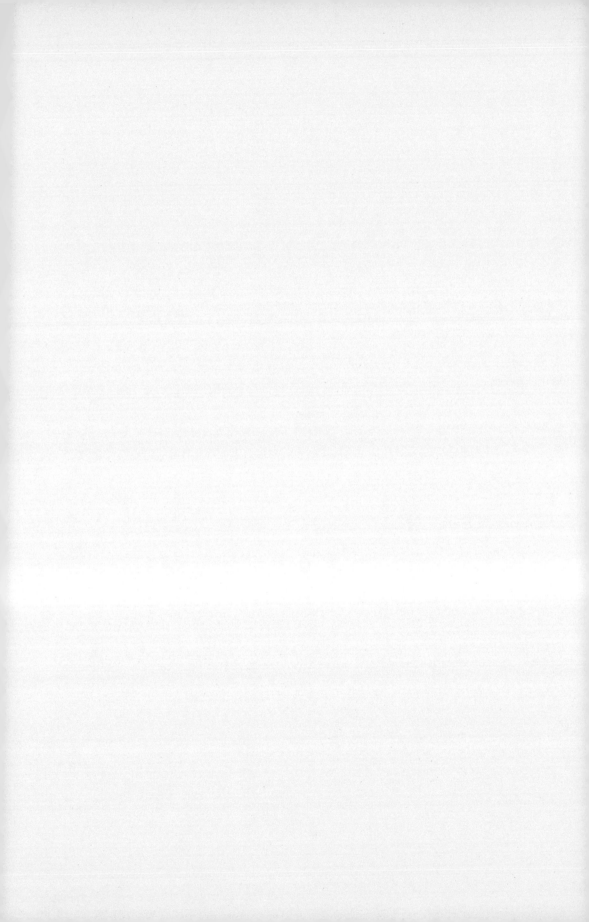